作者简介

YUANKANG

　　袁康，武汉大学法学院教授，博士生导师，武汉大学网络治理研究院副院长，武汉大学资本市场法治研究中心秘书长，武汉大学—加州大学伯克利分校联合培养法学博士，社会学博士后，主要从事金融法、公司法和网络法的教学与研究。兼任中国法学会证券法学研究会理事、中国法学会商业法研究会理事、中国法学会网络与信息法学研究会理事、最高人民检察院民事行政案件咨询专家。先后在《中国法学》《现代法学》《法学评论》《光明日报（理论版）》等刊物上发表学术论文70余篇，多篇被《新华文摘》《中国社会科学文摘》《人大复印资料》和《高等学校文科学术文摘》全文转载，出版专著《金融公平的法律实现》《社会变迁视野下的金融法理论与实践》《互联网时代的证券业务创新与法律监管》《网络安全的法律治理》《数据治理的法律逻辑》等，译著《金融正义论：金融市场与社会公平》，参编教材《证券法》《电子商务法》，主持国家社科基金、教育部人文社会科学研究青年基金等各类科研项目多项。曾获得湖北省社会科学优秀成果一等奖，第十届钱端升法学研究成果青年奖，入选湖北省"青年拔尖人才"、首批"湖北省优秀青年社科人才"、"数炬计划——中国数据要素新锐学者"。

金融科技风险的法律治理

袁康 著

LEGAL GOVERNANCE
ON FINTECH RISKS

北京大学出版社
PEKING UNIVERSITY PRESS

序 言

科技发展日新月异,这已是一句再耳熟能详不过的话了。倘若在十余年前,我们断然难以想象科技迭代如此之快,以区块链、比特币、人工智能、大数据、算法、平台、元宇宙、ChatGPT 等为核心标志的技术层出不穷,令人眼花缭乱。其不仅以概念的形式抽象地描绘着未来图景,更是直接深度融入现实生活与交易的每一个角落,成为冲击和重塑社会关系的重要因素。科技对金融的影响亦不例外,二者正在不断深化交织。实际上,回溯历史,科技与金融的"联姻"并非自始即有。金融长期以来被视为"经验技艺"之学,其发展高度依赖人的主观能动性,客观技术工具的应用主要限于"流程优化"或"模式改进"之层面。但自 19 世纪起,工业革命使科技获得极大的生命力,科技开始真正融汇到金融之中,并推动金融不断发生爆炸式改革。19 世纪,电报、电话的出现减少了时空沟通的障碍,金融交易的全球化成为可能;20 世纪 60 年代,计算机技术使金融交易无纸化成为现实,金融进入电子化时代;随着 20 世纪 90 年代互联网的普及,设施互联成为新趋势,金融交易的网络化浪潮涌来;21 世纪以来,技术更新更为频繁,以区块链为代表的颠覆性技术有重塑金融生态之势,金融交易正迈入数字化时代,数字金融已成为金融行业要做好的"五篇大文章"之一。

近十年来,以信息技术和金融业务深度融合为本质特征的金融科技蓬勃发展,金融科技在移动支付、网络借贷、电子登记、中央结算、集中交易和组织等方面有着前所未有的应用场景,不断推动金融的创新转型。

相较于长期以来我国对域外金融知识、经验、模式的移植借鉴之进路,在金融科技领域,中国正实现着弯道超车的目标,诸多金融科技应用的交易规模、商业模式不仅同步,甚至领先于世界发达市场。然而,其中显露或暗含的风险也不容忽视。这既有因技术的不完备性和脆弱性带来的内在风险,也有因技术黑箱引致的不公平算法、信息披露与欺诈等道德风险,还有技术全面革新变化与法律制度的滞后性之间的张力所带来的制度风险(合规风险),甚至会有因网络"太互联"而引发系统性风险并危害金融稳定的可能性。诚然,科技内在的"效率"导向使公众目前对其抱有较高的期望并有高涨之势,但须谨记的一条底线是,"安全"价值当为金融科技助力金融发展、服务实体经济的核心目标。

如何治理金融科技风险的泛化是当前必须关注的重大命题。治理方式固然有许多,但核心范式当为法律治理。法律能限定金融科技创新的范围、限度,约束金融科技创新主体的行为,明确金融科技创新的监管体系和监管标准。既有的探索主要有三类路径,包括试图以否定式评价从根源封堵风险的压制型路径、以观望式态度借助传统金融监管体系因应风险的放任型路径,以及以事后被动性的制度填补来缓释风险的回应型路径。三种路径体现了中国监管机构在平衡行业发展和风险规制之间作出的种种努力。但受限于金融科技风险的复杂性、金融监管目标的难以协调性和金融科技监管工具的不足,面对金融科技的不同类型和发展程度,监管往往会在不同路径中来回游移,使风险治理和市场预期产生不确定的风险。尤其是对金融科技风险认知的不充分,极大地限制了监管部门对于金融科技发展的想象力,也在一定程度上造成了金融科技监管走向监管过度和监管不足的两个极端。

面对此问题,在该书中,袁康教授创新地提出了金融科技风险治理的第四类路径——介入型路径。他认为风险治理绝不仅仅是预防,而且需要采取积极介入的路径,结合风险生成与传导的内在规律,积极介入金融科技研发和应用的各个环节,将风险作为对象从内部机制方面予以调节,从而有效地缓释和消除风险。这种介入型路径具有主动性、前瞻性和精细化的特点,且充分挖掘了中国特殊政治经济体制下的本土监管资源。该书理论意义突出,彰显实践价值,思路清晰,论证环环相扣,对金融科技风险的法律治理这一复杂的命题进行"庖丁解牛"式的拆解分析,论证部分既有全景式剖释,又重点突出,以风险背后的安全价值为重要考量,同时时刻关注市场发展的内生性特点。围绕金融科技风险治理的典型客体(技术风险、道德风险、数据风险等)、核心主体(金融基础设施、平台型金融科技公司、系统重要性金融科技公司、互联网金融控股公司)、重要机制(监管沙箱、社会监管、监管科技)展开颇有见地的论证,形成了金融科技风险治理的介入型路径的自治体系,丰富和发展了数字经济时代下金融法体系的新内涵和新范畴。

自 2014 年以来,袁康教授一直深耕金融科技领域的前沿问题,从对股权众筹、互联网金融、区块链监管、网络平台、数据治理、算法黑箱的点状研究及至金融科技论题的系统化论述阐释,不断在理论和实践之间来回假设、穿梭、验证,取得了一系列具有辨识度的成果。对金融科技风险治理这般宏大复杂的问题来说,深入系统的研究尤其需要勇气、耐心和学术情怀。在该书付梓之际,作为导师,看到这样一本系统化的理论和实践价值兼具的著作,见证弟子扎实渐进的学术成长,我倍感欣慰和幸福。期望袁康教授能够不忘初心,砥砺前行,在学术之路上,继续直面中国金融法治发展的关键难题,不断凝练本土化的研究范式和应对方案,为中国特色现代金融体系的完善提供更多的智力支持。

是为序。

冯 果
武汉大学法学院教授、博士生导师
2024 年 12 月 30 日于珞珈山

目 录

第一章
金融科技风险的介入型治理：
一个本土化的视角

　　近年来，以信息技术和金融业务深度融合为本质特征的金融科技蓬勃发展。随着大数据、人工智能、区块链等底层技术的加速迭代以及在各类金融业务场景的广泛应用，金融科技已经成为金融行业创新和转型的重要驱动。移动支付、网络借贷、大数据征信等金融科技的普及，以及金融科技领域活跃的投资并购活动，使得中国在全球金融科技发展版图中占据了重要地位。[1] 目前，中国是金融科技发展最迅速、创新最活跃、应用最广泛的国家之一。[2] 然而在日新月异的技术创新下，对金融科技的盲目推崇以及不断发生的风险事件，折射出当前金融科技风险防范的意识淡薄和制度缺失。探索金融科技风险的法律治理，以完备的法律制度体系有效规制和防范金融科技创新的各类风险，实现技术创新和风险防范之间的平衡与协调，成为金融科技行业健康发展的基本前提和重要保障。对中国而言，反思当前风险治理模式与路径的不足，充分挖掘本土资源以构建金融科技风险的本土化法律治理体系，也是进一步完善与金融科技创新相适应的金融法制的现实需求。

---

〔1〕　See KPMG, *The Pulse of Fintech* 2018：*Biannual Global Analysis of Investment in Fintech*, July, 2018.

〔2〕　See AIF, Zhejiang University, Cambridge Center for Alternative Finance, 2018 *Global Fintech Hub Report*：*The Future of Finance is Emerging*：*New Hubs*, *New Landscapes*, available at https://www.jbs.cam.ac.uk/fileadmin/user_upload/research/centres/alternative-finance/downloads/2018-ccaf-global-fintech-hub-report-eng.pdf.

一、金融科技风险的理论解构与现实隐忧

金融科技是指通过科技工具的变革推动金融体系的创新,形成对金融市场和金融服务供给产生重大影响的新业务模式、新技术应用和新产品服务。[1] 金融科技具有丰富的潜在应用场景,底层技术的指数级增长和加速迭代使得金融科技能够更加深度地与金融基础设施和金融业务流程相结合,广泛应用于金融行业和交易领域,进一步优化信息不对称、交易成本以及信用等金融市场固有难题的解决方案。然而正如硬币之两面,金融科技在给金融市场提质增效的同时,其自身也蕴含着不可忽视的风险。

(1)道德风险。技术本身是中性的,但技术研发和应用的过程却不可避免地会受到相应主体的干预和影响,金融科技公司和金融机构的利益诉求和价值观念会不可避免地随着代码一起封装进特定的金融科技之中。虽然金融科技在很大程度上能够克服和消解信息不对称带来的市场欺诈,但是在金融科技应用过程中也有可能因金融科技的研发者和应用者出于自身利益的考量而做出背离诚信的行为。金融科技公司借助"技术黑箱",实施未经许可便搜集使用用户数据、设置不公平算法等侵害金融消费者利益的行为,依托金融科技兴起的新型交易方式也可能因信息披露不充分和适当性管理不完善而成为市场欺诈的温床,从而滋生新型的道德风险。[2]

(2)技术风险。金融科技自身的技术属性,决定了其因技术不完备和脆弱性而难以完全消除技术风险,而金融科技在研发、应用、运行、维护的流程中又因为涉及诸多技术能力参差不齐的主体,难免形成技术漏洞。同时,金融科技也可能因其底层技术的负面效应或技术特征而存在脆弱

---

[1] See Financial Stability Board, *Financial Stability Implications from Fintech: Supervisory and Regulatory Issues that Merit Authorities' Attention*, Jun.27, 2017.

[2] 参见袁康、邓阳立:《道德风险视域下的金融科技应用及其规制——以证券市场为例》,载《证券市场导报》2019年第7期。

性,从而产生技术风险。金融科技的技术不完备属性和网络安全威胁等固有缺陷,以及算法黑箱和数据即时处理等技术特征,都可能成为诱发技术风险的重要原因。

(3)法律风险。金融科技的应用会催生新型金融交易模式和全新的权利义务结构,由于法律制度变迁的滞后性和不完备性,容易造成金融科技创新与法律制度运行之间的不适应与不协调,从而产生法律风险。具体而言,在金融行业严格的准入管制下,金融科技公司在未取得相应的金融业务许可的情况下就无法直接将金融科技投入应用,[1]而金融科技公司在金融法律体系中主体地位和权利义务尚不明确,其参与金融活动将可能面临法律评价上的不确定性。同时,由于金融科技的应用会对传统金融交易模式进行改造,不论是以人工智能算法为基础的智能投顾,还是基于区块链技术的代币发行,都与现有监管制度存在不同程度的偏离。在法律制度和监管规则未及时更新的情况下,金融科技的应用也会存在一定的合规风险。另外,技术和业务高度融合的金融科技在应用过程中,一旦出现技术失灵而导致金融消费者利益损害,往往很难在技术主体和业务主体之间实现法律责任的清晰界分,从而也容易导致法律责任承担主体不确定的困扰。

(4)系统性风险。尽管金融科技的应用尚处在起步阶段,但其对于宏观意义上的金融稳定也会产生巨大的潜在影响。[2] 由于金融科技公司具有小型分散且密切联系、内部治理薄弱、审慎监管不足等特点,且金融科技公司在目前尚游离于金融监管的灰色地带,导致了其风险控制能力欠缺却又积极从事冒险行为。与此同时,金融科技的应用模式也给系统性风险的生成和传导提供了土壤和路径:一方面金融科技往往都是基于互联网技术和网络系统得以实现,一旦任何环节因技术故障或恶意攻击而出现问题,都会导致整个体系的失灵和风险;另一方面金融科技需要与

---

[1]　例如中国金融科技行业领军企业之一的京东金融(北京京东金融科技控股有限公司)更名为京东数科(京东数字科技控股有限公司),虽然对外宣传口径为公司战略调整,但实际背景是北京市对于非金融企业在公司名称或经营范围中"金融、金服、基金"等用词进行清理整顿。

[2]　See Financial Stability Board, *Financial Stability implications from Fintech*: *Supervisory and Regulatory Issues that Merit Authorities' Attention*, Jun, 2017.

传统金融行业普遍联通,业务失败或技术失灵的个体风险,也极易产生多米诺骨牌效应或羊群效应传导至整个金融体系。当金融科技因高速发展和规模巨大而取得系统重要性,或者传统金融机构普遍依赖特定金融科技的技术供应时,都会存在引发系统性风险并危害金融稳定的可能性。[1]

从系统论的视角来看,金融科技的诸类风险的生成机理有其内在的连续性和层次性。金融科技的本质是科技与金融的深度融合,具有信息技术和金融业务的双重属性,但是技术是金融科技的核心内容,业务是金融科技的应用场景,这两个方面有着不同的风险生成机理和风险样态,同时又因两者的融合而衍生出新的风险形式。笔者认为可将金融科技风险分为本体风险、应用风险与衍生风险三个层次。本体风险是金融科技基于其技术本质所产生的风险,是一种静态的、孤立的因金融科技自身技术缺陷而产生的风险,主要表现为技术风险;应用风险是金融科技实际应用于金融行业时所产生的风险,是金融科技作为技术在为金融业务赋能的过程中因为技术与业务的互动所产生的动态风险,主要表现为道德风险和法律风险;衍生风险则是金融科技投入应用后,因其给金融行业的市场结构和风险结构带来的变革而引起的风险,是一种间接性的次生风险,主要表现为系统性风险。

金融科技发展方兴未艾,市场对金融科技应用于金融行业保持着旺盛的热情和期待,然而在中国金融科技发展过程中爆发的各类风险事件,折射出了金融科技在为金融行业赋能并提高金融业开放和普惠程度的同时也伴生着其特有风险的现象,在某种程度上也警示着金融科技风险治理的重要性和紧迫性。

"光大证券乌龙指事件"是中国进入金融科技时代初期的标志性风险事件。2013 年 8 月 16 日,光大证券策略投资部使用的套利策略系统因程序错误导致下达了巨量订单,造成了中国证券市场的大幅波动。"光大证券乌龙指事件"其实是量化交易程序缺陷导致的操作风险和市场风险。

---

[1] 参见李敏:《金融科技的系统性风险:监管挑战及应对》,载《证券市场导报》2019 年第 2 期。

程序化交易的初衷是通过科技手段提高交易的效率，但却因技术缺陷导致技术风险，进而经由业务活动传导至金融市场并引发金融风险。技术是金融科技的基础，技术的安全性和稳定性会直接影响金融科技的应用效果，而且还可能对整个金融市场造成冲击。"光大证券乌龙指事件"应当成为金融科技行业发展中值得引以为戒的案例。

随着金融科技的进一步发展，P2P网贷在中国逐渐兴起。借助互联网平台对接资金供需，消除借贷双方信息不对称的P2P模式在起初受到了市场的广泛欢迎与关注。从2007年开始，拍拍贷、陆金所、红岭创投等各类网贷平台如雨后春笋般纷纷上线。然而由于缺乏有效的法律监管，不少P2P平台在开展业务时都出现了异化。[1] 有的平台对借款人信息审核不力导致了不少借款人使用虚假身份信息获取贷款，同时风控手段和能力不足导致了借款人违规使用贷款资金且无力偿还从而产生了大量坏账。还有P2P平台直接虚构借款需求开展"资金池"业务，吸收社会资金用于对外项目投资或高利贷。P2P网贷的异化，实际上是网贷平台、借款人等市场主体利用P2P技术和模式实施的欺诈行为，反映了金融科技在应用过程中的道德风险，即不论底层技术和交易模式如何中立，金融科技都存在被滥用的风险。而个别平台的"爆雷"也导致了投资者出现群体性的恐慌，进而引发P2P行业的集中挤兑，进而造成了整个行业系统性风险的爆发，原本正常经营的P2P平台也因此倒闭。[2] 根据网贷之家的数据，截至2019年12月，P2P平台累计数量达6606家，正常平台仅344家，其他平台或爆雷倒闭或停业转型，造成大量投资者利益受损。除了光大证券乌龙指、e租宝等案件，中国金融科技行业在发展过程中出现的互联网现金贷、ICO集资诈骗等事件，无不反映出金融科技在应用过程中存在着不可忽视的风险问题。由于金融科技的不当应用所产生的技术风险、道德风险、法律风险和系统性风险，在不同程度上会对金融消费者以及整个金融市场产生冲击，影响金融体系的正常运行。

---

〔1〕 参见冯果、蒋莎莎：《论我国P2P网络贷款平台的异化及其监管》，载《法商研究》2013年第5期。
〔2〕 参见汪青松：《论个体网络借贷系统性风险的法律控制机制》，载《商业经济与管理》2018年第11期。

金融科技风险的直接后果就是影响交易安全。虽然金融科技能够以"技术理性"和"数据理性"对金融交易进行精确的风险计量和高效的交易执行,能够在一定程度上提升交易的安全性,然而金融科技的不完备性也可能在一定程度上影响其稳定性和可靠性,容易造成金融交易中的偏差。同时,金融科技在研发和应用中可能会产生主观性的漏洞,为金融欺诈和市场操纵提供了空间。这些主观和非主观的因素,都有可能导致依托金融科技进行的金融交易面临不确定性,从而损害交易安全。

金融科技风险也可能通过行业间的传导和其自身的广泛应用而影响市场稳定。金融科技通常是通过其规模效应而实现效率的提升,这就意味着金融科技的应用需要渗透到金融交易的各个环节且对各类大数据有所掌握。一旦金融科技运行过程中出现风险,将不可避免地在同行业间发生横向的风险传导,以及在交易流程中的纵向传导,从而导致风险的扩大。同时,金融科技公司和应用金融科技的金融机构有可能因为金融科技的高度渗透而取得系统重要性地位,由互联网建立起来的金融关系网络使互联网金融的系统性风险不仅具有复杂、传染快、波及广等基本特征,而且具有"太多连接而不能倒"以及"太快而不能倒"的新的表现形式。[1] 并且金融科技的"长尾客户"多为弱势群体,一旦爆发风险将对金融市场的整体稳定产生巨大冲击。[2]

此外,金融科技风险将对金融消费者权益保护带来新的挑战。一方面,金融科技并未改变金融交易的本质,金融消费者权益在金融科技时代同样面临着传统金融市场上的各类侵害,而另一方面,金融科技风险也将给金融消费者带来新的问题。例如依托互联网和大数据的金融科技,会给金融消费者个人信息安全带来隐患,有可能会出现个人信息数据泄露或被滥用的情况。金融科技的网络安全问题,也可能会导

---

[1] 参见许多奇:《互联网金融风险的社会特性与监管创新》,载《法学研究》2018 年第 5 期。

[2] 参见赵鹞:《Fintech 的特征、兴起、功能及风险研究》,载《金融监管研究》2016 年第 9 期。

致金融消费者的资产安全出现隐患。[1] 还有就是金融交易流程的电子化、数据化会导致侵权行为的隐蔽化,给金融消费者权利救济造成更大的困难。

二、探索与摇摆：金融科技风险法律治理的三种路径

金融科技风险的泛化引起了法律学者的高度关注,探讨金融科技风险法律治理的有效范式和路径,成为法学界研究的重点。法律在金融科技的风险治理中发挥着关键性的作用。首先,法律制度限定着金融科技创新的范围和限度。尽管金融科技创新是建立在技术进步和市场需求的基础之上,但法律制度能够通过市场准入等措施对市场自发推进的金融科技创新予以规范,将创新程度和应用领域限定在风险可控的范围之内,避免自发性金融科技创新过程中的因技术失灵和市场失灵导致的风险生成和传导。其次,法律制度约束着金融科技创新主体的行为。金融科技创新主体,包括研发主体和应用主体,是金融科技发展的主要推动者,其行为是否审慎合规在一定程度上对金融科技风险的形成具有关键影响。通过法律制度约束金融科技创新主体的行为,将风险防范的底线原则贯穿在金融科技研发和应用的始终,确保负责任的金融科技创新,能够有效地抑制市场主体自利动机下的盲目创新(reckless innovation)导致的金融科技风险。最后,法律制度明确着金融科技创新的监管体系和监管标准。技术与业务的双重属性容易让金融科技风险隐藏在监管的灰色地带,通过法律制度构建和完善金融科技的监管框架,明确监管主体及其监管职权,细化相应的监管措施和规则,对金融科技实施充分合理的监管,为有效地防范、监测和处置各类金融科技风险奠定有力的监管基础。

有学者认为,金融科技是金融业发展中的正常现象,应当按照金融业务本质实施监管,即对金融科技风险的法律治理无须脱离传统金融风险

---

[1]　例如由于智能合约漏洞导致数字货币资产被黑客转移的 The DAO 事件。

治理的路径。[1] 而更多的学者是认为金融科技有着特殊的风险机理,需要进行特殊的治理安排。例如周仲飞教授主张要以金融监管范式的转变应对金融科技风险,主张建立跨业风险监管机构,采用适应性监管、试验性监管和数据驱动监管以对金融科技风险进行有效监管。[2] 在金融科技风险治理的中国实践中,由于对金融科技风险认知和金融监管法律制度的滞后,金融科技风险法律治理依然处在不断的探索与摇摆之中。由于中国金融科技行业起步较早且发展迅速,市场实践不断倒逼监管治理对金融科技风险予以回应。虽然中国目前并未专门针对金融科技进行立法,但监管部门积极地开展相应监管规则的制定,逐渐形成了金融科技风险法律治理的制度体系。在此过程中,针对不同业务属性、市场规模、风险类型的金融科技及其应用,中国形成了三种不同的法律治理路径。

(1)压制型路径。对于以金融科技创新为名,但实际上却冲击着金融市场正常秩序且有损害金融消费者合法权益较大可能性的市场实践,中国监管部门采取了坚决禁止的态度。2013年中国金融监管部门联合发布《关于防范比特币风险的通知》,认定比特币不是由货币当局发行,不具有法偿性和强制性,只是一种特定的虚拟商品,不具有与货币等同的法律地位,不能且不应作为货币在市场上流通使用,并且禁止金融机构和支付机构开展与比特币相关的业务。[3] 中国人民银行等部委于2017年直接发布《关于防范代币发行融资风险的公告》,将代币发行融资定义为"未经批准非法公开融资"的行为,禁止各类代币发行融资活动,并明确了代币发行融资中使用的虚拟货币不具有与法定货币同等的法律地位,不能也不应作为法定货币在市场上流通使用。同时该公告还禁止各类代币融资交易平台从事法定货币与虚拟货币的兑换服务,不得为虚拟货币提供定价

---

[1] 参见李文红、蒋则沈:《金融科技(FinTech)发展与监管:一个监管者的视角》,载《金融监管研究》2017年第3期。

[2] 参见周仲飞、李敬伟:《金融科技背景下金融监管范式的转变》,载《法学研究》2018年第5期。

[3] 参见《中国人民银行、工业和信息化部、中国银行业监督管理委员会、中国证券监督管理委员会、中国保险监督管理委员会关于防范比特币风险的通知》(银发〔2013〕289号)2013年12月3日发布。

和信息中介服务。[1] 这种压制型法律治理路径，能够以否定性评价的方式禁止相关金融科技业务，在源头上阻断了金融科技风险的生成与传导，具有立竿见影的风险治理效果。然而却有可能因为绝对的禁止而抑制了金融科技创新的空间和可能性，对于金融科技的发展造成一定程度的阻碍。

（2）放任型路径。对于金融机构应用金融科技创新开展金融业务，由于其处在有效的金融监管范围之内且风险可控，因此对这类金融科技风险主要依托传统金融监管体系予以治理，并未对其进行特殊的法律制度安排，因而具有一定的放任色彩。例如对于智能投顾、大数据征信等金融科技在金融市场的应用，监管部门并未专门出台监管规则，只是在金融业务规则中适当提示风险并适度规范。中国人民银行、原中国银保监会、中国证监会、国家外汇管理局在 2018 年出台的《关于规范金融机构资产管理业务的指导意见》中只要求智能投顾业务须取得投资顾问资质，非金融机构不得借助智能投资顾问超范围经营或变相开展资产管理业务，并要求金融机构向监管部门报备人工智能模型的主要参数及资产配置的主要逻辑，并要求金融机构对于因算法同质化、编程设计错误等算法模型缺陷或系统异常导致羊群效应并影响金融市场稳定运行时应及时采取人工干预措施，强制调整或终止人工智能业务。[2] 对于大数据征信，中国政府除在个人信息保护方面予以适当规范外，基本上也持支持和放任的态度。[3] 尽管此种放任路径并未对金融科技创新予以全面规制，但能够依托已有的金融监管体系对应用金融科技的金融业务进行监管，能够起到风险防范的效果。但是由于这种法律治理路径是将金融科技创新应用限定在已获得业务许可的金融机构范围内，对于金融科技企业的监管不足，容易限制金融科技企业的创新，并存在对金融体系外的风险治理乏力的问题。

---

[1]　参见《中国人民银行、中央网信办、工业和信息化部、工商总局、银监会、证监会、保监会关于防范代币发行融资风险的公告》，2017 年 9 月 4 日发布。

[2]　参见《中国人民银行、中国银行保险监督管理委员会、中国证券监督管理委员会、国家外汇管理局关于规范金融机构资产管理业务的指导意见》（银发〔2018〕106 号），2018 年 4 月 27 日发布。

[3]　参见《国务院关于印发促进大数据发展行动纲要的通知》（国发〔2015〕50 号），2015 年 8 月 31 日发布；《国务院办公厅关于加强个人诚信体系建设的指导意见》（国办发〔2016〕98 号），2016 年 12 月 23 日发布。

（3）回应型路径。对于发展初期野蛮生长的金融科技和互联网金融,在风险事件爆发后监管部门会进行"亡羊补牢"式的制度回应。这种回应往往发生在前期缺乏有效监管,但在该行业发展过程中风险不断累积形成了比较紧迫的监管需求的情况之下。例如 P2P 行业在发展中暴露出了巨大的风险后,监管部门从 2016 年起对 P2P 行业开始加强监管,出台《网络借贷信息中介机构业务活动管理暂行办法》,要求 P2P 平台回归网络借贷信息中介机构的定位,不得提供增信服务,不得直接或间接归集资金,并且需要承担信息披露责任且不能承担借贷违约风险,此外还对平台进行备案管理,明确其业务规则和风险管理规则。[1] 此外,原中国银监会还对网络借贷资金存管、信息披露等规则进一步进行了细化和明确。[2] 原中国银监会等 14 个部委还专门成立了 P2P 网络借贷风险专项整治工作领导小组,全面排查网贷平台的风险并进行分类处置,[3] 严格执行网贷机构的整改验收和备案登记。同样,在"光大证券乌龙指事件"爆发后,中国证监会也对程序化交易加强了监管,并制定《证券期货市场程序化交易管理办法(征求意见稿)》[4] 对程序化交易业务予以规范并加强了证券经营机构的风险控制。这种回应型法律治理往往发生在风险暴露之后,是一种事后的、被动性的法律制度完善。这种路径一方面确实能够起到填补制度漏洞和弥补监管不足的效果,但另一方面也可能因为风险爆发后的应激反应,导致监管力度过大而陷入过度监管的另一个极端,从而抑制金融科技的正常应用及其带来的积极效果。

尽管我们能从以上三种不同的法律治理路径上找到某种规律,即区分金融科技在金融市场的应用深度、风险程度和影响强度采用不同的治

---

〔1〕 参见《网络借贷信息中介机构业务活动管理暂行办法》(中国银行业监督管理委员会、中华人民共和国工业和信息化部、公安部、国家互联网信息办公室令 2016 年第 1 号),2016 年 8 月 17 日发布。

〔2〕 参见《中国银监会办公厅关于印发网络借贷资金存管业务指引的通知》(银监办发〔2017〕21 号),2017 年 2 月 22 日发布;《网络借贷信息中介机构业务活动信息披露指引的通知》(银监办发〔2017〕113 号),2017 年 8 月 23 日发布。

〔3〕 参见《中国银行业监督管理委员会等十五个部委关于印发 P2P 网络借贷风险专项整治工作实施方案的通知》(银监发〔2016〕11 号),2016 年 4 月 13 日发布。

〔4〕 参见《中国证监会关于就〈证券期货市场程序化交易管理办法(征求意见稿)〉公开征求意见的通知》,2015 年 10 月 9 日发布。

理方式,然而这种规律只是理论上的归纳,并未在制度上得以确认。事实上,监管部门对于金融科技风险的治理目前还具有比较明显的随机性,在压制、放任和回应这三条路径上游移和摇摆。此种困境的形成,可能有以下几方面的原因:

首先,金融科技监管目标难以协调。不论金融科技是否在本质上改变了传统金融业态,金融科技代表着未来金融发展的方向已成为业界共识。大力推动金融科技创新是当前各国的普遍举措,英国、新加坡等国家都在积极地为打造金融科技创新中心提供有利的制度和政策环境。[1]尽管中国金融科技行业的迅速发展主要是基于市场的自发创新,但是政府和监管部门在开展行业规制和金融监管时也不可避免地需要将金融科技行业的发展纳入考量,这就要求为金融科技提供相对宽松友好的监管环境。然而金融监管又不能偏离其防范金融风险的基本目标,在金融科技的本体风险、应用风险和衍生风险客观存在的现实下,又需要审慎地对金融科技进行合理规制,以确保风险防范目标的实现,这又要求对金融科技的研发和应用过程予以严格监管。然而,如何在行业发展和风险防范这两个目标之间实现有效协调,对于监管部门而言是个难以克服的问题,正如监管部门长期以来在安全与效率间的摇摆循环周期律一样,监管部门对于金融科技也只能在不断的尝试中寻找监管目标的动态平衡,由此就形成了对不同类型和风险状况的金融科技应用的差别化的监管态度。

其次,金融科技监管权力配置不明确。囿于中国当前分业经营、分业监管的金融监管体制,各个金融市场细分行业的金融科技创新应用面临着不同监管部门的监管。中国人民银行对货币发行、支付清算和金融市场基础设施进行监管,并负责宏观审慎监管,中国银监会和中国保监会合并之后形成的中国银保监会(后改为国家金融监管总局)对银行业和保险业金融科技进行监管,中国证监会对证券期货业的金融科技进行监管。除中央金融监管部门之外,地方金融监管部门也在各自辖区内对金融科技的行业发展和风险治理行使监管权力,例如 P2P 网贷平台即由地方金

---

〔1〕 See Douglas W. Arner, Janos Nathan Barberis, Ross Buckley, *The Evolution of Fintech: A New Post-Crisis Paradigm?*, Georgetown Journal of International Law, Vol.47, 2015.

融监管部门进行监管。然而,随着跨行业、跨市场的金融服务不断涌现,金融机构和金融业务之间不断渗透融合,风险形态和传染路径更加复杂,且金融科技的技术复杂性和系统关联性又使得金融业务呈现出更加虚拟和模糊的特点,让金融风险更加隐蔽。申言之,建立在机构监管理念下的传统金融监管体制会造成金融科技监管权力的混乱与模糊,在监管权力配置不明确且缺乏有效的监管协调的情况下,会因监管政策"政出多门"而产生监管尺度和治理路径的不统一。

再次,金融科技风险认知不充分。尽管金融科技会加速业务风险外溢,这已经得到监管部门和金融行业的普遍承认,金融科技的风险属性也得到了应有的重视,[1]但是金融科技风险如何形成、如何传导、程度多大以及对金融安全与稳定会造成多大的冲击,目前尚未形成一致意见。并且由于金融科技应用的技术创新性和方案多样性,金融科技风险可能会以超乎业界预期的方式出现。由于对金融科技风险认知不充分,监管部门对于金融科技风险会有不统一和不全面的预期,因此就会选择不同的监管尺度和治理路径。例如对于 P2P 网贷一开始采取的是放任型路径,就是因为监管部门并未充分意识到 P2P 行业中可能存在巨大的道德风险以及可能衍生出的系统性风险,当这些风险爆发之后才采用回应型路径予以从严监管。而对于股权众筹而言,监管部门认为因为信息披露的真实性难题和投资者参与公司治理的难度较大等原因可能会导致投资者面临巨大的风险,在未充分考虑大数据和区块链等技术能够在很大程度上解决上述风险的情况下就以《证券法》上的公开发行制度为理由予以限制。[2]对金融科技风险认知的不充分,极大地限制了监管部门对于金融科技发展的想象力,也在一定程度上造成了金融科技监管走向了监管过度和监管不足的两个极端。

最后,金融科技风险规制工具不完备。尽管监管部门对金融科技风

---

〔1〕 参见李伟:《金融科技发展与监管》,载《中国金融》2017 年第 8 期。

〔2〕 按照《证券法》第 9 条公开发行证券的规定,股权众筹因涉及对不特定对象发行证券或投资者人数容易超过 200 人,因此面临着公开发行核准的限制。参见袁康:《资本形成、投资者保护与股权众筹的制度供给——论我国股权众筹相关制度设计的路径》,载《证券市场导报》2014 年第 12 期。

险持有高度的警惕，但是受到风险规制工具欠缺的局限，监管手段仍然相对单一，监管部门目前主要还是通过市场准入对金融科技创新应用进行筛选和控制，并通过备案登记予以持续监督。这种"要么准入，要么禁止"的政策工具容易使金融科技落入非黑即白的僵化评价之中，也会因缺乏持续监管机制和精细化监管措施而难以合理应对金融科技风险。事实上除政策工具之外，信息工具和技术工具都能在金融科技风险治理上发挥有益作用。信息工具能够以对私权的最小干预和最低规制成本进行有效的事前规制。[1] 在金融科技创新过程中信息的生成与流动具有其自身的特点，采用信息工具也可以成为优化金融监管从而防范风险的重要途径。[2] 对金融科技研发主体和应用主体课以信息披露义务、推动监管部门信息公开并构建公共化的信用信息平台，是借助信息工具进行风险治理的有效手段。[3] 面对金融科技的技术本质，技术监管和监管科技的研发尚处在摸索阶段，[4] 应对金融科技风险的技术工具还未成熟。在这种背景下，监管部门工具箱的捉襟见肘也影响了一致且持续的风险治理路径的形成。

三、介入型路径及其本土资源基础

中国监管部门在金融科技风险治理路径上的摇摆，实际上反映的是在平衡行业发展与风险防范的基础上寻找金融科技监管最佳实践的探索与尝试。尽管治理路径不尽一致，但从另外一个角度也体现了金融科技风险的复杂和监管部门的努力。当前世界金融科技发展风起云涌，各国

〔1〕 参见应飞虎、涂永前：《公共规制中的信息工具》，载《中国社会科学》2010 年第 4 期。
〔2〕 参见谢贵春、冯果：《信息赋能、信息防险与信息调控：信息视野下的金融法变革路径》，载《北方法学》2015 年第 6 期。
〔3〕 例如许多奇教授主张在 P2P 网贷监管领域，不仅要借助信息规则满足监管获取信息的需要，而且要实现信息规制，即要建立监管部门、网贷平台和投资者之间的信息交流机制，从而实现对风险的协同治理。参见许多奇、唐士亚：《信息视野下的 P2P 网贷监管：从信息规则到信息规制》，载《上海政法学院学报（法治论丛）》2018 年第 5 期。
〔4〕 参见陈实：《金融科技视野下的技术监管挑战》，载《清华金融评论》2018 年第 3 期。

监管规则和机制也层出不穷,中国金融科技监管和风险治理在广泛吸收借鉴各国经验的同时,也需要挖掘中国法律治理的本土资源,在探索更加符合金融科技风险特征的治理机制的过程中,形成更具主动性和更为精细化的治理体系,为全球金融科技风险治理贡献中国方案。

压制型路径的过于僵化、放任型路径的缺乏约束、回应型路径的过于滞后,都在很大程度上影响着金融科技风险治理的实际效果。从整体来看,目前金融科技风险治理的三种路径都只是对风险的消极应对,即将风险作为结果,从外围对金融科技风险予以防范。但是风险治理绝不仅是预防,而是需要采取积极介入的路径,结合风险生成与传导的内在规律,积极介入到金融科技研发和应用的各个环节,将风险作为对象从内部机制上予以调节,从而有效地缓释和消除风险。

所谓介入型路径,是指针对金融科技风险,监管部门主动评估和研判风险,根据金融科技风险生成和传导的内在机理,提前进行精细化的制度安排,消除金融科技应用过程中的风险因素,切断金融科技风险的传导路径,从而实现良好的风险治理效果。介入型路径的特点在于:(1)主动性。在金融科技风险治理过程中,监管部门并非被动地应对风险,而是在正确认知风险的基础上主动地对风险予以调节和干预。即风险治理的逻辑不再局限于预防风险和处置风险,而是主动切入风险生成与传导的流程之中,对风险形成有效的控制;(2)前瞻性。对金融科技风险的积极介入,需要监管部门对风险的构成和机理有清晰的提前预判,并且能够准确地把握金融科技市场发展与法律制度的冲突,进而形成前瞻性的风险治理方案;(3)精细化。介入型路径是由监管部门对金融科技风险生成和传导的重要节点和关键因素进行科学且细致的调节,在尽可能减少对金融科技行业市场活动的干预下以"外科手术式"的精细措施进行风险治理,即不再是采取概括禁止或完全放任的态度应对风险,而是有意识地深入到风险内部进行调整。

介入型风险治理路径是中国金融科技行业不断发展和监管不断成熟背景下的必然选择。相比于压制型路径,以更加开放的监管态度治理金融科技风险,能够为金融科技的发展提供机会和空间,有助于在风险控制的同时推动金融科技的市场培育。相比于放任型路径,以更为积极有效的监管规制提前介入金融科技创新应用的过程,能够提前识别、预防和处置风险,避免金融科技的盲目应用导致的风险事件,有效保护金融安全和金融消费者权益。相比于回应型路径,以提前介入的方式治理金融科技风险,即在充分认识和评估金融科技风险的基础上以合理的政策和制度约束金融科技创新主体的行为,以更加主动的方式去限制高风险,包容和管理可控风险,从而能对市场主体形成正向激励,起到良好的风险治理效果。[1] 概言之,介入型风险治理路径是有效平衡创新与安全、充分协调监管能动性和市场规律、全面覆盖金融科技创新流程和风险生命周期的理想方案。

按照介入型风险治理路径,金融监管部门需要从以下几个方面变革金融科技风险治理的框架和机制。(1)更新监管理念。在正确认识金融科技风险的基础上,从消极避免风险走向积极管理风险,从结果导向型风险治理走向过程导向型风险治理。既不能因为担忧风险而"一刀切"地禁止金融科技创新应用,又不能因风险不明显而无视风险治理放任金融科技盲目创新,而是对于各类金融科技创新应用均应保持主动且审慎的风险控制和持续监管;(2)创新监管手段。传统模式中的市场准入、备案管理等手段固然在防范风险中发挥着重要作用,但风险并非只是发生在金融科技创新的入口,而是发生在金融科技研发和应用的全过程,因此还应当通过信息披露、技术规则标准等信息工具和技术工具进行风险治理。同时,还应当依托位于金融科技创新一线的行业协会、金融科技公司和金融机构的力量,形成与行政监管密切配合的风险治理网络;(3)明确监管重点。金融监管应当精细化地介入金融科技风险形成与传导的过程,找到关键性的风险要素和路径并实施有针对性的干预。金融科技风险,从主观方面来源于金融科技研发者和应用者等创新主体,因此需要对其创新行为进行约束,从客观方面来源于金融科技自身的技术漏洞和在与金融业务融合过程中的业务模式,因此需要将金融科技业务风险纳入到监管视野之中。

随着金融科技在全球范围内的兴起,各国在大力推动金融科技发展

---

〔1〕　See Andrea Minto, Moritz Voelkerling, Melanie Wulff, *Separating Apples from Oranges: Identifying Threats to Financial Stability Originating from FinTech*, Capital Markets Law Journal, Vol.12, No.4, 2017.

的同时也不遗余力地探索金融科技风险治理的机制和措施。在中国式金融科技风险治理从压制、放任和回应的摇摆走向介入型治理的过程中,中国金融市场和金融监管发展所处的特殊阶段以及中国特殊的政治经济和法律体制,能够为金融科技风险治理提供丰富的本土资源。

首先,中国正在进行的金融监管改革将为金融科技风险的介入型治理提供坚实的机构资源。中国传统的"一行三会"金融监管体制在市场创新活动倒逼下正逐渐发生变化,金融市场的跨业合作以及新型金融工具和业务模式的日益频繁,导致过去以金融机构和行业作为监管对象的传统体制难以有效应对金融创新带来的新变化。在此背景下,中国金融监管正在积极地从机构监管走向功能监管,一方面监管理念开始强调"实质重于形式"和"穿透监管",即更加关注金融活动的业务实质以有效应对日益隐蔽和复杂的金融创新。[1] 另一方面金融监管体制也在进行积极调整,2018 年 3 月,根据国务院机构改革方案,中国银监会与中国保监会合并为中国银保监会。2023 年 3 月,党的二十届二中全会通过《党和国家机构改革方案》,国家金融监管总局在中国银保监会基础上得以组建,多头监管格局的优化正在进行中。随着监管体制的进一步改革完善,金融监管将会更加高效,监管部门间的权力配置和职权边界会更加明确。对金融科技风险的治理而言,监管部门的权责将在金融监管改革中进一步明晰,监管思维和监管手段将进一步升级,从而为监管部门更加积极、更加主动、更加有效地介入到金融科技风险治理提供有力的监管框架保障和支撑。

其次,中国成熟的创新试点经验将为金融科技风险的介入型治理提供灵活的机制资源。在中国改革开放的实践中,政策试点是在特定范围内进行的先于立法的具有探索和试验性质的改革,是中国政策实施过程中的独特现象。[2] 地方政府会根据上级政府的政策目标,在创新竞争的驱动下设计本地区或部门的独特的政策内容或工具,在上级政府或部门的指导下开展政策试验。随着试点的深入和取得较好的实效,此种政策

---

〔1〕 参见常健:《论"穿透式"监管与我国金融监管的制度变革》,载《华中科技大学学报(社会科学版)》2019 年第 1 期。

〔2〕 参见刘伟:《政策试点:发生机制与内在逻辑——基于我国公共部门绩效管理政策的案例研究》,载《中国行政管理》2015 年第 5 期。

试验会以立法或行政命令的形式在全国范围内推广。这种政策试点与当前为各国金融科技监管普遍认可并采用的"监管沙箱"有着异曲同工之妙。发源于英国的监管沙箱，不外乎为可能具有破坏性和众多风险的金融科技创新提供安全的测试环境和监管试验区，[1]其本质正是在于为金融科技创新提供先行先试的机制和环境。而中国的创新试点，例如自由贸易区、自主创新试验区、注册制等的试点经验，都是在规定的范围内给予制度的宽松与便利，并且能够将风险限定在一定的范围内，完全具有应用于金融科技领域的可能性。这种创新试点经验实际上为中国式的监管沙箱制度提供了充分的政策依据和经验基础。[2]事实上，中国人民银行等六部委在2018年发布《关于开展金融科技应用试点工作的通知》，[3]要求在北京等十个省市开展金融科技应用试点，其中就要求从技术安全方面探索风险防范的工具和手段。创新试点经验在金融科技领域的应用，一方面为金融科技的发展提供了相对宽松的路径和空间，另一方面也为监管部门介入治理金融科技风险提供了经验准备和机制资源。

最后，中国强大的行政动员能力将为金融科技风险的介入型治理提供强大的政策资源。尽管中国金融科技产业的兴起是市场自发的产物，且中国政府和监管部门也都在充分地尊重市场在资源配置中的决定性作用，然而正如政府在必要的情况下都会对市场进行有效的干预，金融科技风险的治理也需要政府的干预和规制。除依据法律和监管规则对金融科技创新进行监管之外，中国监管部门能够以其强大的行政动员能力介入到金融科技风险治理的各个环节。一方面，监管部门能够以其对产业发展的规划引导，从宏观层面对金融科技的稳健应用进行约束，通过政策信号工具对金融科技创新主体的行为进行规范。例如北京中关村科技园区管理委员会、北京市金融工作局和北京市科学技术委员会联合发布《北京市促进金融科技发展规划（2018年—2022年）》（以下简称《规

〔1〕　参见柴瑞娟：《监管沙箱的域外经验及其启示》，载《法学》2017年第8期。
〔2〕　参见陈志峰、钱如锦：《我国区块链金融监管机制探究——以构建"中国式沙箱监管"机制为制度进路》，载《上海金融》2018年第1期。
〔3〕　参见《中国人民银行 发展改革委 科技部 工业和信息化部 人力资源社会保障部 卫生健康委关于开展金融科技应用试点工作的通知》（银发〔2018〕325号），2018年12月14日发布。

划》），对北京市金融科技产业发展进行了总体布局和安排。虽然该规划并非有约束力的规范性文件，但《规划》提出要深入研究、有效识别和防范金融科技活动带来的潜在风险，推动监管创新和风险防范体系构建，这有助于鼓励和推动监管部门和市场主体在金融科技风险治理上的创新。又如中国人民银行《关于防范代币发行融资风险的公告》将区块链和 ICO 的风险予以公告，充分地将风险要点和监管态度向社会发布，从而以政策信号工具有效地阻断风险。另一方面，监管部门能够动员行业协会对金融科技风险实施一线治理，形成行政干预的替代性方案，进一步扩充风险治理的介入力量和路径。基于与监管部门的业务指导关系，行业协会能够在监管部门的统一安排下对金融科技创新主体的研发和应用行为进行自律监管。例如根据《关于促进互联网金融健康发展的指导意见》成立的中国互联网金融协会（NIFA）就是在监管部门的指导下开展行业自律的组织，该协会在 P2P 行业的风险治理方面发挥了积极有效的作用。整体而言，在强大的行政动员下，通过政策信号工具的规划引导以及市场监管力量的调动整合，能够为金融科技风险的介入型治理提供丰富的政策指引和监管资源。

四、介入型治理的体系构造与制度安排

在对金融科技风险从消极回应走向积极介入的进程中，金融科技风险的治理需要在吸收境外监管经验的同时充分挖掘本土资源，结合金融科技风险的生成机理、传导路径和关键要素，创新风险治理的方式和策略，以形成更加精细化且有针对性的介入型治理范式。金融科技风险的法律治理，其关键要义也正是在于以法律制度体系为介入型治理赋能，通过明确介入主体的法律地位和治理权利、介入手段的制度依据和法律效力、介入对象的治理重点和规范构成，构建积极能动的金融科技风险的治理体系。

首先，明确介入主体的范围和职权，构建金融科技风险多元共治的监管体系。在金融科技运行过程中，有能力监测风险、缓释风险和处置风险的主体都可以而且应当成为介入治理的主体，从而在不同强度和不同维度上形成多层次的治理主体结构。法律需要识别各层次的介入主体，并且明确赋

予其在不同程度上对金融科技风险进行介入的权利及其行使规则。具体而言：(1)完善金融科技风险治理的行政监管权力配置。正如前文所言，金融科技监管权力配置不清晰极大地制约了风险治理效果，在金融监管体制改革的大背景下需要进一步明确金融科技监管权力的分配，着力解决监管主体分散导致的风险治理标准不统一、监管真空等问题。笔者认为，应当通过监管框架顶层设计和各监管部门之间的协调，将金融科技在细分行业的风险治理明确由相应监管部门负责，具有普遍适用性、系统重要性和业务模糊性的金融科技由中国人民银行负责监管。此外，由于地方金融监管机构存在着较强的地方利益色彩和监管俘获的可能性，不宜将金融科技监管权力完全下放给地方，而是应当将监管规则制定权保留在中央，地方金融监管部门仅能行使行业规划的权力。(2)赋予和保障行业协会等自律组织的监管权力。虽然中国银行业协会、中国证券业协会等组织的成立有《银行业监督管理法》和《证券法》等法律依据，但是中国互联网金融协会和各地方金融科技协会的成立目前并无明确的法律依据。从金融科技研发与应用的范围来看，以银行业金融机构和证券业金融机构为主要会员的银行业协会和证券业协会，显然难以覆盖所有金融科技创新主体，并不能全面地参与金融科技风险的介入治理。尽管自律监管的权力主要来源于章程和会员的一致同意，但是作为一线自律组织，中国互联网金融协会和各地金融科技协会等行业自律组织也需要通过明确的法律授权取得介入金融科技风险治理的权力与权威。(3)激励各类金融科技活动的参与者实施社会监管。社会监管的核心在于以相应的激励机制和责任追究机制，促使社会主体参与到金融监管中来，以金融监管的社会化增加监管资源的供给。[1] 在金融科技行业，技术人员、业务人员、金融消费者甚至新闻媒体等都有可能发现和感知金融科技中的风险，通过法律制度设计相应的激励机制，使其能及时通报和揭露风险并提出风险解决方案，从而能够将这些主体纳入到风险治理的体系中来，形成各类主体协调互动的合作治理格局。[2]

---

〔1〕　参见冯果、袁康：《社会变迁视野下的金融法理论与实践》，北京大学出版社 2013 年版，第 369 页。

〔2〕　参见李有星、王琳：《金融科技监管的合作治理路径》，载《浙江大学学报（人文社会科学版）》2019 年第 1 期。

其次,完善介入手段的规则和制度,构建金融科技风险介入治理的规则框架。对金融科技风险实施介入治理,一方面需要以规则作为工具和手段,通过明确的具有可预测性的规则引导和规范金融科技创新主体的研发与应用活动,确保负责任的金融科技创新;另一方面也需要以制度规则为介入治理提供合法性依据,并合理限定介入的程度和方式,防止对金融科技创新的不当干预。由于介入的手段和方式在强度上具有层次性,因此需要建立与介入治理手段约束力强度相适应的规则与制度体系。(1)要制定和完善金融科技风险治理的法律制度。目前来看,中国尚未就金融科技风险治理形成专门的法律和行政法规,仅以效力层级较低的部门规章对个别类型的金融科技应用进行监管,无法为介入治理金融科技风险提供充足的法律制度资源。笔者认为有必要通过具有强制约束力的法律,明确金融科技研发主体和应用主体的行为模式和法律后果,厘清金融科技监管的范围。譬如可以明确按照金融业务本质将金融科技纳入现行监管框架,并且将金融外包中的金融科技创新纳入监管范畴,以规范的牌照管理和持续监管应对各类金融科技创新中的风险。[1] 并且应当规定金融科技应用过程中的信息披露义务,要求金融科技创新主体充分披露相关信息并提示风险,以确保金融消费者在充分理解金融科技基本机制和逻辑的前提下使用与金融科技有关的服务。[2] (2)要充分运用"软法"规范对金融科技风险进行引导。公共政策、推荐性标准、自律规则等"软法"在金融科技运行过程中能够通过激励机制实际发挥风险治理的作用。[3] 软法规范能够对尚在成长期的金融科技创新形成相对柔性的规制,避免了过度刚性的法律制度在介入风险治理时产生背离市场规律和技术规律的不利影响,并且在目前强制性法律制度尚不健全的背景下能够有效填补制度漏洞带来的风险敞

---

〔1〕 参见李文红:《金融科技牌照管理的国际借鉴》,载《中国金融》2017 年第 18 期。

〔2〕 参见朱太辉、陈璐:《Fintech 的潜在风险与监管应对研究》,载《金融监管研究》2016 年第 7 期。

〔3〕 所谓"软法"即原则上没有法律约束力但有实际效力的行为规则。软法在表现形式上包括公共政策、推荐性专业标准、激励性或宣示性非强制规范、自律规则、团体规范、市场主体制定的交易规则和纠纷处理规则等。这些软法能够通过政策引导、声誉激励等方式发挥实际的规范效果。参见王怀勇、钟颖:《论互联网金融的软法之治》,载《现代法学》2017 年第 6 期。

口。因此，金融科技风险的法律治理需要合理利用"软法之治"，有效保障监管部门利用窗口指导和政策指引介入金融科技创新的全过程，以及时发现、规避和处置风险，同时综合运用强制性标准和推荐性标准，引导金融科技创新主体根据市场统一和安全优先的基础要求开展创新活动。

最后，厘清介入对象的范围和重点，寻找介入治理的制度突破口。金融科技风险的法律治理有赖于包括立法、执法和司法在内的法律实施，而法律的制定和完善在很大程度上决定着介入治理的范围和效果。对于形态多样且隐蔽复杂的金融科技风险，法律治理的路径和对象千头万绪且很多都处在未知状态，必须按照"突出重点，以点带面"的策略稳步推进。在当前阶段，对金融科技风险进行介入式的法律治理，亟须抓住风险治理的"牛鼻子"，即找到介入治理的重点，有针对性地完善相关法律制度，为日后构建全面的金融科技风险治理制度体系打开突破口。纵然金融科技创新应用层出不穷，但存在两个相对稳定的要素：其一是金融科技所依托的底层技术方案；其二是金融科技创新主体，包括研发主体和应用主体。因此，现阶段创新金融科技风险的法律治理范式可以围绕这两大要素进行制度设计：(1)技术导向型治理范式，即以技术作为介入治理的对象，围绕"如何治理技术"进行法律制度设计。金融科技的本质在于金融与技术的融合，除传统风险之外，金融科技风险不外乎技术自身存在风险，以及因技术缺陷或技术特征而在应用过程中导致风险。就风险生成的逻辑来看，在金融科技的研发与应用环节实施有效的技术治理，通过建立适应技术规律的制度规则确保技术方案的安全性、稳定性和周延性，尽可能避免技术漏洞和缺陷，从而起到防范和控制风险的效果。例如对金融科技创新主体课以技术论证的要求，要求其在研发和应用金融科技时须尽到审慎的注意义务；明确金融科技技术方案的备案审查制度，通过监管部门对技术方案的监督确保金融科技的技术正当性和安全性；[1]设置金融科

---

[1] 例如中国人民银行、原中国银保监会、中国证监会、国家外汇管理局发布的《关于规范金融机构资产管理业务的指导意见》(银发〔2018〕106号)就要求金融机构应当向监管部门报备人工智能模型的主要参数以及资产配置的主要逻辑。这实际上是要求智能投顾的算法必须在监管部门备案，以确保其算法逻辑的正当与公平，从而能够对技术风险和道德风险实现有效的治理。

技应用的压力测试机制与标准,定期对金融科技运行的风险进行评估与预警。此外,还可以发挥监管科技在金融科技应用中的治理角色,为"以技术治理技术"提供相应的制度环境。(2)主体导向型治理范式,即以金融科技创新主体作为介入治理的对象,约束研发主体和应用主体的创新行为,以确保"负责任的金融科技创新"。研发主体和应用主体是金融科技创新的推动者和实践者,其角色贯穿于金融科技运行的整个过程,对金融科技风险的把握最为直接也最为全面。同时,研发主体和应用主体有着较强动机和利益激励来推动金融科技创新,但往往也容易因为利益冲突和激励偏差而成为金融科技风险的直接制造者。因此,金融科技创新主体应该成为风险治理的重点对象,通过构建和完善法律制度以明确其行为规则和法律责任,形成有效的行为约束。主体导向型治理范式包括了金融科技创新主体的市场准入、创新规则和法律责任等方面,具体而言此种范式要求明确金融科技公司和金融机构作为研发主体和应用主体的准入条件和针对它们的监管思路,为相应主体的创新行为设定合理的空间和边界;同时需要按照提升效率、增进普惠、防范风险和保护消费者利益的原则构建创新主体应当遵循的规则,明确金融科技创新行为的底线和创新主体的义务;此外还需要准确界定创新主体的法律责任分配,明确其因故意或过失造成风险损害结果后的法律责任。

五、结论

金融科技正在给金融体系带来深刻的变革,但在提高效率和增进普惠的同时金融科技也给金融市场带来了全新的风险与挑战。中国金融科技行业高速发展且在全球范围内取得了显著的优势,然而相关法律制度建设的滞后与行业发展不匹配,导致了一系列风险事件的爆发,限制了金融科技健康有序的创新发展。如何在传统金融风险治理框架的基础上对金融科技风险实行有效治理,是金融科技健康有序发展的重要保障,也是金融科技时代金融法制的全新命题。由于监管目标难以协调、监管权力配置不明确、风险认知不充分和规制工具不完备等原因，金融科技风险的法律治理在压制型、放任型和回应型路径中反复地探索与摇摆，始终未能形成稳定的治理思路和制度方案。笔者认为应当从金融科技风险的生成规律着手，充分挖掘中国金融监管和法治运行的本土资源，对金融科技风险予以更加积极主动的精细化介入，以法律制度体系为介入型治理赋能，通过明确介入主体的法律地位和治理权力、介入手段的制度依据和法律效力、介入对象治理重点和规范构成，构建积极能动的金融科技风险治理体系。

第二章
金融科技的道德风险及其法律治理

金融科技(FinTech)是一种运用高科技使金融服务更加有效率的商业模式,其核心是运用以大数据、云计算、人工智能、区块链为代表的高新技术驱动金融创新。[1] 在过去几年,金融科技在中国发展迅速,诸多互联网企业和金融机构都纷纷涉足金融科技领域。由于金融市场上的信息不对称和代理问题,以欺诈和违约为代表的道德风险客观存在。金融科技的应用可以在很大程度上甄别、警示风险主体,降低道德风险发生的可能性。然而金融科技在金融市场广泛运用的过程中其自身也存在新型道德风险。金融科技的自动化、代码化和隐蔽性等特点导致了在金融科技应用过程中产生道德风险的便利性和不可控性。尤其是对受到金融科技影响和改造程度较高的证券行业而言,如何防范金融科技应用过程中的道德风险,关系到金融科技应用本身的正当性和合规性,也关系着金融科技在证券行业的应用前景。

一、金融科技在证券市场中的应用

随着 FinTech 的核心技术的发展,金融行业的各个领域都受到深刻影响。证券行业作为传统金融最重要的组成部分,也是金融科技的重要应

---

〔1〕 参见杨东:《防范金融科技带来的金融风险》,载《红旗文稿》2017 年第 16 期。

用领域。早在 1990 年中国证券市场建立之初确定的市场组织基本特征就具有金融科技应用的色彩,比如上交所开业就选择电子化交易系统撮合。伴随着我国证券市场的转型与升级,证券行业的信息化程度不断提高,金融科技在证券市场的应用正面临着重大的机遇。随着金融科技的发展,更多新技术被运用到证券市场中,在创新投资方式、交易方式、服务方式、交易平台等方面为提升证券市场服务效率起到了促进作用,针对证券市场不同主体,金融科技也有着相对应的适用。

首先,金融科技应用于证券市场的具体投资方式之中,为投资者创造便利。例如基于"大数据"分析和人工智能技术的智能投顾,将传统的金融资产配置业务与新兴科技技术相结合,通过线上问卷、大数据等手段获取投资者的年龄、资产状况、理财需求、风险承受水平、风险偏好及其变化规律等因素,运用计算机算法搭建数据模型,为用户构建最优资产投资组合,并能够在后期依托大数据平台对资产配置方案连续追踪。[1] 目前,国内提供智能投顾服务的主体是拥有证券投资咨询服务资格的机构,部分具有资质的互联网平台也涉足智能投顾服务领域。此外,基于大数据与人工智能技术的量化交易也为投资者提供投资策略。开展量化交易的基础是数据,核心是策略,目标是绝对收益,采用程序化的交易方式,利用数学及统计学相关知识建立量化模型,在市场无效的情况下可以谋取相关的大概率超额收益。[2] 量化交易通过人工智能研究海量数据,以先进的数学模型代替主观判断的自动化交易方式,极大减少投资者主观因素影响。金融科技的运用能够使投资方式个体化、精细化,为投资者进行定制服务,根据投资者具体情况为其做出更适合的投资选择,减少不必要的干扰因素和投资风险。

其次,金融科技创新了金融交易的服务方式,为诸多金融机构降低业务成本并提高效益。以云计算技术为基础的金融科技与资本市场结合,产生了为金融机构提供基于云的 IT 构架服务的金融云服务公司,将金融服务从传统业务方式转移到云端,从而降低技术采购成本,创造弹

---

〔1〕　参见刘雅琨:《金融科技视阈下我国智能投顾监管制度的构建》,载《浙江金融》2017年第 12 期。

〔2〕　参见陶振毅:《量化交易在股市中的应用》,载《中国外资》2018 年第 15 期。

性、快速的交易环境。云计算能够覆盖任何投资标的,包括股票基金、外汇等金融产品。云计算在资本市场的商业模式主要分为前端模式、中端模式和后端模式。前端模式覆盖销售、交易前事务、交易中事务等环节;中端模式覆盖交易服务和交易进程处理;后端模式负责清算、结算及结算后的事务。腾讯研发的金融云在国内的金融客户已经超过 8000 家,覆盖银行、证券、保险等各大金融企业,其中,传统金融机构占腾讯金融云收入的 60% 以上。[1] 金融科技能够极大缩减金融机构的业务成本,实现云端服务,通过云计算可以处理多类型投资标的,结算安全有效。

最后,金融科技对传统证券交易平台带来改变,为证券交易透明化提供方向。基于区块链技术的股份交易平台也被运用于证券市场中。NASDAQ 于 2015 年推出首个基于区块链技术的私人股权交易市场 Linq,Linq 是一个私人股权管理工具,能够展示如何在区块链技术上实现资产交易。客户可以查看证券历史发行记录,并且能在不需要第三人的情况下自由转让证券,发行人能够对每轮融资的发行股价以及期权的比例进行管理。Linq 极大缩短了结算时间,简化了交易流程。区块链采用分布式账本记录股权信息,作为股权登记的电子凭证,在不依赖第三方公信机构的情况下实现证券登记。同时,利用区块链账本的安全透明、不可篡改、易于跟踪等特点,记录公司股权及其变更历史,可以使股权登记证明更加高效可信。Linq 的优势是实现了结算系统的去中心化、业务过程的无纸化和电子化,并且通过智能合约还能实现证券的代码化,使得股权转让、股东投票、禁售限制等可以实现程序化,从而极大减少人工操作环节。[2] 金融科技的运用使证券交易自动化、便捷化,减少人工环节,使登记结算更加透明简化。

从整体来看,金融科技的创新能够为证券的发行、交易和登记结算提供更有效率、更加透明和更加可信的解决方案,金融科技在证券行业乃至整个金融市场的应用具有各种可能并且正在发生。可以确定的是,代表着新发展方向的金融科技应用将会在很大程度上为金融市场带来新的变革和挑战。

---

[1] 参见钱童心:《腾讯发力金融云 更要关注数据安全》,载《第一财经日报》2018 年 9 月 10 日。

[2] 参见翟晨曦等:《区块链在我国证券市场的应用与监管研究》,载《金融监管研究》2018 年第 7 期。

二、金融科技对证券市场道德风险的防范和消解

道德风险是金融风险的重要表现形态,也是在金融交易活动中市场主体基于自利动机行事的固有风险。在证券市场中,证券投资者、证券发行者、证券公司以及证券市场监管者等不同的市场主体的行为均有引发道德风险产生的可能性,且证券市场存在的固有的道德风险难以消除,其表现形式多种多样,影响着资本市场的交易效率与服务质量,而金融科技基于现代技术对于信息的搜集整合,能使金融服务更有效率,驱动金融创新,弱化证券市场的道德风险。

(一)证券市场道德风险的诱因

要对证券市场道德风险进行防范与控制,首先要厘清道德风险的根源。中国证券市场道德风险的产生有两大根本诱因,一是信息不对称带来的欺诈行为。在信息经济学中,信息不对称是指在市场经济活动中,各类主体对有关信息的了解存在差异,掌握信息相对充分的主体,处于相对有利的地位,而信息贫乏的主体,则处于相对不利地位。中国证券市场不同主体掌握的信息并不一致,而这种信息不对称的现象导致道德风险客观存在并难以消除。由于各主体所处的位置和参与证券市场交易的时机与方式存在差异,各主体所获得的信息量也存在着数量以及质量的区别。按照资本的天然逐利性,当某一方占据信息资源优势地位时,其相较于其他主体有利可图,那么该主体就会产生利用信息优势牟取不道德利益的冲动,而这种冲动也根据利益的大小而变化。根据道德风险在证券市场不同参与主体的具体表现形式,当市场主体占据信息优势时往往会做出欺诈行为,从而引发道德风险。二是欺诈行为的隐蔽性。证券欺诈行为的具体方式多种多样,但归根结底不外乎《证券法》所禁止的交易行为,即虚假陈述行为、内幕交易、操纵市场及欺诈客户等。与其他欺诈行为相比,证券欺诈手段更复杂,方式更隐蔽,也因此导致了道德风险发生的可

能性更大。证券欺诈行为往往与合法的证券发行、交易、投资、监管行为相互交织，并隐藏在合法的证券市场行为下，由合法的证券交易公司、机构及个体实施，证券市场行为本身有高度专业化与高智力性的特点，而证券欺诈行为正是基于此特点的发挥。普通证券投资者对于该类证券欺诈行为难以识别，同时由于当今科技与网络的高度发展，证券交易一般通过网络进行，交易效率高，遗留痕迹少，难以收集证据，证券市场本身的巨大的投资风险性也掩盖了证券欺诈行为给投资者带来的损失，因此证券欺诈的隐蔽性也是证券市场道德风险的根源之一。

（二）金融科技对传统道德风险的防范

传统的道德风险的根源——信息不对称带来的欺诈行为因其隐蔽性在以往难以被克服与消解，但是随着现代技术的进步及互联网的发展，以大数据、人工智能等技术为代表的现代金融科技的应用通过对交易平台进行监管以及对投资者交易决策进行预测等方式，可以识别道德风险系数高的各类证券市场主体，从而进行相应的甄别、监管，在很大程度上能够解决上述问题。

"大数据"技术能在极短的时间内以极高的效率对日常证券交易产生的海量数据进行抓取和分析，从而监控市场动态，并可以根据实际业务需求搭建信息化平台，完成复杂指令，满足监管需求。例如深交所联合"大数据"技术开发的大数据智能监察系统、上市公司监管系统、风险监测监控系统等智能化应用系统，在交易监管、上市公司监管、债券监管、风险监测监控等方面提升科技化、智能化水平。大数据监察系统具有海量数据处理能力，对于深圳股市上的所有投资者及上市公司的信息具有整合能力，同时对于实时交易进行全方位监控，股市异动迅速警示，同时期深交所系统也上线了"老鼠仓智能识别""内幕交易智能识别"和"市场操纵智能筛查"等大数据应用系统，从海量交易数据中，精准锁定异动账户，利用流计算、数据挖掘、可视化等大数据技术，对投资机构进行监管，提高市场监控效率。警方正是通过"大数据"技术对比分析大量交易数据，在短时间内找出线索，侦破了2015年轰动一时的"私募一哥徐翔案"。

而人工智能基于社交网络与神经网络技术能够及时发现市场主体与

其他主体之间的关联。社交网络即社交网络服务（Social Network Service），涵盖以社交为核心的所有形式，通过各种互联网社交工具与网络信息，人工智能可以搜集整理人们的社会关系、资金流动以及行为偏好，根据 FCM 聚类算法[1]自动地将有相似特征的群体归类为社群，针对该类社群的特点进行监管，一旦出现异动可以迅速发现，并识别道德风险高的主体，自动筛选监控，从而便于监管效率的提高。通过人工智能不断地自我学习，正如经济学中的"理性经济人"假设[2]，其行为基于已有信息而试图做出获得效益最大的选择，通过算法的设定，掌握大量信息的人工智能在某种程度上可以代替人类数据分析师为投资者提供配套投资建议，减少证券交易中的参与主体与交易步骤。投资者甚至可以排除第三方干扰直接做出投资决定，从而也降低了交易过程中产生道德风险的可能性。

三、金融科技应用中新型道德风险的隐忧

证券市场产生的新型道德风险和传统道德风险既存在联系也存在区别。新型道德风险是证券市场传统道德风险随着金融科技的运用而更迭产生的，两者产生的原因均是信息数据的不对称和存在资本逐利行为。一旦风险发生往往会导致证券市场巨大的波动，从而造成巨大损失。传统道德风险表现于因信息不对称产生的欺诈行为及其隐蔽性，而新型道德风险表现于因金融科技的使用致使各主体掌握大量数据信息及披露不到位、监管不到位导致的交易缺乏公平与安全的可能性。金融科技的运用在很大程度上能够防范与化解证券市场传统意义上的道德风险，但由于科技的应用同时是"双刃剑"，有利也有弊，且应用金融科技的证券市场主体存在多样性，也正是由于应用主体的不同，其追求的利益目的也不尽

---

[1]　FCM 聚类算法是一种基于划分的聚类算法，使得被划分到同一簇的对象之间相似度最大，而不同簇之间的相似度最小。

[2]　当一个人在经济活动中面临若干不同的选择机会时，他总是倾向于选择能给自己带来更大经济利益的那种机会，即总是追求最大的利益。

一致,那么不同主体在开发、利用金融科技的过程中也可能给证券市场产生新型道德风险。

首先是作为金融科技研发者的金融科技公司可能发生新型道德风险。金融科技公司拥有技术优势,而金融科技本身具有专门性和专业性,如果金融科技公司试图在金融科技工具中设置漏洞,非专业人士将难以察觉。金融科技的研发与应用,很大程度上是在信息数据、程序代码、算法系统等基础上进行,而这些技术对于投资者和金融消费者而言又明显缺乏可理解性,由此形成的"技术黑箱"会给金融科技的研发主体和应用主体创造更多的不透明空间,从而形成滋生和放任道德风险的土壤。[1] 近日,美国和英国等国家的政府要求科技公司在其加密设备上设置后门,从而让执法部门总能够访问其中的数据。[2] 虽然这则新闻中政府的要求只是"愿望",但由此可知科技公司对于科技的控制性非常强,一旦其试图在金融科技的研发过程中设置后门,从而窥探隐私,或者未经许可收集数据、设置不公平算法,就会侵犯证券市场其他主体的合法权益。金融消费者的隐私具有财产属性,[3]金融机构掌握大量用户数据,有将数据进行滥用、不正当使用的可能,从而带来产生道德风险的可能性。

其次是作为金融科技应用者的金融机构可能发生新型道德风险。金融机构可能与普通投资者在适用金融科技时产生利益冲突,从而产生不良后果。适用于证券经纪商、投资咨询顾问和资产管理机构等为客户提供金融投资服务领域的信义义务[4],提出了比适当性义务要求更为严格

---

[1] 参见[美]弗兰克·斯帕奎尔:《黑箱社会:控制金钱和信息的数据法则》,赵亚男译,中信出版社2015年版,第191页。

[2] See *"Five Eyes" Governments Call On Tech Giants To Build Encryption Backdoors*, available at https://techcrunch.com/2018/09/03five-eyes-governments-call-on-tech-giants-to-build-encryption-backdoors-or-else/,accessed Sept.20, 2018

[3] 参见魏莱、宋颂:《大数据时代金融消费者隐私的产权分析与保护》,载《中国商论》2015年第17期。

[4] 1995年,美国基于投资顾问和现代投资组合理论颁布了《统一审慎投资法案》(Uniform Prudent Investor ACT,简称"UPIA"),该法案要求在为信托受益人作出投资决策时,应考虑受益人其他投资、资产、收入来源等,并在该法案第二节"护理标准、投资组合战略、风险和回报目标"中具体规定了受托人所需遵守的义务。在澳大利亚,澳大利亚证券和投资委员会(ASIC)已经明确表示,智能投顾作为一种技术是中立的,适用于传统顾问的信义义务也同样适用于智能投顾。

的受托人义务标准,是一种为了受益人利益最大化的义务要求。然而智能投顾由于网络的虚拟性、不同算法产生投资组合的复杂性,形成了新的信息不对称。智能投顾的信息透明度主要体现在服务交易记录、留存数据信息、持续性信息披露、账户存管和收费模式等方面。而现今监管机构并没有对智能投顾这类特殊的理财工具提出更为严格的信息披露标准,也缺乏相应的技术来加强信息披露,从而造成了一些灰色地带。[1]普通投资者在使用这类智能理财工具时,由于信息披露不到位,智能投顾运营者可能会利用这些信息差异从事违反信义义务的行为。一般情况下,投资者接受智能投顾服务时会与提供服务的投资咨询机构签订合同,但由于双方在市场上所处地位不同,提供服务者占有极大的主导权且一般签订的是电子化的格式合同,因此这种合同极易导致双方权利义务不平等。同时由于互联网的快节奏性,投资者一般也难以认真研究,无法准确理解合同的条款内容,因此有些运营机构为了自身利益最大化,提供的智能投顾服务并不是针对投资者需求和自身情况所设计,而是服务于机构利益,给出的投资建议并不科学理性,或者极力忽视风险鼓励投资者交易,对投资者的正当权益造成损害,从而产生道德风险。

最后是新型交易方式可能引发的新型道德风险。金融科技的广泛应用,对传统金融交易的标的、定价、流程和对价等都可能产生巨大的冲击。证券无纸化和电子化交易是信息网络技术发展给传统证券行业带来的第一轮冲击,而随着区块链技术的发展、人工智能的应用,可能会催生基于区块链技术的新型证券产品形态,同时交易的自动化也并非空想。典型的由金融科技衍生的新型交易方式包括 ICO 融资,ICO 融资已经成为区块链公司在发展早期的主要筹资方式。根据加密货币报道媒体 CoinDesk 在 2018 年发布的全球区块链现状报告,截至 2017 年第四季度,ICO 融资 50 亿美元,增长速度非常快。[2] 但是 ICO 的投资风险非常大。首先,ICO 是投资者通过数字货币交易得到的项目发行的代币,由于代币的法律属性不确定,难以依据代币主张对项目的所有者权益;其次,许多创业

---

〔1〕　参见李晴:《智能投顾的风险分析及法律规制路径》,载《南方金融》2017 年第 4 期。

〔2〕　See *State of Blockchain* 2018 *Slideshow*, available at https://www.coindesk.com, accessed Sep.25, 2018.

公司在只有一个模糊的项目白皮书和华丽的网站的情况下便进行 ICO,发展看似神速,实则缺乏基础资产支撑;另外,大部分 ICO 项目无法提供真实的回报预期,同时由于对这些项目的投资资金管理的披露没有明确的要求,可能造成信息披露不及时、不全面的风险。为了募集资金,ICO 团队往往会夸大其词,撰写不合事实的白皮书,更有甚者将 ICO 项目发展成非法集资或是庞氏骗局。2018 年 4 月,越南加密货币公司 Modern Tech 携款潜逃,涉及金额 6.6 亿美元,该公司以发行 ICO 的方式募集资金,却无任何产品。[1] 而这也体现了 ICO 这种在披着金融科技应用外衣下的新型筹资方式所带来的巨大道德风险。

金融科技的发展被寄予着以技术理性缓释证券市场道德风险的厚望,更加客观化和程序化的金融科技应用也确实能够在很大程度上减少市场主体对证券交易过程的不当干预,从而降低道德风险对于证券市场公平的侵蚀。然而金融科技能够按照何种价值取向和运行规则发挥作用,却又不可避免地取决于研发者和应用者自身的动机。简而言之,程序和算法如何设置,数据在何种范围内搜集并按何种规则使用,交易的流程如何规范,取决于金融科技自身是否自始便具备公平合理透明的秉性。如果说传统道德风险产生于证券发行与交易的过程之中,那么金融科技时代的新型道德风险则来源于金融科技研发和应用的前端。金融科技在消解传统道德风险的同时,也不得不面对其所伴生的新型道德风险的困扰。

四、金融科技应用中新型道德风险的规制

金融科技的应用正在重写金融服务行业乃至整个资本市场的交易规则,与此同时,新型道德风险也相伴而生。大数据、人工智能、区块链及云计算已经从根本上改变了现行业务模式和监管框架,过往的建立在监管

---

[1] 参见唐碧:《越南爆出 ICO 欺诈大案,涉案金额 6.6 亿美元》,载《财会信报》2018 年 4 月 23 日。

技术相对固定的基础之上的最优监管原则[1]已经无法适应科技驱动下金融创新频发的市场环境。[2] 防范金融科技应用所带来的新型道德风险,需要在充分尊重技术规律的基础上,对技术规则的制度体系进行重构,使其在能适应技术发展趋势与需求的同时有效治理技术带来的冲突与挑战。[3] 通过法律治理的思维和路径,对金融科技应用中的技术理性进行有效的引导和规范,从而尽可能消弭技术创新中道德风险的空间和土壤。面对证券市场交易的新方式、发展的新动态、产生的新型道德风险,必须及时主动地制定相应的法律法规来进行规制。

(一)金融科技的标准化建设

金融科技标准化是指围绕金融科技应用在金融服务业的业务流程、产品服务、信息交换、监管治理等方面所开展的标准化工作。目前的金融科技领域存在很多商业模式,但就金融科技本身而言,我国尚未有完整、单独的法律体系,主要是依靠频繁变动的政策、法规来调整。随着金融科技的迅速发展,有必要建立一套完整的法律体系,从根本上为该行业的发展制定一系列完整的规则,也为监管机构提供监管依据,为金融科技新生态提供法律制度的基础。[4] 首先,金融科技创新层出不穷,但部分产品处于灰色地带,分布式账本、数字货币、密码技术已经得到应用,可配套的行业标准却处于缺位状态;其次,金融科技行业各参与方有各自的比较优势,但由于目前市场标准不统一,造成一定的信息不对称、市场不公正的情况;另外,由于数据资源的重要性,数据成为各机构、各主体的战略重点,但相应的数据安全保护亟待完善。为了降低金融科技应用所产生的

---

〔1〕 如美国的 1933 年《证券法》和 1934 年《证券交易法》规定的监管规则及其实施细则在实施后的近半个世纪内仍发挥法律效力,这在很大程度上源于该期间证券市场整体的稳定性。See Chris Brummer, *Disruptive Technology and Securities Regulation*, Fordham Law Review, Vol.84, 2015.

〔2〕 参见杨东:《监管科技:金融科技的监管挑战与维度建构》,载《中国社会科学》2018 年第 5 期。

〔3〕 参见郑玉双:《破解技术中立难题——法律与科技之关系的法理学再思》,载《华东政法大学学报》2018 年第 1 期。

〔4〕 参见孙国峰:《共建金融科技新生态》,载《中国金融》2017 年第 13 期。

新型道德风险,应设置统一的、全面的金融科技应用标准化机构,建立统一的功能监管和行为监管标准,规范市场主体的金融行为,营造权责分明、法理明确的金融科技市场,促进公平竞争与健康发展。[1] 应将以大数据、区块链、人工智能、云计算为代表的金融科技与金融行业自身相关规定相结合,从而推进行业标准和通用技术的规范制定,以期达到建立多层次、多方面的金融行业标准体系,金融科技应用标准化机构的设置以及人员安排应该综合考虑科技与金融行业两大方面,以求监管的专业性与准确性,并通过标准化构建金融科技生态圈,同时也要推动金融科技标准国际化。

(二)金融科技应用的透明度规制

巴尼·弗兰克[2](Barney Frank)认为,金融科技需要提供给政府足够的透明度。透明度规制即金融科技应对政府保持必要的报备与登记,代码、技术及算法的运用应以通过颁发牌照与许可证的方式进行登记,同时对公众保持必要的公开性与信息披露。资本市场的交易信息应该公开透明,由于金融科技的应用,科技公司与金融机构通过各种技术工具与系统掌握大量秘密数据与信息,而不仅公众对此无法作为,连政府在未经允许的情况下也无法介入,因而公权力对于公民隐私及其他数据的保护难以落实;金融科技虽然降低了交易成本,提高了交易效率,但是也使传统的风险与技术性风险相交织,加剧了科技使用者与监管者的信息不对称。监管部门基于以往经验与数据也不足以有效地实施监管,2015年股灾中以 HOMS 系统为代表的新技术即是股灾爆发的诱因之一。配资机构运用 HOMS 等分仓系统设立伞形账户,相当于为投资人开立了二级账户。各投资人的投资指令和平仓安排都相互独立,最终汇总至配资机构,再由配资机构统一向证券公司发出投资指令。在这种分仓安排

---

[1] 参见郭为民:《金融科技与未来银行》,载《中国金融》2017 年第 17 期。

[2] 此人是前任美国众议院金融服务委员会主席。面对金融体系的"灾后重建",在他和时任参议院银行委员会主席的克里斯·多德(Chris Dodd)的共同力推下,2010 年奥巴马政府正式签署了《多德—弗兰克华尔街改革和消费者保护法》(简称 Dodd Frank Act)。

下,证券登记结算系统中只能看到配资机构,而无法穿透至下面的最终投资者。[1] 因此,证券公司通过 HOMS 系统给配资公司开设账户的行为以及这个行为带来的风险并未向政府进行报备与登记,缺乏披露的及时性,最终导致了股灾。但金融科技信息的披露并非没有限度,金融科技信息、数据、技术资料的披露应满足政府针对所获数据进行利用从而达成有效监管的需求量的下限,也应满足金融科技公司与投资机构等金融科技开发、利用者维护自身利益的必要的商业秘密以及维护公民个人隐私权不被侵犯的必需量的上限。

(三)金融科技的应用的合规性管理

通过社交网络和现代科技,金融科技工具可以抓取有关用户的一切数据信息,甚至可以基于数据分析用户心理、预测用户投资行为,然而金融科技的开发与利用本质上是为提高金融服务效率,为金融服务提供者谋取利益,具有相对的私人属性及私利性,因此一旦金融科技的利用使大量数据集中到少部分机构或个人手中,那么由于理性经济人的趋利本能,不排除将这些重要数据另作他用以满足其对利益的渴求,比如非法贩卖隐私信息,进行欺诈行为等,而这自然会带来巨大的风险。此外,数据本身的价值不言而喻,对于金融科技公司来说,其核心资产大多就是数据资源,由于目前技术手段被广泛运用,黑客与不法分子获取数据的手段也越来越多、越来越先进,对科技公司的数据资源有巨大威胁,而这种风险一旦发生就会波及整个金融系统,造成无法挽回的损失,所以金融科技公司更不应掌握超过最低必要限度的数据资源。金融科技公司和机构掌握的数据信息须在维持运行及实现其技术目标而不侵犯公民其他权利的限度之内,同时金融科技公司与机构在利用金融科技工具提供服务并通过服务收集客户个人数据时必须征求客户的同意,不得未经允许非法收集个人信息,对于企业数据的收集与利用也应受到同等限制。立法机关、政府部门、企业和用户代表应通过协商确立基本原则,明晰用户数据收集和应用的限

---

[1] 参见刘燕、夏戴乐:《股灾中杠杆机制的法律分析——系统性风险的视角》,载郭锋主编:《证券法律评论》2016 年卷,中国法制出版社 2016 年版。

度、知情权、归属权、使用权及处置权。欧盟于 2018 年 5 月 25 日生效了《通用数据保护条例》[1]（GDPR），建立起统一的个人数据保护和流动规则。2018 年 5 月 28 日，欧洲消费者权益保护组织 Noyb 将谷歌安卓系统、Facebook、Instagram、WhatsApp 四家美国公司的产品告上法庭，指控其"强迫"用户同意隐私政策违反了 GDPR。欧盟对于用户数据的隐私保护值得国内借鉴。但同时，需要平衡隐私保护与金融科技创新之间的关系，避免过度隐私保护而扼杀科技创新的潜力，因为科技创新一方面也能强化隐私的保护。

（四）技术部门和业务部门之间设置防火墙

金融科技的研发部门和业务部门，即金融科技服务的提供者之间应有明确的界限。技术是中性的，且服务于人；金融是人与人之间的经济交易活动，遵循人本主义精神。技术与金融结合，利用得好，能造福人类；利用得不好，则会适得其反。比如大数据征信，一方面对传统征信业务的不足进行了很好的弥补，大大拓展了征信的数据渠道和处理手段，有利于实现普惠金融；但另一方面大数据的采集、使用、保管或删除，以及凭借大数据对客户"画像"的行为本身又涉及人的权利，如果不合理地加以规制，可能会在实现经济效率的同时，侵犯公民权利。[2] 云计算、区块链等技术从开发者的角度，仅仅只是某种技术，然而也正是由于业务部门、金融服务提供者的产品设计，才将其打造成符合市场需求、服务于金融市场交易的金融科技产品。尽管技术部门可以根据实际市场需求打造金融科技产品，但仍需要坚持"技术中性"原则，同时应该给予技术研发部门相应的独立性保障，不能受制于业务部门的非正当要求。同时，技术的研发也不是无限制的，研发金融科技归根结底是为了满足市场需求从而获得经济利益，市场需求复杂且多元，且金融科技以数据为重要资源，其研发与使用

---

[1] 网站经营者必须事先向客户说明会自动记录客户的搜索和购物记录，并获得用户的同意，否则按"未告知记录用户行为"作违法处理。企业不能再使用模糊、难以理解的语言，或冗长的隐私政策来从用户处获取数据使用许可。明文规定了用户的"被遗忘权"（right to be forgotten），即用户个人可以要求责任方删除关于自己的数据记录。See General Data Protection Regulation, available at https://gdpr-info.eu/. accessed Sep.16, 2018.
[2] 参见罗煜：《金融科技的兴起与金融进步的双轮驱动》，载《中国金融电脑》2017 年第 11 期。

均应被慎重对待,对于金融科技的研发需求应该自行主动登记备案,未经许可的研发需求不准予研发。同时,监管部门有权依规对金融科技的研发需求方案进行审查与核实,以对金融科技进行有效监管。

(五)监管部门应积极尽责加强监管

金融科技在资本市场的良性发展不仅需要静态的标准、规范进行规制,也需要动态的实时监管。金融科技的创新与作为监管依据的法律法规间存在"步调问题",金融科技创新肯定会超前于现行法规,否则可能就不会被视为金融科技创新。[1] 法律法规在保持其稳定性的前提下,不可避免地滞后于当今资本市场的新发展,传统金融监管框架以事后总结经验型[2]为主,以稳定和假定最优为前提,但这种方式已经不适用于目前瞬息万变的金融市场实践,因此目前的金融科技监管存在滞后性。目前,大量的互联网金融资讯平台为投资者提供便捷的投资选择与交易渠道,但投资者的交易并非直接由平台提供,因此投资者与机构之间的关联性弱化,并且投资者与平台的法律关系也尚未被准确定性,这些平台因为不属于金融机构而无法准确纳入现有机构监管框架,从而导致使用各类平台的投资者难以受到金融消费者保护机构的保护。2018 年 6 月以来,全国频繁出现"P2P 爆雷"的情况,例如为大众熟知的"钱满仓""唐小僧""永利宝"等平台纷纷出现融资问题,继而出现清盘倒闭、老板跑路的情况,受损失的人数达千万,受损失资产达万亿。"P2P 爆雷"的情况并非毫无预兆,当许多 P2P 平台大量在社交平台上投放广告吸引投资、抬高利率恶性竞争、大量资金涌入这些平台之时,平台监管部门就应敏锐地察觉到不利信号,应及时采取相应措施遏制未登记的 P2P 平台进一步恶性扩张。首先,监管部门应采取穿透式监管方式,金融科技的发展加剧混业经营特点,部分金融机构提供的创新服务或产品,分段看可能符合监管要求,但综合起来观察其业务本质,则会发现存在着挪用侵占资金、违规交

---

〔1〕 参见杨东:《监管科技:金融科技的监管挑战与维度建构》,载《中国社会科学》2018 年第 5 期。

〔2〕 See Wulf A.Kaal and Erik P.M. Vermeulen,How to Regulate Disruptive Innovation – From Facts to Data, Jurimetrics, Vol.57, 2017.

易操作、虚假误导宣传等风险。因此要强化综合监管,积极运用穿透式监管手段,追根溯源,强化监管渗透的深度、广度和频率,防范和化解金融业务风险。[1] 其次,监管部门在发现资本市场风险的预兆之时,在事前事中就应主动充分揭示、化解风险,而不能等到道德风险爆发,造成无法逆转的不利影响后才有所行动,市场具有滞后性与盲目性,因此往往在风险爆发后才会有所反应,故而更需要监管部门积极主动承担监管职能,提前监控预警风险。最后,监管部门的监管技术应随科技进步而同步发展,在面对金融科技应用而产生的新型道德风险的情况下,传统监管模式已经不再适用,因此,监管科技(Regtech)技术与时俱进,监管科技是在监管部门和被监管者——一般而言是金融机构之间建立持续有效的监管系统及平台,监管科技也运用金融科技的新技术,以大数据、云计算等为代表,收集整合数据、监控动态、识别风险,提高监管效率与及时性。

五、结语

以大数据、云计算、人工智能、区块链为代表的金融科技在金融服务行业上被日渐广泛地应用,一方面降低了证券市场上传统道德风险发生的可能性,各种金融科技工具的使用提高了金融服务业的效率,在降低成本的同时提升用户体验,是未来金融行业发展的主要方向与动力。然而,由于金融科技的技术性强,风险系数高,对于数据信息的需求大,而此类风险目前尚缺乏成熟有效的解决对策,故而也带来新型道德风险发生的可能性。金融科技是一把"双刃剑",我们一方面需要鼓励金融科技的技术创新与应用,促进金融市场的稳定繁荣,与国际金融科技的发展接轨,进一步提高我国话语权,另一方面也应审慎地对金融科技应用进行有效的监管和规制,通过静态的制度、法规与动态的监管科技相结合,金融机构内部的调整与部门监管相结合,从而在整体上抑制新型道德风险的发生。

---

[1] 参见李伟:《金融科技发展与监管》,载《中国金融》2017 年第 8 期。

第三章

金融科技的技术风险及其法律治理

随着以大数据、云计算、区块链和人工智能等为底层技术的金融科技蓬勃发展,金融机构和金融科技公司的技术创新蔚为风潮。金融科技的加速应用已成为行业共识和现实趋势,金融行业的格局正在迎来深刻变革。然而,技术驱动的金融科技使得金融体系在享受技术创新所带来的效率便利的同时,也不得不面临技术本身所伴生的风险。毋庸置疑,金融科技正在爆发其强大的能量,但如影随形的技术风险正如金融科技的"阿喀琉斯之踵",成为横亘在金融科技面前的最大障碍。除了依赖技术自身的不断优化完善,从法律制度层面构建金融科技的技术风险防范体系,能够为金融体系更好地依托金融科技实现完善提供重要保障。

一、技术是把双刃剑:金融科技的机遇与风险

金融科技或称 FinTech(Financial Technology),是指通过科技工具的变革推动金融体系的创新,形成对金融市场和金融服务供给产生重大影响的新业务模式、新技术应用、新产品服务。[1] 金融科技强调金融和科技的结合,意在通过科技给金融服务赋能,以提升金融服务效率,规避金

---

[1] See Financial Stability Board, *Financial Stability Implications from FinTech*:*Supervisory and Regulatory Issues that Merit Authorities' Attention*, Jun.27, 2017.

融风险。对金融科技的理解通常包括两个方面,其一是能够实现金融创新的特定技术,例如大数据、人工智能;其二则是基于特定技术的业务形态,例如智能投顾、网络借贷和虚拟货币。[1] 从广义上理解,金融科技大致经历了三个发展阶段。[2] 第一阶段为金融信息技术阶段,即依托信息技术的发展,以电子化、信息化的技术和手段,为金融行业提供软硬件支持、服务和解决方案。自动提款机(ATM)、销售终端机(POS)、电子化登记结算系统等,都是该阶段的产物。第二阶段为互联网金融阶段,即网络技术与金融业务深度融合,开始为资产端、交易端、支付端和资金端的对接连通提供便捷的通道,形成依托互联网和移动终端的新型金融业务的载体和业态。网络借贷、移动支付、股权众筹、互联网理财等互联网金融模式,都是通过互联网技术的应用实现信息共享和业务撮合,拓展了传统金融行业的模式与渠道。第三阶段是真正意义上的金融科技阶段,即通过大数据、云计算、人工智能、区块链、移动互联等新一代信息技术的应用,改变传统的金融信息处理流程、投资决策过程、信用中介角色,通过自动化、智能化、去中心化等方式深刻变革传统金融市场基础设施和金融交易形态,从而大幅度提升金融效率,改善金融服务。这一阶段出现的量化交易、智能投顾、大数据征信、虚拟货币等,都体现了新型信息技术应用给金融行业带来的深刻变革。

尽管现在说金融科技将颠覆传统金融体系还为时尚早,但金融科技通过技术路径给传统金融市场结构带来的变革已成事实,并且在未来还具有巨大潜力和无限可能。金融科技的本质是通过科技和金融的融合,以技术驱动金融市场活动和金融创新,金融科技的应用无疑将会给金融发展带来巨大的机遇。一方面,技术进步的直接效应便是效率的提高。不论是早期的电子化,还是现在大数据和人工智能等技术的应用,都显著降低了金融活动的交易成本,能够以更加高效便捷的手段完成金融交易和金融服务的过程。另一方面,金融科技的应用能够优化金融市场结构,通过去中心化的结构安排能够改善金融市场基础设施的可信度和稳

---

[1] 参见刘志坚主编、京东金融研究院编著:《2017 金融科技报告:行业发展与法律前沿》,法律出版社 2017 年版,第 19 页。

[2] 参见香港交易所:《金融科技的运用和监管框架》,2018 年 10 月,未出版。

定性,通过自动化、智能化的交易流程能够尽可能降低人为干预和道德风险对金融活动的不利影响。还有就是金融科技的应用能够最大限度地实现信息的即时采集与传递,有效地减少信息不对称,提高金融产品和金融服务的可得性和易得性,提升金融包容和金融普惠的程度。[1] 从整体上看,金融科技的应用不仅能够优化金融市场结构,而且能够改善金融市场运行的模式与流程,代表着未来金融发展的趋势。

然而金融科技并非完美无瑕的万能灵药,其应用并不能完全地解决风险问题。金融市场中固有的信用风险、市场风险、系统性风险等传统风险,并不会因为金融科技的应用而消弭,而是仅在一定程度上得到抑制或者以其他更为隐蔽的方式存在。同时,金融科技在应用过程中产生的新模式、新业态以及各监管部门之间的态度和对策不同步,容易导致监管套利风险和法律风险。[2] 更为重要的是,高度依赖计算机和互联网的金融科技,将金融活动的基础设施、流程、数据等全部付诸技术手段和软硬件,使得技术成为金融科技的关键,这就导致技术风险成为金融科技风险构成中最薄弱的环节。

金融科技的技术风险主要指由于金融科技自身及其应用过程中,由于技术漏洞、系统缺陷、技术失灵等原因导致的金融科技创新应用中的不确定性以及偏离金融科技目标结果的可能性。传统意义上的金融信息系统技术风险是金融科技技术风险的起点,但由于金融科技发展阶段的更迭以及大数据、人工智能等新技术的应用,金融科技的技术风险在风险来源和风险构成上呈现出更大的特殊性和复杂性。金融科技自身的技术属性,决定了其因技术不完备和脆弱性而难以完全消除技术风险,而金融科技在研发、应用、运行、维护的流程中又因为涉及诸多技术能力参差不齐的主体从而难免形成技术漏洞。同时,金融科技也可能因其底层技术的负面效应或技术特征而存在脆弱性,从而产生技术风险。

一方面,作为静态技术存在的金融科技本身不可避免地存在固有缺

---

[1] See Daniela Gabor, Sally Brooks, *The Digital Revolution in Financial Inclusion: International Development in the Fintech Era*, New Political Economy, Vol.22, p.423.(2017).

[2] 参见徐忠、孙国峰、姚前主编:《金融科技:发展趋势与监管》,中国金融出版社 2017 年版,第 317—327 页。

陷,技术的失灵或者脆弱会导致金融科技偏离其预设目标从而导致风险。技术不完备是金融科技技术风险最主要的来源。金融科技本质上是基于软硬件的一系列方案。尽管软硬件技术发展迅猛,但就像创造软硬件的人类一样都难臻完美。[1] 以区块链技术为例,尽管其所依赖并引以为可信保证的共识机制在逻辑上无懈可击,但是当其面对掌握了 51% 算力的主体发起算力攻击时,标榜不可篡改的区块链技术也只得接受记录被篡改的事实。而随着密码破译技术的进步和量子计算的应用,运用密码学原理加密的区块链软件和协议也都有被破解的可能。[2] 技术不完备所导致的系统漏洞或设计缺陷往往难以被预先察觉,因此而造成的技术失灵或者受到攻击干扰都将严重影响金融安全。同时,网络安全威胁加剧了金融科技的脆弱性。随着网络攻击事件频发,网络空间安全形势日益严峻,金融行业也已经成为网络攻击的重要目标。恶意攻击者会借助安全漏洞、网络攻击、垃圾邮件、僵尸网络、恶意代码或者黑名单等手段造成网络安全威胁。金融科技对网络的高度依赖,不仅容易导致金融消费者的财产和信息暴露在网络风险之中,也容易导致金融市场基础设施在网络攻击中出现不稳定的问题。例如在 The DAO 事件中,黑客组织利用以太坊网络漏洞盗取以太币,导致大量以太币被盗取和以太币价格大跌。美国 FSOC 在 2015 年的年度报告中指出,网络攻击已经引发了社会对其具备严重干扰金融体系运行的可能性的高度关切。[3] 一旦金融科技在应用过程中受到恶意网络攻击,可能会造成数据泄露、病毒感染、数据篡改、基础设施瘫痪等重大安全事故。

另一方面,金融科技在动态的应用过程中,可能因技术的不当应用或技术自身的负面效果导致金融科技偏离其预设目标从而导致风险。正如硬币之两面,金融科技在为金融行业带来革命性进步的同时,也因其技术特征而造成不可避免的弊端。例如算法在实现自动化、智能化的同时,也

---

[1] See Angela Walch, *The Bitcoin Blockchain as Financial Market Infrastructure*: *A Consideration of Operational Risk*, NYU Journal of Legislation and Public Policy, Vol.18, 2015, p.837.

[2] See Rainer Bohme et al., *Bitcoin*: *Economics*, *Technology*, *and Governance*, Journal of Economic Perspectives, Vol.29, 2015, p.228.

[3] See Financial Stability Oversight Council, *2015 Annual Report*, 2015, p.105.

将数据处理的规则和流程封装在"黑箱"之中,这既会导致透明度的缺失从而影响市场主体的知情权,也会造成因缺少人文关怀和社会理性的干预,技术理性机械运行而出现失控。[1] 金融科技自身极强的专业性和技术性,使依托金融科技开展的金融业务风险更加隐蔽复杂。[2] 基于大数据、云计算和人工智能等底层技术,金融科技借助算法将信息以数据形式进行搜集整理后作出自动化处理,从而得出有用结论或作出相应行为。例如在大数据征信中,由于数据质量的偏差或者算法自身的设计缺陷,可能生成带有歧视或者错误的信用评定结论。在量化交易中,由于算法是在纯粹技术理性的基础上设计的金融行为方案,如果算法运行中其他相关因素考虑不周全,有可能造成因错误信息、偶发事件或其他原因,而自动触发的错误交易行为,并进一步引发市场风险。[3] 数据高速且实时处理,在极大地降低成本提高效率的同时会造成数据处理结果快速传导的连锁反应,进而形成新的实时风险。[4] 尽管金融科技显著提升了金融效率,但是也正是因为数据的极速运算和实时处理,导致了金融风险能够跨行业、跨地域迅速传导。在金融科技的应用过程中,技术漏洞或编程错误均会对金融市场产生巨大影响,衍生新的系统性风险,而内部控制和信息系统的缺陷,也可能导致不可预期的损失。[5] 技术的升级可能带来风险的升级,数据的实时高速处理可能带来市场风险的"多米诺骨牌效应"。一旦赖以作为业务支撑的金融科技被破解或攻击,相关金融业务体系会在短时间内陷入瘫痪,技术风险在特定情况下会由量变急剧升级为质变,甚至可能引发潜在的系统性风险,影响金融稳定。

---

[1] 参见[美]弗兰克·帕斯奎尔:《黑箱社会:控制金钱和信息的数据法则》,赵亚男译,中信出版社2015年版,第4—5页。

[2] 参见朱太辉、陈璐:《Fintech的潜在风险与监管应对研究》,载《金融监管研究》2016年第7期。

[3] 例如,2013年4月23日,美联社推特账号出现"白宫遭袭"的假新闻,触发了大量对冲基金基于大数据的高频交易策略,这些高频交易算法无法识别和确认该信息的真伪,而是根据新闻标题阅读算法机械地自动作出抛售股票的反应,导致美国股市暴跌。

[4] Irene Aldridge, Steve Krawciw, *Real-Time Risk: What Investors Should Know About Fintech, High-Frequency Trading, and Flash Crashes*, John Wiley& Sons, Inc., 2017, p.126.

[5] 参见杨东:《监管科技:金融科技的监管挑战与维度构建》,载《中国社会科学》2018年第5期。

二、法律何为：技术风险的法律因应逻辑

金融科技的技术风险，不仅给金融科技在金融市场中的广泛应用带来了诸多不确定性，也给当前金融监管和金融法制带来了诸多挑战。诚然，技术发展和方案优化能够在一定程度上抑制和防范金融科技所带来的技术风险，然而在旺盛的市场需求下市场主体的自发尝试，并不会等待技术成熟后才投入应用。如果寄希望于市场自发完成技术完善的过程，而不是提前通过法律制度的完善构建技术风险防范体系，则势必会付出金融消费者利益受损和金融市场波动的代价。因此，以法律制度回应技术风险、规制技术风险、防范技术风险，是金融科技不可或缺的制度保障。

（一）技术的归技术，法律的归法律？

从技术风险生成的路径来看，金融科技的技术风险直接来源于金融科技自身，即技术风险的成因是技术的固有缺陷或技术特征。就这个层面而言，技术风险的防范需要按照技术的逻辑进行全流程的风险治理，通过技术研发、应用和运维等阶段的优化和完善，填补技术漏洞，改进技术方案，阻断风险生成，尽量避免和消除技术风险。这就容易让人产生一种误解：以技术手段回应技术风险足矣，作为调整社会关系的法律并不能解决技术问题，因此对金融科技的技术风险应当依靠技术治理而非法律治理。但事实上，金融科技的技术风险防范不只是技术问题，而且是法律问题。仅仅依靠技术优化来防范金融科技的技术风险，低估甚至无视法律制度在技术风险治理中的重要角色，是一种狭隘的臆想。

首先，金融科技并不只是一种静态的技术存在，而且同时也要动态地应用于金融行业的具体场景，这就涉及社会利益或公共利益，进而需要法律对其进行调整。[1] 理解金融科技的技术风险，不能仅仅局限于金融科

---

[1] 参见赵磊：《区块链如何监管：应用场景与技术标准》，载《中国法律评论》2018 年第 6 期。

技本身,而是还需要关注金融科技运行的各个环节与流程。金融科技所涉及的新技术,除了其自身漏洞或缺陷可能导致技术风险,还有可能因技术风险的外溢而造成金融业务上的风险,从而冲击金融市场的正常秩序和法律框架,侵害金融消费者的合法权益甚至危及金融稳定。例如技术的黑箱导致透明度降低和信息不对称加剧,从而造成因技术风险而衍生的欺诈风险。[1] 再如,因过载导致系统崩溃以及算法错误导致的连锁反应,可能会加剧金融市场波动甚至造成系统性风险。而在信用征信、智能投顾中大数据和人工智能的算法不完备所导致的错误评级或者不当决策,也会给法律责任的认定带来新的挑战。这就需要通过法律治理对金融科技技术风险给金融市场和公共利益的冲击予以回应。

其次,金融科技的技术风险虽直接来源于技术缺陷,但其根源是应用主体对金融科技的滥用或不当应用,需要通过法律对金融科技的创新应用行为进行规制以避免风险。技术风险产生的根源不在于技术本身,而是在于技术的滥用,造成技术滥用的深层次原因是社会制度跟不上技术发展,缺少有效的技术规则制约机制。[2] 金融科技的技术不完备是客观规律,但只要在充分论证和试验的基础上审慎地应用,技术风险便能够得到有效抑制。但是随着金融科技创新日益持续化、复杂化和多样化,对于金融科技的盲目信仰以及背后的利益驱动,可能会激励应用主体对尚不成熟的金融科技盲目滥用或者不当应用,从而造成风险的生成和扩散。因此,防范金融科技技术风险的生成与扩散,有赖于对金融科技创新应用的行为进行约束,并通过法律制度明确金融科技的研发和应用中的技术规则,从而以技术伦理制度化的方式确保金融科技的负责任创新应用。[3]

再次,金融科技的创新应用过程中技术与法律呈现出交织甚至趋同的特征,因而法律需要对技术方案进行规范和调整。金融科技在软硬件

---

[1]　参见袁康、邓阳立:《道德风险视域下的金融科技应用及其规制——以证券市场为例》,载《证券市场导报》2019 年第 7 期。

[2]　参见刘芳、宋超:《规则意识与技术风险防范——爱因斯坦技术风险防范思想研究》,载《科学与管理》2018 年第 4 期。

[3]　参见薛桂波、王燕琪:《面向技术风险的伦理责任机制化探析——基于"负责任创新"的思考》,载《长沙理工大学学报(社会科学版)》2018 年第 5 期。

环境下运行,从指令到结果之间的运行过程都是遵循以代码、算法等为代表的技术方案。因此在金融科技的世界里技术就是法律,如何实现技术和法律的同步,使技术运行规则与现实法律制度相协调,是金融科技所需要面临的现实问题。区块链技术中的"智能合约"便是代码即法律(code is law)的典型表现,智能合约通过基于代码设置的规则自动执行程序完成交易,而该规则可能因代码的错误或者不合理而导致技术风险。因此有学者也提出,可以按照法律规则进行代码设置实现法律即代码(law is code),[1]从而可以将技术风险防控的法律规则融入金融科技本身,以实现对金融科技技术风险的有效防控。

最后,更为重要的是,技术发展自身也需要法律进行回应和规制。当技术的快速发展超乎现有法律能够有效规制的程度时,既不能盲目过度管制,又不能视而不见。[2] 未来金融科技创新将日益持续化、复杂化和多样化,为了避免鲁莽应用所带来的技术风险,立法者和监管者需要更加及时高效地针对金融科技的应用制定更为积极、动态和负责任的规则,以充分回应金融科技技术风险带来的挑战。而与此同时,法律制度也需要为金融科技创新应用创造有利的制度空间,以适应技术发展的趋势并实现金融行业的进步。易言之,针对金融科技的技术风险,需要法律制度因时而变,构建兼顾包容审慎和有效规制的监管体系,从而在提高金融效率的同时有效地保护金融消费者权益和维护金融稳定。

因此,单单依靠技术治理而忽视法律治理,在一方面忽视了金融科技技术风险的法律投射。由于金融科技技术风险与法律风险的高度关联,从技术到技术的修补式进路很难构建起技术风险的系统化防范框架,也不能有效地处理好金融科技市场应用中技术与法律的冲突调和。另一方面也高估了金融科技在市场应用中的技术理性。金融科技的开发者具有尽快投入市场应用并在应用过程中进行优化的强烈动机,由此取

---

〔1〕 See Primavera De Filippi, Samer Hassan, *Blockchain Technology as a Regulatory Technology*: *From Code is Law to Law is Code*, First Monday, Vol.21, No.12, 2016, available at https://doi.org/10.5210/fm.v21i12.7113.

〔2〕 See Mark A. Fenwick, Wulf A. Kaal, Erik P. M. Vermeulen, *Regulation Tomorrow*: *What Happens When Technology Is Faster than the Law*? American University Business Law Review, Vol.6, 2017, p.561.

得的先发优势和经济利益成为相应市场主体鲁莽地应用金融科技的激励因素。如果没有相应的法律框架对此进行规范与调整，这些自发应用行为有可能就会无意间打开技术风险的潘多拉魔盒。概言之，金融科技的应用及其技术风险防范，不仅需要技术理性，同时制度理性也须臾不可或缺，需要将技术治理与法律治理充分结合。

（二）技术中立的再审思

既然法律应该而且可以在金融科技技术风险的防范和治理中发挥重要作用，那么法律需要如何对待金融科技及其技术风险，就成为制度理性必须首先明确的基础性命题。一方面，金融科技能够为金融机构和金融消费者赋能，为其更好地参与金融市场活动提供强大的技术支持。鉴于金融科技的优势和积极作用，法律制度应当为金融科技的发展提供宽松良好的制度环境。另一方面，金融科技也只是技术层面的优化方案，并不能替代金融的基本功能，亦不能改变金融体系本身的运作规律和内在风险属性。[1] 金融科技给金融市场带来的变革，取决于金融机构在开展金融业务过程中如何应用金融科技。所以针对金融科技的法律规制与监管，更多地是主张坚持"技术中立"原则，将规制和监管的重点放在金融科技的应用过程。

技术中立原则常常被用于反对法律对技术的监管，或者为技术服务者免责。技术中立可以从功能中立、责任中立和价值中立三个方面进行理解，即技术本身在实现功能的过程中对用户保持中立、没有主观故意的技术实施者不对技术的负面效果承担责任、技术因其自身的客观性而在价值判断中保持中立。[2] 但是由于技术在投入应用过程中往往会因为技术自身的局限或者使用者的策略，而偏离技术本身的功能定位。技术本身是无意识的，技术的价值取向在很大程度上会受到技术设计者和实施者的影响，因此价值中立可能只是一厢情愿的空想。而责任中立，更多

---

〔1〕　参见李文红、蒋则沈：《金融科技（FinTech）发展与监管：一个监管者的视角》，载《金融监管研究》2017 年第 3 期。

〔2〕　参见郑玉双：《破解技术中立难题——法律与科技之关系的法理学再思》，载《华东政法大学学报》2018 年第 1 期。

的是技术的设计者和使用者据以免责的主张,但免责的前提是他们对技术后果不存在过错。易言之,责任中立有赖于技术的设计者和使用者并未对技术的运行故意施加影响。在这层意义上,技术中立本身可能恰恰意味着非中立。[1] 就金融科技而言,从技术的研发到应用再到运行维护的整个流程,都不可避免地受到应用主体的控制或影响,金融科技自身存在的技术风险可能会被忽视甚至刻意掩盖,也有可能因金融科技的不当应用而造成技术风险。如果技术本身是中立的这一前提无法确定,那么以技术中立的理由否定技术风险的法律治理也是无法实现逻辑自洽的。

并且,尽管金融科技本质上是信息技术在金融领域的应用,但金融科技在具备技术属性的同时还具有金融属性和社会属性。一方面,金融科技创新除了为传统金融活动的进行提供更为高效的解决方案,其自身也在催生着新的金融模式。如果说大数据征信、智能投顾是金融科技在传统意义上的征信和投顾等业务上的创新,那么区块链虚拟货币、网络借贷等则是在金融科技创新的基础上形成的新的金融业务形态。金融科技的发展趋势正在从"为了金融的科技"(technology for finance)走向"作为金融的科技"(technology as finance)。同时,金融科技对于金融体系运行模式和流程的改造,导致金融中介之间、金融中介与科技公司之间的界限逐渐模糊。[2] 这必然会形成新的金融风险样态,给金融稳定造成冲击与挑战,[3] 相应地也会推动金融监管方法和范式的转变。另一方面,金融科技的应用极大地降低了进入金融市场和获取金融服务的门槛,在助力金

---

[1] 参见胡凌:《探寻网络法的政治经济起源》,上海财经大学出版社 2016 年版,第 208 页。

[2] 金融科技的应用在改变金融活动模式的同时,对金融服务提供者即金融机构的市场结构也可能产生巨大的影响,主要表现在三个方面:第一,金融科技的应用在显著降低信息不对称的同时,会推动去中介化的发展,从而逐渐淡化传统的金融中介的特征和角色。第二,金融科技的应用会为金融机构跨业合作提供更为隐蔽和便利的途径,通过网络系统的实质性混业经营成为可能,从而逐渐淡化不同业别的金融机构之间的差异。第三,金融科技的应用使得金融科技公司成为金融机构展业的通道,甚至开始具有直接提供金融服务的条件和动机,从而逐渐淡化金融机构与金融科技公司之间的差异。

[3] See Dong He, Ross B Leckow, Vikram Haksar, Tommaso Mancini-Griffoli, Nigel Jenkinson, Mikari Kashima, Tanai Khiaonarong, Celine Rochon, Hervé Tourpe, *Fintech and Financial Services*: *Initial Considerations*, IMF Staff Discussion Note, SDN/17/05, Jun, 2017.

融包容和金融普惠促进社会公平方面具有巨大潜力。然而金融科技在便利弱势群体参与金融市场活动的同时,也可能让这些金融素养不足和风险承受能力较差的主体暴露在风险之中,[1]从而成为加剧不平等的工具。易言之,金融科技的应用既有可能发挥积极的社会效果,也可能产生消极的社会效果,这取决于金融科技能否合理地投入应用。

即便技术本身是中立的,但金融科技的技术风险传导至金融体系则有可能衍生出金融风险乃至社会风险。从社会利益和公共利益的角度出发,法律也需要积极介入具有较高传导性和覆盖面的金融科技技术风险的预防和处置。因此,正如金融活动相比于一般商事活动需要接受更为严格的监管的基本逻辑,金融科技也不能与一般意义上的技术创新同日而语,而是需要综合考虑其所带来的金融风险和社会风险,以更加系统全面的思维进行监管和规制。就金融科技的技术属性而言,法律制度不宜对技术本身有过多的价值判断,而应该以中立的态度尊重和适应技术的创新发展。但是对于在金融科技应用于金融业务的过程中因技术风险外溢导致的对金融稳定和金融消费者权益的威胁,法律制度也不可能视而不见。所谓的技术中立原则,应该是法律对技术的中立而非对技术应用的中立。因此,技术中立原则可以是解决金融科技带来的技术与法律之间冲突和问题的一种思路,但并不能成为忽视技术风险监管和规制的借口。既然金融科技是科技与金融的深度融合,那么对于金融科技的技术风险,也不能仅仅以技术中立的思维予以回应,而是应当融入金融监管和社会治理的思维实施有效的法律治理。

三、金融科技技术风险的法律治理框架

不同于以技术升级和方案优化对金融科技流程进行完善的技术治

---

[1]　See Helmut Elsinger, Pirmin Fessler, Judith Feyrer, Konrad Richter, Maria Antoinette Silgoner, Andreas Timel, *Digitalization in Financial Services And Household Finance: Fintech, Financial Literacy And Financial Stability*, Financial Stability Report, Oesterreichische Nationalbank (Austrian Central Bank), issue 35, 2018, pp.50-58.

理路径,金融科技技术风险的法律治理,主要通过构建法律制度体系,调整和约束主体行为,完善监管框架和监管措施,从而防范和控制金融科技的技术风险。申言之,法律治理的基本机制是以各类法律规范确定金融机构、金融科技公司、金融监管部门等主体的权利、义务和责任,明确其在应用金融科技过程中的行为模式与法律后果,限制其不理性、不成熟的鲁莽行为,完善技术风险监测处理机制,尽可能避免金融科技的技术风险。金融科技技术风险的法律治理,不仅仅关注金融科技的静态技术,而且关注金融科技的动态应用;不仅是惩罚思维下通过法律责任的结果控制,而且是预防思维下通过行为约束的过程控制。针对金融科技的技术风险,需要在把握风险生成、传导和爆发的流程和规律的基础上,从强化行为约束、明确法律责任、完善金融监管这三个方面建立起系统性的技术风险法律治理框架,通过行为约束框架指引和规范金融科技的创新行为以预防风险;通过法律责任框架明确和落实金融科技的创新后果以分配风险;通过金融监管框架监测和优化金融科技的创新流程以化解风险。

(一)行为约束框架

尽管金融科技的技术风险来源于技术本身,但技术风险的生成、传导乃至爆发主要是根源于不当应用金融科技的行为。因此,法律制度应当对金融科技的研发、应用、运维等环节的相应主体的行为进行规范和约束,既确保研发主体在金融科技开发过程中的谨慎与中立,又避免应用主体在金融科技应用过程中鲁莽的不当行为,以实现对金融科技技术风险的审慎对待和有效防范。具体而言,就是要对金融机构和金融科技公司在开发和应用金融科技的过程中课以相应的注意义务,明确和约束其行为规则,将预防技术风险贯穿在金融科技开发应用流程的始终。

从一般流程和基本目标来看,金融科技不外乎依托相应底层技术设计和研发先进的科技手段和技术方案,用于创新和改进相应的金融交易模式和金融服务提供方式。因此金融科技创新可以分为研发和应用两个环节,所涉及的主体则包括了研发者、应用者和使用者。[1] 除非研发者和应用者系同一主体,研发者和应用者之间存在着技术服务合同关系,而应用者与使用者之间存在着金融服务合同关系,那么研发者和应用者的注意义务因合同约定的给付义务和合同附随义务而产生,即其有义务保证其所研发或应用的金融科技在现有和应有的技术条件和专业水平之下,在其能预测和控制的范围内不存在技术风险。这里的注意义务,是金融科技创新主体为避免技术风险而在研发和应用金融科技的过程中加以合理注意并谨慎行为的法律义务,其内涵既包括了侵权法意义上对技术风险造成损害的避免,又包括了合同法意义上金融服务合同和技术服务合同的合同附随义务的履行,还包括了金融法意义上金融服务机构对金融消费者的安全保障义务。[2] 从注意义务的功能来看,对金融科技创新主体课以注意义务,并非仅为判定过错以明确责任,而且还可以通过行为约束以预防风险。[3] 当然,仅依合同或者技术规范来确定金融科技创新主体的注意义务略显模糊和间接,在规范和指引金融科技创新行为上并不容易发挥明确和直接的作用,若以制定法的方式将这类注意义务予以明文规定,就可以实现通过法律规范细化具体的技术规则,并确认金融科技创新主体的行为模式和行为边界,从而能够强化和明确对金融科技创新主体的行为约束。

一方面,确立审慎的金融科技应用规则,廓清金融科技应用主体的行为边界。规范金融科技应用主体的行为,是有效避免金融科技盲目应用带来技术风险外溢的直接手段。在这个层面,各国立法和金融科技监管政策都进行了诸多尝试和探索。新加坡金融管理局(MAS)针对金融业

---

[1] 研发者,即具有技术条件和创新能力,实际完成金融科技设计和开发的主体,其可能是金融机构,也可能是为金融机构提供技术外包服务的科技公司。应用者即拥有金融业务牌照并利用金融科技提供金融服务的主体,目前仅限于金融机构,但未来有可能科技公司将通过直接或间接取得金融业务牌照的方式成为金融科技的应用者。使用者则是通过金融科技获取金融服务的金融消费者,或者参与依托金融科技的新型金融交易活动的市场主体。

[2] 参见辜明安、王彦:《大数据时代金融机构的安全保障义务与金融数据的资源配置》,载《社会科学研究》2016年第3期。

[3] 参见廖焕国:《注意义务与大陆法系侵权法的嬗变——以注意义务功能为视点》,载《法学》2006年第6期;屈茂辉:《论民法上的注意义务》,载《北方法学》2007年第1期。

务中人工智能和数据分析的应用发布了 FEAT 原则,即公平(Fairness)、道德(Ethics)、问责(Accountability)和透明(Transparency),以促进这些技术在金融机构和金融科技公司被更负责任地使用而不是被滥用。[1] 公平原则,指人工智能数据分析的变量、算法和结果对于用户是合理设计的,数据和模型是精确相关且没有歧视的。道德原则要求人工智能和数据分析的使用需要符合道德标准。问责原则即金融科技的应用主体需要对研发和应用环节负责,受影响的数据主体能够对基于人工智能和数据分析的过程和结果进行监督和审查。透明原则是指数据的使用和人工智能的算法和流程需要向数据主体进行披露和解释。欧洲 MiFID II(欧洲金融工具市场指令)要求,应用基于 AI 和机器学习的算法模型应该有一个文件的开发过程,金融机构需要确保流程的每个阶段都将潜在的风险考虑在内,确保采取合理步骤避免不必要的操作风险。[2] 从这些经验来看,主要可以从内部约束和外部约束两个角度规范金融科技的审慎应用。就内部约束而言,以相应的技术底线原则[3]确保金融科技的研发和应用的合理性和正当性,通过法律制度设置一系列强制性规范、激励性规范和倡导性规范,对金融科技应用主体的创新行为进行约束和指引,明确创新主体的行为模式和其应负的注意义务,以确保负责任的金融科技创新,[4]从而对技术风险起到一定的抑制作用。就外部约束而言,可以通过技术民主原则,[5]对金融科技的技术信息和技术方案进行合理程度的公开,使公众能够知情并参与,从而有效监督和控制潜在的技术风险。

另一方面,明确稳健的金融科技应用条件,完善技术风险防范的策略

---

[1] See Monetary Authority of Singapore, *Principles to Promote Fairness*, *Ethics*, *Accountability and Transparency*(*FEAT*) *in the Use of Artificial Intelligence and Data Analytics in Singapore's Financial Sector*, 2018.

[2] See Directive 2014/65/EU, section 16(5).

[3] 技术底线原则指的是技术的开发和应用不应违反伦理、道德和法律的最低要求。具体而言,金融科技应用需要遵循金融安全、金融效率和金融公平的要求,坚守信息安全、防止欺诈、避免歧视等底线。

[4] Vincenzo Vavoso, Sustainable Financial Services, *Innovative Finance and Fiduciary Duties*: *Reconciling Profitability with Responsible Conduct*, available at SSRN: https://papers.ssrn.com/sol3/papers.cfm? abstract_id=3114384.

[5] 参见刘铁光:《风险社会中技术规制基础的范式转换》,载《现代法学》2011 年第 4 期。

与方案。金融科技应用主体除应当规范其应用行为之外,还有义务主动建立技术风险防控机制,以便在金融科技的应用过程中能够及时甄别技术风险隐患、发现技术风险漏洞并处置技术风险事件。易言之,法律制度需要对金融科技应用主体课以义务,要求其制定技术风险预防和控制的流程与方案,从而为金融科技创新应用提供良好的体系环境。通过这种方式,将防范技术风险作为金融科技应用主体的法定义务,能够将风险防范与技术创新有机统一到金融科技的应用过程之中,从而更好地约束和规范金融科技应用主体的行为。例如国际清算银行(BIS)提出金融机构在应用创新金融科技时,应当确保其具有技术风险的管理流程和控制环境,以有效地控制技术风险。[1] 欧洲 MiFID II(欧盟金融工具市场指令)要求从事算法交易的投资公司应建立适合其经营业务的有效系统和风险控制,以确保其交易系统具有弹性并具有足够的容量,受适当的交易门槛和限制约束并阻止发送错误的订单或以可能造成、促成无序市场的方式运作的系统。[2] 爱尔兰中央银行副行长 Ed Sibley 也提出金融机构和金融科技公司需要将其数据和系统的安全性、弹性和使用放在首位,提高抵御技术相关风险的能力。[3]

(二)法律责任框架

强化行为约束能够实现对金融科技技术风险生成和传导的有效治理,而明确法律责任既是实现强化行为约束的保障,也是充分回应技术风险爆发和避免损害的基础。如果没有相应的法律责任,法律制度只会沦为宣示性条款或倡导性条款,对金融科技应用主体的行为难以产生真正的约束力。只有明确法律责任,才能够对金融科技应用主体真正起到约束作用从而规范其行为,同时也能够为金融科技技术风险的爆发找到责

[1] See BIS: *Sound Practices*: *Implications of Fintech Developments for Banks and Bank Supervisors*, Feb, 2018.

[2] See Directive 2014/65/EU, section 17(1).

[3] See Ed Sibley, *The Need for Resilience in the Face of Disruption*: *Regulatory Expectations in the Digital World*, *October* 2018, available at https://www.centralbank.ie/news/article/the-need-for-resilience-in-the-face-of-disruption--ed-sibley02Nov2018, Mar. 20, 2020.

任主体,使得在金融科技应用过程中利益受损的主体能够获得赔偿。在金融科技技术风险的法律治理框架中,法律责任的意义在于能够与行为约束一起形成完整的制度闭环,保障法律制度的拘束力。

从法律责任的来源和构成来看,作为因违反法定或约定义务而产生的不利后果,金融科技技术风险的法律责任所赖以产生的行为基础,即金融科技应用主体未能尽到审慎的注意义务,其鲁莽行为造成风险的,应承担法律责任。但是具体而言:首先,法律责任主体的过错应当如何认定。所谓过错无非故意或过失,因金融科技应用主体的故意导致技术风险的,例如在应用金融科技时故意设置后门或利用其实施欺诈行为的,因其主观恶意应当承担法律责任自不待言,然而过失的认定由于技术的复杂性和技术风险的难以预测性而难度颇大。因不能预料的技术风险而承担法律责任,可能会损害市场主体的积极性进而抑制金融科技创新,因此过失的认定应当限定为应用主体在对金融科技技术风险认知范围内的疏忽大意或者放任。但是由于金融科技应用主体自身应当具备相应的专业技术能力,因此其对于技术风险的认知应当按照专家标准予以确定。其次,导致法律责任的违法行为如何认定。由于金融科技技术风险不一定直接来源于某一个特定行为,现有法律也无法在全面了解可能导致金融科技技术风险的应用行为的情况下禁止应用主体的相应行为,只能通过规定原则性的行为模式确保应用主体的审慎行为。这种审慎行为的衡量标准即是否尽到了注意义务,如果违反了注意义务即视为实施了违法行为因而承担法律责任。再次,风险与损害之间的关系如何判断。金融科技的技术风险不一定意味着损害,而是产生损害的可能性。金融科技的技术风险造成损害后的侵权法律责任只是一个方面,而违反法律和监管规则盲目甚至擅自应用金融科技导致技术风险的,尽管不一定造成实际损害,但也可能需要承担相应的行政责任。[1] 同时,风险所导致的损害也不一定是特定的,在金融科技创新应用的背景下,技术风险的法律责任并非来源于传统的因侵害行为导致损害结果的人员需承担法律责任的追

---

[1] 例如金融科技应用主体未能满足监管要求,或者故意规避监管要求的,可能存在技术风险但不一定造成实际损失,但仍可能受到行政处罚。

究模式,而是因为金融科技的应用诱致风险并传导至整个金融市场,导致金融消费者利益损害,相关人员需承担法律责任的追究模式。[1]

由于金融科技的创新链条可能涉及多个主体,包括金融机构、金融科技公司、数据服务商、场景运营商、流量平台、云平台以及其他新兴基础设施平台等,因此容易导致金融科技技术风险责任主体的模糊和混乱。这就需要我们运用"业务实质"的标准对金融科技应用过程中所涉及的主体进行筛查。只有真正的金融科技应用主体,即运用金融科技开展金融业务活动的主体,才对于金融科技应用的技术风险负有法律责任,而那些仅中立地提供工具或基础设施支持的主体因未从金融业务中获益,并不宜被认定为金融科技的应用主体。因为后者仅中立地提供技术服务,而并未参与和主导依托金融科技的金融服务,由于其并无金融科技应用的主观意图,因而除向其提供服务的对象承担合同责任之外,无须就金融科技应用的技术风险负担法律责任。概言之,只有金融科技应用主体才应该被确定为技术风险的责任主体。从当前市场实践来看,金融科技的创新应用模式有以下三种类型:一是金融机构自主研发金融科技并应用于金融业务,即有技术能力的金融机构自行组织金融科技的研发,并自主将金融科技与自身所从事的金融业务相结合。二是金融机构依托金融科技公司提供技术外包应用金融科技,即金融机构向金融科技公司或者技术服务商采购技术服务,为金融科技应用于自身金融业务提供软硬件支持、服务和解决方案。三是金融科技公司凭借技术优势直接介入金融业务,即金融科技巨头凭借自身研发优势、流量优势、数据优势,借助金融机构通道将金融科技投入应用,或者直接开展尚未纳入监管的新型金融业务。在前两种情况下,核心金融服务都是由金融机构提供,客户、数据、系统运营都在金融机构控制的范围内形成闭环,金融机构对金融科技应用的整个过程享有完整的控制权,而金融科技公司被排除在核心金融服务环节之外,即金融机构才是金融科技应用主体。无控制即无责任,对于并未主导金融科技应用的金融科技公司课以技术风险的法律责任,难免有苛责

---

[1] 参见岳彩申、张晓东:《金融创新产品法律责任制度的完善——后金融危机时代的反思》,载《法学论坛》2010 年第 5 期。

之嫌。无论是自己研发应用金融科技还是将其外包给金融科技公司,责任依旧由金融机构承担。所以金融机构应该对金融科技的技术风险作出应对,包括必须对外包给第三方的业务进行尽职调查、风险评估和持续监控。[1] 中国证监会颁布的《证券基金经营机构信息技术管理办法》第43条第1款也明确规定:"证券基金经营机构借助信息技术手段从事证券基金业务活动的,可以委托信息技术服务机构提供产品或服务,但证券基金经营机构依法应当承担的责任不因委托而免除或减轻。"就第三种情况而言,金融科技公司在与金融机构合作时取得了主导地位,将后者作为金融科技应用的通道,一些实力雄厚的科技公司通过获取金融牌照来推动金融科技的应用,甚至成为互联网金融控股公司。[2] 还有就是金融科技的崛起推动了去中心化、去中介化趋势,使得金融科技公司开始直接作为金融产品和服务的提供者。由此金融科技公司已经取代金融机构,获得了实质性金融业务的管理权和主导权。为了避免游离在金融监管范围之外的金融科技公司鲁莽使用金融科技造成技术风险外溢,需要按照"业务实质"标准和"同一业务,同一风险,相同规则"的一般原则,让金融科技公司接受金融监管并承担与金融机构同样的法律责任。

(三)金融监管框架

金融科技的应用在很大程度上改变了传统金融业务活动的流程和样态,同样也给金融监管带来了巨大的挑战。金融科技能够提高金融交易的效率,降低金融业的信息不对称和交易成本,但是由于金融监管体制和监管部门缺乏必要的技术支撑,难以在传统的金融监管框架下对金融科技的应用主体实施有效的行为约束。[3] 一方面,金融科技造成的业务模

---

[1] See Joachim Wuermeling, *Artificial Intelligence(AI) in Finance: Six Warnings from a Central Banker*, Intervention by Prof Joachim Wuermeling, Member of the Executive Board of the Deutsche Bundesbank, at the 2nd Annual FinTech Conference, Brussels, 27 February, 2018.see https://www.bis.org/review/r180307d.htm., Apr.3, 2020.

[2] 参见袁康:《互联网金融控股公司不正当关联交易的法律规制》,载郭锋主编:《证券法律评论》2017年卷,中国法制出版社2017年版。

[3] See Iris H-Y Chiu, *Fintech and Disruptive Business Models In Financial Products, Intermediation and Market: Policy Implications For Financial Regulators*, Journal of Technology Law&Policy, Vol.21, 2016, p.55.

式的创新化、交易流程的隐蔽化、法律关系的多元化和风险传导的即时化,显著地增加了金融监管的难度;另一方面,金融科技的技术属性,使得技术风险在金融风险防控体系中的地位和需求进一步凸显,以市场风险、信用风险和道德风险作为主要对象的金融监管在此背景下难免捉襟见肘。为有效应对金融科技的技术风险,需要建立更为合理的监管框架,进一步完善监管体制,更新监管理念,改进监管方式,优化监管措施,确保金融监管能够适应金融科技的需求与挑战。

首先,金融监管需要兼顾技术监管和业务监管,准确把握金融科技的技术实质和业务实质,并对其实施有效监管。金融科技是技术创新与金融业务的高度融合,技术与业务之于金融科技是一体两翼的关系,在对金融科技进行监管时,技术监管和业务监管不可偏废。对于金融科技所形成的创新业务模式,监管部门需要按照"实质重于形式"的原则,把握依托金融科技实施的金融业务模式的业务实质,明确监管主体和监管对象,准确把握金融科技的监管要求和风险要点。金融科技给监管部门最大的挑战,在于金融科技的多样性、创新性和复杂性导致长于业务监管而存在技术短板的监管部门在面对金融科技创新应用时,难以充分把握金融科技的技术本质、运行机理和风险要点。对此,监管部门需要准确把握金融科技的技术实质,厘清金融科技技术风险的生成来源和传导路径,关注金融科技的成熟度、安全性与稳定性,明确金融科技的技术规范与合规要求,建立技术风险控制体系。具体而言,监管部门需要对金融科技的技术方案和风险状况进行评估和指导,例如根据欧洲 MiFID II(欧盟金融工具市场指令),欧洲证券市场监管局(ESMA)需要对算法交易所依托的算法进行适当测试,以确保算法交易系统不会造成市场上的无序交易,同时 ESMA 需要制定监管技术标准草案并向欧洲委员会提交。[1] 同时监管部门应加强对重要技术基础设施的风险监管,对金融机构的基础性和关键性信息系统进行定级备案和等级测试,明确相应的监管要求。例如,要求金融机构建立防火墙、入侵检测、数据加密以及灾难恢复等网络安全设施和管理制

---

〔1〕　Directive 2014/65/EU, section 48(12)(g).

度,完善技术风险规制制度,采取技术手段和管理制度保障信息系统安全稳健运行,并定期检查监督。建立技术监督管理机制,对金融科技的相应技术例如数据信息真实性验证、第三方签名、电子认证等进行监督管理。[1] 此外,监管部门还需要与权威技术机构、行业协会等进行合作,针对金融科技的技术规范出台统一标准与技术指引。

其次,金融监管需要兼顾审慎监管和包容监管,运用"监管沙箱"等创新监管方式预防技术风险,实现鼓励创新与防范风险的平衡。正如前文所言,金融科技具有两面性,其既反映着技术变革给金融市场带来的创新动力,又暗含着技术应用过程中伴生的技术风险。对于金融科技而言,适当合理的金融监管能够起到防范风险的作用,但过度严格的金融监管则可能矫枉过正抑制金融创新。因此金融科技监管需要在鼓励金融市场技术创新和防范金融科技技术风险之间寻求平衡,既要通过审慎监管正确对待并防范技术风险,又要通过包容监管扶持和促进技术创新。[2] 2015年11月,英国率先推出"监管沙箱"(Regulatory Sandbox),通过为金融科技创设一个在一定条件和范围内豁免于金融监管的"安全港",为金融机构和金融科技公司进行金融科技创新提供良好的政策空间,同时也通过安全隔离措施将金融科技限制在安全的测试环境之中,避免因包括技术风险在内的未知风险给金融消费者合法权益和金融市场安全带来冲击。[3] 监管沙箱为金融科技创新提供了有效的应对方案,澳大利亚、新加坡以及中国香港等国家和地区的监管部门纷纷效仿,在有效防范风险,保障安全的情况下,有力地推动了金融科技的创新发展。除监管沙箱之外,监管部门还可以通过"创新指导窗口"和"创新加速器"等监管手段积极引导和介入金融科技创新与应用,从而在市场主体自发应用金融科技的同时,由监管部门通过提示和指导,更加主动地参与到金融科技的技

---

[1] 参见杨东:《监管科技:金融科技的监管挑战与维度构建》,载《中国社会科学》2018年第5期。

[2] See Lev Bromberg, Andrew Godwin, Ian Ramsay, *Fintech Sandboxes: Achieving a Balance between Regulation and Innovation*, Journal of Banking and Finance Law and Practice, Vol.28, No.4, 2017, pp.314-336.

[3] See FCA, *Regulatory Sandbox lessons learned Report*, Oct, 2017.

术风险防范之中。[1] 例如澳大利亚证券投资监管委员会(ASIC)就设立了创新指导窗口,从监管者的角度为金融科技企业指出技术创新中涉及的监管问题,提前明确了风险规避的要点与路径。[2] 这些创新监管方法的运用,能够加强监管部门与金融科技应用主体的互动,增强监管部门对金融科技应用过程中技术风险要点的理解,进而有效防范技术风险。

再次,金融监管需要兼顾回应型监管和主动型监管,将监管科技应用于金融科技的技术风险防范,以技术手段监管金融科技的技术风险。从整体而言,监管金融科技的技术风险可以有两条路径,其一是结合技术风险的发生机理、客观表现和风险要点进行被动的回应,通过规范金融科技应用行为和健全技术风险处置应对机制实现技术风险的监管;其二则是针对技术风险的技术属性和技术表征进行主动介入,通过技术手段对技术漏洞和缺陷进行及时侦测预警和修复完善,即以技术手段控制技术风险。伴随金融科技迅速发展而兴起的"监管科技"(RegTech)可堪重任。[3] 监管科技通常被用于金融机构的合规工作,即通过创新技术来高效率低成本地满足监管部门日益提高的合规要求。[4] 然而随着监管科技的不断创新和金融活动的数字化,监管部门也日益重视监管科技在日常监管中的重要性,以监管科技应对快速发展和变迁的金融市场和新型金融业务运行模式,成了监管者提高监管效率和监管能力的可行选择。[5] 借助机器学习、人工智能、大数据等技术手段,监管部门可以通过监管科技的创新,利用通用弱点评价体系(CVSS)等方法对金融科技的系统漏洞、安全隐患、设计缺陷、算法漏洞等进行检测扫描、风险评估和方案优化,从而以一种自动化、智能化和全天候的技术方法对金融科技的技术

---

[1] See Péter Fáykiss, Dániel Papp, Péter Sajtos , Ágnes Törös: *Regulatory Tools to Encourage FinTech Innovations*: *The Innovation Hub and Regulatory Sandbox in International Practise*, Financial and Economic Review, Vol.17, 2018, pp.43-67.

[2] See Nino Odorisio, *ASIC and ASX Hot on Distributed Ledger Technology*, Governance Directions, Vol. 69:4, p225-227(2017).

[3] 参见周仲飞、李敬伟:《金融科技背景下金融监管范式的转变》,载《法学研究》2018年第5期。

[4] 参见曹硕:《RegTech:金融科技服务合规监管的新趋势》,载《证券市场导报》2017年第6期。

[5] See Douglas W. Arner, Jànos Nathan Barberis, Ross P. Buckley, *FinTech*, *RegTech and the Reconceptualization of Financial Regulation*, University of Hong Kong Faculty of Law Research Paper, 2016.

风险进行主动排除。

最后,金融监管需要兼顾行政监管和自律监管,在借助监管部门的强力约束预防和处置技术风险的同时,发挥金融科技行业自律监管机制的积极作用。行政监管是金融监管部门行使法律授予的行政职权,对金融科技的技术风险进行监管。自律监管则是行业协会以及金融科技应用主体等组织根据合意或者其他激励,[1]从金融科技的研发、应用和运营维护的整个流程对技术风险实行自我监管。行政监管以行政执法权为基础,能够通过市场准入和技术规则的公共执行,对金融科技的应用主体和应用行为施加有效控制。然而受制于监管部门的技术能力和监管资源,行政监管并不总是能全面及时地覆盖所有的金融科技应用主体以及技术风险生成、传导和爆发的整个环节。金融科技的应用主体相比于监管部门更理解金融科技中的复杂信息和技术方案,更了解和适应金融科技发展的最新趋势和成果,也更能够识别金融科技的技术风险类型和风险点,因此他们比监管部门更有能力对其他金融科技应用主体的行为进行监管。[2] 同时,金融科技市场竞争激烈,通过竞争者之间的相互监督,也能够激发自律监管的动力和效能。充分发动金融机构、金融科技公司等应用主体进行自我约束、相互监督并通过行业协会的形式实施自律监管,能够充分弥补监管部门技术短板和人员缺乏带来的监管能力不足,同时也能够尽可能避免行政监管对金融科技行业的过度管制。[3]

四、金融科技技术风险防范的制度构建路径

相比于金融创新而言,法律制度总是滞后的,这种规律同样适用于技术创新领域。在金融科技创新日新月异的全球趋势下,金融科技的技术

[1] 例如同业竞争者出于完善自身技术的动机,或者出于曝光竞争对手技术缺陷以提升自身声誉的动机,会分析和挖掘竞争对手的技术风险。而金融科技应用主体也有着强烈动机检测和修复自身技术缺陷,以有效防范和控制技术风险。

[2] See William Magnuson, *Regulating Fintech*, Vanderbilt Law Review, Vol.71:(4), p1221(2018).

[3] See Chris Brummer, Yesha Yadav, *Fintech and the Innovation Trilemma*, Georgetown Law Journal, Vol.107, p235–308(2019).

风险防范制度尚不完备,境内境外概莫能外。从金融科技发展的实践来看,我国已经走在世界的前列。然而我国金融科技法律制度建设并没能与金融科技行业发展水平相适应。如何建立和完善相应的法律制度以有效防范金融科技所带来的各类风险,是当前立法机关和监管部门亟须解答的时代命题。就金融科技的技术风险而言,我们应该结合技术风险法律治理的基本逻辑和制度框架,构建金融科技技术风险防范制度的中国方案。

(一)建立金融科技应用主体的技术风险防控规则

金融科技应用主体(包括金融机构和金融科技公司)是金融科技从研发到运用的最直接的当事人,也是金融科技技术风险最直接的责任主体,因此首当其冲应当成为法律制度最直接的规制对象。由于金融科技应用主体掌握并理解着难以被外部人所理解的大量技术信息,例如智能投顾比任何人都了解其算法设计,这些主体比监管者更容易识别风险。[1] 因此,通过明确金融科技应用主体的行为规则来防范技术风险是最为直接的有效途径。以法律制度确定金融科技应用主体在风险防控方面的行为规则和法定义务,以风控合规的路径推动金融科技应用主体建立完善的技术风险内部控制机制,实现从源头上控制金融科技的技术风险。我国对于金融机构的信息技术安全方面比较重视,出台了不少部门规章和指引性文件,例如《证券基金经营机构信息技术管理办法》《商业银行信息科技风险管理指引》和《银行业金融机构数据治理指引》等。然而目前的制度规则存在两个方面的不足:一方面,以监管部门为主体制定的制度规则仅针对在其监管范围内的金融机构,仍停留于机构监管范式,只调整金融机构的信息技术应用行为,缺乏对金融科技公司的有效规制;另一方面,以传统信息技术为主要调整对象的制度规则,并不能全面适用于金融科技创新的未来需求,例如对于生物识别、人工智能等新兴技术风险防范的规定尚付阙如。为更为全面有效地建立金融科技应用主体技术风险防控规则体系,我国需要就金融科技创新的主体和业态建立更

---

〔1〕　See William Magnuson, *Regulating Fintech*, Vanderbilt Law Review, Vol.71:4, p1167(2018).

具针对性和包容性的制度规则。

首先,确立金融科技的安全优先规则,即金融科技应用主体在对金融科技进行研发、应用和运维的过程中对于技术安全负有注意义务,并将坚守技术安全底线贯穿在金融科技创新应用的始终。诚然,我们强调对于金融科技的监管需要平衡创新与安全,但在市场机制作用下金融科技应用主体具有足够的创新激励,相反安全激励则明显缺乏。因此对于金融科技应用主体而言,必须以法律上的注意义务对其创新行为进行约束,确保金融科技创新在安全的范围之内。申言之,金融服务需要尽可能地维护安全,保护金融消费者利益,以维持金融市场的信任基础,依托金融科技开展的金融业务也不例外。确立金融科技的安全优先规则,可以明确金融科技应用主体在技术风险防范方面的合规义务,从而约束金融科技应用主体的盲目研发和应用的短期冒险(risk-taking)行为。[1]

其次,确立金融科技的风险评估规则,即金融科技应用主体有义务在研发和应用金融科技时建立完备的技术风险评估体系。所谓风险评估,是指金融科技应用主体在分析金融科技应用过程和业务的技术风险点和控制方法的基础上,对于技术风险发生的可能性和风险事件的影响进行系统的评估。风险评估包括了信息搜集整理、确认技术风险点、查找技术风险原因、报告和反馈评估结果的一整套流程。从已有研究来看,通过对技术风险的自我评估并根据评估结果采取可行的风险管理措施,能够有效地降低风险发生概率以及风险造成的损失。[2] 按照风险评估规则的要求,金融科技应用主体有义务建立技术风险评估体系,能够对金融科技的技术风险问题进行自我评估并向监管部门及时报告,发挥监测预警的实际功能,有利于技术风险第一时间被发现和化解。例如2016年香港金管局(HKMA)推行的网络安全设防倡议(CFI)中要求金融机构建立的网络弹性评估框架,就是基于风险框架评估金融机构的风险状况,提高

---

[1] See Reijer Hendrikse, David Bassens, Michiel van Meeteren, *The Appleization of Finance: Charting Incumbent Finance's Embrace of FinTech*, Finance and Society, Vol.4:2, p159 (2018).

[2] 林龙腾、沈利生:《商业银行操作风险控制自我评估实证研究》,载《金融理论与实践》2014年第11期。

其应对网络攻击时的抵御能力。[1]

最后,确立金融科技的系统弹性规则,即金融科技应用主体有义务为维持系统的安全性和稳定性,制定技术风险应对处理预案,确保其具备技术风险的承受能力和化解能力。由于金融科技的应用很大程度上依赖于计算机系统和互联网技术,其中各类系统故障、算法缺陷、数据泄露、网络安全等都有可能成为技术风险的诱致因素,同时由于技术风险传导的即时性和隐蔽性,可能给整个金融体系带来不可预估的冲击。因此金融科技应用主体通过为技术风险预留弹性空间,利用相应的容错机制、错误纠正机制、数据备份机制等方式方法提高对技术风险的适应能力,从而尽可能降低风险损害。例如可以要求在高频交易算法中设置"断路器"(circuit-breaker)以减少市场波动引起的多米诺骨牌效应导致的风险传导。[2] 如果当年"光大证券乌龙指"事件中光大证券的量化交易系统有此设置,料想也不会引发如此影响巨大的事件。

(二)完善适应金融科技技术规律的风险监管制度

金融科技的兴起给监管部门带来了巨大挑战。对于金融科技而言,不论是监管制度还是监管经验,各国监管部门均无经验可循,立法部门和监管部门都需要不断加强对金融科技的理解和对技术手段的认知,提升自身的规制能力和监管能力。[3] 从金融监管的目标来看,维护金融稳定和保护金融消费者是监管部门的核心考量,因此防范金融科技带来的风险是金融监管制度的应有之义。值得关注的是,随着金融科技的不断发展,各国也积极地出台了相应的法律制度来充分应对金融科技风险。正如前文所提到的,我国需要进一步完善金融监管框架,其中很重

[1] See Artie W. Ng, Benny K. B. Kwok, *Emergence of Fintech and Cybersecurity in a Global Financial Centre: Strategic Approach By a Regulator*, Journal of Financial Regulation and Compliance, Vol. 25, pp.422-434(2017).

[2] See Hayden C. Holliman, *The Consolidated Audit Trail: An Overreaction to the Danger of Flash Crashes from High Frequency Trading*, North Carolina Banking Institute, Vol.19, 2015, p.135.

[3] See Serge Darolles, *The Rise of Fintechs and Their Regulation*, Financial Stability Review, Vol.20, 2016, pp.85-93.

要的内容即是充分将金融科技技术规律融入金融监管制度创新之中,兼顾技术监管和业务监管、审慎监管和包容监管、被动监管和主动监管。囿于我国当前金融监管体制和监管模式,针对金融科技的监管仍然受限于传统的"牌照思维",即未经监管部门许可不得擅自应用,而未持有金融牌照的科技公司又游离在监管视野之外,这就导致了讳疾忌医式的因对风险的忌惮而抑制金融科技创新应用活力,同时金融监管也未全面覆盖金融科技创新应用的整个环节。就金融科技的技术风险而言,需要立法部门和监管部门出台更加精细化的监管制度,将具有创新性和协调性的监管理念、监管方式和监管措施予以法制化,在充分把握金融科技技术规律的基础上实施更有效的金融监管。

首先,引入监管沙箱制度,事先评估金融科技的技术风险。监管沙箱制度设计的目标就是在金融科技创新与风险防范之间寻求平衡,既为金融科技创新应用提供相对开放和宽松的环境,又能够通过试验的方法将金融科技的风险控制在一定的范围之内。对于金融科技的技术风险而言,采取监管沙箱的方式为金融科技提供试验环境,能够在其正式投入应用之前充分地评估技术风险的可能性,不断完善技术的成熟度。例如新加坡金融管理局(MAS)要求进入沙箱的金融科技应用主体要向其报告测试情况。若金融科技存在产生重大风险可能的,应当评估如何减轻,并且要具备发现和减轻风险的预警方案。[1] 我国当前对于金融科技的监管主要采取以金融业务为中心的理念,金融科技公司由于没有金融业务牌照,只能以技术服务商的角色为金融机构提供技术外包服务,这容易导致金融科技的创新应用难以直接进入监管视野,造成金融科技风险的隐蔽化。引入监管沙箱制度,为各类主体提供金融科技创新应用的试验环境,能够在鼓励创新的同时实现对风险的甄别和评估。监管沙箱制度在我国有着先天的制度基因,"试点""先行先试"等政策话语在本质上与监管沙箱的制度逻辑并无二致。对于金融科技监管而言,需要以更为标准化、规范化的制度规则代替行政政策,将监管沙箱的准入条件、监测指标、风控手段和退出机制等予以制度化,形成兼具开放性和审慎性的金融科

---

[1] 参见柴瑞娟:《监管沙箱的域外经验及其启示》,载《法学》2017年第8期。

技试验机制,在金融科技创新应用的前端事先甄别和消除技术风险。

其次,创新技术风险评级制度,筛查金融科技应用主体的风险状况并根据技术风险流程和规律确定监管重点。由于金融监管部门自身监管任务繁重且监管队伍中技术专家的短缺,导致缺乏足够的技术能力和监管队伍对于所有金融科技进行全天候和全覆盖的监管。监管部门需要改进监管方法,提高监管效能,以系统化和标准化的方法评估金融科技的技术风险分布,识别具有技术风险隐患的金融科技应用主体并有针对性地采取监管措施。金融行业对于技术风险评级的经验可资借鉴,例如美国联邦金融机构检查委员会(FFIEC)制定了统一信息技术风险评级体系(UR-SIT),主要用于监管者鉴别被评估机构技术风险暴露情况,通过综合评级和单项评级,迅速识别那些存在较大技术风险因而需要特别关注的金融机构和技术服务提供商,并以此确定相应的监管力度。[1] 我国可以将此制度创新应用于对金融科技技术风险的监管之中,结合金融科技技术风险的一般规律和客观表现,根据技术风险形成和暴露的核心指标制定风险评级体系,筛选出具有较大技术风险程度的机构和业务,并对其重点实施有针对性的监管。

最后,完善日常持续监管制度,对金融科技在应用过程中的技术风险进行全面监测和控制。各国监管机构对常规信息科技风险积累了较多的监管经验,并且形成了包括市场准入、现场检查和非现场检查的常规监管方法,也综合使用了技术风险内部控制、风险自评估、内部审计、外部审计等监管工具。[2] 在对金融科技技术风险的监管过程中,需要进一步完善和创新常规监管方法的运用,保证对金融科技创新应用保持持续监管。例如,可以要求金融科技应用主体定期向监管部门提交由第三方技术机构出具的技术风险评估报告,监管部门委托第三方技术机构进行技术风险评估、监管部门开展窗口指导、开展压力测试等。此外,还可以加强监管科技在日常监管过程中的应用,要求金融科技应用主体接入监管部门

〔1〕 参见阎庆民、谢翀达、骆絮飞:《银行业金融机构信息科技风险监管研究》,中国金融出版社 2013 年版,第 83—84 页。
〔2〕 参见阎庆民、谢翀达、骆絮飞:《银行业金融机构信息科技风险监管研究》,中国金融出版社 2013 年版,第 67—68 页。

的技术系统,满足实时合规的技术要求。[1]

(三)确认金融科技行业自律监管机制与规则

就金融监管的体系构成而言,自律监管作为行政监管的有益补充,是金融监管的重要组成部分,也是最能发挥金融科技应用主体技术优势和一线优势的监管方式。申言之,金融科技应用主体能够直接介入金融科技研发、应用和运维的一线环节,对于金融科技的技术原理和运行方式有着更直观和更深刻的理解,从而更能把握技术风险的生成、传导和爆发的整个流程。由于金融科技在应用过程中涉及金融科技公司和金融机构的主体交叉、技术和业务的高度融合、跨业合作甚至新型金融模式创新等特征,使得我国现有自律监管难以有效因应金融科技创新应用所带来的变革与挑战。行业协会等自律监管主体缺位、技术风险自律监管机制和规则的空白,都极大地限制了以自律监管方式因应金融科技技术风险的有效性。通过法律制度的完善,赋予行业自律组织相应的法律地位并确认自律规则的法律效力,创新和完善技术风险自律监管的机制,对于完善金融科技技术风险监管框架,发挥自律监管功能并有效防范技术风险具有重要意义。

首先,明确自律组织的法律地位并确认其自律监管权力。自律组织能够约束和监管金融科技应用主体的行为,确保其对金融科技的审慎应用和负责任创新,从而有效预防技术风险。然而从自律监管的权力基础来看,监管对象是作为会员基于对行业协会章程的认可而受到约束,即自律组织只能对其会员进行监管。由于金融科技应用主体除金融机构之外还涉及大量的金融科技公司,故而他们并不能直接纳入已有行业协会的自律监管范围。针对这一问题有两种解决方案:一是根据金融科技的具体行业类别,将包括金融科技公司在内的应用主体吸收进入相应的行业协会,由已取得自律监管主体身份和权力的行业协会对该行业的金融科技公司实施自律监管。但此方案须解决要求金融科技公司加入相应行业

---

[1] 参见许多奇:《金融科技的"破坏性创新"本质与监管科技新思路》,载《东方法学》2018年第2期。

协会的法律依据的问题,从而才能以强制性义务的方式将金融科技公司纳入已有自律监管框架;二是以金融科技的应用行为作为基础,成立专门的金融科技行业协会,凡是正在进行或准备进行金融科技创新应用的主体,不论是金融机构、金融科技公司或者其他主体,均需申请加入该协会并受到自律监管,从而形成专门因应金融科技创新的自律监管框架。杭州、深圳等地已经成立了金融科技协会,但其定位还更多地停留于行业自发组织的社会团体,且主要承担行业发展的职能,并未得到法律授权的自律监管者的法律地位。因此,不论是采用上述哪种方案,都必须通过法律制度明确自律组织的法律地位并授予其自律监管权力,从而将金融科技创新主体纳入自律监管框架之中,并确保自律组织能有效实施自律监管。

其次,完善自律规则和技术标准并且确认其法律效力。制定和执行行业自律规则和技术标准,是自律监管的基本实施方式。[1] 行业协会等自律组织植根于金融科技创新应用的一线,对于金融科技的技术方案和可能存在的技术风险能够有最直接的理解和把握,由此也能制定最符合技术规律的自律规则。这类自律规则与技术标准,是作为"软法"通过自律组织的社会公权力、规则的利益诱导以及行业压力等发挥软性约束力。[2] 为了有效防范金融科技的技术风险,需要在认可自律组织的法律地位的基础上,在法律上确认其制定的自律规则和技术标准的法律效力,从而有效地优化自律规则与技术标准的实施,丰富技术风险法律治理的层次并提高其效能。尽管自律规则能够基于自律组织章程对其成员发挥约束力,但有必要通过法律制度明确其地位,使其具有社会公权力的支撑,[3] 从而对金融科技的研发、应用、运维等过程中的准入门槛、技术规范、风控体系等进行更具普遍约束力的规制。同时,也有必要推动行业协会等自律组织通过制定技术标准,对金融科技的应用提供指引,从而引导金融科技应用主体规避在应用过程中的技术风险。

最后,创新金融科技技术风险的自律监管机制。除了按照传统意义

---

[1]　参见郭薇:《政府监管与行业自律——论行业协会在市场治理中的功能与实现条件》,中国社会科学出版社 2011 年版,第 160 页。

[2]　参见王怀勇、钟颖:《论互联网金融的软法之治》,载《现代法学》2017 年第 6 期。

[3]　参见徐靖:《论法律视域下社会公权力的内涵、构成及价值》,载《中国法学》2014 年第 1 期。

上的自律监管思维,由自律组织对金融科技技术风险进行约束,还可以构建鼓励市场化的技术风险侦测和预警的创新机制。由于技术风险的内生性,可以借鉴证券执法中的"吹哨人"(whistleblower)制度[1],通过举报奖励制度和举报人保护制度,激励和引导内部人员针对技术风险隐患和金融科技应用主体隐瞒和放任技术风险的行为进行检举或披露。同时由于技术风险的技术性,也可以从网络安全领域的"白帽黑客"中寻找启示,鼓励行业协会建立金融科技技术风险的主动侦测与预警机制,即在内部设置相应部门或者聘请外部专业机构对金融科技技术风险进行筛查和修复,从而与金融科技应用主体自身技术风险评估相配合,从自律监管的角度开展技术风险的监测预警。

(四)明确金融科技不当应用的法律责任

金融科技在应用过程中由技术风险外溢产生的后果,可能造成金融消费者利益损害甚至威胁整个金融体系的安全。从法律治理框架和技术风险过程来看,法律制度在技术风险爆发之前系借助法定义务和监管规则对应用主体的行为进行约束,在技术风险爆发之后便通过追究应用主体的法律责任以使其承担相应的法律后果。法律责任具有惩罚、救济和预防的功能,[2]金融科技不当应用的法律责任能够基于这三大功能通过使应用主体承担不利的法律后果,对违法不当应用金融科技的主体进行惩罚,为因金融科技滥用受到损害的金融消费者提供救济,对金融科技技术风险的生成扩散和爆发进行预防,从而保护利益相关者的权利并确保法律治理的效果。我国在对金融科技的技术风险进行有效的法律治理时,需要在法律责任方面明确责任豁免、归责原则和责任分配等法律制度,并在立法、执法和司法过程中精准适用。

立法需从两个层面考量金融科技创新应用的法律责任:既需要从鼓励创新的角度进行责任豁免,以消除相应主体在金融科技创新应用时的

---

[1] See Paul Latimer, A. J. Brown, *Whistleblower Laws: International Best Practice*, University of New South Wales Law Journal, Vol.31, 2008, pp.776-794.

[2] 参见张骐:《论当代中国法律责任的目的、功能与归责的基本原则》,载《中外法学》1999年第6期。

限制和障碍；又要从维护安全和保障金融消费者利益的角度明确相应的法律责任，以确保利益受损主体的权利能够得到救济并实现有效的行为约束。因此，明确法律责任豁免的条件与界限尤为必要。从各国"监管沙箱"制度设计的逻辑来看，对符合一定条件并经许可进入"沙箱"的应用主体，可以提供就其金融科技创新应用部分的特许和责任豁免，不将其纳入监管范畴因而也就无须承担监管责任，即便这些金融科技因存在技术缺陷和漏洞而导致技术风险事件，都可视为经监管部门特许的试验行为而豁免其法律责任。[1] 不论是监管部门还是应用主体都无法事先预知金融科技可能会存在哪些技术风险、这些技术风险可能造成何种后果，只要经过了监管部门的试验许可，同时应用主体不存在放任技术风险的主观故意，都应对金融科技应用主体的法律责任予以豁免。但是，如果应用主体明知存在技术风险而在未采取有效修复补救措施的情况下滥用金融科技，由此而产生的后果应视为应用主体存在主观故意的过错，其不能主张豁免法律责任。

尽管监管部门基于"监管沙箱"对金融科技试验性应用进行了责任豁免，但金融科技应用主体仅是无须就得到许可的金融科技所产生的技术风险后果承担行政责任，而在金融科技投入应用的过程中给金融消费者造成损害的民事责任并不能因此而得以免除。原因有二：其一是金融科技的应用并非虚拟性的试验，其技术风险事件所造成的影响并非实验环境下的虚拟损害，而是给金融消费者造成了实际的损失，依托金融科技提供金融服务的应用主体不能仅以其不存在主观故意而主张侵权责任的免除；其二是当金融科技的技术风险造成损害，只有利益受损的金融消费者才是主张侵权损害赔偿责任的权利主体，监管部门无权以行政许可的方式排除受害者主张侵权损害赔偿的私权，金融科技应用主体也不能以该应用行为已得到监管部门责任豁免为由主张免除其侵权损害赔偿责任。尽管金融科技应用主体由于认知局限可能无法完全预判技术风险，但其应有义务确保其应用行为的安全稳定并及时修复技术缺陷和漏洞，不论

---

[1] 参见李敏：《金融科技的监管模式选择与优化路径研究——兼对监管沙箱模式的反思》，载《金融监管研究》2017年第11期。

应用主体已知还是应知特定技术风险的存在及其造成损害的可能性,都不应将此注意义务转嫁给并无相关专业知识且作为接受服务一方的金融消费者。申言之,金融科技的技术风险给金融消费者造成实际损害的,都应认定为应用主体故意或过失所致,应当向受损的金融消费者承担侵权损害赔偿的民事责任。

此外,金融机构和金融科技公司之间的责任分配也应当在立法、执法和司法中予以明确。立法部门有必要将金融科技的应用行为区分为技术支持和业务应用两种类型,并按照技术中立和业务实质的原则明确责任主体,即无须就技术本身承担责任,但须就技术应用于金融业务的行为承担责任。当技术支持与业务应用都由同一主体提供时,例如金融机构自行开发金融科技并投入应用的,由该主体承担相应的法律责任自不待言。但若技术支持与业务应用的主体存在分离,应当根据"应用者负责"的规则承担责任。例如金融机构委托金融科技公司提供技术外包服务,由金融机构将该金融科技投入应用的,应当明确金融科技公司仅是基于技术外包合同为金融机构提供技术支持,应用金融科技开展金融业务的直接主体系金融机构,在该应用过程中因技术风险产生的行政责任和民事责任,应当由直接主体即金融机构承担。金融机构在承担法律责任后,可以根据技术外包合同的约定,向金融科技公司主张违约责任。通过明确金融科技应用主体之间的责任分配,进而实现法律责任主体的明确和对应用主体的有效约束。

五、结语

金融科技的广泛应用将开启金融市场创新的新纪元。然而金融科技的技术属性意味着金融交易和金融服务都建立在金融科技的技术方案之上,这导致金融体系的安全稳定和金融消费者保护在很大程度上受到技术方案的成熟度和稳定性的影响,这就要求我们高度重视金融科技技术风险的防范和控制。由于技术的不完备性和风险的不可知性,技术风险往往难以在事前得到直接且精准的识别,只能在金融科技的创新应用过程中通过对应用主体进行行为约束、对技术风险进行监测和修复,从而避免技术风险的生成、传导和爆发。因此金融科技技术风险的法律治理应该遵循这一逻辑,通过应用规则和法律责任构建应用主体的行为约束规范,同时通过监管模式和监管制度的创新对技术风险进行有效监管,从而确保金融科技的创新应用符合金融安全和金融效率的基本原则和要求,推动金融市场的稳定和发展。

第四章

金融科技的数据风险及其法律治理

随着金融科技底层技术与应用模式的不断革新,数据成为金融数字化、智能化的基础资源和创新引擎。做好面向金融科技的数据治理已然成为行业共识与现实趋势,金融领域的数据业态随着金融科技发展而不断演进。然而,金融科技的数据驱动特征也使金融体系在利用数据提质增效的同时,不得不回应数据自身所具备的不确定性及其在金融环境中独特的风险特征。尽管我国针对金融科技的监管体系已逐步完善优化,但横跨金融与数据领域的金融科技数据风险仍是金融科技监管的"深水区"和"无人区",成为金融体系安全稳定发展的新挑战。在依赖数据治理技术不断进步的同时,关注这一风险背后的制度、技术与业态因素,以此构建金融科技的数据风险防控体系,能够为金融科技更好服务于金融体系提供重要支撑。

一、 金融科技数据风险及其构成维度

金融稳定委员会[1]对金融科技的定义为:可以促进形成新的商业模式、产品或应用并对金融市场、金融机构乃至金融服务的提供产生实质性

---

[1] 金融稳定委员会(Financial stability board)是原 G20 领导人峰会金融稳定论坛升级后的实体性机构,直接向 G20 报告工作,其着力于治理金融体系脆弱性,促进全球金融稳定。

影响,依赖技术驱动的金融创新。[1] 随着金融业技术创新与模式创新的不断涌现,广义上的金融科技经历了从金融信息技术阶段到互联网金融阶段,再到真正意义上的金融科技阶段的转变[2]。前两阶段主要是指信息技术和传统互联网技术对于金融行业的赋能与拓展,其产物包括自动提款机、销售终端机、互联网理财、网络借贷等等;而第三阶段所对应的狭义的金融科技则是本书的主要讨论范畴,其是由大数据、人工智能、云计算、区块链等新兴互联网技术应用于金融业而催生出的创新商业模式,主要可分为信用科技、数字货币、支付科技、量化投资、保险科技以及监管科技六个方向。对于金融科技三个发展阶段的划分,既是金融业务所依赖技术革新的结果,也是数据在金融科技中地位与日俱增的表现。人工智能技术依赖于海量数据作为训练集,其通过对大数据的挖掘发现规律,为微观信用风险分析、系统性金融风险分析以及各类经济决策提供根本支撑;区块链通过数据的分布式存储、密码学技术与共识机制来应对金融信息生命周期中的安全问题和真实性问题;云计算通过搭建各类平台,使金融行业的信息流云端处理与模式创新成为可能。金融业是典型的数据密集型行业,而金融科技的发展强化了这一属性,数据被采集、处理、存储和交换,并以此支撑各类金融科技的应用。

　　但与此同时,数据因其自身属性,也正在放大金融科技创新所带来的不确定性。数据可以通过复制与传输供多个主体使用,具有非排他性,在数据权属制度尚不明晰的背景下,数据无法被"所有"而只能一定程度地被"控制"。但从《个人信息保护法》以及诸多技术规范针对个人信息范围的规定中可以发现,"识别说"与"关联说"一同逐渐成为认定数据主体的标准[3]。金融科技服务于金融活动,在这一过程中金融消费者、金融机构、金融科技公司以及其他数据提供者都难以避免与相关数据产生联系。数据高流动性与离散性所引致的冗杂法律与利益关系成为放大不利

〔1〕　See Financial stability board: *Financial Stability Implications from FinTech*, *Supervisory and Regulatory Issues that Merit Authorities' attention.* p7(2017).
〔2〕　参见袁康:《金融科技的技术风险及其法律治理》,载《法学评论》2021年第1期.
〔3〕　参见王利明、丁晓东:《论〈个人信息保护法〉的亮点、特色与适用》,载《法学家》2021年第6期.

影响的杠杆,所涉各类主体的确获得了以数据为内核的金融科技推动金融业提质增效所带来的收益,也不可避免地承担着金融科技创新数据应用过程中客观结果对主观意图负向偏离的潜在风险。

金融科技的数据风险主要指以数据为基础资源的金融科技在赋能金融行业的同时,由数据安全、数据壁垒、数据挖掘偏误、数据服务稳定性等因素为金融科技应用结果以及金融行业运行带来的不确定性。传统的数据安全风险是金融科技数据风险讨论范畴的起点,随着数据处理模式与安全义务在数字化时代下的不断演化,金融科技行业内逐渐产生数据安全风险与合规风险的叠加效应。同时,金融科技创新应用与数据的密切关联,导致数据产业自身存在的缺陷,如数据流通受限、数据挖掘偏误等现象在金融科技实践中不断重演,金融科技的数据利用风控与数据壁垒问题日渐突出。除此之外,金融科技的数据赋能背后是各类数据主体与处理者间的多元互动,复杂的数据流通环境还会加剧金融行业的网络效应,进而形成数据风险向外传导并造成系统性风险的隐患。

一方面,基于网络的数据处理活动普遍存在脆弱性与局限性,金融科技在运行过程中需面对数据安全、合规成本与产品质量的不测之忧。数据滥用与泄露是金融科技在数据安全方面的风险源头。从外部来看,金融科技行业面临着更为显著的数据泄露风险,金融行业数据天然具备高价值,在数据价值与规模不断增长的同时,相关数据在存储、传输方式等方面难以在安全角度较一般数据实现差异化,根据信通院2019年向我国金融科技行业内的企业发起的调查结果,针对个人金融数据与企业重要业务数据的安全事件成为发生频率最高的网络安全事件类别,约占44%。[1]从内部来看,金融科技机构对于数据的不当使用直接影响着个人信息权益,金融科技伴生"算法黑箱",即在金融科技相关技术的实现过程中算法的不透明性和非中立性导致其中数据处理和交易决策的过程被遮蔽,加剧了信息不对称问题;[2]数据处理者出于最大程度利用金融消

---

[1] 参见普华永道,中国信息通信研究院,平安金融安全研究院:《2018—2019年度金融科技安全分析报告》。

[2] 参见袁康:《社会监管理念下金融科技算法黑箱的制度因应》,载《华中科技大学学报(社会科学版)》2020年第1期。

费者信息的目的,难免会突破数据最小化原则,造成数据滥用。与此同时,金融科技应用主体在利用数据满足自身商业需求时,也不得不面对来自政府监管的压力,难以预见的合规成本将影响数据利用带来的效率提升,使金融科技行业面临不稳定的发展预期与逆向选择风险。[1] 除此之外,金融科技中的自动化预测与决策依赖通过训练数据所建立的数学模型,但相关模型的风险认知能力无法逾越所挖掘数据自身的局限性,在欠拟合、过拟合、无关特征等常见的机器学习挑战之外,[2] 金融科技产品中依靠历史数据所训练的模型也往往难以预见金融市场环境变化所带来的影响。例如在 2020 年中行"原油宝"事件中,合约价格负值这一"黑天鹅"事件的发生也超出了产品风控体系的预测能力,难以避免地为投资者带来了巨额损失。[3]

另一方面,金融科技领域背后的数据壁垒与网络效应也正在为金融行业的稳定运行增添不确定性。金融科技创新实现对于传统金融行业的效率优势,其主要依赖于数据这一关键要素的供给。大型金融科技机构能够利用其庞大的用户数据量与优势市场地位吸引与金融机构的合作并获得收益,在这一过程中进一步扩大其数据资产,并依靠用户转换成本与数据迁移成本,为进入者设置壁垒,进而放大金融服务体系的割裂。[4] 除此之外,在金融科技应用主体数据流动不足的情况下,金融科技机构所形成的数据孤岛之间缺乏有效的数据交换,占有不同类型数据的机构将为了在市场竞争中获得更高的效率进行专门化发展,进而导致彼此之间可替代性降低;而金融科技主体与相关数据源紧密的信息关联必然会强化数据风险对金融业务的冲击,形成风险传染的网络效应。近期美国参议院外交委员会通过审议,用于针对我国台海战略的"台湾政策法案"曾

---

〔1〕 参见杨东:《监管科技:金融科技的监管挑战与维度建构》,载《中国社会科学》2018 年第 5 期。

〔2〕 See Longbing Cao, Qiang Yang, Philip S. Yu, *Data Science and AI in FinTech: An Overview*, International Journal of Data Science and Analytics, Volume 12, pp.81-99(2021).

〔3〕 参见《原油宝和解:中行承担负价亏损 承担部分保证金》,载中国经济网,https://www.sohu.com/a/191985403_105293,最后访问日期:2022 年 5 月 10 日。

〔4〕 See Zetsche, D. A., Buckley, R. P., Arner, D. W., & Barberis, J. N. (2017). *From FinTech to TechFin: The Regulatory Challenges of Data-Driven Finance*. NYUJL & Bus., 14, 429.

在其初稿中单列一节,规定在特定情形下对向我国金融机构提供专门的金融信息服务的供应商施加制裁,将其作为威胁我国金融安全的靶点。[1] 再以当下各地积极推进的"信易贷"模式为例,金融机构大量利用企业在纳税、不动产、水电费缴纳等领域的替代性数据来评估企业信用,截至 2021 年 6 月,相关平台发放贷款总额已逾 3.7 万亿元;[2] 这一模式对于缓解企业信用信息匮乏并提高信贷供给有着重要意义,但此类数据若在质量与来源的稳定性上缺乏保障,则存在着相关服务中断、引发信贷紧缩的隐患。当提供专门化、基础性服务的金融科技机构发生数据安全事故或因政策环境变化而无法继续稳定运营,将可能诱导市场作出行业衰退甚至崩溃的误判,进而对金融体系产生冲击。

值得注意的是,金融科技数据风险虽与众所瞩目的技术风险联系紧密,但两者存在着本质区别。从金融科技的发展历史来看,金融科技中的数据利用与技术应用有着不同的推移进程,在以电子支付为代表的金融科技早期阶段,相关数据的规模、应用范围都较小,围绕数据所发生的风险事件也多限于数据泄露的范畴。但随着金融行业迈入大数据时代,金融科技围绕海量金融数据形成各类创新应用,一定程度上重构了金融数据的内涵与外延,并逐步具备了不同以往的数据驱动乃至数据依赖特征。数据不仅与技术比肩成为金融科技不可或缺的发展动能,还形成了超越一般技术风险讨论范畴(如系统缺陷、技术失灵)的风险表现,这对于传统金融科技风险的分析路径带来了挑战。从两类风险的监管要领来看,在传统金融科技监管语境下的风险为本、包容审慎的思路之外,技术风险规制的另一重要原则是技术中立,即在金融科技主体符合伦理要求与技术规范的前提下,不因创新技术的不同而施加差异化的监管要求。[3] 技术中立原则不仅为技术使用者提供了一定的合规便利,还为监管方对技术

---

[1] See Text – S.4428 – 117th Congress (2021-2022): Taiwan Policy Act of 2022 | Congress. gov | Library of Congress, https://www.congress.gov/bill/117th-congress/senate-bill/4428/text#toc-idee0417c0b9fb4c28a7a8bc08c592937f,最后访问日期:2022 年 9 月 16 日。

[2] 参见何玲、吴限:《全国"信易贷"平台取得四方面积极成效》,载《中国信用》2021 年第 6 期。

[3] 参见肖翔:《金融科技监管:理论框架与政策实践》,中国金融出版社 2021 年版,第 62 页。

的价值判断设置了某种消极性边界。但数据与金融同时具备的社会属性使得数据风险所涉主体范围更广,其构成中的业态因素也较技术风险更突出,仅凭面向技术风险的监管思路事实上不足以对数据风险的所有源头实现有效覆盖,这构成了两类风险的本质区别,即金融科技数据风险的涌现要求监管方积极作为,结合数据风险的成因,从金融科技的数据治理出发,开展综合性、系统性的防控。

二、金融科技数据风险的治理困局

金融科技数据风险表现形式复杂,且具有横跨金融行业与互联网科技行业的特点。因此,探究金融科技数据风险的治理格局,既要对金融科技行业的监管现状进行考察,也不应回避风险背后的数据治理议题。金融监管方对金融科技创新及其风险负有首要管理职责,能否强化风险认知,统筹监管力量,并在此基础之上合理施策决定着金融科技数据风险的防控能效。而就数据治理而言,习近平总书记曾指出,"治理和管理一字之差,体现的是系统治理、依法治理、源头治理、综合施策"[1];在宏观层面,数据治理的核心内涵至少应包括:确保数据安全、明确权责关系,形成多方参与者的良性互动,实现数据流通模式的共建共治共享。但现有的金融监管工具无论是制度设计还是监管技术都明显欠缺防范相关风险的考量与能力,进而放大了监管的滞后性;相关监管分工也仍保持着分业监管的思路,监管力量分配不均,无从适应金融科技发展对监管效率的考验。当下金融科技行业受制于网络安全信息的匮乏,较难形成一个合乎成本的数据安全合规机制;金融科技行业现有的数据流通机制也难以满足打破数据壁垒和化解相应风险的需要;自上而下的单向化管理难以防范数据因非排他性与高流动性所带来的风险,数据治理主体多元化的目标因信息差而落空。

---

[1]　《习近平总书记在参加十二届全国人大二次会议上海代表团审议时的讲话》,载《人民日报》2014 年 3 月 6 日。

（一）金融监管的路径依赖

1.风险认知不足放大监管真空

金融科技鲜明的技术性使得潜在的数据风险表征较一般金融风险更加难以识别,进而增加了金融监管在制度与技术方面固有的滞后性。当下各界对于金融科技监管已逐步形成了秉持"穿透一致"或"功能监管"原则的共识,即通过穿透金融产品的表面形态,根据投资者构成、业务性质、资金来源与投向等要素确定监管主体与适用法规。[1] 将自上而下、重本质轻形式的监管思路用于应对传统金融风险与金融消费者保护自然是合乎理性的,且能够为监管者在现有框架下履职提供便利,但若仅此而已则有忽略金融科技技术与数据赋能这一实质特征及其所带来的复杂性之虞。就制度角度而言,以金融科技数据处理对产品风控所带来的影响为例,回应此类数据风险不应忽视微观审慎监管。其不同于宏观审慎从系统性层面防范金融系统风险的自上而下的视角,更侧重对单一金融机构在行为和风险偏好上的聚焦;[2] 但现有的以《巴塞尔协议》为代表的风险监管标准不仅难以适应金融科技主体间的巨大差异,其事后监管的特性也使其难以监控和防范相关数据风险的出现。而在技术方面,央行自2019年起出于平衡金融创新发展与风险防控的监管目标,借鉴英国监管沙盒模式,推进各地试点金融科技创新监管工具,其通过允许金融科技主体在受监督的管控空间内测试产品服务与商业模式,以降低监管对创新带来的规则障碍,但就试点经验来看,各地沙盒在风险控制与消费者保护等方面水平参差不齐。[3] 可见,此类创新监管对监管能力和监管资源有着较高要求,而在央行所发布的金融科技创新监管白皮书中,主要提及的是传统的金融风险面向,鲜有提及对前述数

---

[1] 参见杜佳佳:《金融领域穿透式监管探析:制度源起与适用前瞻》,载《西南金融》2019年第2期。

[2] 参见王伞伞:《我国金融科技监管短板、突破口与体系建设》,载《财会月刊》2021年第2期。

[3] 参见袁康、吴昊天、李晓艳:《风险防范视角下中国式金融科技监管沙箱的本土构建》,载《辽宁师范大学学报(社会科学版)》2021年第3期。

据风险的回应。[1] 金融科技主体的复杂形态本就对监管沙箱目标的实现提出了考验,若在机制设计时对相关数据风险的认知仍迟滞不前,则将难以规避监管低效的结果。

2.职能分工不明限制监管效率

金融科技数据治理的监管架构未能及时回应金融科技所带来的行业变革,存在着监管主体定位不明确、监管范围界限模糊的问题,影响了数据风险的监管效率。在金融科技行业还处于萌芽期时,央行等十部委发布的《关于促进互联网金融健康发展的指导意见》(2015 年 7 月)依据"一行一委两会"对金融科技监管进行了职能划分。国务院金融稳定发展委员会负责监督协调和防范系统性风险,中国人民银行负责互联网支付业务的监管,互联网借贷、消费金融、互联网保险等业务则由原中国银保监会负责监管,中国证监会负责股权众筹融资、互联网基金销售业务的监管,而网络与信息安全保护职责则由中国人民银行、原中国银保监会、中国证监会、工业和信息化部、网信办、公安部分别对相关从业机构加以履行。前述分行业监管思路在当时形成了较为明确的监管分工,但金融科技在发展过程中逐步形成了"跨界化"特征,最终造成了监管体制的错配。[2] 金融科技对于数据的利用决定了相关监管往往会牵涉多个金融部门乃至其他技术领域的主管机关,后续出台的《网络安全法》《个人信息保护法》《数据安全法》也仅是笼统地规定由各领域、各行业的"有关部门"或"主管部门"负责相关监管工作。仅从金融监管方来看,针对金融科技的数据治理问题就有央行及其下属的金融科技委员会、主管的金融标准化技术委员,原中国银保监会与中国证监会及其子部门,金融稳定发展委员会等多个部门参与其中。其所出台的各类指引、意见、标准、政策文件难以回避监管领域的重叠,进而导致风险控制水平不一致,并增加从业者的合规负担。以分业监管体制应对具备混业化特征的金融科技风险久遭学界诟病,而当下被设立用于统筹规划各分业监管机构的金融稳

---

[1]　参见中国人民银行金融科技委员会:《中国金融科技创新监管工具白皮书》,中国金融
　　　出版社 2021 年版,第 12 页。
[2]　参见胡滨、任喜萍:《金融科技发展:特征、挑战与监管策略》,载《改革》2021 年第 9 期。

定发展委员会、金融科技委员会因缺乏赋权,也难以突破分业监管格局的桎梏,无法承担起统一监管、协同监管的作用。

(二)数据治理路径的缺憾

1.数据安全合规机制难以发挥实效

有效的合规体系构建可以在降低数据安全风险的同时节约合规成本。一般而言,当某一行业从兴起逐渐发展至较为成熟的阶段时,该行业中的企业往往会选择自我约束,参与行业标准的制定,构建在一般性法律规范基础之上的具体合规行为指引。但当下数据处理运作于受离散数学支配的代码之上,这决定了在搭建数据管理环境时百万行程序中的微小输入错误都可能导致任意大小的系统行为偏离,难以参照一般的工程系统为了安全而"过度设计"。数据管理者似乎仅能依照现有行业标准来处理数据以尝试回避法律层面上的风险。但从事前成本与事后收益来看这显然不足以应对当下的互联网安全形势。在合规成本方面,央行出台的《个人金融信息保护技术规范》[1]对个人金融信息按敏感程度进行了安全防护等级划分,并要求相关主体根据信息类别来执行不同的安全标准。但金融业务所产生与存储的个人金融信息数据量巨大,在从收集到处理的短时间内没有办法立刻进行标准化分类并管理;而对于数据处理能力不高的相关机构,其存储的大量非结构化数据[2]更是为满足相关标准形成了障碍。从收益来看,金融科技主体即使满足了相关标准,也难以避免数据安全事件发生,以及随后的民事赔偿与行政责任,如在近年来发生的银行卡网络盗刷交易法律纠纷中,法院在认定银行卡服务是否存在安全漏洞时多会加重银行一方的举证责任,而非适用一般侵权责任的举证规则。[3] 合规机制陷入窘况的根本原因在于,当下数据安全合规体系无法

---

[1] 参见中国人民银行《个人金融信息保护技术规范》(JR/T 0171—2020)。

[2] 非结构化数据是相对结构化数据而言,不方便用二维表来表示的数据,包括图片、音频和视频信息等,具有规模大、价值密度低的特征,数据间的联系不经处理难以被发掘。

[3] 在部分相关案件中若银行无法举证财产损失系持卡人本人所为,法院将会认定发卡行存在安全漏洞并要求发卡行承担返还所划扣账户余额、免除还款义务、消除负面个人信用记录等责任,如叶金庆、中国工商银行股份有限公司广饶支行信用卡纠纷案,山东省东营市中级人民法院(2021)鲁0523民初1057号。相关举证责任安排可参见《最高人民法院关于审理银行卡民事纠纷案件若干问题的规定》(法释〔2021〕10号)。

缓解网络安全信息的匮乏,金融科技应用主体对数据风险事件发生概率、损失规模的了解有限,因而难以有效评估控制相关风险损失在一个可接受水平所必需的网络安全投入与收益。我国现有数据安全事件报告制度在各网络立法中均有提及,本应当发挥填补前述信息差的作用。但相关制度大多仅要求网络运营者在发生数据安全事件时向有关主管部门与用户报告,虽然现有制度能够在一定程度上保障消费者在数据安全事件发生后及时采取补救措施并获得相应赔偿,但却难以为社会层面的数据安全市场提供必要信息,为数据安全风险的控制营造有效的市场环境。

2.同业间数据流动机制推进缓慢低效

金融科技数据壁垒的化解亟需数据流动机制的有序运行,但当下国内金融科技行业主要的数据流动机制尚不健全,难以抑制数据要素的马太效应。金融科技数据流动机制主要可分为三类:第一,金融数据库之间直接进行数据共享,这一路径在我国个人信息共享需征求二次同意的框架下合规操作空间有限。以隐私计算为代表的新兴数据共享技术虽能实现数据的"可用不可见",在一定程度上保护用户信息权益,但其尚未形成具有普适性、低成本的应用模式。第二是"开放银行"模式,在"银行即平台"的商业模式下,通过金融消费者对数据可携权的行使来实现金融数据的流动,[1]如我国《个人信息保护法》中规定个人有权向个人信息处理者查阅、复制个人信息,或请求其将个人信息转移至指定的个人信息处理者。这一规则设计之目的在于解除平台对用户信息的绑定,平衡消费者与金融科技主体间的地位。数据可携权路径虽有着较多的域外实践,但遗憾的是国内却鲜见关于推动开放银行业务的政策与规范,行业自律建设也因缺乏实践积累而无从展开。第三则是监管方强制要求通过可靠第三方协调数据传输,这主要出现在个人征信领域。央行征信系统至今仍有着大量"信贷白户",而金融科技机构具备着利用其他领域的多元数据源搭建风控模型对没有央行信用报告的个人进行评信授信、开展信贷业务的能力;但随着央行发布《征信业务管理办法》(2021年9月公布)要求

---

[1] 参见陆岷峰:《商业银行场景金融:内涵、特征及发展策略》,载《南方金融》2021年第8期。

"断直连"后,金融科技机构无法直接与各类金融机构开展授信合作,而仅能通过持牌个人征信公司进行数据报送。这一机制的设计初衷是实现个人替代征信数据的合规利用,并打破数据壁垒,但大数据的多源异构特征显然会增加各机构在适应这一规则时的整改成本。在市场上仅存两家持牌个人征信机构的背景下,持有大量用户数据的平台将掌握话语权,进而导致行业集中度扩大。而与此同时,不同派系的金融科技机构与征信机构间能否在替代数据利用上达成合作仍存在不确定性,这一强制要求可能反而会阻断部分数据的流动。

3.信息差致使市场约束机制失灵

市场约束机制主要依赖于利益相关者因关注自身利益所采取的行动,在传统金融机构层面则主要表现为外部审计与信息披露制度,由公众与市场的监督来对企业的决策加以约束。然而,这一机制在互联网属性浓厚的金融科技领域存在着失效的可能。单一消费者的金融数据本身价值并不高,其价值的提升主要是在对数据的汇集以及二次、三次处理应用的过程中实现。对于金融科技应用主体在此阶段将如何处理该数据,消费者和市场受限于与金融科技主体之间巨大的知识与资源差异,难以形成有效的认知。这也是控制理论难以有效回应数据治理需求的主因:基于控制所实现的权利划分路径无法消弭互联网企业与消费者之间存在的权力鸿沟,只有数据的收集与处理者才知道他们想要如何利用数据。[1]多样化的金融数据应用模式为消费者相关权益带来了潜在威胁,在配套法律规则欠缺的情况下,市场和公众难以对金融科技应用主体形成有效监督。金融科技应用主体数据安全的用户端监督依赖于用户对于更高隐私安全服务的需求,有研究发现这一市场需求的培养可以通过完善相关制度和消费者教育来推动,但金融科技数据平台与用户之间的信息差异无法通过前述手段加以弥合[2]。

---

[1] 参见李延舜:《大数据时代信息隐私的保护问题研究》,载《河南社会科学》2017 年第 4 期。

[2] See Robert Sloan and Richard Warner, *Unauthorized access: The Crisis in Online Privacy and Security*, 401(2017). Taylor & Francis.

三、金融科技数据风险防控思路的转变逻辑

如前所述,金融科技数据风险的防控形势主要面临着单向化行政规制效率低下与主体权力差异阻滞市场机制的两重困境,相关风险的防控效益已无法仅凭监管方单独治理或是市场自我调节来加以提升。在金融科技业态越发复杂而数据治理命题无法被回避的当下,应当重新审视数据风险的防控格局,剖析各类主体于金融科技数据治理环节中的地位与互动关系,由此转换风险回应思路,针对性地构建一套适用于金融科技的数据风险防控体系,实现风险的源头控制与溢出吸收。

(一)金融科技数据风险防控路径

金融科技市场中的数据风险在成因、表现与影响对象上有着显著的复杂性,致使监管方难以依赖传统路径达成治理目标。数据风险的治理难题很大程度上来源于其独特的业态因素,即在以信息、数据等要素壁垒作用下,与金融科技数据治理议题相关的各类主体,如以"一行一会一局"为代表的金融监管方,工信部门、网信部门等数据治理方,金融科技平台,金融科技服务外包商,金融机构以及金融消费者之间的资源与目标迥异,主体间的价值立场差异将导致自上而下的政府指导收效甚微。[1] 央行于 2022 年 4 月 6 日就《金融稳定法(草案征求意见稿)》公开征求意见,其中提出要"坚持强化金融风险源头管控,将金融活动全面纳入监管,按照市场化、法治化原则处置金融风险"。金融科技数据风险的防控,不仅在于通过规制思维向相关应用主体课以网络安全合规义务,还应考虑如何有效缓解市场整体面对这一风险时所暴露出的资源约束;不仅针对金融科技主体所从事业务之风险,还有必要为数据利用行为结果的不确定性留足缓冲空间。引而申之,针对金融科技数据风险,应当把握

---

〔1〕　See Kickert, W. J. *Public Governance in The Netherlands: An Alternative to Anglo-American Managerialism.* Public administration, Vol. 75:4, p731-752(1997).

"源头防控、业态修正、协同共治、风险吸收"的逻辑,即坚持源头防控的思路,通过业态改造提升风险源头端主体的治理能力,并构建面向该风险的协同共治格局,对风险的产生形成约束,并在此基础之上,为吸收数据风险做好准备,避免金融科技数据风险向外传导。

首先,数据风险的源头防控在于发挥金融科技活动中各类风险源头端主体的风险识别与预防作用。金融科技中的数据处理多源于金融科技应用主体面向金融消费者开展的业务活动,二者因自身利益与金融科技数据处理行为直接关联而具备着关注并防范相关风险的动机,其有效互动将有利于将风险约束至消费者感知范围以外,缓和监管压力。从金融消费者的角度来看,金融科技主体处理其金融数据、为其提供金融服务而与其形成非对称信息下的委托—代理关系,金融消费者希望效用最大化,即在提供数据以获得同等金融服务效率提升的前提下,实现对数据泄露与不当利用风险的有效控制;消费者在承担数据风险的同时无从观测代理人何以处理数据,而仅能通过了解金融科技主体发生的网络安全事件、个人信息收集情况、数据处理结果等相关变量对金融科技主体加以监督,并根据监督结果决定是否继续委托或终止委托。对于金融科技应用主体而言,代消费者处理数据,自然要满足参与约束和激励兼容约束,但其在数据风险控制上的付出却未必如此。一方面,当下的金融科技数据治理行为结果的可观测性差,进而限制消费者的监督积极性以及相关源头治理机制的能效发挥。另一方面,金融科技应用主体也需要足够的网络安全信息来确定数据安全建设的最优投入。由此,作为金融科技数据风险治理路径的首要步骤,即源头防控,在于着力化解存在于消费者与金融科技应用主体间以及金融科技应用主体与外部网络环境间的信息差,降低消费者的监督成本与金融科技应用主体在数据风险控制过程中的试错成本。

其次,发挥数据风险源头端主体的治理作用,并要求对现有金融科技数据业态加以修正。金融科技数据风险起源于数据的自身特征与产业态势,金融科技应用主体的数据处理活动不仅在微观层面上形成了其与消费者之间的利益关系,还对中观层面上行业内相关数据的分布与流动方式产生了影响,进而弱化消费者监督能力,为数据风险滋生提供环境。扭转当下数据流通不便、消费者权利行使困难的数据产业现状对于风险的源头化解意义重大。就数据安全与合规角度而言,消费者需要个人信息权利的有效行使,使其成为制约金融科技应用主体的激励方式,这一方面是出于保障个体权益的要求,另一方面也能通过便利消费者转向其他金融科技平台,实现对金融科技应用主体在发生数据安全事件或不当利用行为被发现的机会成本设置,进而缓解不对称信息下的监督难题。从化解数据壁垒的角度来看,在现有的个人信息保护制度框架与技术条件下,具备经济意义的数据流通较难脱离消费者的主观同意而实现,同时也较难期待金融科技应用主体出于便利消费者变更服务提供方的目的而积极建设数据共享机制。英国金融行为监管局(下称"FCA")曾在其出具的开放银行报告中指出,企业在无外部干预的情况下缺少共享数据的动机,而保障消费者权利并明确企业在数据共享过程中的权责分担是开放银行繁荣发展的前提。[1] 可见金融科技数据业态的修正依赖于有效的政策驱动,且监管部门应当基于保障消费者信息权利行使的角度推进金融科技数据安全流通,从而实现相应市场补充机制与现有制度框架的良好衔接。

再次,在改造金融科技数据业态、化解治理主体资源约束的基础上,构建市场端与政府端、数据治理端与金融监管端协同共治格局。从金融科技数据风险的危害范围来看,其不仅牵涉消费者与作为数据处理者、金融服务提供者的平台之间的互动,还包括影响金融市场内其他主体,甚至存在向金融市场外传导的可能性。行业内"无形公地"的存在促使着共享行业声誉与管制命运的经营者尝试限制个别企业损害行业利益的行动。[2] 在金融科技平台逐步专门化、致力于节点式业务的背景下,[3] 金融科技行业内各个子系统间就数据处理与共享形成了复杂的竞争与合作关系,而数据的非排他性强化了行业经营环境的公地特征,这为金融科技应用主体间的相互监督提供了可能。监管机构在借助政策工具调理市场主体互动机制中的梗滞,寻求市场机制运行与监管目标实现相统一的同

---

〔1〕　See Financial Conduct Authority, *Call for Input*:*Open finance*, 2019.

〔2〕　See Michael J. Lenox, *The Role of Private Decentralized Institutions in Sustaining Industry Self-regulation*, Organization Science, Vol. 17:6, (2006).

〔3〕　参见吴晓灵、丁安华等:《平台金融新时代:数据治理与监管变革》,中信出版社 2021 年版,第 34 页。

时,仍应充分利用金融科技应用主体在数据治理方面的技术能力与管理资源,引导金融科技行业在数据风险事件披露、数据利用行为监督、数据互联环境改善等领域构建相应的自律机制。除此之外,金融科技数据风险虽具有较强的技术性,但其并不完全能够被技术语言所解释,因为数据治理漏洞往往需要借助相关金融业务活动以在现实层面成型并造成损害,这也为金融监管方与数据治理方的统筹协调提出了要求。一方面,金融监管者须有效评估数据风险的监管尺度与范围,在现有金融科技监管框架下补强数据风险防控;另一方面,也需要在数据治理方的协助下,配合行业自律机制,结合业态与技术发展现状将监管语言转化为技术语言。如英国于2020年7月建立了跨部门数字监管合作论坛机制,FCA于2021年4月正式引入该机制,从而促进了金融监管机构、竞争监管机构和数据监管机构在遏制数据垄断、规范网络服务等问题上的统筹治理。[1]

最后,金融科技数据风险的防控不仅包括通过治理手段约束风险的形成与潜伏,还在于提高金融科技行业的风险吸收能力,以抑制数据风险向外传导并衍生为金融风险。尽管金融科技数据治理环境的优化离不开有效市场机制下各主体之互动,但防范虚拟环境中的偏差向金融环境映射仍是金融科技风险防控的核心目标。笔者认为,这一目标的实现与当下金融监管"三支柱"体系具备方向上的同一性,应在健全现有审慎监管与行为监管机制的基础上构建数据风险吸收体系。如微观审慎监管主要关注单个金融机构的稳健运营,金融监管方须将数据利用风控、泄露风险、合规风险对相关应用主体的影响考虑在内,集中监管技术资源,根据潜在负面效应与传统金融业务的关联进行风险识别与合规要求设置。而从宏观审慎监管维持金融体系的稳定、防范系统性风险的角度来看,则有必要考察金融科技数据风险与信用风险、市场风险的相互作用,如数据壁垒、金融基础设施对于金融服务稳定性的潜在影响。再如基于前述数据治理路径,金融监管方可通过与各类市场主体的互动补强行为监管框架,加强个人金融数据保护,限制金融科技应用主体对金融数据的不当使用,从而纠正机会行为主义,保护消费者和投资者利益。

---

[1] See Digital Regulation Cooperation Forum: Plan of work for 2021 to 2022.

（二）金融科技数据风险防控体系

金融科技数据风险在不同维度的表现,都可归因于金融监管环节对于数据治理命题的疏于回应,当以体系化的思维加以应对,防范各类风险跨领域共同作用。金融科技数据风险的系统化防控体系构建必然不等同于单纯的监管施压或是市场放任,若将前述防控思路置于防控框架构建的语境中,则不难发现数据风险的源头防控、业态修正、协同共治路径主要关注改善现有治理环境,通过赋能数据风险治理主体约束金融科技数据风险敞口,而风险缓冲则要求贯彻数据风险治理中的金融监管理念,从监管端与合规端重构数据驱动背景下的金融科技风险吸收要求。

1.治理主体赋能框架

数据风险治理主体赋能框架主要包括缓解治理主体间在治理力量上的不对称,利用信息型政策工具为其发挥风险识别与治理作用提供必要的信息支撑,并侧重为治理主体提供实现治理目的之手段。其主要面向金融科技数据安全、数据合规、数据壁垒视角的风险构成,包括通过进一步完善金融科技行业的数据合规机制来应对数据安全与合规风险,并就化解数据壁垒设置可行的数据可携权实现机制。

一方面,应构建以社会整体效益为导向的金融科技数据安全机制。金融科技主体的数据利用过程为其创造了商业利益,同时也为消费者和社会带来了负外部性,来自监管方的约束手段随之出现以期将相关风险内部化。因此,金融科技的数据安全与合规风险有着一体两面性,其本质是同一类风险分别在外部与内部的映现。规制金融科技数据安全风险应当遵循数据治理的应然目标,通过构建提升信息有效性的数据合规架构,为金融科技主体就数据合规成本收益提供确定性预期,缓解治理环节中多元主体的信息匮乏,实现风险的系统治理。数据安全事件危害对象复杂,但从社会整体角度来看其主要由两个部分构成,一是金融科技应用主体在数据流通各环节中所付出的网络安全建设成本,二是由各类数据泄露事件所带来的预期损失。成本往往是直观可见的,但只有当金融科技应用主体足以对网络安全事件损失形成预期并以此采取行动,金融监管方才能有效评估数据合规策的成本与收益,从而确定将数据安全负外部性内部化的有效政策尺度。因此,从社会整体效益出发构建数据安全体系的前提是网络安全信息的高度透明,完善现有网络安全事件强制报告制度应作为完善金融科技数据安全风险治理路径的重要一环。

另一方面,构建用户数据流通有效知情机制是从市场端防范金融科技数据不当处理行为的前提,对数据不当使用行为进行规制是实现数据最小化原则以及目的限制原则的基础。金融科技数据处理者对于个人金融数据的使用权利大多源自并受限于相关服务协议中消费者的授权,但考虑到当下隐私政策概念模糊与文本冗长的现实,数据主体在这一授权过程中是否处于有效的知情状态值得怀疑。金融消费者在选择接受某一金融科技机构所提供的服务时,对于其个人金融数据在不同情况下会经过何种处理,会以何种方式被共享给何方,数据处理过程中是否涉及从其他数据源获得替代性数据等问题,难以通过理解含糊不清的格式合同条款来获取。基于文本协议的"知情—同意"原则受限于合同的相对性,用户与金融科技应用主体在相关数据处理活动中处于"一对一"的态势,其因时间、知识、经济等资源有限而难以就数据利用状况与企业达到同等程度的认知,金融科技数据风险的数据治理应当以用户数据使用状况的多方知晓为起点。如 FCA 于 2022 年 7 月确认将在金融服务行业引入新的消费者责任标准,其中包括要求公司提供客户可以理解的有关产品和服务的及时、清晰的信息,并提供有价值且易于访问的客户支持。[1] 英国信息专员办公室也在其报告中指出,提升消费者的"数据意识"并确保个人信息权益被纳入新的技术和治理程序,可以增强公众对新产品的信任,提高其对于法律要求的理解从而帮助企业履行义务。[2]

除此之外,以数据开放平台为主的高效金融数据互联互通机制有助于打破金融科技行业的数据垄断,对提升金融数据流动性、化解金融科技数据风险有着积极意义。虽有观点表达了对于互联互通可能造成数据从

---

[1] See Financial Conduct Authority: *A new Consuer Duty*, *Feedback to CP21/36 and final rules*.

[2] See Information Commsioner's Office: *The Information Commissioner's Response to the Financial Conduct Authority's call for input on open finance*, 2020-03.

小型平台流向大型平台,从而进一步加深垄断现象的担忧,[1]但这一观点忽视了数据可携带权保障消费者福利的制度初衷,在金融科技市场中的数据应用主体,不论是内设金融科技部门的大型金融机构,还是专业化的金融科技企业,其同类业务间并不会因金融科技的应用而发生本质改变。在数据集中化现象愈发突出、金融服务同质化日益严重的背景下,[2]可携带权的行使正是源于用户对不同金融服务在质量或创新方面的更高需求,一个合理设计的数据可携带权制度有利于对数据处理主体形成激励,使其在服务质量、金融创新、数据处理合规等方面做更多投入。除此之外,金融消费者通过数据互联互通机制"用脚投票",也能促进金融科技应用主体从自我管制中获利,并进一步转变经营思路,将数据合规成本真正作为迎合市场需求的必要投入,而非政府市场二元论下的沉重负担。

2.数据风险缓冲框架

金融科技数据风险伴生于科技赋能下的金融业务,运用市场化、协同化的数据治理路径能够有效制约风险,但受限于数据风险的预测不准特征与隐蔽性,仍有必要基于金融监管框架对金融科技应用主体设置数据风险吸收要求。例如金融科技产品数据风控难题的回应有赖于现有包容审慎监管机制强化数据治理要求并明确监管职权安排。而构建面向金融科技主体与金融科技业务的系统重要性风险防控对于宏观金融安全至关重要。

从数据利用风控角度,有必要在现有金融科技创新监管制度框架下开展数据风险防控。面对日渐深化的金融科技,其监管面临着金融创新发展、金融风险防范与金融消费者权益保护之间的"三元悖论",即监管者最多能够同时满足前述三个目标中的两个。[3] 作为缓和这一监管难题的出路,兼顾金融创新监管与保护消费者权益的监管沙盒制度成为转变监管理念、创新监管手段的讨论热点。监管沙盒制度的价值导向与数据

---

[1]　参见陈兵、杨晨:《破除数据型垄断 推进平台互联互通》,载《中国市场监管研究》2021年12期。

[2]　参见张红伟:《中国金融科技风险及监管研究》,中国金融出版社2021年版,第46页。

[3]　参见程雪军:《我国监管科技的风险衍生与路径转换:从金融科技"三元悖论"切入》,载《上海大学学报(社会科学版)》2022年第1期。

治理不谋而合,有必要尝试在相应监管流程中引入数据风险的排查机制。就当下央行主导的金融科技创新监管制度而言,较为宽松的监管环境将引导相关创新业务积极进入监管沙盒并接受更为集中的管控,若能在试点经验基础上确立监管职责安排,并耦合金融监管与数据监管的要求,将有助于协同监管力量对金融科技数据风险施加因时制宜的治理,使该制度成为打破金融科技监管分工不明这一痛点的契机。

从宏观金融安全的角度,应当推进针对金融科技平台与金融科技业务模式的系统性风险识别与监管机制。国际上确保金融体系稳定、管控系统性风险的普遍实践是从微观方法出发逐步引入宏观方法,通过设计系统重要性金融机构的识别标准与额外监管要求,防范来自大型金融机构的风险在各主体紧密连接的金融网络中传导。中国人民银行与原中国银保监会印发了《系统重要性银行评估办法》(2020年12月公布),该办法参考巴塞尔委员会对于全球系统重要性银行(G-SIBs)的评估办法,将银行的规模、关联度、可替代性和复杂性等一级指标作为认定其系统重要性程度的依据。亦有研究曾对金融稳定理事会发布的29家G-SIBs金融科技能力进行了量化评估,发现我国有4家G-SIBs金融科技指数位于世界前十[1]。前文论述了金融科技数据驱动特征动摇金融安全的可能性,系统重要性机构作为系统性风险的主要导因,在金融机构加快布局金融科技战略的背景下,应结合金融科技的数据驱动特征排查金融科技应用主体对于数据信息服务的依赖程度、相关数据业务的市场规模与集中程度、数据服务的质量与稳定性等指标,将有关主体两分为金融科技数据业务提供者与应用者进行系统重要性识别。需要补充的是,讨论数据风险在系统性层面的演绎,不应仅关注针对机构的风险吸收而忽略了市场、工具在数据风险扩散外溢过程中的作用。尽管目前从"机构"入手分析系统性风险是一种比较直接的做法,[2]但无论是传统的金融风险还是金融科技行业下的数据风险,都与市场运行状况以及业务形态过从甚密。正

---

[1] 参见林胜、闫晗、边鹏:《全球系统重要性银行金融科技能力评估研究》,载《金融发展研究》2020年第1期。

[2] FSB, IMF and BIS, *Guidance to Assess the Systemic Importance of Financial Institutions, Markets and Instruments*: *Initial Considerations*, FSB Background Paper, 2009.

如担保债权凭证与房贷市场在美国 2007 年次贷危机中所表现出的系统重要性一般,在建立系统重要性金融科技主体识别与管控制度的基础上,对于数据供给质量与稳定性要求较高的金融科技业务所处的市场环境,如企业与个人信贷、保险科技、智能投顾、反欺诈等领域的数据来源、分布、利用情况,也应当逐步纳入宏观审慎监管的统筹考量范围中。

四、金融科技数据风险的防控对策建议

(一)强化金融科技主体数据安全事件报告义务

实现数据安全风险管理目标需要网络运营者了解或至少能够估计各种防御配置所能避免的预期损失,而预期损失的测量需要有关网络安全事件损失大小及其发生概率的可靠信息,进一步完善现有数据安全事件义务报告制度有助于缓解信息匮乏的现状。一个合乎社会效益的数据安全事件报告制度不应仅仅做到控制数据安全事件所带来的商业风险,还应要求金融科技机构为其更高的数据价值密度所形成的显著负外部性负责。建议在现有义务报告制度的基础上进一步扩大适用主体,从金融科技领域内具有系统重要性的金融机构、金融科技机构等数据处理者逐步拓展至包括数据服务商、外包服务商在内的金融科技行业整体。在此基础上调整现有的事件报告机制,从"自下而上"的单向报告转变为公开报告:数据安全事件发生时,企业应公开出具数据安全事件清单,在保护用户隐私的前提下,列明受到影响的用户以及相关数据的种类、范围、潜在危害,并在事件后的一定时间内公布数据安全事件对企业造成的损失,从而使市场了解相关服务商的信息安全能力,为实现数据安全效益最大化铺路。

(二)推动金融科技数据流通信息披露制度

通过市场规制金融科技数据风险,要求政府对市场主体行为加以有效的干预,以矫正或改善市场机制的内在问题。应关注消费者与金融科

技机构之间这一信息差所产生的"市场失灵",通过构建数据流通信息披露制度,将金融科技应用主体对于数据采集、处理、使用、存储、传输等环节向市场进行适度公开,使市场了解并监视个人金融数据在服务过程中的来源及去向,从而扭转单一消费者无力规制企业数据行为的现状,使市场机制发挥其应有功能。

随着工信部发布《关于开展信息通信服务感知提升行动的通知》(2021年11月公布),部署建立"双清单"制度,部分互联网企业已经开展了对已收集个人信息清单与第三方共享个人信息清单的建设。然而,目前这一制度所涉及的披露主体有限,缺少对于金融科技行业的覆盖,公开内容也仅包括App所收集的个人信息和与第三方共享信息的情况。鉴于金融科技数据所涉及利益的复杂性较一般互联网行业的个人信息更为突出,且具有跨部门传导特征,应当在现有"双清单"制度之上,为金融科技行业构建更为严格的信息披露制度。在披露主体方面,金融科技数据流通信息披露制度应当涉及用户数据在其全生命周期中流经的所有主体,以防金融科技应用主体通过外包或交由关联公司处理数据的方式逃避披露义务;在披露内容方面,金融科技应用主体应对其在提供服务时所使用的,能够认定为个人金融信息及与个人相关联的替代性数据,就相关数据具体的来源,处理与共享的方式、场景、基本流程,按照其数据库最低粒度进行描述性说明。这一制度的实施应考虑到数据处理算法可能涉及的商业秘密,将信息披露的重心放在数据的具体流向上,避免对算法可解释性的过度要求以控制合规成本。

(三)完善金融体系内数据互联互通机制建设

我国现有的金融科技主体间的数据共享主要由央行指导,基于中国人民银行个人信用信息库,构建以金融机构、征信机构为主要收集渠道的金融数据共享机制。但如前文所言,当下围绕"断直连"工作展开的数据流通机制建设,一方面其涉及领域有限,难以充分发挥数据流通的能效,另一方面也在一定程度上限制了数据竞争,无助于实现化解数据壁垒的制度目标。只有通过赋予消费者以充分选择权,围绕数据可携带及行使展开数据治理,才能最大化社会总体效益。[1] 有必要通过明确政策安排,进一步完善构建监管驱动的金融数据共享机制。在数据可携带权的实现方面,应当统一金融消费者行使数据可携带权的相关金融数据共享标准,明确金融科技数据互联互通主体,可转移数据的范围以及数据传输的格式与安全要求,从而保障金融消费者信息权益的有效行使,解除数据与平台服务的绑定。在此基础上,还应当积极推进新兴技术的应用,拓宽金融科技数据流通渠道。建议明确通过隐私计算技术实现数据共享行为的法律性质,并结合金融科技行业特点出台相关隐私计算技术标准,推动隐私计算的加快落地,以使其更好地担任金融科技数据流动通道的角色。

(四)完善金融科技监管沙盒的组织架构与技术手段

在组织架构方面,有较多学者就金融科技监管沙箱的运作主体提出构想,如交由"一行两会"[2]或独立监管主体[3]进行监管。笔者认为,为了保证制度连贯性与监管资源的可持续性,当下金融科技监管沙箱当由央行继续推进,并可在时机成熟后交由统一监管主体负责运作。在监管手段方面,技术化的监管思路同样适用于金融科技产品的数据风控,尽管基于算法实现的金融科技服务难以回避算法"黑箱"问题,相关算法的可解释性及透明度优化尚缺乏可行的实定法规则来弥合规范、技术、业态之间的张力[4],但业内已有较多关于算法所使用数据的质量评估手段,能够结合数据的相关性与时间序列因素对数据噪音进行检测,并评估相关模型的预测能力。建议将相关技术应用于金融科技产品数据风险的防范,通过要求金融科技应用主体对其产品算法与训练集样本进行数据质量自评估,从而根据所使用数据的特性进行针对性的压力测试,分析可能发生的风险事件并要求金融科技主体制定预案。在此基础之上,应考虑将金融科技数据利用情况与监管沙箱准入、测试期限、退出事由加以挂

〔1〕 See Charles I. Jones and Christopher Jonetti, *Nonrivalry and the Economics of Data*, American Economic Review, Vol.110, 2020, p.2819-2858.

〔2〕 参见张龄方:《论我国内地监管沙盒实施主体的确定》,载《南方金融》2019 年第 7 期。

〔3〕 参见胡滨、杨楷:《监管沙盒的应用与启示》,载《中国金融》2017 年第 2 期。

〔4〕 参见苏宇:《优化算法可解释性及透明度义务之诠释与展开》,载《法律科学》2022 年第 1 期。

钩,如建立金融科技数据使用负面清单,限制部分敏感数据的利用。对于数据风险较大的金融科技项目可适当延长测试期限,并设置数据安全事件强制退出机制,以限制数据风险蔓延范围。

(五)加快针对系统重要性金融科技主体的认定与监管

金融科技应用主体的系统性风险大小与其规模、业务可替代性、网络与算法依赖程度有着密切关联。[1] 就数据角度的系统性风险防范而言,监管方不应仅将重心着眼于位处风险流后端的金融机构。掌握海量数据的金融科技机构、金融科技外包服务商以及数据经纪商都有可能成为风险源,并对以资本充足率为监管思路的系统性风险防范机制产生威胁。建议结合现有关键信息基础设施制度与网络安全等级保护制度,基于金融科技主体所收集数据的规模、来源、复杂程度、可替代性等指标确立系统重要性金融科技主体的识别标准,并在此基础上运用新一代信息技术强化风险监管能力。如优先推动数据流通机制在前述主体中的试点;明确具有较大容量个人金融数据信息系统在响应时间、吞吐量、可用性等方面的稳定运行指标要求;对市场业务份额较大的金融外包服务商定期进行网络安全风险排查;要求依赖第三方数据的系统重要性金融科技主体构建数据供应中断时的替代性方案等。在构建相关技术标准时应注意与数据治理部门,如工业和信息化部、网信办之间的协作,可以采取部门间协商,设立跨部门领导小组或委员会等方式确保数据治理政策与金融监管政策之间的兼容性,从而针对相关系统性风险设置有力的监管靶点,维护金融市场稳定运行。

五、结语

金融科技通过对数据的创新利用引发了金融行业的变革,但数据所

---

[1] 参见李敏:《金融科技的系统性风险:监管挑战及应对》,载《证券市场导报》2019年第2期。

具备的高流动性、非排他性以及离散性使其在驱动金融科技发展的同时衍生出构成维度复杂的数据风险，并与传统金融风险形成共振。金融科技数据风险的技术色彩为本就滞后于金融科技发展的监管体系带来了更为严峻的挑战，而与之相对应的数据治理模式也存在着一定的缺憾。对于金融科技数据风险的防控，应当认识到相关风险是金融监管环境中数据治理缺位的结果，其在不同面向上的表现形式并非彼此孤立，而是相互关联、相互诱发的。因此，当以体系化思维应对金融科技数据风险，即弥补现有数据治理路径的不足，并在金融科技的监管体系中加以灵活运用，通过主体赋能与风险吸收，构建包括数据安全合规机制、数据流通机制、数据利用风控机制与系统重要性风险识别机制在内的风险防控体系，或许能有效稀释金融科技数据利用所带来的负面效应。鉴于数据治理在内涵与功能上的快速发展以及金融科技巨大的创新潜力，金融科技数据风险的防控策略优化还有待在实践中进一步验证与探索。

第五章

金融科技算法黑箱的制度因应

在大数据、人工智能、区块链等技术创新蓬勃发展的驱动下,金融科技开始被寄予推动金融行业变革升级的厚望。量化交易、大数据征信、智能投顾等创新应用已经逐步投入实践,成为金融科技加速融入现代金融体系的重要标志,金融科技的创新应用也为中国金融行业实现弯道超车提供了有利契机。根据埃森哲的调查,2018 年金融科技全球投资达到 533 亿美元,中国投资额同比增长近 9 倍,达到 255 亿美元,几乎达到 2017 年的全球投资总额。[1] 在 KPMG 发布的 2018 金融科技 100 强榜单中,中国金融科技企业在前 10 强中占据 4 席。[2] 然而,在金融科技应用过程中,市场大都关注数字化、自动化和智能化所带来的效率提升结果,却忽略了大数据和人工智能技术所依赖的算法系统中的输入数据与输出结果之间存在着无法洞悉的"隐层",即所谓"黑箱"(Black Box)。[3] "算法黑箱"在事实上遮蔽了数据处理和交易决策的运行过程。金融科技自身的创新价值和进步意义自不待言,但金融科技的算

---

〔1〕 See Accenture, *Global Fintech Investment Surged in 2018 with Investments in China Taking the Lead*, available at https://newsroom.accenture.com/news/global-fintech-investments-surged-in-2018-with-investments-in-china-taking-the-lead-accenture-analysis-finds-uk-gains-sharply-despite-brexit-doubts.htm, accessed Feb.25,2019.

〔2〕 See KPMG, *The Fintech 100: Announcing the World's leading Fintech Innovators for 2018*, available at https://home.kpmg/xx/en/home/media/press-releases/2018/10/fintech-100-worlds-leading-fintech-innovators-2018.html, accessed Oct.15, 2019.

〔3〕 参见许可:《人工智能的算法黑箱与数据正义》,载《社会科学报》2018 年 3 月 29 日,第 6 版。

法黑箱所造成的透明度缺失会加剧信息不对称,容易为欺诈提供滋生土壤。因此有效因应和破解金融科技应用的算法黑箱,是防范金融科技应用风险的重要前提。

当前探讨相关主题的文献主要集中于两个层面:一是从金融和法律的视角对金融科技的监管问题进行宏观架构和顶层设计的研究,这些研究认识到金融科技带来的泛金融化、金融风险频发、金融体系内生和外生风险等问题需要以金融监管范式的转变予以回应。[1] 除了借鉴监管科技和监管沙箱等手段,[2]引入多元主体、多元规范、多元机制的合作治理模式对金融监管进行适应性变革,避免过度依赖行政监管并且发挥社会力量的积极性和专业优势,也成为应对复杂的金融科技应用的可行方案。[3] 二是从技术的角度探讨算法黑箱的治理路径,对于算法的不可解释隐忧、自我强化困境与主体性难题予以高度关注。[4] 此外,金融科技中的算法交易的有效性和安全性也备受质疑。[5] 有学者提出要通过算法有效性测试、算法有限公开、算法备案等制度降低算法的透明度风险。[6] 而对于如何治理金融科技中的算法黑箱问题,虽有学者提出关切但并未形成有效的思路。[7]

相比于以往的研究,本章将视角聚焦于金融科技应用中算法黑箱这一具体问题,在分析金融科技中算法黑箱的生成机理和主要风险的基础上,厘清破解算法黑箱的核心要素,并且集中从社会监管理念出发,探讨通过赋权与规范的方式引导社会力量参与金融科技监管,以协同治理框架破解算法黑箱。概言之,本章的贡献与创新在于避免过于宏大叙事地

〔1〕 参见周仲飞、李敬伟:《金融科技背景下金融监管范式的转变》,载《法学研究》2018年第5期。

〔2〕 参见杨东:《监管科技:金融科技的监管挑战与维度建构》,载《中国社会科学》2018年第5期。

〔3〕 参见李有星、王琳:《金融科技监管的合作治理路径》,载《浙江大学学报(人文社会科学版)》2019年第1期。

〔4〕 参见贾开:《人工智能与算法治理研究》,载《中国行政管理》2019年第1期。

〔5〕 参见易宪容:《金融科技的内涵、实质及未来发展——基于金融理论的一般性分析》,载《江海学刊》2017年第2期。

〔6〕 参见黄博文:《算法不完备性及其治理——以互联网金融消费者保护为中心》,载《西南金融》2018年第8期。

〔7〕 参见邢会强:《人工智能时代的金融监管变革》,载《探索与争鸣》2018年第10期。

泛谈金融科技监管,而是针对算法黑箱的风险及其治理,开辟出在未来金融科技监管中一条不容忽视的可行路径。

一、金融科技运用中的算法黑箱及其法律风险

(一)金融科技伴生的算法黑箱难题

金融科技应用的终极目标,是借助日新月异的技术进步实现金融活动的高效和普惠。传统金融活动中信息的传递、匹配和处理受到人类思维和认知的诸多局限,金融科技的出现和应用为计算机在一定程度上替代人类搜集、分析相关信息并作出交易决策提供了可能,使得金融活动能够以自动化、智能化的方式完成,从而能够不断提高金融服务的普惠性与便捷性,有效促进生产效率的提升。[1] 例如,智能投顾能够在充分评估投资者的投资偏好和风险承受能力的基础上,建议甚至替代投资者作出最优的投资决策;商业银行亦可以通过大数据技术的应用,对借款人的资信状况进行测评,从而在线上计算出相应的信贷额度并自动完成贷款发放流程。以大数据、人工智能等技术为代表的金融科技,已经充分展示出应用于未来金融市场的广泛前景,也体现了降低金融交易成本、提高金融效率并拓展金融服务覆盖范围的巨大潜力。然而,实现智能化和自动化的前提和基础是以计算机网络系统替代人脑人力,即以技术理性替代人类思维,这便意味着"算法"将在很大程度上成为金融市场活动所遵循的基本逻辑。易言之,金融科技的应用将强化计算机系统网络在金融市场活动中的角色和地位,算法或将成为金融体系运行的驱动力量。

算法(Algorithm)是指对解题方案准确而完整的描述,是一系列解决问题的清晰指令。算法代表着用系统的方法描述解决问题的策略机制。作为大数据技术和人工智能的基础,算法是金融科技应用过程中对金融

---

[1] 参见唐松、赖晓冰、黄锐:《金融科技创新如何影响全要素生产率:促进还是抑制?——理论分析框架与区域实践》,载《中国软科学》2019年第7期。

市场主体和交易信息等数据进行搜集和处理的核心逻辑。当前人工智能和机器学习的发展尚处在起步阶段,计算机自身并不具备自主思维,其对信息的处理都是依赖于人工设置的算法,因此算法在金融科技应用中具有关键性地位。算法的基本工作原理是按照算法设计的运算逻辑搜集符合条件的相关信息作为输入数据,根据设定的规则和流程进行处理并输出计算结果。例如,在大数据征信应用中,系统在抓取征信对象的交易信息、履约信息、财产信息等数据后,按照预先设置的评价体系和评分标准对征信对象进行数据化评价,最后得出征信对象的信用评分。从运行的原理和流程来看,算法具有两个方面的特征需要我们在享受其带来的巨大便利的同时加以警惕:其一,尽管输入信息和输出结果是可见的,但算法对数据进行处理和运算的过程封装在算法黑箱之中,是不可见、不透明的。而算法本身又是以程序代码的形式存在,其高度的复杂性和专业性使得一般人几乎不可能独立自主地了解其设计理念和运行逻辑。其二,尽管算法运用所意味的自动化和智能化能够在一定程度上排除人工的干预,可以得到更为客观的结果,但是算法的设置仍然无法脱离人为干预,即算法规则如何确定依然具有被人为操纵的可能性。易言之,算法本身并非完全"价值中立"的,其在设计之时可能已经受到设计者的价值判断的影响,从而带有某种难以避免的偏见、局限。这种操纵与歧视又因为算法自身的不透明性而更为隐蔽,从而更易造成难以察觉的损害。概言之,算法自身的复杂性和不透明性导致了"算法黑箱"的形成,而算法编写过程中的"非中立性"本质在"黑箱"掩盖下蕴藏着人为操纵的巨大风险。

(二)算法黑箱带来的欺诈风险

算法取代人工决策存在欺诈风险。与传统机器被动学习不同,以算法为基础的大数据、智能投顾等金融科技遵循数据输入、特征提取、特征选择、逻辑推理、预测的过程,由计算机从事物原始特征出发,自动学习和生成高级的认知结果。算法应用于金融活动决策的初衷是为了消除人类决策受诸多有意或无意的偏见以及信息不充分等因素影响,因此利用数学模型将投资交易决策量化、客观化,从而消除决策程序中的人类偏见。智能算法的设计目的、数据运用、结果表征等都是开发者和设计者的主观价值选择,他们可能会把自己持有的利益导向嵌入智能算法之中,而智能算法又可能会把这种倾向进一步放大或者固化,[1]难以确保算法系统的公正性,进而带来欺诈风险。在算法规则设置及数据输入中,都存在着欺诈的风险可能。以智能投顾为例,智能投顾公司与负责算法设计的科技公司利用后者的技术优势在算法中设置不公平规则,使某类金融产品总能获得优势评估而被广泛推荐于不知情的消费者[2];抑或在数据输入中存在强烈导向,系统基于不合理的数据演算得出不公平的金融产品评估结果,对广大投资者存在着相当的潜在利益侵害可能,产生欺诈风险。

"黑箱"不仅意味着不能观察,还意味着即使将做出这一决策的代码向普通民众公开,其也难以被理解。换言之,算法黑箱中的决策产生过程不但不可见,一般人也难以对黑箱中的流程进行合理的质疑与查验。除了此种因技术文盲而产生的不透明性,金融科技所应用的算法还有其他两种不透明性,即因公司商业秘密或者国家秘密而产生的不透明性,以及从机器学习算法的特征以及要求对它们进行有效适用的测量中产生的不透明性。[3]黑箱的存在使决策过程缺乏合理监管,同时黑箱中数据操作流程的复杂性与专业性,与具有不同基础的主体之间存在着显著的数字鸿沟。普通消费者甚至金融机构都处于被动接受结果的状态而无法主动介入和了解决策程序,这给予了算法设计者、开发者及运营者极大的自治空间。由于算法的不透明性,如果不加以监管,任其参与金融活动的宣传或决策过程,无疑会增加市场主体受欺诈的风险。

此外,算法成为决策责任主体剥离责任的理由,这也会诱发欺诈风险。法律责任认定中的核心问题为应由何者来承担因过错行为和损害结果所产生的损害赔偿问题。2017 年 10 月,机器人 Sophia 被沙特阿拉伯王

---

[1] 参见苏令银:《透视人工智能背后的"算法歧视"》,载《中国社会科学报》2017 年第 5 期。

[2] 参见李文莉、杨玥捷:《智能投顾的法律风险及监管建议》,载《法学》2017 年第 8 期。

[3] See Burrell J, *How the Machine "Thinks": Understanding Opacity in Machine Learning Algorithms*, Social Science Electronic Publishing, 2015.

国授予公民身份,这意味着人工智能系统被赋予法律上的独立人格已有
先例。[1] 但人工智能机器人能否独立承担民事责任仍存争议,[2] 我国
目前也尚无相关法律法规对此予以明确规定。然而随着人工智能的不断
深入发展,存在着人工智能独立成为法律主体、享有权利、履行义务的可
能。在金融科技的应用中,随着人工智能在法律关系中的地位从客体到
主体的转变,既有责任分配的方式也势必会受到一定程度的影响。以金
融科技运用较为成熟的智能投顾为例,以算法为基础的智能投顾事实上
已经能在一定程度上取代人类投资顾问,可以向投资者直接提供投资顾
问服务。在传统侵权法下,智能投顾机器人作为受金融服务公司直接支
配的物,若在提供服务的过程中对第三人造成了损失,则由金融服务公司
直接承担责任。但如果智能投顾等人工智能在法律上实现了从客体到主
体的转变,金融交易的法律关系将在一定程度上被重塑。在此种情形
下,智能投顾等人工智能作为法律拟制的"人",其与金融服务公司之间的
法律关系将从支配关系变为雇佣关系,相应地,若其导致损害事实的发
生,金融服务公司所承担的责任也从直接责任转变为了替代责任。而承
担替代责任的前提是,雇员因执行工作任务而造成他人损害。对于强人
工智能,其具有较强的自我学习能力,不排除其存在偏离既定的"工作任
务",自主开展其他任务的可能性。这就使得作为智能投顾等人工智能背
后的委托人或雇主的自然人或法人可以通过算法学习过程中的不可控
性为自身的行为进行辩解。智能投顾的核心是算法,在算法和程序支配
之下,智能投顾机器人通过对大数据的分析提供投资顾问服务。相较于
金融消费者,开发者、运营者对智能投顾等人工智能的设计和进化有着绝
对的专业优势,如果开发者、运营者在设置算法时进行有违公平的操
作,对投资者进行欺诈行为,并以人工智能的法律人格独立性为由逃脱追
责,势必会给市场各主体带来巨大的欺诈风险及损失。

---

[1]　参见刘洪华:《论人工智能的法律地位》,载《政治与法律》2019 年第 1 期。
[2]　参见郑佳宁:《论智能投顾运营者的民事责任——以信义义务为中心的展开》,载《法
学杂志》2018 年第 10 期。

二、破解算法黑箱的核心要素

算法因其自身的复杂性和不透明性导致了算法黑箱的产生,算法黑箱的存在使部分开发者和运营者的不法目的得以实现,给金融市场带来巨大风险。根据算法黑箱的产生及其存在的风险诱因,破解算法黑箱的核心要素在于解决算法的可靠性、透明性、可解释性及可问责性问题,并完善核心要素机制,降低算法黑箱存在的风险可能性。

(一)算法的可靠性:破解黑箱的前置要素

算法的可靠性要素本质上即算法公平。在理想情况下,数据系统将有助于消除不恰当的人类偏见。金融科技所应用的算法大部分是由机构开发和推广的,其主动权并不取决于用户个体的力量。作为机构意志的模型,算法的实施初衷、数据运用、程序开发、代码嵌入、结果表征往往与机构掌控者的利益追求紧密相连,换言之,算法因与人的干预有关联而无法绝对客观。[1] 因此,算法在很大程度上存在着产生带有歧视和偏见的决策结果,从而对金融市场投资者的利益产生负面影响,例如对无经验的投资者进行价格歧视。经验丰富的投资者能够撇开产品的复杂性,选择风险收益较高的金融产品,而无经验的投资者对复杂产品的平均预期收益水平的估计较高,从而选择复杂产品而非简单产品,为产品的复杂性支付溢价。同时通过算法技术,价格歧视从以往的二级或三级提升至理想化的一级水平,即数据处理者挖掘消费者足迹,完全掌握消费者的消费意愿和预期价格,[2] 将产品依据消费者不同而进行不同定价,按照每一位消费者的最高支付意愿进行差异化定价,作为消费者的个体却无丝毫反抗之力。完善算法的可靠性机制即促进算法公平性调整,追求算法的程序公平和结果公平,减少算法中存在的偏见与歧视,能够真正实现为投资

---

〔1〕 参见蔡斐:《算法也有公平正义》,载《深圳特区报》2018 年 7 月 31 日,第 B11 版。
〔2〕 参见邹开亮、刘佳明:《大数据背景下价格歧视行为的法律规制》,载《安阳工学院学报》2018 年第 1 期。

者利益服务的目的,降低黑箱风险发生可能性。

(二)算法的透明性与可解释性:破解黑箱的过程要素

算法黑箱产生的一大关键因素即算法的不透明性。传统形式上的一般决策都能够反映决策主体的说理与论证,然而以算法为基础的人工智能、大数据的自动决策系统往往直接得出结果,一般人只能接收到决策结果,而对决策产出的规则、相关理论、模型依据等处理过程一无所知。投资者对算法的透明性的要求实际上是"知情权"这一传统消费者权利在金融科技领域的具象化展开,算法的不透明性扩大了算法开发者、运营者与普通消费者之间的信息鸿沟,使金融市场上的信息不对称的情况恶化,加剧了市场各主体地位不平等的状况。例如,国内目前的智能投顾公司大都对其模型依据和关键参数语焉不详,在费率等关键问题上也并未明确告知投资者。[1] 这种由于技术因素引发的信息不对称,必然会影响投资者作出合理的判断。提高算法的透明度不失为解决此种信息不对称的有益尝试。当算法的操作规则、创建、验证过程完全公开,此时才属于完全透明。然而由于算法技术的专业性与特殊性,尤其是算法自身涉及知识产权、商业秘密等问题,要求算法的完全透明既不现实也无意义。追求合理程度的、有意义的算法透明性,能够保障市场主体应有的知情权,也能为算法的公平性提供相应的依据,为算法的监管与运用提供良好背景。

算法可解释性关涉市场主体的主人翁地位,其含义是算法开发者对算法的决策机制作出解释,依据算法系统对其决策过程作出阐述。[2] 对算法的安全感、认同度取决于算法的可解释性。从内部视角来看,算法在金融市场具体应用场景的局限以及对纠正算法决策偏差的需求,使得算法的开发者和运营者需要寻求算法的可解释性以推动其应用;从外部视角来看,由于金融市场上传统的约束机制如信息披露等难以对算法产生足够约束并常常失灵,投资者、社会公众以及监管部门会要求确认算法决

─────────

〔1〕　参见杨旻玥:《我国智能投顾发展探究——以招行摩羯智投为例》,浙江大学 2018 年硕士学位论文。

〔2〕　See Doyle R B T, *Weapons of Math Destruction*:*How Big Data Increases Inequality and Threatens Democracy*, Business Economics, 2017, pp.1-3.

策的可信度和正当性,从而产生对算法可解释性的需求。算法可解释性在本质上是算法理性问题,追求算法可解释性的背后是寻求理性的结果,而算法程序和系统只是途径和手段,算法决策过程中的价值判断是核心。目前,在金融科技中运用的算法决策的可解释性主要分为两类,第一类是执行性的自动化程序决策场景,在此种程序下,代码的作用仅是根据设计者设定的决策程序执行。例如,大数据抓取数据得出统计结论,此类算法决策具有较高可解释性,能够反映出决策理性。第二类是具有深度学习能力的人工智能,其结构、算法的复杂性决定其可解释性难度较高,因此存在着黑箱风险。例如,智能投顾的主要决策建议均涉及人工智能的参与。在目前算法透明度规制还未形成共识的情况下,要想解决算法黑箱风险的问题,对于算法提出一般化的可解释性原则殊为必要。

(三)算法的可问责性:破解黑箱的责任要素

算法可问责性对于破解算法黑箱具有重要意义。根据美国智库"数据创新中心"(CFDI)的"算法问责框架报告",算法可问责性的定义为算法系统应采用各种控制措施来确保运营者(即负责部署算法的一方)可以验证其是否按预期运行,并确定和纠正有害后果。[1] 首先,算法可问责性旨在使运营者对于算法造成的任何危害负责,本质上属于无过错责任。由于运营者在金融科技的使用上能够对金融市场产生最大的影响力,因此对运营者的问责能够确保其使用算法提供金融服务时的合法性。其次,要求运营者对算法造成的结果而非算法决策过程负责,能够使运营者对算法的部署及实际运用效果给予具体且足够的关切,并采取相关配套措施以降低风险发生的可能性。当算法的缺陷或漏洞导致了损害结果,算法的开发者与运营者往往会以算法决策过程的自动化和智能化作为免责事由,决策主体与责任主体的分离会加剧算法黑箱导致欺诈风险的可能。加强算法的可问责性,使算法的开发者和运营者在合理的范围内承担责任,能够有助于金融科技的负责任应用,在一定程度上减少算法黑箱的空间。

---

[1] See Binns R, *Algorithmic Accountability and Public Reason*, Philosophy & Technology, Vol. 31:4, p1-14(2017).

三、社会监管理念及其破解算法黑箱的可能性

在金融科技逐渐被广泛运用到金融市场的过程中,由于算法技术的专业性与复杂性,并且存在知识产权和商业秘密的诸多因素影响,对其进行审查非常困难,且对于非专业人士而言执行成本较高。同时,由于未来金融服务的发展趋势是个性化与定制化,算法黑箱的产生将更加隐蔽,仅由金融监管部门通过传统的行政监管的方式对算法黑箱问题加以规制,其作用有限,不能满足迅速发展的市场需求及当前巨大的监管空白。根据我国国情及金融市场发展现状,基于通过单一主体的力量无法解决算法黑箱问题的现实,我国应引入社会监管理念以破解算法黑箱问题。

(一)社会监管理念的引入

社会监管理念是指监管主体和监管方式的社会化,是社会共治理论在市场监管领域的具体表现。监管主体的社会化即履行监管义务的主体不局限于监管部门,而是各类社会主体通过沟通、协商、调和、合作的方式进行共同监管,政府、社会组织、企业、公民个人等主体都可以在一定规则的约束下,以不同形式共同行使监管权力。企业自治、行业自律、社会监督、政府监管共同组成社会监管体系,任何一个主体都难以单枪匹马地行动,而必须寻求与其他主体的通力合作、共同治理,以实现治理力量的合理均衡。[1] 监管方式的社会化即各主体履行监管义务的方式各不相同,政府通过具有执行权的监管部门进行事前出台相应规定和事后处罚,企业通过自我审查机制检验合法性,社会组织以第三方身份进行必要监督,公民以消费者身份要求行使对相关信息的知情权。社会监管理念激发和引导多元市场主体参与监管,能够弥补传统监管的空白,适应市场发展的现实需求,是提升社会监管水平和效率的必要途径。在金融领

---

[1] 参见夏锦文:《共建共治共享的社会治理格局:理论构建与实践探索》,载《江苏社会科学》2018 年第 3 期。

域,社会监管理论也正日益受到重视,中介机构、新闻媒体等社会机构直接或间接参与金融监管,能够通过金融监管的社会化增强监管力量,实现监管效能的提升。[1]

(二)社会监管理念的实现

在社会监管模式中,政府仍需发挥主导作用,与此同时,政府在社会监管模式中必须重视各社会主体的合作监督,发挥各市场主体的最大效用。社会监管理念在金融科技算法领域的运用即联合政府、市场投资者、第三方专业机构及算法开发者和运营者对算法决策开展监督管理,采用多种监管方式,有效推动算法的核心要素实现,从而达到破解算法黑箱的目的。

政府有关部门对算法进行监管,推动算法透明性和可问责性要素的实现。2017 年 2 月欧洲议会通过《欧洲机器人技术民事法律规则》,强调算法透明原则,即对某个人或更多人的生活可能产生实质性的影响,且借助人工智能所作出的决策,必须在任何情况下都可以提供其决策背后的算法设计规则。这自然也包括金融科技应用领域中的决策算法。2017 年12 月美国纽约市议会通过了算法问责法案,根据此法案将成立一个由自动化决策系统专家和受自动化决策系统影响的公民组织代表组成的工作组,专门监督市政机构使用的自动决策算法的公平性、可问责性和透明性。虽然这项法案并未涉及金融市场领域,但可见国外相关监管部门对算法决策的透明性问题逐步重视,其关于算法透明性的规制亦将完善。相关部门出台的相应针对算法透明性范围及问责机制的法律法规具有强制效力和法律刚性,根据这些法律法规,通过事前规制与事后处罚相结合,明确对于算法透明性的要求,厘清算法的责任主体、决策行为、损害后果和因果关系,从而确定和分配算法责任。[2] 算法的透明性要求及可问责性的完善能够对算法开发者和运营者起到威慑作用,促使其合法合规地开发、运营算法,提高算法决策的公平性。

---

〔1〕 参见冯果、袁康:《社会变迁视野下的金融法理论与实践》,北京大学出版社 2013 年版。

〔2〕 See Doshi-Velez F, Kortz M, Budish R, et al. *Accountability of AI Under the Law: The Role of Explanation*, Berkman Klein Center for Internet & Society Working Paper, 2017.

金融市场投资者对算法进行监督，能够推动算法可解释性和可靠性要素的实现。金融消费者与一般消费者同样享有知情权，即公平、自由、不受歧视地享有全面真实准确获取金融信息的权利。[1] 2017 年 1 月，美国计算机协会(ACM)下属的公共政策委员会发布《关于算法透明性和可问责性的声明》(Statement on Algorithmic Transparency and Accountability)，提出了七项基本原则，其中一项为"解释"，希望鼓励使用算法决策的系统和机构，对算法的过程和特定的决策提供解释。2018 年 5 月欧盟正式实施的《通用数据保护条例》中提出了"解释权"，赋予欧盟国家公民"审查某项特定服务中如何做出特定算法决策"的权利。从国外的实践中看，就智能金融自动化算法规制来说，知情权可以延伸为对算法的"获解释权"，即对于智能金融算法得出的决策过程及结果可以请求运营者给出必要的解释。金融消费者对于算法的"获解释权"自算法信息搜集阶段始，对于个人数据的使用和处理及算法系统所可能产生的黑箱、歧视、隐私泄露等伦理和法律问题均有知情及获解释的权利。金融消费者因涉及其自身利益而对"获解释权"的积极行使，将使算法时刻处于消费者的监督之下，从而促使算法开发者及运营者对算法进行更为准确与公平的设置，这将有效提升算法可靠性，降低黑箱风险。

第三方专业机构对算法进行监督，可以推动算法透明性和可靠性的实现。专业监督即对算法设计制定具有可操作性的技术和行业规范以及对算法运行及决策全过程进行监督，让算法开发者在进行设计之前、运营者在算法运行之时均能受到有效制约。由于算法的专业性和复杂性，监管部门难以对其实行有效的审查，一般公众也难以承担对算法进行解密或透明化的高成本，因此，算法的监督及检查可以由政府或政府委托的机构承担，尤其是对于复杂算法的监督可以委托专门的机构协助进行审查。互联网领域存在大量"白帽"黑客，即专门研究或者从事网络、计算机技术开发的人，通常受雇于各大公司，维护其系统安全。而在"白帽"黑客的范畴中存在"红帽"黑客，"红帽"黑客利用其技术维护国家总体网络安全而

---

〔1〕　参见张继红:《论我国金融消费者信息权保护的立法完善——基于大数据时代金融信息流动的负面风险分析》，载《法学论坛》2016 年第 6 期。

非为某特定市场主体服务,以坚持正义为宗旨,关注设计公共利益的网络事项,具有价值中立性。"红帽"黑客作为第三方专业机构对算法进行测试检查,能够更加容易地洞悉设计者的理念并了解具体的操作程序,通过同行专家的评价和信息披露,可以对设计者开发的算法进行有效监督,同时第三方专业机构价值中立,其不会偏向任何一方,对于有损决策公平性的算法黑箱零容忍。智能金融算法与普通消费者之间存在的巨大信息鸿沟在"红帽"黑客处并不存在,"红帽"黑客利用其技术优势能够对算法进行有效监督,提升其透明度和公平性。

算法开发者、运营者进行内部自我监督,能够推动算法的可靠性和可解释性的实现。内部自我监督既包括对于具体算法系统的检验设置,也包括行业内算法技术设计原则的审视。美国计算机协会(ACM)提出算法的验证和测试原则,[1]即算法开发者应该使用严格的方法来验证它们的算法模型,记录这些方法和结果并定期进行测试,以评估和确定该算法模型是否产生了歧视性损害,同时鼓励机构公开这些测试的结果。这一原则同样适用于智能金融算法领域,算法开发者、运营者在将智能金融算法投入市场使用前、使用过程中应对其进行验证,以确保在为消费者提供金融服务或作出金融决策时已最大化消除歧视偏见。算法开发者对于算法的了解程度最高,发现并纠正算法漏洞和不合理设置的效率更高。由于受到法律规制及外部监督,为维护其竞争优势及声誉,算法开发者和运营者有足够的动机主动对算法进行检测。算法技术可能产生黑箱问题,那么改良技术本身也是推动破解黑箱的重要途径。通过设计算法系统来促进公平,可以从算法运转的第一步防止歧视。利用设计和基础工程的平等机会原则,采用合理的道德要求和专业的最佳做法(Best Practice),也将有助于减少算法长期的歧视性现象,增强包容性。例如,以罗尔斯的机会平等理念(Fair Equality of Opportunity)为基础设计的机会平等的技术模型,在一个在线决策模型中提出满足平等和效率平衡的算法技术约束,并开发"歧视指数"(Discrimination Index),对算法技术的歧

---

[1] See ACM US Public Policy Counci, *Statement on Algorithmic Transparency and Accountability*, 2017.

视行为提供评判标准,提出如何设计"公平算法"的方法。[1] 智能金融算法的开发者、运营者对于算法的内部检查及对行业设计原则的遵守能够促进算法决策的公平性。因此在金融机构应用金融科技时,完善数字化渠道和流程,加强数字化风险控制,[2] 在算法设计和应用环节做好风险防范,对于应对算法黑箱能够发挥重要作用。

四、赋权与规范:社会监管力量参与的路径与制度

社会监管理念的运用对于金融科技算法黑箱的破解具有深刻意义,其基本内涵在于由多元化主体采取多元化方式对算法进行监督,从而有效推进和实现破解算法黑箱的核心要素。但社会监管力量的参与并非随意无序,而是以法律法规赋权为基础。换言之,在政府相关监管部门进行行政监管的基础上,各社会主体依据相关法律法规赋予的权利进行监督,在法律法规许可范围内行使相应权利。各类社会力量参与金融科技的合作治理,能够弥补政府在监管资源、能力、机制方面的局限,提高监管效能。为了消解金融科技应用中算法黑箱带来的欺诈风险和不公平后果,必然要求算法核心要素的实现。从社会监管参与力量最大化的角度而言,算法的透明性和可问责性是最佳发力点。优先解决算法的透明性和可问责性是推动算法核心要素完善的基础,也是破解算法黑箱的最优方案。

算法的完全透明化并不现实,在金融科技运用过程中寻求有意义的算法透明性规制能够实现对算法黑箱的消解。"有意义的透明性"允许算法的利益相关者对算法本身、算法使用和算法实现进行干预,保证算法的过程是负责任的。[3] 这种有意义的算法公开,既对算法的开发者和运营

---

[1] See Hamilton M, *Debating Algorithmic Fairness*, UC Davis Law Review Online, Vol. 52:2, p261−296(2018).

[2] 参见谢治春、赵兴庐、刘媛:《金融科技发展与商业银行的数字化战略转型》,载《中国软科学》2018 年第 8 期。

[3] See Brauneis R and Goodman E P, *Algorithmic Transparency for the Smart City*, Yale Journal of Law and Technology, Vol. 20:1, p103−176(2018).

者在程序编写过程中的规范性提出了更高的要求,也赋予了部分金融消费者深入了解算法深层次逻辑的能力。具体而言,"有意义的透明度"有着相对严格的标准要求:首先,算法能够以数学逻辑符号和自然语言的某种组合形式进行披露;其次,算法的基础数据或对其进行的描述,能够有助于外部了解其特征与结果之间的相关性和基本逻辑;最后,算法目的、数据管理权和访问权、智能合约、算法验证和跟踪计划等可以被评估和检验。在社会监管力量参与的前提下,为了在实现合理的透明性方案的同时兼顾各方主体的合法权益,应当建立算法的开发与应用环节的基础规则。首先,应要求开发者将其算法设计的基本情况向监管部门进行登记或备案,并向社会公开,满足公众行使知情权的现实需求。其次,由于算法技术的特殊性,其信息并非主动公开,而应由利益相关的社会主体依法申请查询,在规定的范围内对算法信息进行披露,对于涉及商业秘密、知识产权的部分应做适当保护。最后,为了保护算法开发者的合法权益,即防止同业恶性竞争及算法信息不当泄露,申请查询者也应进行身份信息备案并说明查询理由,同时查询者也应履行适当的保密义务,违反义务者对于算法开发者合法权益的损害应承担赔偿责任。

算法的可问责性要素的实现,同样需要借助社会监管的力量。一方面,可以通过行政监管权力的行使,追究违法的算法的开发者和运营者的行政责任,以规范其商业行为。具体而言,行政监管部门应该充分采用多种监管手段进行全过程的审查与监管,既包括算法设计者事前向专门机构提供算法相关技术及决策依据的说明并进行备案,又包括事中由专门机构加大对算法与决策的随机抽查力度,从技术上对算法进行审查检验,对错误决策进行纠正,还包括事后通过构建算法问责追溯机制,为公众建立对算法决策申诉的渠道,接受公众对算法的质疑,要求算法设计者针对算法进行必要解释和说明。[1] 另一方面,要清理金融消费者提起私人诉讼的法律障碍,对金融消费者进行赋能,使其能够通过诉讼的方式,对因金融科技算法错误决策而导致的损失请求赔偿。私人诉讼不仅

---

〔1〕 参见周游:《我国亟待建立人工智能算法审查机制》,载《中国计算机报》2018年5月14日,第012版。

是弥补金融消费者的途径,也能够通过巨额的民事赔偿对算法的开发者和运营者形成有效震慑。承担这一赔偿责任的主体应为将智能金融算法投入使用的运营者:首先,运营者拥有提供金融服务许可牌照,而金融科技算法参与金融活动的前提条件即基于牌照许可;其次,算法在金融科技中应用的最终收益者仍为运营者,例如开发智能投顾业务的获利者仍为提供相应金融服务的金融机构;最后,运营者对于算法的投入使用负有管理义务和诚信义务,违反相应义务也应承担责任。

五、结语

金融科技的运用对金融市场服务效率的提升有着显著的积极作用,然而支撑其运行的算法却因自身的不透明性而存在产生"算法黑箱"的可能性。"算法黑箱"引发的价值偏离、信息不对称、责任错配,皆会增加金融交易中的欺诈风险。算法的可靠性、可解释性、透明性和可问责性要素正是破解"算法黑箱"问题的核心,而其中对算法透明度加以规制和可问责制度的完善更是重中之重。社会监管理念的引入对于算法透明度和可问责的推进有着重要意义,联合社会多元主体协同进行监管,充分发挥各类主体基于特定身份权利在相应环节的监督能力,对金融科技应用中的算法黑箱进行多维度的监管,从而发挥有效消解算法黑箱并防范欺诈风险的积极效果。具体对策建议如下所述:

第一,建立金融科技算法备案制度,以强制备案和有限公开为推动算法透明度提供制度保障。要求对算法进行备案,能够确保监管部门对算法的核心逻辑和风险要点进行整体把握,为社会公众了解算法规则提供权威信息和数据,在一定程度上实现算法的公开透明,避免因算法黑箱造成的欺诈风险。2018 年 4 月 27 日,金融监管当局发布了《关于规范金融机构资产管理业务的指导意见》,其中就要求了算法的备案,即金融机构要向监管部门报备人工智能模型的主要参数及资产配置的主要逻辑。这一规定开启了金融科技算法备案制度的先河,然而备案主管部门、备案的内容和程序、备案资料的精细化要求、备案信息公开查询以及未履行备案义务的法律后果等细化规定仍尚付阙如,这都需要在法律和监管规则制定过程中予以明确。尤其是在要求金融科技应用主体在对算法进行备案和公开的过程中,如何平衡信息披露和商业秘密(或更广义层面的知识产权)保护之间的关系,并据以确定备案内容和公开程度,是设计算法备案制度需要妥善考虑并充分协调的问题。

第二,制定金融科技算法行业标准,以行业自律监管维护算法的可靠性和可解释性。金融科技应用主体在研发和设计算法时,会基于自身业务模式和商业逻辑而形成千差万别的算法,不同主体的算法之间的差异性一方面体现着研发主体的技术特征和优势,但另一方面也可能因缺乏统一标准而导致算法出现错误和漏洞,从而导致投资者和金融消费者的权益陷入风险,并妨碍金融产品和业务之间的有效联通。行政监管部门受限于自身角色定位,不宜直接介入和干预金融市场主体的算法设计,因此充分发挥中国互联网金融协会等行业组织的自律监管角色,鼓励其制定兼具指导性和约束性的算法标准,确立金融科技算法设计的底线要求,从而保证算法在运行安全上的可靠性以及在应用实践上的可解释性。

第三,设置金融科技算法质询与举报制度,以全社会的广泛参与和监督倒逼算法的透明与可靠。社会监管理念的核心在于充分发动各类社会力量参与监管实践,投资者和金融消费者、新闻媒体、技术专家等均可以在专业知识和获知信息的基础上对金融科技算法的有效性和可靠性进行判断,披露和举报算法中存在的缺陷和漏洞,以此作为行政监管和自律监管的有效补充,从而对金融科技算法进行有效监督。从这个层面来看,有必要在算法有限公开制度的基础上,结合信息披露制度和知情权保护制度设置算法质询制度,赋予市场主体要求金融科技运营者披露算法逻辑的权利,同时借鉴证券市场"吹哨人"制度建立有奖举报和保护举报人的相关规则,从而系统性地保障一般市场主体能够了解和举报隐藏在算法黑箱中的漏洞,丰富社会力量参与算法治理的渠道。

第四,完善金融科技应用主体的法律责任,以合理且有效的追责体系确保算法的可问责性。隐藏在算法黑箱中的缺陷和漏洞,是导致投资者和金融消费者权益受损的重要原因。但由于算法的专业性和复杂性,金融科技应用主体是否具有主观故意,即该缺陷和漏洞是否源自人为,往往成为金融科技应用主体主张免除责任的依据。因此在进行责任认定时宜采严格责任原则而非过错责任原则,以更加直接和严格的归责原则对金融科技应用主体施加更为有效的约束,充分保障金融消费者的合法权益。当然,也需要充分考虑鼓励创新的制度考量,在责任范围确定时适当考虑算法缺陷和漏洞的形成原因,将其作为计算赔偿数额的参考因素。通过明确法律责任以及畅通救济渠道,引导受损投资者通过依法追偿的方式,形成对算法黑箱的有效社会监管。

第六章

金融科技监管沙箱的本土构建

金融科技的应用带来了传统金融监管模式难以应对的风险,各国监管部门不断探索与金融科技相适应的监管机制,以实现鼓励创新与风险防范的平衡。在此背景下,由英国金融行为监管局率先推出的监管沙箱(Regulatory Sandbox)成为引领全球金融科技监管实践的典范。所谓监管沙箱,是指监管者在控制风险的前提下,构建一个可依条件豁免相关监管后果和法律责任的相对独立的"安全空间",以测试企业的产品、服务、商业模式等方面的创新,从而有效防范金融创新风险的试验性监管机制。自 2015 年英国推出金融科技监管沙箱以来,澳大利亚、新加坡和中国香港也纷纷推出类似机制。随着我国内地金融科技的迅速发展,适于金融科技监管需要的监管沙箱在理论界和实务界也被寄予厚望。不少学者认为监管沙箱体现了金融科技时代金融监管理念与制度的新变化,能够有效降低金融科技的推广成本,因此有必要构建中国式监管沙箱以应对金融科技的风险挑战。[1]我国目前虽然没有国家层面的监管沙箱实践,但北京、上海等地已经开始探索建立监管沙箱。[2]

---

〔1〕 参见柴瑞娟:《监管沙箱的域外经验及其启示》,载《法学》2017 年第 8 期。

〔2〕 根据《国务院关于全面推进北京市服务业扩大开放综合试点工作方案的批复》(国函〔2019〕16 号)的安排,北京市在中国人民银行的支持和指导下率先开展金融科技创新监管试点,探索构建监管沙箱,中国人民银行上海总部印发的《关于促进金融科技发展 支持上海建设金融科技中心的指导意见》(银总部发〔2019〕67 号)及海南省工业和信息化厅印发的《海南省关于加快区块链产业发展的若干政策措施》(琼工信信产〔2020〕89 号)也明确提出探索构建监管沙箱。

这些试点经验为中国式监管沙箱的构建提供了丰富的本土经验。针对金融科技的创新属性和风险特征，我国应立足国情和金融科技行业的发展实际，结合域外监管沙箱的实践经验，革新监管理念，细化监管规则，在风险防范的视角下构建本土化的监管沙箱，为我国金融科技创新的良性发展提供有力支撑。

一、金融科技风险与监管沙箱构建的政策考量

金融科技是金融领域的一场革命。基于人工智能、大数据、区块链等技术的金融科技应用，在降低交易成本、提高金融效率和拓展金融服务覆盖面等方面展现出了极大的潜力。[1] 2018 年，中国金融科技领域投资达 255 亿美元，处于全球领先地位。[2] 2019 年，中国人民银行成立了金融科技委员会，将金融科技发展作为深化金融供给侧结构性改革、服务实体经济、防范金融风险的重要力量，并于 2019 年 8 月印发了《金融科技（FinTech）发展规划（2019—2021 年）》，将金融科技发展提升到了战略高度。[3]

然而，金融科技是一把双刃剑，我们在肯定金融科技对金融行业的革命性影响时，切不能忽视金融科技在为金融交易带来便利化的同时导致的金融风险的复杂化。从风险涉及的主体来看，金融科技扩大了金融参与者的范围。金融科技利用技术创新，提高了交易效率，减少了交易成本，降低了金融活动的门槛，增加了金融活动参与主体的数量，体现了"金融大众化"的特点，同时也导致金融风险涉及的主体范围更加广泛。从风险的内容来看，金融风险在金融科技全天候、网络性等特征的作用下会更

---

〔1〕 参见袁康：《社会监管理念下金融科技算法黑箱的制度因应》，载《华中科技大学学报（社会科学版）》2020 年第 1 期。

〔2〕 See Accenture, *Global Fintech Investments Surged in* 2018 *with Investments in China Taking the Lead*, *Accenture Analysis Finds*; *UK Gains Sharply Despite Brexit Doubts*, available at https://newsroom.accenture.com/news/global-fintech-investments-surged-in-2018.html, accessed Feb.1,2020.

〔3〕 参见《金融科技（FinTech）发展规划（2019—2021 年）》（银发〔2019〕209 号），2019 年 9 月 6 日发布。

加频发和严重。[1] 例如 P2P 网贷平台因借款人资信难以被有效验证而导致其信用风险远大于银行。此外,金融科技还有不同于传统金融的技术风险,呈现出传统金融风险和现代技术风险相叠加的特点。建立在信息技术基础上的金融科技,如果因技术漏洞或者网络攻击而导致某个环节出现问题,就有可能导致整个系统的崩溃。从风险的传播来看,金融科技风险存在引发系统性风险的可能。虽然金融科技的去中心化会分散金融风险,但是若缺乏有效监管,金融科技公司往往为了追求业绩的快速增长而采取冒险行为,反而加大了风险生成的概率。同时,由于新金融业态的业务模式趋同,交易策略相似,市场主体的行为在算法的影响下容易产生"羊群效应",放大市场波动从而导致系统性风险。

同时,金融科技的"破坏性创新"给传统金融监管模式也带来了巨大挑战。自金融监管产生以来,如何实现金融安全与金融创新的平衡一直是监管的难点。监管过于宽松易于积累金融风险,监管过于严苛又会抑制金融创新。监管介入过晚易导致金融市场野蛮生长而滋生风险,监管介入过早又可能妨碍金融创新。[2] 金融科技对金融监管的挑战主要体现在以下三个方面:(1)有效的金融科技监管框架尚未形成。金融科技创新具有明显的跨界特点:一是金融科技兼具科技和金融两种属性,这对监管提出了更高的技术要求;二是金融科技往往涉及多个业务领域。金融科技产品和业务的混业化趋势会导致分业监管体制下监管边界的模糊与重叠,容易产生监管真空与监管漏洞。[3] (2)金融风险监测难度不断加大。金融科技产品与服务的背后是海量的信息流和复杂的信息结构,这加大了风险识别的难度。很多风险控制水平较低的科技企业借助金融科技进入金融行业,使得风险更加分散和隐蔽。面对金融科技风险的复杂性,现有监管体系的技术能力和监管能力难以有效应对高度虚拟化、网络化的金融科技体系。[4] (3)现有监管手段无法满足有效监测金融科

〔1〕 参见王雪:《谦抑性视阈下金融科技的监管逻辑及路径抉择》,载《海南金融》2019 年第 9 期。
〔2〕 See Nathan Cortez, *Regulating disruptive innovation*, Berkeley technology law journal, 2014.
〔3〕 参见王仁祥、付腾腾:《中国金融创新与科技创新的耦合模式研究——基于"监管沙盒"思想》,载《金融理论与实践》2018 年第 8 期。
〔4〕 参见胡滨:《金融科技监管的挑战与趋势》,载《中国金融》2019 年第 6 期。

风险的需要。以"命令—控制"型为主的传统金融监管模式通过预先设定规则的方式进行监管,主要依赖监管人员的数据报送、现场监管和窗口指导等方式,[1]然而金融科技风险隐藏在复杂的技术架构和业务模式之下,监管机构的数据获取能力和技术手段远远滞后于金融科技应用所带来的变化,使得隐藏的风险和漏洞难以得到有效识别。[2] 金融科技在运行过程中出现的交易的网络化、智能化和高频化也会给传统金融监管模式带来挑战。

传统金融监管模式因其自身局限而难以对金融科技领域实施有效监管。为了回应金融科技发展带来的挑战,金融监管需要正确认识金融科技的风险特征,充分考虑金融科技的自身特点,在平衡金融安全和金融创新的基础上与时俱进地自我完善,形成适于金融科技发展的监管模式,监管沙箱在此需求下应运而生。在计算机科学领域,沙箱是指由算法构建的用来对不受信任程序进行测试的虚拟执行环境,操作者可以在沙箱内运行各种程序,运行过程中的任何改变都不会对硬件产生影响。监管沙箱的内在逻辑在于给予新生事物一定的发展空间,在风险可控的试验环境下研究其现实化的可能影响。监管者通过构建一个相对独立且能获得一定程度监管豁免的空间,为金融科技创新主体提供试验环境。如果沙箱中测试的金融科技产品和服务符合各项预置条件,达到了进入市场的要求,则可在确保金融消费者权益的基础上允许产品和服务投入现实应用。

通过监管沙箱,金融科技公司即监管对象可以在责任豁免的基础上进行金融科技创新成果的试验。监管沙箱注重监管者和监管对象之间的沟通与协作,体现了合作式监管和容错式监管的理念。在监管机构的规范和引导下,监管对象可以不断优化自身的产品和服务并降低风险,更好地满足市场和金融消费者的需要。[3] 与此同时,监管机构通过合作式的监管模式与监管对象进行充分沟通,以便更好地把握和调整监管的尺

---

[1] 参见张永亮:《金融监管科技之法制化路径》,载《法商研究》2019 年第 3 期。
[2] 参见杨文尧天、何海锋:《创新与监管:国内金融科技研究述评》,载《科技与法律》2019 年第 1 期。
[3] 参见刘亮、邹佳佳:《监管沙盒:国外应用和本土化》,载《西南金融》2020 年第 5 期。

度,明晰金融科技产品和服务的风险边界,通过动态的规则调整不断提升监管能力,从而为完善金融科技监管规则、建立长效的金融科技监管机制奠定基础。在容错式的试验性监管模式下,监管对象因能享受责任豁免而更有动力进行创新,也更有意愿与监管机构交流与互动,从而促进监管机制的完善和监管效果的提升。

二、现状与类型: 监管沙箱的域外实践

金融科技的迅猛发展和金融监管的与时俱进是监管沙箱的重要基础。监管沙箱是当下金融监管领域内兼顾风险监管和金融创新的革命性监管机制。在英国首创监管沙箱之后,澳大利亚、新加坡、荷兰、中国香港等地也相继开展了监管沙箱的试验。各地实践经验对于我国内地金融科技监管机制的完善和中国式监管沙箱的构建具有重要借鉴意义。

(一)域外监管沙箱的实践现状

1.英国。作为监管沙箱的开创者,英国监管沙箱的主要特点是严格的准入制度和较为完善的运行程序。2013 年英国通过金融监管改革,建立了以金融行为监管局(Financial Conduct Authority,简称 FCA)和审慎监管局(Prudential Regulation Authority,简称 PRA)为支柱的"双峰监管"框架,其中金融科技监管由 FCA 负责。[1] FCA 强调,设立监管沙箱的目的在于通过创新促进竞争,从而更好地保护消费者。英国监管沙箱强调进入沙箱试验的金融科技项目的创新性,主要包括以下几个方面:首先,创新的范围包括金融产品和服务;其次,受试的产品或服务必须明显不同于市场现有的产品或服务;再次,FCA 还会考察该产品或服务是否具有测试的必要性以及能否投入市场;最后,该产品或服务必须能为金融消费者带来实质性的福利。完整的监管沙箱程序包括申请、准入评估、商定方案、测试与监测、提交报告和结果评估几个环节。在申请环节,企业需要提交

---

[1] 参见韩乐怡:《监管沙箱的英国实践与中国思路》,载《甘肃金融》2018 年第 5 期。

包含测试必要性、创新性和应用范围等内容的测试方案。在准入环节，FCA 根据准入条件进行审核并指定专人进行联络。在申请被接受后，FCA 将与公司协商拟定测试方案，包括沙箱的各项参数和风险防范措施。达成测试方案后便正式进入测试阶段，测试结束后受试者需向 FCA 提交关于测试结果的最终报告。最后，FCA 将根据报告和测试情况决定该产品或服务能否通过测试。[1] 严格的准入制度能够对受试产品和服务进行筛选，有利于保证监管沙箱运行的质量。对于未能获批进入沙箱的产品或服务，FCA 提供了伞形沙箱和虚拟沙箱两种替代方案。伞形沙箱是监管机构批准金融科技行业成立非营利性公司作为"保护伞"，向未获正式授权的企业提供测试环境并作为监管机构的代理人进行监管和评估。经过 FCA 的授权，参与伞形沙箱测试的创新企业可作为保护伞公司的"指定代表"获得监管机构的建议。虚拟沙箱是一个能使企业不进入真正市场便可测试其产品和服务的虚拟空间。通过虚拟沙箱可以有效规避消费者受损害风险、市场完整性风险和金融稳定性风险，从而在避免现实损害的基础上对金融科技产品或服务进行测试。从英国监管沙箱的运行实践来看，监管沙箱帮助企业减少了创新成果落地的成本和时间，有利于企业快速获得融资并将产品或服务顺利投入市场。此外，监管沙箱的实践也为防范可能发生的金融风险提供了解决方案。

2.澳大利亚。澳大利亚"监管沙箱"最早见于澳大利亚证券与投资委员会（Australian Securities and Investment Commission,简称 ASIC）于 2017年 2 月颁布的《第 257 号监管指南》及之后的三部法律草案。[2] 澳大利亚监管沙箱的实质在于授权符合条件的申请者在没有获得金融许可证或者信贷许可证的情况下对符合条件的产品或服务进行测试。由于澳大利亚对于金融业实行严格的牌照管理制度，获取牌照许可需要大量的时间成本，通过设立监管沙箱，澳大利亚可以在平衡金融效率和金融安全的基

---

[1] See FCA, *Regulatory sandbox*, available at https://www.fca.org.uk/publication/research/regulatory-sandbox.pdf, Feb.25, 2020.

[2] 三部草案分别为：《2017 年财政法修正案（后续措施）法案：金融科技沙箱监管许可豁免草案》《金融科技沙箱澳大利亚信贷许可证豁免草案》和《金融科技沙箱澳大利亚金融服务许可证豁免草案》。

础上促进金融科技创新。具体来说,不需要持有许可证的情形主要有三种:(1)法律或者相关规则已经允许许可证豁免;(2)满足草案规定的豁免条件;(3)向 ASIC 提出单独申请。在此基础上,ASIC 详细规定了许可证豁免的主体范围、准入条件、测试时长、提前终止的情形、豁免流程和事后报告等制度。[1] 此外,澳大利亚监管沙箱非常注重消费者权益保护。若企业在测试结束之前未获得相关金融许可,应做好测试结束后停业的准备,不得超越法律授予的期限。在测试结束前,企业应如实提供反映测试客户损失情况和投诉情况的报告。同时 ASIC 规定享受测试服务的企业必须建立内部争议处理程序和经 ASIC 批准的一个或者多个外部争议处理机制,从而为争议解决提供方便、快捷的渠道。ASIC 规定争议处理机制在测试结束后仍应持续半年,消费者可通过停业后的赔偿覆盖继续处理相关争议,保障了争议解决的可持续性。[2] 澳大利亚监管沙箱是英国监管沙箱的继承和发展,其以许可证豁免为核心,细化了监管沙箱的程序和规则,在消费者权益保障方面规定得更加全面。

3.中国香港。香港金融监管机构认为发展金融科技对于保持香港国际金融中心地位和提高香港金融业的国际影响力具有重要意义,因此需要建立与金融科技进步相匹配的监管机制。2016 年 9 月 6 日,香港金融管理局率先推出银行业监管沙箱。此后,香港证券和期货监管委员会和保险业监管局也推出了各自的监管沙箱。截至 2020 年 1 月,共有 126 个项目获准参与试验。[3] 试验结果表明,监管沙箱有助于银行及科技公司更快地推出金融科技项目,有利于降低产品成本并提高产品质量。香港监管沙箱主要有以下几个特点:首先,香港监管沙箱以分业监管为基础,以跨业合作为补充。香港监管沙箱采取分业设立的模式,如金融管理局仅允许获得《银行业条例》授权办理存款业务的机构参与测试,而香港

---

[1] 参见陈园园:《澳大利亚增强型"监管沙箱"的启示》,载《西部金融》2018 年第 7 期。

[2] See ASIC, *Regulatory guide 257:testing fintech products and services without holding an AFS or credit licence*, available at https://download.asic.gov.au/media/4420907/rg257-published-23-august-2017.pdf,Sept.12,2020.

[3] 参见香港金融管理局:《金融科技监管沙盒》,https://www.hkma.gov.hk/gb_chi/key-functions/international-financial-centre/fintech/fintech-supervisory-sandbox-fss/,最后访问日期:2020 年 2 月 20 日。

证券和期货监管委员会与保险业监管局也只受理其管辖范围内的机构参
与测试。但是,金融科技跨界混业经营的增加使得分业监管模式难以覆
盖全部产品和服务,香港金融管理局不得不出台跨部门协调机制。在此
基础上,三家监管机构合作提供"一点通"服务,按项目的实际需要接通
三个监管沙箱。其次,香港监管沙箱实行严格的准入制度,坚持以持牌入
场为原则,以许可证豁免为例外。除香港证券和期货监管委员会针对虚
拟资产交易平台的短期豁免以外,持牌入场是参与监管沙箱试验的必要
条件。同时,为了防止挫伤企业参与监管沙箱的积极性,监管机构也通过
放松牌照申请条件、加速审批流程和引导企业与持牌机构合作等政策,寻
求监管与创新之间的平衡。此外,香港监管沙箱非常注重国际合作,设置
了"全球金融网络跨境测试"。[1] 监管沙箱国际合作既维护了香港国
际金融中心的地位,也有利于金融产品和服务的国际推广,提升了金融
业的国际竞争力。

(二)域外监管沙箱的类型

总结各国监管沙箱实践的成果和经验可以发现,各国监管沙箱实践
主要有两种类型,即责任豁免型沙箱和风险控制型沙箱。这两种类型的
监管沙箱的建设经验为我国监管沙箱构建提供了蓝本。我国监管沙箱建
设可以选择性地吸收借鉴这些域外经验。

1.责任豁免型沙箱。责任豁免型沙箱选择一部分符合准入要求的企
业,通过全部或部分豁免其许可要求和法律责任的形式进行金融创新测
试,强调从源头上控制风险。责任豁免型沙箱有效平衡了金融安全、金融
效率和消费者保护,英国、澳大利亚和中国香港的监管沙箱都有关于责任
豁免的规范。通过责任豁免型沙箱真实市场环境的测试,产品和服务可
以立即投入市场,这是各国实现金融科技创新监管的最主要途径。域外
责任豁免型沙箱可资借鉴的经验主要包括以下几点:(1)给予参与的企业
和机构适度的监管豁免,如许可证豁免。此外,各国在注册资金或法律适

---

〔1〕 "全球金融创新网络"成立于2018年8月,由包括香港金融管理局在内的29个国家和
　　　地区的监管机构组成,邀请有意在多个地区测试其创新金融产品或服务的企业申请
　　　参与先导跨境测试。

用方面也会被酌情豁免。[1] (2)明确参与监管沙箱的准入标准。准入规则包含测试项目的创新性、消费者福利、争议解决机制和赔付渠道等内容。(3)明确监管沙箱测试的范围、期限和退出等事项。(4)强调信息披露制度的重要性。金融监管机构通过实施测试前、测试中和测试后三个阶段的信息披露制度,强化了责任豁免下的披露责任。(5)注重金融消费者的权益保护。消费者应被告知参与沙箱测试的风险及其合法权益,同时参与沙箱测试的企业或机构要有足够的财力进行赔偿或补偿。除此之外,责任豁免型沙箱还注重畅通争议解决渠道,完善反馈和投诉机制,确保争议能够及时有效地得以解决。(6)重视建立沟通机制,及时化解测试过程中的矛盾或纠纷。

2.风险控制型沙箱。风险控制型沙箱是指不接入真实的市场环境,通过技术创设虚拟空间来测试项目的创新性、有效性和风险的沙箱类型,典型的有 FCA 设立的行业虚拟沙箱和伞形沙箱。具体来说,虚拟沙箱通过使用公共数据集或其他公司提供的数据运行测试,然后邀请公司或者消费者参与测试。虚拟沙箱为没有能力参与责任豁免型沙箱的小型初创企业提供了测试途径,企业参与虚拟沙箱前无须向监管机构提出申请,从而鼓励更多的企业参与金融创新,也推动了数据共享和行业协作。对于无法获得正式批准或授权的公司,FCA 建议这些公司将伞形沙箱作为他们解决有关问题的选择。伞形沙箱是由非营利企业主导的代表授权机制,监管机构授权行业组织成立非营利企业,由其作为"保护伞"授权未经正式批准的金融科技创新者在其庇护和监督下进行测试。行业组织对市场反应灵敏,能够及时发现风险并加以修正,有利于弥补监管的滞后性。伞形沙箱主要由行业组织负责运行,拟测试企业无须额外申请牌照,并且能够受益于行业组织的专业判断。综上所述,风险控制型沙箱往往作为责任豁免型沙箱的替代性解决方案,为金融科技创新主体进入市场提供了更多的渠道,大大提升了金融监管

---

[1] 例如 FCA 针对持牌的机构及其外包服务商出具"不采取强制措施承诺函",即测试过程之中没有明显违反沙箱监管规定的情形下不会对相关机构采取强制措施,而针对非持牌机构则发放临时性许可。

的效率。此外,监管沙箱的多主体参与体现了社会共治的理念,有利于补充金融监管能力,节约监管资源。在我国构建监管沙箱的过程中,可以将风险控制型沙箱作为重要补充,从而丰富金融科技监管沙箱的类型并增强监管沙箱的实际效用。

三、构建中国式监管沙箱的本土资源
——以试点经验为切入

在各国开展监管沙箱实践的同时,我国也对金融科技监管进行了一系列探索,并采取了以试点为依托的探索路径。事实上,我国各领域改革大多都以试点的形式展开。试点经验有助于在可控范围内降低政策创新和制度变迁的风险。进入全面深化改革时期,试点工作朝着更加精细化的方向发展:一方面更加强调顶层设计,顶层设计为试点机制的开展提供基本遵循;另一方面,试点工作更加强调通过制度创新实现创新成果的可复制与可推广。[1]

监管沙箱与试点机制存在着高度的路径契合。试点机制能够为监管沙箱的设立和推行提供丰富的本土资源,而监管沙箱的探索也体现了"先行先试"的试点色彩。试点的目的在于探索改革的实现路径,为更大范围的改革提供可复制与可推广的经验。监管沙箱的目的则是对受试项目进入市场进行测试,二者都是通过试验实现"以点带面"。试点的功能在于实现制度创新中的风险控制,即通过"先行先试"在有限范围内进行探索,对改革成本和效果进行评估,总结试点经验并复制推广,而监管沙箱通过设置测试环境,对受试项目的可行性和风险进行试验,从而为受试项目能否进入市场提供判断依据。以我国自由贸易试验区为例,通过给予自由贸易区税收和监管的豁免,实质上自由贸易区成为进出口管理的"沙箱",从而测试对外开放政策的可行性和风险。监管沙箱可以看作是我国在金融科技监管领域的"试点"。可以发现,试点机制实际上具有政策

---

[1] 参见周望:《改革机制谈之试点》,载《中国机构改革与管理》2018年第9期。

"沙箱"的属性,为改革措施提供"试错"空间。因此,监管沙箱在我国的推行符合我国深化改革中的"试点"逻辑,具有丰富的本土资源。

我国已经开展的金融科技监管沙箱实践已经体现出了试点机制的特点。在中国人民银行印发的《金融科技(FinTech)发展规划(2019—2021年)》中提出的"在风险可控范围内开展新技术试点验证"就体现了试点思维。在此之前,赣州、杭州和深圳基于"金融科技沙箱产业园"模式也进行了金融科技的发展探索。赣州区块链金融产业沙箱园是为了扶持、发展、监管区块链金融类产业设立的平台。赣州园区旨在充分运用区块链、大数据等技术加强对地方金融科技行业的监管,从而推动地方金融科技发展创新。赣州园区依据《赣州经开区"区块链金融产业沙箱园"发展扶持政策(试行)》进行管理,强调根据企业业绩和发展规模给予补贴和奖励。在监管方式上,园区积极探索使用监测平台监测金融风险,并用区块链技术进行固化和追踪。

早期金融科技产业园在培育金融科技创新、探索新型监管方式上取得了显著成效,但也存在明显缺陷。首先,早期产业园由地方政府牵头设立,没有专业监管机构的介入,监管主体不明确,监管责任缺失。试点园区的建设多基于产业发展和创新成果孵化的需要,服务于地方政府招商引资的政策,不重视风险防范;其次,产业园区市场化程度低,在准入条件、产业布局、发展方向等方面都受到政府的深度影响,产业成果易与市场需求相脱节;再次,产业园区功能单一,只聚焦于区块链等个别领域,吸引企业较少。虽然产业园机制对金融科技的发展具有促进作用,但对风险的控制及消费者权益的保护不足,未能充分尊重市场的需求,制度的可复制与可推广能力较差。

我国专业化的监管沙箱实践始于北京金融科技创新监管试点。北京监管沙箱为机构申请,金融监管局审核的准入模式。从公布的项目来看,在准入方面,试点坚持持牌机构是底线,明确了网贷与虚拟货币等金融科技项目不纳入沙箱测试,但不排除金融科技企业与持牌机构合作参与测试。总体来说,北京金融监管沙箱的准入要求较为严格。截至目前,北京金融科技应用试点共有参与机构77家,获批项目46项。从北京金融监管局公布的 6 个最新项目〔1〕中可以看出，监管沙箱贯彻金融服务实体经济的宗旨，旨在解决小微企业融资难问题，提升金融便民服务水平。在此基础上，央行、国家发展改革委、科技部等六部门又批准在上海、江苏、浙江等 10 省市开展为期 1 年的金融科技应用试点。〔2〕

2020 年 4 月 27 日，中国人民银行公布了第二批金融科技创新监管试点。由于正值新冠疫情期间，本轮试点关注如何引导金融科技创新帮助在新冠疫情期间陷入融资困境的中小企业，推动产业链协同复工复产。从各省的金融科技任务清单来看，本轮试点将监管科技的发展作为重点，体现了维护金融稳定、防范化解金融风险的考量。我国金融科技应用试点实践体现了构建体系化金融科技监管的理念，也体现了在顶层设计下各地根据自身发展需要统筹协调进行试点的本土经验，为监管沙箱的本土化构建打下了一定的基础。

四、中国式监管沙箱的本土化构建策略

面对金融科技发展带来的监管革新要求，构建中国式监管沙箱是防范金融科技风险的现实需要。在立法层面，可以通过授权立法的形式规定监管沙箱的权力基础，完善监管沙箱的运行程序。具体来说，应由国务院就监管沙箱制定《金融科技沙箱监管条例》，对监管沙箱的实施主体、适用对象、准入条件、测试流程、监管方式、退出程序以及金融消费者保护措

---

〔1〕　6 个应用分别为：基于物联网的物品溯源认证管理与供应链金融（中国工商银行）、微捷贷产品（中国农业银行）、中信银行智令产品（中信银行/中国银联/度小满/携程）、AIBankInside 产品（百信银行）、快审快贷产品（宁波银行）和手机 POS 创新应用（中国银联/小米数科/京东数科）。

〔2〕　北京市关注运用大数据、人工智能等技术，提升洗钱、欺诈、非法集资、信贷逾期、资金盗用等风险预警和处置能力；上海市关注票据风险监测、银行风控体系、信贷和理财风控；浙江省建设数字央行金融风险防控平台，建立金融风险联防联控机制；广东省搭建金融数字化风控系统和企业级反欺诈平台；深圳市提出建设智能风控平台，提高可疑案件筛查精度，强化个金资产的前中后台业务风险防控能力；四川省建设反洗钱监测平台，构建可视化资金交易链条，建立统一密码服务平台，此外还搭建移动安全风险侦测平台、移动金融安全大数据平台。

施等内容进行规定,从而完成中国式监管沙箱的本土化构建。[1] 具体来说,监管沙箱的本土化构建策略应当包含以下几个方面。

(一)推动监管沙箱顶层设计的本土化重构

1.革新金融科技监管理念。立足于金融科技的风险特点和创新需要,调整传统的"命令—控制"型监管方式,树立适于金融科技发展的监管理念。首先,要确立对金融科技的包容性监管理念。对于金融科技应用中的风险需要辩证看待,监管部门应当按照"创新友好型"的包容审慎监管原则,在坚守风险底线的前提下为金融科技创新创造有利环境,并以监管沙箱为基础为金融科技创新设置一定的容错空间。同时监管部门也需要按照差异化监管的原则,根据不同行业、不同类型的金融科技创新的风险状况和风险程度,在沙箱的准入以及豁免范围上进行差异化安排。其次,要适时运用穿透式监管原则。[2] 在监管沙箱准入限制放宽的情形下,面对诸多交易结构复杂、产品定性不清的金融科技产品和服务,监管机构在审查过程中要坚持实质重于形式的原则,通过技术手段实现穿透式监管,以防范隐藏的风险。[3] 再次,要注重监管科技的应用。以技术为支撑的监管科技可以实现信息和数据的实时监控,有利于降低监管成本、提升监管效率。监管机构应注重监管科技开发和应用,推动金融科技成果与监管体系深度融合,通过新技术提升创新监管与合规监管的能力。监管机构要加强与科技研发机构的合作,培养监管技术人才,并尝试搭建金融数据监管平台与金融科技监管沙箱的对接,通过大数据、云计算对金融科技运行数据进行实时监测。[4]

2.拓展监管沙箱层次体系。我国金融市场规模大且金融科技创新主体数量繁多,而由少量监管机构主导运行的监管沙箱恐难满足金融科技

---

〔1〕　参见刘帆:《沙盒监管:引入逻辑与本土构造》,载《西南金融》2019年第3期。

〔2〕　参见杨东:《监管科技:金融科技的监管挑战与维度建构》,载《中国社会科学》2018年第5期。

〔3〕　参见孟娜娜、蔺鹏:《监管沙盒机制与我国金融科技创新的适配性研究——基于包容性监管视角》,载《南方金融》2018年第1期。

〔4〕　参见苏海雨:《金融科技背景下金融数据监管模式构建》,载《科技与法律》2020年第1期。

发展的需求。我国可以尝试构建由监管机构沙箱、行业协会沙箱和机构内部沙箱所组成的金融科技沙箱监管体系。监管机构设立的沙箱因其数量少、权限多、影响大而应居于顶层位置,适用于在金融体系渗透深、覆盖广、规模大的金融科技产品和服务,实行较为严格的准入制度。行业协会因其行业内的专业性和自律组织属性,可以组织并运行行业协会沙箱,使其能作为监管机构沙箱的有益补充,衔接那些影响相对较小或未能顺利进入监管机构沙箱的金融科技产品或服务。此外,由于金融科技公司是金融科技的研发主体,是最为了解金融科技产品和服务从研发到应用的全生命流程的主体,不论是从自我监管的角度,抑或从产品优化和风险控制的角度,金融科技公司都可以自发构建企业内部的沙箱,主动控制产品和服务的风险。[1] 多元化运行主体的参与可以丰富监管沙箱的层次,为不同类型和不同水平的金融科技创新主体提供更多选择。

3.规范监管沙箱的试点运行。我国监管沙箱的构建要充分立足于改革实践中积累的丰富经验,坚持"先行先试,以点带面",建立体系化可推广的制度,以满足全国金融科技监管的切实需求。一方面,要将监管沙箱试点纳入法治框架,坚持鼓励与规范并举。通过立法确认和保障各地开展的金融科技监管沙箱试点的合法性,为试点地区的改革工作提供法律和政策上的依据。在此基础上,通过财政手段保障试点运行过程中的支出,维护监管沙箱试点机制的有序运行。另一方面,要明确监管沙箱试点运行的实施周期,提高试点运行的效率。可以通过分段式安排,明确每一阶段参与的项目,逐步增加试点容量,防止出现项目堵塞。加强中央金融监管部门与金融行业和地方金融监管部门的交流和联系,推广金融科技监管试点经验,鼓励受试项目自查自测,提升试点项目的运行效能。只有充分总结我国试点运行的经验,将金融科技监管沙箱作为一项重要的改革加以推进,才能避免监管沙箱盲目移植所带来的"水土不服",真正实现金融资源的合理配置和金融创新的有序推进,满足我国金融科技创新

---

[1]　参见刘亮、邹佳佳:《监管沙盒:国外应用和本土化》,载《西南金融》2020 年第 5 期。

的发展需要。[1]

(二)构建中国式监管沙箱的核心规则框架

1.明确监管沙箱的运行主体。对于监管沙箱的运行主体,学界有不同的观点,至今尚未形成统一的意见。有学者认为应由金融监管部门[2]负责正规金融机构金融产品和服务的监管沙箱运行,而类金融机构和金融科技公司的产品和服务的监管沙箱则由行业协会负责。[3] 也有学者认为,应当在由监管机构协调的框架下设立统一的监管主体来负责监管沙箱的运行,[4]还有学者认为中央金融监管部门和地方金融监管局都可以作为监管沙箱的运行主体。[5] 监管沙箱运行主体的确立必须立足于我国金融科技监管的现状,符合金融科技发展的需求。只有构建部门协同、行业协作、央地结合的系统性的金融科技监管沙箱,才能规范我国金融科技的发展。中央层面,我国实行"一委一行一局一会"分工型监管体制:中央金融委员会负责监管协调和系统性风险防范,中国人民银行负责互联网支付业务的监管,国家金融监管总局负责互联网借贷业务、信托业务、消费金融业务和互联网保险业务等证券业以外的金融业的监管,中国证监会则负责股权众筹融资业务、互联网基金销售业务等证券类业务的监管。[6] 地方层面,按照2017年全国金融工作会议精神,地方金融监管局主要负责类金融机构的行政审批和监管。[7] 针对地方金融监管机构设置和运行监管沙箱的权限和范围,需要进行严格的限定,原因在于,金融科技创新项目具有较强的专业性和技术性,地方金融监管部门缺乏足够

---

[1] 参见杨松、张永亮:《金融科技监管的路径转换与中国选择》,载《法学》2017年第8期。

[2] 即中国人民银行、国家金融监管总局和中国证监会。

[3] 参见张龄方:《论我国内地监管沙盒实施主体的确定》,载《南方金融》2019年第7期。

[4] 参见胡滨、杨楷:《监管沙盒的应用与启示》,载《中国金融》2017年第2期。

[5] 参见李有星、柯达:《我国监管沙盒的法律制度构建研究》,载《金融监管研究》2017年第10期。

[6] 参见中国人民银行等十部委发布的《关于促进互联网金融健康发展的指导意见》(银发〔2015〕221号),2015年7月14日发布。

[7] 主要包括小额贷款公司、融资担保公司、区域性股权市场、典当行、融资租赁公司、商业保理公司、地方资产管理公司、辖区内投资公司、农民专业合作社、社会众筹机构、地方各类交易所、网络借贷信息中介机构等。

的技术人才和能力去实现对金融科技风险的精准监控。此外,地方金融监管局除了承担监管职能,还肩负着促进地方金融发展的重任,容易造成地方金融监管的"逐底竞争",导致金融风险的扩散。因此,应立足于我国金融监管体制,尝试构建在中央金融委员会的协调下由"一行一局一会"设立和运行的监管沙箱,具体的负责领域可参考互联网金融监管的经验进行设置:中央金融委员会办公室设立金融科技创新中心,负责统筹协调监管沙箱和金融科技监管试点的运作;中国人民银行负责支付业务和反洗钱等业务的监管沙箱;国家金融监管总局负责借贷、信托、互联网消费金融业务和保险业务的监管沙箱,同时指导地方金融监管局制定监管沙箱规则;中国证监会负责股票、债券、期货、股权众筹融资以及互联网基金业务的监管沙箱。在地方层面,可以根据地方金融监管机构的职责和能力建立本行政区域内类金融机构和金融科技公司的监管沙箱试点。在各地试点的基础上建立地方金融监管协调机制,对于跨区域提供服务的项目可通过各地金融监管部门协调审核,尽量减少金融科技创新主体的负担。此外,应鼓励行业协会和非营利组织建立虚拟沙箱,为暂无资格的金融科技公司提供指导,测试结果也可作为监管沙箱准入的参考。

2.明确监管豁免的范围。监管沙箱作为一种容错性监管机制,不可避免地要在监管要求上给予企业某些豁免。以澳大利亚为例,ASIC 在符合条件的情况下,根据金融创新项目类型,豁免相关企业的金融服务许可证或者信贷许可证。具体到我国,监管沙箱的责任豁免应包括民事责任和行政责任两个方面:在民事责任方面,可以建立消费者赔付基金或者设立保险以防范监管沙箱测试所带来的民事风险。金融机构对于责任能力不足的企业可以提供专项贷款支持,监管机构也应帮助企业树立消费者保护意识,提高风险防范能力,解除企业和消费者的后顾之忧;在行政责任方面,监管机构应根据受试项目的风险情况与企业就监管沙箱测试事项签订协议,对行政责任的豁免范围加以约定,具体豁免范围应根据项目的风险特点和风险控制能力加以确定。在监管措施方面,对于风险较低的项目应豁免其测试期间违反部分监管规则而担负的法律责任,可以"不采取措施函"或者个别指导的方式加以监督。在持牌准入方面,可以根据金融监管的实际情况,在监管沙箱设立初期对持牌机构进行测试,以银行业为切入点逐步推广实施,积极鼓励金融科技企业与持牌机构合作。对于获取牌照确有困难的金融科技企业,可以开放临时性的许可申请,根据测试情况决定是否给予其准入资格。对于无法进行测试的项目,也应提供替代性方案或建议。

3.明确监管沙箱的准入标准。严格准入是监管沙箱防控风险、提升创新质量的重要保障。监管沙箱运行主体应设置详细的准入标准,并基于这些标准进行严格审查。我国本土化的监管沙箱应将"实质创新"作为审查的首要标准。具体而言,参与测试的产品或服务要具有创新性,与原有的产品或服务有显著差别;测试的项目必须能为消费者带来直接或间接的福利;测试的项目必须有较为完善的消费者保护机制,畅通争议解决机制和赔付渠道;企业必须为参与真实的市场测试做好充分的准备。此外,对于项目的选择也应立足于当下金融发展的需要,一方面,鼓励监管科技创新项目加入测试,强化金融消费者的权益保护,整治互联网金融及金融科技发展乱象,并尝试建立"培育+测试"的一站式监管流程;另一方面,优先支持有利于中小微企业脱困等普惠金融项目,发挥金融服务实体经济、改善民生的作用。此外,对于尚未进入测试和未通过测试的企业,沙箱运行主体应根据项目的具体情况,就方案的完善及时提供建议。在项目审核阶段,需要建立并完善金融科技专家评审制度,邀请相应领域的专家组成评审委员会来评估决定项目是否准入、实施成效及其退出。

4.确定监管沙箱测试的期限和退出事项。平衡金融创新和市场风险必须对监管沙箱的期限加以确定,以保障测试的效率。监管沙箱的测试期限要充分考虑项目的特点和风险程度,对于风险较大的项目可以设置较长的测试期限,确保隐藏的风险得以充分暴露。监管机构可以规定沙箱测试期限的区间范围,具体测试期限则交由运行主体和受试主体之间协商确定。建立完备的退出机制是监管沙箱平稳运行的基本保证,也是沙箱根据受试项目实际情况作出判断的内在要求。具体来说,监管机构应根据受试项目的具体类型和风险状况规定测试退出的参数指标,受试主体在满足监管主体事先要求的参数指标后便可退出。[1] 在发生重大

---

〔1〕 参见马楠:《监管沙盒的发展:思路创新、实践与不足》,载《海南金融》2020 年第 2 期。

技术故障、产品缺陷或者严重损害消费者权益的情形时,测试项目也必须退出监管沙箱,防止风险超出可控范围。

(三)完善中国式监管沙箱的配套制度

1.建立和完善信息披露制度。出于保护商业秘密的需要,受试主体通常不愿意过多披露相关信息,但不充分的信息披露极易导致消费者权益受损。如何既实现充分的信息披露又保护商业秘密就成为在监管沙箱运行中亟须解决的问题。根据沙箱测试不同阶段的信息类型与披露必要性的区别,可以在测试前、测试中和测试后构建三个阶段的信息披露制度,并明确差异化的披露要求。在正式进入测试程序之前,企业应向参与测试的消费者及监管机构主动披露基本情况,包括企业的经营范围、财务状况、股东持股等情况以及参与监管沙箱测试的计划。同时,企业必须明确告知消费者进入监管沙箱测试环境存在的风险,以及争议解决途径和获取赔偿的方案。在测试过程中,企业要定期报告测试情况并实时报告影响测试结果的重大情况,以及处理意见或者解决方案。测试结束后企业应对测试结果进行全面的分析和总结,根据监管机构的要求披露总结性报告,并在监管机构指导下补充完善相关信息,从而为企业获得许可进入市场减少障碍。受试企业的信息披露不仅要真实、完整、及时,还应易于理解。[1] 通过完善且合理的信息披露制度,可以有效地实现监管机构、受试主体和消费者之间的利益平衡。

2.建立和完善消费者保护制度。在责任豁免的前提下强化消费者保护是监管沙箱的底线要求,因此沙箱运行主体必须事先制定全面、严格、周密的消费者保护规则。首先,消费者参与沙箱测试须以自愿为前提,运行主体和受试企业应告知消费者参与沙箱测试的风险,保障消费者的知情权。其次,要完善消费者损害赔偿制度,参与测试的企业或机构既要有足够的赔偿责任承担能力,也要有明确和健全的赔偿方案。最后,要畅通争议解决渠道,完善反馈和投诉制度,确保争议能够及时得到解决。然

---

〔1〕 参见戚丽:《金融科技"监管沙盒"测试企业信息披露制度构建研究》,载《沈阳工业大学学报(社会科学版)》2020年第2期。

而,过于严格的消费者损害赔偿制度可能诱发消费者选择冒险行为,诱发道德风险,从而影响监管沙箱测试的正常运行。因此,为了防止消费者在赔偿保障下盲目冒险,应对参与消费者进行投资教育,也可以采取协议方式约束消费者的冒险行为。如果参与测试的消费者缺乏足够的代表性,不能反映真实的市场状况,监管沙箱的功能便会发生偏离。

3.建立和完善监管联络沟通制度。沙箱运行主体、监管机构与受试企业之间畅通的沟通机制是即时反馈测试情况并有效解决问题的内在要求,也是监管沙箱在测试过程中自我完善与优化的重要保证。通过与受试企业进行及时的沟通和交流,沙箱运行主体可以及时根据测试情况对监管沙箱的规则和机制进行动态调整,监管机构可以准确掌握金融科技创新的内在逻辑和发展动向,受试企业也能更方便地了解监管规则,从而解决监管机构与金融科技企业间的信息不对称和认知偏差等问题。与此同时,由于不少金融科技企业通过与不同行业的金融机构进行跨界合作,或者在监管真空下实际开展混业经营,导致我国现有分业监管难以对创新产品和服务实现全覆盖。因此有必要建立监管机构间的沟通协调机制,使监管部门之间协同配合并形成合力。在此过程中要充分发挥金融稳定发展委员会的协调沟通作用,对于定位不明确的受试项目,通过监管机构之间的协调选择最适合的监管沙箱。此外,监管机构之间也应在金融稳定发展委员会的协调下加强沟通,分享监管经验,不断优化监管沙箱,为金融科技创新发展营造良好的监管环境。

五、结语

金融科技的加速发展和应用,在推动金融创新的同时也暗含着新型风险的挑战。如何有效地实现创新发展与风险防范之间的平衡,有赖于针对金融科技的特点实现监管机制的创新。域外市场监管沙箱的实践探索了遵循试验的逻辑,以责任豁免和风险控制为主要方式的创新监管机制,为金融科技监管体系的建立和完善提供了典型样本,得到了全球的普遍认可。从其基本逻辑来看,监管沙箱与我国改革经验中的试点机制有异曲同工之妙。在中国金融科技行业蓬勃发展的背景下,我国在借鉴域外先进经验的同时,应立足于试点机制丰富的本土资源,构建中国式金融科技监管沙箱,以形成适于我国金融科技发展的本土化监管体系。在当下金融科技监管试点中,重点鼓励和支持具备较强技术实力的持牌金融机构,在明确设定准入范围和程序的前提下,运用监管沙箱开展先行先试,并结合试点经验不断完善监管沙箱的程序,推动更多的监管沙箱落地应用,构建部门协同、行业协作、央地结合的系统性的金融科技监管沙箱。

第七章

监管科技的功能定位与制度保障

党的十九大报告中指出，要"健全金融监管体系，守住不发生系统性金融风险的底线"，中央经济工作会议和全国第五次金融工作会议也对维护金融系统稳定、防范化解金融风险提出了更高的要求，金融安全显然已经上升到了国家安全的战略高度。当前随着金融与科技的日益融合，金融创新日益加速，传统金融监管革新与升级已经迫在眉睫。为了应对金融科技时代风险防范的需要，监管部门需要正确认识金融科技的风险特征，并充分考虑金融科技的自身特点，在平衡金融安全和金融创新的基础上形成适应金融科技发展需求的监管解决方案。在此背景下，将大数据、人工智能、云计算等技术运用于监管的"监管科技"（RegTech）应运而生，以新技术丰富金融监管手段并为监管合规赋能，使得监管科技备受期待。[1] 然而市场和学界对于监管科技的理解在很大程度上存在着概念化的盲目狂热。事实上，监管科技并非一劳永逸解决金融监管困境的万能神药，其在以技术手段回应金融科技时代监管需求的同时，自身也蕴藏着风险。因此，冷静辩证地审视监管科技的风险防控功能与监管科技自身风险，遵循发展与规范相结合的立场，建立和完善监管科技的制度保障体系，是充分完善和发挥监管科技应有功能的基础与前提。

---

[1] 2017年中国人民银行金融科技委员会成立，明确声明"强化监管科技应用实践，积极利用大数据、人工智能、云计算等技术丰富金融监管手段，提升跨行业、跨市场交叉性金融风险的甄别、防范和化解能力"。

一、金融科技时代的监管科技

后金融危机时代,各国监管机构在市场基础设施、审慎监管、金融消费者保护等方面进行了一系列监管改革,金融机构的合规义务更加严格。金融机构需向监管部门提供数据的类型和数量急剧增长,因此需要不断增加合规人员以及合规支出。[1] 与此同时,监管部门需要处理的合规文件和市场信息也急剧增加。严格的监管政策和日益增加的监管成本为金融监管的有效开展带来了严峻的挑战,需要降低监管成本,提高监管效率。除此之外,金融科技的广泛应用也使得金融风险变得更加隐蔽和复杂。传统金融监管中相对简单固定的监管标准和监管手段在金融科技时代显得捉襟见肘。第一,随着科技与金融之间融合的力度加强,金融市场与金融产品日益呈现出了混业化的特点,使得传统分业监管因监管责任不清从而造成监管真空与监管漏洞;[2]第二,金融科技交易的网络化、智能化和高频化使得风险的发生更为迅速,从而极大提高了风险监测的难度,对此传统监管难以及时应对。除此之外,在金融科技产品或服务业务模式背后有着海量的信息流和复杂的信息结构,使得风险更加复杂,层层嵌套,加大了风险识别的难度。面对金融科技风险的复杂性,现有监管体系的信息技术、监管能力以及技术资源难以有效应对高度虚拟化、网络化的金融科技体系。[3] 金融科技风险隐藏在复杂的产品和交易结构之下,如果监管机构的数据获取和技术手段滞后于金融科技应用所带来的变化,那么隐藏的风险和漏洞便难以被及时发现。[4] 概言之,金融科技

---

[1] 根据联邦财务分析公司(Federal Financial Analytics, Inc.)的分析,近五年全球金融服务业每年的合规成本超 1000 亿美元。参见杨明:《美国金融监管放松改革的影响与启示研究——〈经济增长、监管放松与消费者保护法案〉评析》,载《金融监管研究》2018 年第 8 期。

[2] 参见王仁祥、付腾腾:《中国金融创新与科技创新的耦合模式研究——基于"监管沙盒"思想》,载《金融理论与实践》2018 年第 8 期。

[3] 参见胡滨:《金融科技监管的挑战与趋势》,载《中国金融》2019 年第 6 期。

[4] See Douglas W. Arner, Dirk Zetzsche, Ross Buckley, Janos Nathan Barberis. *FinTech and RegTech, Enabling Innovation While Preserving Financial Stability*. Georgetown Journal of International Affairs, available at http://www.jstor.org/stable/26395923, accessed Nov.30, 2020,

的应用给传统金融监管带来不小的挑战,在此背景下,将科技应用于监管,一方面可以整合金融监管资源,弥补分业监管带来的短板和漏洞,另一方面也可以压缩监管套利的空间,实现监管的公开、公正与透明。

将技术应用于监管的讨论源于英国。2014 年经济学家安迪・霍尔丹首次提出将技术应用于金融监管,从而构建一种具备类似气象系统以及互联网流量监测系统能力的金融监测系统,及时监测金融市场的波动和风险。[1] 在此之后,英国政府科学办公室的首席科学顾问马克・沃尔波特认为可以将金融科技应用于监管和合规,使得合规报送的流程更加高效、流畅。以上二者是关于监管科技概念最早的讨论。[2] 英国金融行为监督管理局(Financial Conduct Authority, FCA)是最早采用监管科技(RegTech)概念的金融监管机构。2015 年 11 月,FCA 提出,运用合规科技和大数据有效提升了监管的效率和透明度。2017 年 4 月,FCA 在《2017—2018 年度商业计划书》中再次对"RegTech"进行了定义,认为其运用技术帮助金融服务机构更有效地理解并达成监管要求,能够在增强金融市场主体合规水平的同时降低成本。2018 年 2 月,FCA 发布《关于通过技术实现智能化监管的征询报告》,提出要开发出机器可识别的监管报送系统,从而将文字性的监管规则转化为机器可执行的电子规则。[3]在英国之后,各国监管机构与国际组织也积极推动监管科技的理论研究与实践应用。如国际金融协会(Institute of International Finance, IIF)将监管科技作为解决当下合规难题的关键。2016 年,美国的监管科技实验室(RegTech Lab)认为,监管科技的主要功能在于帮助金融市场主体处理监管合规问题。[4] 在此基础上,英国积极推动"科技冲刺"(Tech Sprints)运动,并与澳大利亚、新加坡、巴林等 11 个国家、地区以及国际组织建立旨

---

〔1〕 See Andy Haldane, Chief Economist, Bank of England, *Speech at the Maxwell Fry Annual Global Finance Lecture*:*Managing Global Finance as a System*, Birmingham University 10, Oct. 29, 2014.

〔2〕 See FinTech: Blackett review – Publications – GOV.UK, available at www.gov.uk, accessed Jul.9, 2020.

〔3〕 参见度小满金融、北京大学光华管理学院监管科技课题组编著,《新技术　新业态——进化中的监管科技及其应用》,电子工业出版社 2020 年版,第 2 页。

〔4〕 参见孙国峰:《发展监管科技构筑金融新生态》,载《清华金融评论》2018 年第 3 期。

在加强金融监管的创新网络。[1]

回到我国,监管科技概念的产生与我国互联网金融风险防范的要求密切相连。国务院颁布的《互联网金融风险专项整治工作实施方案》最早针对科技金融不同的监管对象,确定了监管分工,将互联网金融风险防范提升到了重要地位。其后,博鳌亚洲论坛发布的《互联网金融报告 2017》中要求"运用监管科技,提升监管技术水平","监管科技"首次以完整概念的形式在国内提出。在此之后,我国监管机构对于金融科技监管进行了一系列组织安排和制度安排。[2] 中国证监会颁布《中国证监会监管科技总体建设方案》,标志着我国证券领域监管科技的应用进入了全面实施阶段。

在监管科技这一概念提出之后,学界的争论主要围绕监管科技概念的内涵以及监管科技与金融科技的关系进行。对于监管科技的范围,大部分学者认为监管科技包括监管机构和被监管机构将技术应用于监管或合规的情形。[3] 也有一些学者按照适用主体的不同,对监管端和合规端的技术应用进行区分。[4] 从以上学者的研究可知,在讨论监管科技的内

---

[1]　参见 FCA 官网,https://www.fca.org.uk/firms/innovation/regtech/techsprints,最后访问日期:
2020 年 9 月 11 日。

[2]　具体来说,2017 年 5 月,中国人民银行成立"金融科技委员会",为监管科技应用提供
了组织保障。2017 年 6 月,中国人民银行发布了《中国金融业信息技术"十三五"发
展规划》,在规划中提出加强金融科技研发应用的同时注重将技术应用于监管,使得
监管科技发展有了较为明确的规划。2017 年 7 月的全国金融工作会议强调健全风险
监测预警和早期干预机制,使得监管科技的发展需求愈发迫切。

[3]　如何海锋等认为,监管科技有两大分支:"在监管实施端表现为 Suptech,可称为监管科
技;在金融机构合规端则表现为 Comptech(Compliance‑technology),可称为合规科
技。杜宁等认为,监管科技是 "辅助被监管机构提升合规效率和降低合规成本,同时
辅助监管机构提升风险监测识别效率和降低监管工作量的技术应用解决方案的统
称"。杨东认为,狭义的监管科技指的是科技手段辅助合规在金融机构内控端的应
用;广义的监管科技则包含了金融监管机构利用技术提高监管效能。参见何海锋、银
丹妮、刘元兴:《监管科技(Suptech):内涵、运用与发展趋势研究》,载《金融监管研究》
2018 年第 10 期;杜宁、沈筱彦、王一鹤:《监管科技概念及作用》,载《中国金融》2017
年第 16 期;杨东:《防范金融科技带来的金融风险》,载《红旗文稿》2017 年第 16 期。

[4]　如陶峰、万轩宁将 Regtech 称为合规科技,主要用于金融机构合规;将 Suptech 称为监管科
技,主要适用主体为监管机构。中国金融四十人论坛常任理事张家林则从两个层面描述监管
科技,一是金融市场中被监管主体通过监管科技实现持续有效的合规,二是监管机构通过利
用监管科技提升宏微观监管的水平和效率。参见陶峰、万轩宁:《监管科技与合规科技:监管
效率和合规成本》,载《金融监管研究》2019 年第 7 期;张家林的观点,转引自尹振涛、范云朋:
《监管科技(RegTech)的理论基础、实践应用与发展建议》,载《财经法学》2019 年第 3 期。

涵或范围的时候,不可简单地将一种技术在监管端和合规端的应用割裂,而应从更加宏观的角度来考量监管科技的范围,再结合具体的应用领域和应用场景对其加以规制。因此,在具体表现形态上,监管科技可以包含运用于监管端的监管科技(Suptech)、运用于金融机构合规端的监管科技(Comptech),以及运用于金融市场主体内控端的监管科技(Cont-rtech)。[1] 这样划分主要基于以下三点原因:首先,从监管科技概念的历史演进来看,监管科技天然包含金融市场主体提升合规效率的内在需求,相关技术在合规端的应用实践也非常丰富。其次,监管科技在监管端和合规端的应用实质为同种技术在不同主体的应用,其根本目标都是防范和化解金融风险。监管科技应用也可看作同一种技术在不同业务中的应用,在金融市场风险控制层面有着共同目标。将合规端纳入调整范围有利于改善单向度的对抗式监管模式,进而推进合作式监管,共同防范风险。最后,从调整范围来看,包含合规端的监管科技有利于扩大相关规则的调整范围,减少规制漏洞,有效防范监管科技的内生风险。

概言之,监管科技(RegTech)的概念应被界定为在金融科技广泛应用的背景下,在监管端、合规端及内控端以数据处理为核心,以云计算、人工智能、区块链等新技术为依托的技术型监管解决方案。理解监管科技必须厘清其与金融科技之间的关系。[2] 监管科技的产生与金融科技的广泛应用分不开,从狭义上讲,监管科技可以看成金融科技在监管端的应用分支。但是,监管科技不仅定位于提升传统金融业态下监管活动的效率

〔1〕 参见吕晴、金蕾:《金融监管创新技术——Suptech 的发展及各国实践》,载《金融发展评论》2018 年第 12 期。
〔2〕 在监管科技与金融科技的关系界定方面,英国金融行为监管局(FCA)认为监管科技是利用新技术促使达到监管合规要求的一种金融科技,将监管科技定义为金融科技的子集;孙国峰认为,监管科技和金融科技之间并不具有直接关系,两者分别是科技与金融监管、科技与金融相互融合的产物;陈实、杜宁等认为监管科技与金融科技应该是一种交叉的关系,只有金融监管科技才是金融科技的子集;蔚赵春等也认同这一点,认为监管科技主要是为了应对金融科技可能产生的风险,是金融科技作用的一部分。参见孙国峰:《发展监管科技构筑金融新生态》,载《清华金融评论》2018 年第 3 期;陈实:《金融科技视野下的技术监管挑战》,载《清华金融评论》2018 年第 3 期;杜宁、沈筱彦、王一鹤:《监管科技概念及作用》,载《中国金融》2017 年第 16 期;蔚赵春、徐剑刚:《监管科技 RegTech 的理论框架及发展应对》,载《上海金融》2017 年第 10 期。

与降低监管成本,识别和防范新技术在金融领域应用所带来的风险也是监管科技的重要功能。

二、监管科技的风险控制机理与路径

中国人民银行印发的《金融科技(FinTech)发展规划(2019—2021年)》提出为应对新技术应用的风险,要运用金融科技进行风险防范,从而有效提升金融风险的识别、预警和处置能力。加快推动监管科技的研发和应用,满足金融科技时代金融监管对于监管效率和范围的追求,是当下金融监管改革的必由之路。因此,我国金融业发展和金融监管的革新离不开监管科技的有效应用。在思考我国监管科技完善路径之前,要分析监管科技的功能与不足,从而扬长避短,更好地发挥监管科技的作用。

(一)监管科技的技术路线与应用场景

新科技革命推动了商业模式和金融市场的变革,节点众多、风险发生具有不确定性等是金融科技时代金融业态的特点,给传统的金融监管与法律带来了挑战。监管科技的应用有利于形成合规、守序的创新环境,从而有效覆盖传统监管无法触及的范围。[1] 与以往的科技只处在被治理的地位不同,监管科技因其智能化与数字化优势,已经深刻地改变了金融监管和法律治理模式。分析监管科技的内在技术逻辑,有助于我们更好地把握监管科技风险控制的机理与路径。

监管科技的技术体系框架主要包括底层核心支撑技术、中层智能分析技术和前端展示应用技术三大类。首先,以云计算、大数据、区块链等为代表的底层核心技术,将算力和数据进行统一的汇聚,以结构化的形式呈现并保证数据的可靠;其次,依托人工智能技术的智能分析技术,通过机器学习将算法应用在自然语言处理、语音图像识别等多个领域,从而构

---

〔1〕　参见杨东:《监管科技:金融科技的监管挑战与维度建构》,载《中国社会科学》2018年第5期。

建系统性的关联网络,洞察数据之间的内在关联;以数据可视化为代表的前端应用展示技术可以将监测结果多维立体地加以呈现。

云计算、大数据、区块链技术构成监管科技的底层支撑。通过采用大数据技术建立数据仓库,进行数据挖掘,有利于降低数据搜集的成本,简化数据获得的过程,扩大数据的搜集面,从而能够获得更广泛的数据,在金融犯罪风险、反洗钱、客户行为风险防范方面提升监管的有效性。[1] 在地方金融监管层面,传统的线下文件申报方式效率极低,通过云计算技术建立线上的云政务平台,经过线上申请、监管修改和线上反馈等流程,可以极大提高监管机构与企业的互动效率,便于监管的实时进行。如巴林银行利用大数据监管的"了解你的客户"(KYC)技术,极大地提升了数据监测和反洗钱的效率。[2]

大数据和云计算的应用使得金融监管具有实时监控金融数据的能力,增强了金融监管的实时性和有效性。区块链技术的多中心化、数据不可更改的特点,能够更加广泛地搜集数据,进行数据评估,甚至可以消弭线上各主体之间的信息不对称。[3] 在具体应用方面,北京和贵阳构建了以区块链为底层技术的网贷风险监控系统,通过设计算法保证监管机构对节点的跟踪和控制,从而验证交易。上海保险交易所发布的区块链底层技术平台可以实现不同业务的数据隔离及访问权限控制。除此之外,区块链技术在监控和打击非法资金流动方面也可以有所作为,监管机构可以考虑尝试利用区块链技术打击洗钱犯罪。[4]

---

[1] 如奥地利中央银行以"AuRep"系统为中间平台,在自动获取商业银行碎片化的原始数据后,运用标准化规则进行转换并自动推送给央行,从而实现自动提取数据。依靠云计算技术可以建立商业银行报送业务数据的"检查分析系统"(例如中国银监会建立的 EAST 系统),对数据报送规范提出统一的标准和要求,从而推动商业银行数据标准化的落实,既有效提高了报送质量,也提高了数据监控工作的效率。

[2] See Turki, M., Hamdan, A., Cummings, R. T., Sarea, A., Karolak, M., Anasweh, M. *The Regulatory Technology "RegTech" and Money Laundering Prevention in Islamic and Conventional Banking Industry*, https://doi.org/10.1016/j.heliyon.2020.e04949.

[3] 参见巴曙松、魏巍、白海峰:《基于区块链的金融监管展望——从数据驱动走向嵌入式监管》,载《山东大学学报(哲学社会科学版)》2020 年第 4 期。

[4] 洗钱这一非法活动已经占全球 GDP 的 5%,但只有不超过 1% 的洗钱被冻结或没收。参见 CBINSIGHTS:《全球监管科技(RegTech)发展趋势》,载 https://www.cbinsights.com/research/regtech-startups-deals-funding-trends/,最后访问日期:2020 年 9 月 14 日。

　　人工智能技术则显著提升了监管的自动化与智能化程度。在数据搜集和处理的基础上,人工智能技术应用于金融监管可以通过算法程序设计进行案例推理,从而更好地识别与应对金融风险。通过机器学习甚至深度学习,智能分析技术可以总结规律,更有效地从相对庞杂的金融数据中发现风险。在具体应用中,IBM 的"Watson"金融犯罪洞察解决方案综合利用各种金融科技快速完成尽职调查,帮助金融主体分析自身产生的各种反洗钱警报。[1] 除此之外,智能分析技术在宏观审慎监管和微观审慎监管方面也扮演着重要的角色。在微观审慎监管方面,意大利银行尝试将机器学习算法用于信用风险评估,探索合并不同的数据源从而有效预测贷款违约;荷兰银行则将神经网络用于流动性风险分析,从而检测来自实时支付结算系统的支付数据异常和流动性风险,可应对银行挤兑。在宏观审慎监管方面,意大利银行通过机器学习技术监测房产的广告数量从而预防通货膨胀。这些都反映了智能分析技术在风险识别和辅助决策方面的优势。[2]

　　数据可视化技术的目的在于有效展示监管科技的分析结果,为监管部门提供直观的风险研判。在大数据、云计算技术对数据进行搜集和整理以及智能分析技术对数据进行分析之后,需要可视化地及时将监管科技发现的金融漏洞和风险反馈。数据可视化技术以某种概要形式抽提信息并借助于图形化手段,通过建立综合数据可视化大屏,向决策者呈现其所关注的信息,从而将数据中蕴含的金融风险信息清晰有效地传达给监管人员。数据可视化技术是连接监管和信息的桥梁,是将监管科技分析成果呈现的重要步骤。在金融监管实践中,数据可视化技术往往和 3D 建

---

〔1〕　参见 https://www.ibm.com/industries/banking-financial-markets/risk-compliance,最后访问日期:2020 年 10 月 20 日。该金融犯罪洞察解决方案汇集了认知计算、智能机器人过程自动化、身份解析、网络分析、机器学习和其他高级分析功能,掌握 60000 条监管条文,汇集了认知计算、智能机器人过程自动化、身份解析、网络分析、机器学习和其他高级分析功能,能够加快尽职调查,帮助企业更有效地理解和管理现有交易监控系统产生的大批反洗钱警报。

〔2〕　参见中国互联网金融安全课题组编:《中国互联网金融安全发展报告 2017——监管科技:逻辑、应用与路径》,中国金融出版社 2018 年版。

模和全息投影等技术紧密结合。[1]

实践中,监管科技的应用往往是基于场景的多种技术的综合运用,从而发挥各项技术自身的特点和优势,切实提高监管合规能力。比如在用户身份识别方面,先应用智能生物识别技术,利用生物特征信息(如人脸、虹膜、指纹等)所具有的稳定性、不易复制性和不易窃取性,在建立账户和进行账务交易时加入生物识别技术,将有效提升金融市场主体用户身份识别能力。再通过大数据比对,识别非常用地区转账、非常用设备转账等异常操作,对账户异常违规操作进行拦截,要求再次验证身份。[2]

(二)监管科技的风险控制功能及其监管价值

结合上文,我们可以发现监管科技在金融风险控制方面有以下五大特点或者优势:第一是数字化,数据是监管科技应用的核心,监管科技的有效运行离不开对于数据的搜集、分析与处理,监管科技的应用离不开对于数据的监管;第二是智能化,在传统监管效率低的领域,监管科技可以运用算法和程序自动执行监管提示、提交合规报告;第三是实时性,监管科技通过实现监管规则的实时提示和反馈,能够实现对于金融风险的实时监测和反馈;第四是预测性,依托于人工智能、机器学习、深度学习等新技术,监管科技可以通过数据分析,实现趋势预测和风险的预判;第五是共享性,监管科技可以通过统一的数据标准来和 API 接口实现不同系统间的数据和案例的传输共享,有效打破监管壁垒。面对金融科技迅速推广给传统监管模式带来的压力和挑战,将金融科技与监管深度结合的监

---

[1] 例如深圳市地方金融监督管理局应用可视化技术构建金融监管风险监测大厅。通过建立综合数据可视化大屏,呈现决策者所关注的信息,包括发生风险预警的金融机构的位置、辐射范围、具体的金融风险及舆情传播情况。应用 3D 建模技术展示不同数据维度,如自然条件层、基础建设层、行政区域和交通风险层以及风险数据层,通过不同视角方便用户进行对比,可更直观地呈现非法集资机构所在区域、电信诈骗基站辐射范围等高风险区域。除此之外,应用 3D 建模技术展示不同数据维度如自然条件层、基础建设层、行政区域和交通风险层以及风险数据层,通过不同视角方便用户进行对比,可更直观地呈现非法集资机构所在区域、电信诈骗基站辐射范围等高风险区域。

[2] 参见苏海雨:《金融科技背景下金融数据监管模式构建》,载《科技与法律》2020 年第 1 期。

管范式展现出的适应性监管的能力,是金融科技时代金融监管的革新方向。具体来说,在金融监管和行业合规的困境、未来监管机制的变化、金融监管长期目标的实现等维度,监管科技的功能与意义主要体现为以下两个方面:

第一,监管科技的应用能够有效提升监管能力,提高合规效率。随着我国经济的发展,金融业的业务规模、业务范围和业务复杂程度的发展远快于我国金融监管力量的发展,互联网技术的应用也为准金融机构发展创造了条件。[1] 然而地方金融监管机构缺乏应对的技术和能力,由于我国监管机构主要的监管力量在中央和省两级,金融监管力量薄弱的问题在地方金融监管方面尤其突出。[2] 监管科技的发展可以有效缓解地方监管力量薄弱的问题。互联网、大数据等技术的发展可以极大地提高信息收集处理的效率,解决信息不对称带来的监管真空,更好地观察金融市场主体的合规情况,从而更好地把控金融创新的效果、复杂交易的运行状况以及市场中可能发生的风险行为。人工智能技术可以降低监管的人工成本,把监管人员从繁琐的规则规章检查中解放出来,从而实现高效监管。除此之外,监管科技的应用可以畅通市场参与者的举报渠道,使得金融风险得以被及时发现,增强监管力量。[3] 总之,监管科技的应用通过实现监管流程的数字化,能够做到对风险的及时核查和预警,减少监管的人力资源成本支出。

第二,监管科技的应用能够优化监管模式。传统的金融监管注重结果监管,要求金融市场主体在规定的报告期末向监管部门提交其已经充

---

[1] 截至 2019 年 6 月底,累计停业及问题 P2P 网贷平台数量达到了 5753 家,P2P 网贷行业累计平台数量继续为 6617 家(含停业及问题平台),P2P 网贷行业正常运营平台合计贷款余额总量为 6871.2 亿元。参见网贷之家:《P2P 网贷行业 2019 年 6 月月报》,载盈灿科技网,https://www.wdzj.com/news/yanjiu/4594718.html,最后访问日期:2019 年 7 月 1 日。

[2] 作为地方金融监管的主要参与方,省级金融监管部门一般只有几十名工作人员,这些部门还要负责地方融资等任务。除此之外,我国县级金融监管资源极度匮乏,地方金融工作办公室在很多基层政府没有设立,而大多数小额贷款公司等中小金融机构在县、乡甚至行政村。

[3] See Vivienne Brand, *Corporate Whistleblowing*, *Smart Regulation and Regtech*: *The Coming of the Whistlebot*? University of New South Wales Law Journal, 2020, pp.801–826.

分满足监管要求的财务结果证明。结果监管的缺陷在于,金融市场主体可能只选择在报告期末这个单一结果时间点满足监管要求,而在其他时间无视监管要求,由此催生了在报告期末一系列粉饰财务报表的操作。监管科技的引入改善了金融科技时代因规则滞后导致的自由裁量困境,为监管机构作出监管决定提供了更多数据支持。[1] 监管科技的进步使得金融市场主体财务信息的高频报送成为可能,显著提高了金融市场主体监管规定的落实程度,实现了从"结果监管"向"过程监管"的转变。

金融危机后,金融监管从微观审慎向宏观审慎转变。宏观审慎监管提高了监管部门对金融机构、金融市场进行全面实时监测分析能力的要求。与此同时,在宏观审慎监管中运用压力测试,也需要监管流程实现自动化、数字化。监管科技通过技术解决监管难题,是一种不同于传统的监管路径。具体来说,监管科技高效的监管能力体现了自动化监管理念,以数据为核心的监管模式体现了数据化监管的理念,而人工智能和机器学习技术的应用则体现了智能监管的理念。[2] 相较于传统金融监管模式,监管科技扩大了监管者的监管范围和监管深度,监管者通过大数据等技术实时获取金融信息,有助于建立更加安全、更有效率的金融监管体制,满足金融监管改革的需要。

第二,监管科技的应用能够有效识别和防范金融风险,规范金融科技创新。金融科技对传统金融带来了冲击和挑战,在经历了一段时间不受监管的野蛮生长之后,暴露了很多风险。[3] 随着金融科技的应用,传统金融和金融科技、场景金融多重叠加,金融风险的性质和扩散范围都发生了转变,金融风险的隐蔽性使得金融系统的风险更容易发生累积,威胁金融体系安全。面对监管对象及行业基础的深刻改变,监管部门必须及时回应。一方面,传统监管的制度、组织、技术和人力难以匹配监管升级的

---

[1] See Baxter, L. G., *Adaptive Financial Regulation and RegTech: A Concept Article on Realistic Protection for Victims of Bank Failures*, Duke Law Journal, Vol. 66:3(2016), p567-604.

[2] 参见尹振涛、范云朋:《监管科技(RegTech)的理论基础、实践应用与发展建议》,载《财经法学》2019年第3期。

[3] 例如2017年风靡全国的数字货币和ICO狂潮、2018年出现的P2P网贷爆雷潮等。

需要,必须利用科技创新的成果实现监管模式的革新。[1] 另一方面,被监管者对于金融科技的依赖也倒逼监管机构提高自身的技术化水平。对于从业机构来说,合规需求的迅速提升也迫使他们必须提升合规的效率和水平,监管科技有望成为两者未来沟通对话的主要桥梁。除此之外,监管科技也承担着检验金融科技创新风险的重要任务。由于技术的最新发展,在投资咨询中使用人工智能已日益普遍,而且智能投顾随着技术的进步也愈发先进。在这些算法投资顾问使用的技术变得更加复杂之前,监管机构应了解智能投顾的技术基础。监管科技通过在线调查、用户测试和算法监督促进智能投顾合规,体现了监管科技规制金融创新的能力。[2] 综上所述,监管科技不论是在金融科技风险防范还是规范金融创新方面都可以扮演重要的角色,具有无可替代的功能与意义。

(三)监管科技的内生风险

监管科技能提高监管机构的效率,也能从宏观层面降低金融体系的系统性风险。然而正如硬币之两面,监管科技在应用过程中也会因为自身的技术漏洞、系统不完备或不当使用而产生风险。易言之,应用监管科技固然是为了防范和控制风险,但其自身也有蕴藏或催生风险的可能性。因此,我们在推动监管科技应用的同时还必须冷静地正确认识监管科技的内生风险。具体而言,监管科技的内生风险主要来源于以下几个方面:

首先,监管科技应用主体责任不明确。监管科技应用关系是不同主体参与监管科技应用过程中所形成的关系,在这些关系中,不同监管主体将承担不同的责任,发挥不同的功能。虽然自 2010 年起我国各监管机构根据自身信息化建设和行业监管的需要出台了一系列指引和规范,对于监管的技术要求进行了规范,但是缺乏总体的规划和更高位阶规范的支撑。监管科技的标准化体系和相关法律法规尚未健全,不同行业金融市场主体之间的

---

[1] 参见黄震、张夏明:《金融监管科技发展的比较:中英两国的辨异与趋同》,载《经济社会体制比较》2019 年第 6 期。

[2] See Ihsan Ibrahim Daldaban, *RegTech and SupTech for Robo-Advisers: Alternative Regulatory Methods for Enhancing Compliance*, 19 Asper REV. INT'l Bus. & TRADE L. 59, 2019.

监管定义、需要提交的数据范围和监测重点的差异仍然存在,没有形成统一、全面的标准体系,缺乏对于监管科技应用过程中各主体的责任和功能的规定。由于我国缺乏监管科技应用主体关系的规范,也缺乏对于监管科技各主体功能和责任的分析,实践中对不同监管科技应用加以规制时容易采取完全不同的路径,从而引发如何处理风险的困境。另外,我国对于监管科技应用的参与主体以及其各自承担的功能或责任也没有进行明确的规定。监管科技法律关系参与主体的规制失灵容易造成监管滞后的不利后果。除此之外,我国对于监管科技造成的风险后果责任分担问题也缺乏具体规定,需要在相关规范中加以明确,其中的重点是投资者损失的分担问题。只有处理好金融市场主体、监管机构和金融科技三者之间的关系,才能使得监管科技应用关系得到切实有效的规制。

其次,监管科技自身也可能存在技术风险。在风险社会中,如果技术风险得不到切实有效的控制,其极易转化为经济风险、政治风险甚至是市场风险。作为金融科技发展过程中的伴生产物,与金融科技相似,监管科技自身也存在技术风险,而监管科技的技术风险如果不能得到有效防范,也有可能造成金融领域风险的扩散。第一,作为算法和程序大量应用的监管科技,其中一环代码出现问题都有可能给整个程序和系统带来风险甚至瘫痪。由于与监管科技相关的程序和算法需要人工设计和输入,因此在这个过程中不可避免地会造成错误和漏洞。第二,监管科技仍然存在监管的技术极限,监管科技所用算法或模型无法预测"黑天鹅"和"灰犀牛"事件,因此难以及时对于一些金融市场的突发状况进行及时反馈与应对。而且随着金融科技的发展和金融业务的更新换代,监管科技相应系统和模型也需要实时更新,否则就会落后于监管需要,产生监管漏洞。第三,由于数据的共享和云处理,金融科技在实践中容易产生数据和隐私泄露问题。监管科技作为金融科技的子集所带来的数据安全、隐私保护问题同样也不容忽视。监管科技运行以数据为核心,需要搜集和处理大量的金融数据,其中不乏涉及用户隐私乃至财产安全的重要数据,一旦发生泄露,将造成难以挽回的损失。第四,监管科技的开发主体难以保持绝对的中立性,由于监管科技的开发依赖各金融科技公司的参与而其与相关互联网金融集团关系密切,如果不能进行有效监管,很容易在算法的设计环节产生漏洞,出现算法歧视的问题。由于算法最终由人来设计,而人很难在设计时完全做到客观中立并满足监管的需要,因此很多算法的设计包含了歧视与不公。通过算法编写程序代替人工操作是监管科技实现实时监管的技术支撑,但是算法运行过程中容易因不透明性、复杂性和人为可操纵性使得其有形成"算法黑箱"的风险,最终会引发监管科技的欺诈风险。[1] 部分人工智能合成的报告也会借助技术的复杂性掩盖计算结果的公平性。概言之,监管科技的应用虽然有巨大的监管潜能,但我们也不能忽视其存在的技术风险,如果监管科技的技术风险得不到有效管控,监管科技会成为一把"双刃剑",放大金融监管的漏洞,甚至产生更加难以预料的新风险。因此,必须立足于金融风险防范的现实需要,充分认识监管科技内在风险,坚持规范与发展相结合的规制路径,从而真正发挥监管科技的监管功效。

再次,监管科技可能加剧监管机构和金融市场主体的数字鸿沟。"数字鸿沟"又称为信息鸿沟,即"信息富有者和信息贫困者之间的鸿沟"。[2] 如果一个行业内出现数字鸿沟,信息贫困者相对于信息富有者便会产生信息不对称,从而造成信息贫困者在技术和信息层面的双重弱势地位,在管理和竞争层面便要落于下风。在监管关系中,若监管者成为"信息贫困者",其在监管过程中便容易陷入"盲人摸象"的困境中,而被监管者可以利用自身的信息优势从容规避监管。具体到金融行业来说,金融市场主体作为金融业务的主要经营者,在面对金融科技浪潮的时候,更有动力运用新技术来提升自身的经营效率。从这种意义上来说,金融市场主体相对于监管机构在数字化和金融科技的应用方面已经处于领先地位,这种优势地位在互联网金融迅速发展和互联网金融集团涌现的当下表现得更为明显,从而形成金融市场主体和监管机构之间的数字鸿沟。监管机构和金融主体之间的数字鸿沟可能会造成以下两种状况:

---

[1] 参见袁康:《社会监管理念下金融科技算法黑箱的制度因应》,载《华中科技大学学报(社会科学版)》2020 年第 1 期。

[2] 参见金兼斌:《数字鸿沟的概念辨析》,载《新闻与传播研究》2003 年第 1 期。数字鸿沟主要指在数字化进程中,不同国家、地区、行业、企业或者社区之间,基于对信息、网络技术的拥有程度、应用程度以及创新能力的差别而产生的信息落差及贫富进一步两极分化的趋势。

一方面,虽然我国金融监管机构拥有较大的权力,但其由于自身技术人才的缺乏和日常监管任务的繁重,需要依赖于与被监管对象关系密切的监管科技开发公司,甚至被监管对象本身参与监管科技项目的开发;另一方面,如果监管科技能够被广泛应用,随着金融市场主体在合规端和内控端对于监管科技的日益掌握,监管机构在监管科技应用层面也将处于落后地位。当金融市场主体大范围、长时间利用合规科技完善合规流程提升业务能力时,一方面为监管科技公司发展提供了需求,另一方面金融机构对于监管合规科技的熟悉程度甚至有可能超越监管机构,造成监管机构和被监管对象之间的信息不对称。总之,由于监管机构在监管科技应用方面必须依赖金融市场主体的参与和支持,在这种合作与监管的双重关系中需要建立机制,从而更好地平衡发展和防范彼此之间的关系,否则就有可能带来金融监管的漏洞和风险。

最后,监管科技的过度应用可能形成路径依赖和监管自满。监管科技相对于传统监管具有无可比拟的优势,在相关配套设施逐步完善的状况下,监管科技大范围、长时间的应用使得监管机构容易形成对于监管科技的路径依赖。这时,互联网金融集团或者大型金融机构便可以通过实际控制监管科技公司等方式,间接拥有破解相关技术的工具,从而为规避监管创造了可能。监管自满指监管过程中监管者受到某些因素制约或者变成既得利益者的情况下,其会借维护社会公共利益的名义推动监管扩张的现象。[1] 比如大型金融机构在既定的监管框架下获得垄断利润,那么就会要求监管机构维持现状或者采取与其利益相契合的监管方案。监管自满可以成为一种更高等级的监管俘获,在这个过程中,监管机构虽然没有发生腐败,但却因技术原因受到了被监管对象的影响。监管科技应用过程中的监管自满,不仅有可能形成对于监管科技的路径依赖,而且有可能导致监管科技沦为规避监管的工具。因此,监管科技应用绝不可以野蛮生长,必须完善相关规范,对监管科技应用加以规制。

---

〔1〕 参见陈辉:《监管科技:框架与实践》,中国经济出版社2019年版,第310页。

三、监管科技的制度需求：
发展与规范相结合的立场

监管科技在提升监管能力，优化监管模式方面相对于传统监管方式具有优势。因此，金融科技时代的金融监管想要走出困境，推动技术型监管，应用监管科技是实现监管创新的必由之路。然而，我们也应该看到，金融监管的改革历程是一个不断完善的过程，而监管科技也不会是金融监管改革的最终解。监管科技本身依然存在技术风险，监管科技应用过程中也可能存在主体责任不清、信息不对称等情形。除理论层面可能发生的风险之外，监管科技应用在实践中也暴露出了一些问题，需要在制度完善层面加以考虑。

（一）我国监管科技发展的现状与问题

我国监管科技发展虽然起步较晚，但是发展迅速，在数据采集、实时监测、风险分析与报告、风险预警与处置等应用场景取得了不少应用成果。（见表 7-1）

表 7-1 我国监管科技部分实践成果[1]

应用场景	实践成果	主办单位	主要功能
数据采集	全国互联网金融登记信息披露平台	中国互联网金融协会	查询互联网金融机构的基本信息、项目信息以及各金融平台数据监测和报送情况。
	人工智能金融监管云平台	中国互联网金融协会	采集、解析、发布高精度结构化的涉诉数据、舆情数据、违规数据、工商税务数据、招聘数据等
	小额贷款信用信息共享平台	厦门市地方金融监督管理局	基于区块链的小贷公司监管系统

[1] 参见陈辉：《监管科技：框架与实践》，中国经济出版社 2019 年版；度小满金融，北京大学光华管理学院监管科技课题组编著：《新技术　新业态——进化中的监管科技及其应用》，电子工业出版社 2020 年版。

（续表）

应用场景	实践成果	主办单位	主要功能
实时监测	大数据监察系统	深圳证券交易所	对指数、个股、会员、投资者各个层面异动进行快速预警、分析和处理
	深圳监管局科技监管系统	证监会深圳监管局	证券公司风险监测系统、资产管理业务报送及分析系统、私募基金监管信息平台
	反洗钱检测中心	中国人民银行	覆盖银行业、证券业、保险业、第三方支付行业及互联网金融各业态数据
风险分析与报告	金融脉搏系统	度小满金融	利用数据挖掘，关联网络对 P2P 机构开展多角度风险分析
	金融风控驾驶舱	北京金融监管局	对北京各辖区所有金融机构相关信息汇总分析，识别金融风险
	国家互联网金融分析技术平台	工业和信息化部国家互联网应急中心	对互联网金融实现从事前摸底、事中监测到事后追踪的全方位风险应对
风险预警与处置	深圳金融风险监测预警平台	深圳市地方金融监督管理局	实时监测深圳类金融企业风险情况，实现举报、预警、打击、处置一体化全流程
	雄安新区区块链资金管理平台	中国雄安集团	国内首个基于区块链的项目集成管理系统，实现资金流向全程透明监管
	广州地方金融风险监测平台	广州市地方金融监督管理局	非法金融活动和金融网络舆情监测、金融机构非现场监管、第三方电子合同存证系统

与丰硕成果相对应的是，我国在监管科技行业的投资额度仍处于较低水平，落后于美国、英国和加拿大等国家，影响发展成果的应用和升级。[1] 与此相反，我国互联网金融或者说金融科技行业发展较快，在规模和深度上也处于世界前列，因此我国监管科技行业尚存很大的发展空间，应充分

[1] 根据 CBINSIGHTS 发布的《全球监管科技（RegTech）发展趋势》统计，美国在全球监管科技产业中获投超过 79%，处于遥遥领先地位。

利用我国金融科技繁荣发展的行业基础和技术基础,推动监管科技开发和应用从而满足金融科技时代风险防范的现实需要。

监管科技的应用不仅涉及软硬件的更换和升级,还关系到监管各部门之间权责划分以及分工与协调,原有工作方法和工作模式也要进行调整,所以必须制订明确有效的规则加以引导。为了规范监管科技的应用,各监管机构自 2010 年起根据自身信息化建设和行业监管的需要出台了一系列指引和规范,主要规范了其监管技术的具体应用,具体规范内容如下。(见下表 7-2)

表 7-2　我国监管科技监管规则总结[1]

颁布时间	规范名称	颁布机构	规范内容
2013 年 2 月 16 日	《银行业金融机构信息科技外包风险监管指引》(银监发〔2013〕5 号)	原中国银行业监督管理委员会	规范银行业金融机构的信息科技外包活动,降低信息科技外包风险
2017 年 2 月 14 日	《中小银行信息系统托管维护服务规范》(JR/T 0140-2017)	中国人民银行	中小银行信息系统托管维护服务的准备、建立、持续保障、变更和退出等全生命周期管理
2017 年 8 月	《关于将非银行支付机构网络支付业务由直连模式迁移至网联平台处理的通知》(银支付〔2017〕209 号)	中国人民银行支付结算司	自 2018 年 6 月 30 日起,支付机构受理的涉及银行账户的网络支付业务全部通过网联平台处理
2017 年 7 月	《新一代人工智能发展规划》(国发〔2017〕35 号)	国务院	提出了"智能金融"的发展要求,利用大数据技术建立系统,提升数据处理能力;规范金融创新,提升创新能力;提升人工智能技术在金融行业和监管业务中的应用;将人工智能技术应用于金融风险预测和分析

---

〔1〕　参见陈辉:《监管科技:框架与实践》,中国经济出版社 2019 年版;度小满金融,北京大学光华管理学院监管科技课题组编著:《新技术 新业态——进化中的监管科技及其应用》,电子工业出版社 2020 年版。

（续表）

颁布时间	规范名称	颁布机构	规范内容
2018年5月25日	《稽查执法科技化建设工作规划》	中国证券监督管理委员会	全面建设覆盖证券期货稽查执法的科技化工程,包括数据集中工程、数据建模工程、取证软件工程等数据工程,提升证券业监管的技术化水平
2018年5月21日	《银行业金融机构数据治理指引》(银保监发〔2018〕22号)	原中国银行保险监督管理委员会	按照国家的标准化要求和监管需要,建立银行业统一的数据标准和技术标准
2018年12月	《证券基金经营机构信息技术管理办法》(证监会令第152号)	中国证券监督管理委员会	加强证券基金经营机构信息技术管理,保障证券基金行业信息系统安全、合规运行,保护投资者合法权益

如上文所述,得益于监管机构的大力推动,我国监管科技实践也取得了不少成果。按照《中国证监会监管科技总体建设方案》,我国监管科技建设主要分为三个阶段,对证券领域各阶段监管科技建设的目标进行了分析,从而逐步实现监管科技由监管辅助工具到监管基础设施的跃升。[1] 监管科技规范和标准的完善有助于扫除监管平台建设的障碍和壁垒,减少监管科技应用的阻力,真正发挥监管科技风险防范功能。虽然我国监管科技应用市场仍处于初级阶段,监管科技可能存在的风险尚未真正暴露,但是监管科技实践和规制过程中的问题已经显现出来,主要表现为以下两个方面。

一方面,我国监管科技行业发展比较依赖监管机构的推动。从表7-1可以看出,我国监管科技缺乏监管科技公司的独立成果,相关市场主体

---

〔1〕 监管科技1.0的工作内容主要是通过更新监管系统内部的软硬件设施,提升中国证监会内部各部门的信息化水平,为监管科技普及打下硬件基础,初步提升监管工作的数字化、电子化、自动化、标准化程度。监管科技2.0的工作内容主要是建设统一中央监管信息平台,打通各个监管业务部门之间的数据流通渠道,实现初步跨部门监管。监管科技3.0的目标是综合运用数据分析技术,进行电子预警、统计分析和实时监控,实现对于市场情况的实时监测,从而辅助监管人员对市场主体进行全景式分析,及时发现违法违规行为,维护市场交易秩序。

的研发动力并不充足。由于监管机构的监管人员主要以法律、管理等专业为主,缺乏信息领域人才,因此监管机构往往需要花费大额成本与金融科技公司合作以便开发监管技术。监管机构牵头的开发项目主要立足于监管机构的需要,不一定能够真实反映市场风险防范的新需求,存在一定的滞后性,可能会造成开发的监管科技成果存在顾此失彼、捉襟见肘的状况。除此之外,部分金融市场主体和互联网平台也进行了监管科技关联业务的尝试,例如腾讯连续打造了为用户累积挽回 10 亿损失的鹰眼反欺诈系统、3 个月冻结欺诈资金超过 6.5 亿的神侦资金流查控系统、降低区域网络诈骗发生率一半的"神荼"网址反诈骗系统、降低区域伪基站案件发生率七成的麒麟伪基站检测系统等。[1] 但是,相关尝试和实践主要围绕保护金融消费安全,偏重微观行为监管和金融消费者保护,缺乏宏观风险的监测,尤其是对于自身存在的宏观风险的监测不足,甚至忽视相关风险。因此,监管科技在内控端和合规端的应用仍有较大的发展空间。总体来说,我国监管科技应用市场尚处于发展的早期阶段,需要加大市场培育,坚持发展与规范相结合,推动更多优质监管科技成果落地。

另一方面,监管科技的标准化体系和相关法律法规尚未健全。参考互联网金融和金融科技行业相关金融风险的演变历程,由于法律的缺位和监管滞后引发的风险外溢情形数不胜数。虽然我国自 2010 年起各监管机构根据自身信息化建设和行业监管的需要出台了一系列指引和规范,间接规定了相关监管技术的要求,但是我国现有大数据、人工智能、云计算等新兴技术的法律法规尚未建立健全,缺乏总体的规划和更高位阶规范的支撑。与此同时,监管科技的标准体系尚未健全,不同行业金融市场主体之间的监管定义、数据范畴和风险重点的差异仍然存在,尚未形成全面、完整的标准化体系,影响监管数据和风险指标的精确性。除此之外,在欠缺统一规则制约监管科技的前提下,监管科技可能会演变为"反监管科技"。通过破解监管科技的算法和程序可以实现逃避监管的效果,例如将大数额交易转变为多笔小数额交易的算法,便可用于规避反洗

────────────────

〔1〕　参见兴业数金:《监管科技崛起:从 FinTech 到 RegTech》,载搜狐网 2018 年 3 月 28 日 https://www.sohu.com/a/226607298_100132383,最后访问日期:2020 年 8 月 1 日。

钱调查,这就需要完善制度加以规制。

(二)我国监管科技规范发展的制度需求

如上文所述,我国监管科技行业发展和监管科技应用领域虽然取得了一系列可喜的成果,但监管科技自身应用也存在着理论和实践两个层面的问题。因此,必须立足于我国监管科技发展中存在的问题和我国未来金融监管的需要,从理论和实践两个层面完善我国监管科技发展的相关配套制度。

第一,确立监管科技规制的基本原则。在制定规制监管科技的具体规则之前,应首先明确关于监管科技规制的基本原则,否则相关规则的制定和具体措施的实施就成了无源之水、无本之木,缺乏有力的支撑。具体来说,我国监管科技规制应符合以下几点原则:首先,坚持法制规制的原则,完善监管科技的应用规范。监管科技的有效应用不仅会面临物理安全风险(设备、基础设施不完善造成的风险)、应用程序风险、数据安全风险,更面对不同行业和不同地方的标准不统一给监管科技的规制带来的障碍。监管科技的应用须依托具体、有效的法律制度方能实现良治之功效。要坚持用规范规制监管科技应用,将监管科技应用引入法制化轨道。中国人民银行、中国证监会和国家金融监管总局应积极制定部门规章和规范性文件,通过出台监管科技应用的管理办法,将监管科技及时纳入监管管辖范围。其次,要坚持创新性监管的原则。由于我国监管科技行业尚处于初期发展阶段,监管机构承担着加强规范和培育市场的双重责任。因此应采用灵活性、创新性的监管模式,切忌一刀切,主动学习监管科技的先进经验,兼顾发展与规范,从而寻求风险与创新之间的平衡。在域外经验方面,英国通过"创新中心"(Innovation Hub)为金融机构了解金融监管政策提供指引,畅通了监管机构和市场主体的沟通渠道,我国也可以建立类似的协调沟通机构,从而更好地平衡监管和发展。[1] 最后,要坚持自主监管原则,谨慎对待技术的影响,不过分依赖于监管技术。要制定完

---

[1] See Innovate and Innovation Hub, available at https://www.fca.org.uk/firms/innovate-innovation-hub, accessed Oct.10, 2020.

备的风险预警以及预案机制,防止监管自满和监管俘获的发生。因此,要对金融市场的垄断和信息不对称现象保持足够的警惕,主动追踪市场和技术动态。此外,要探索建立多方合作机制减轻信息不对称的影响,防止出现监管与现实脱节产生的监管漏洞甚至监管套利现象。最后,要明确各主管部门负责领域的监管责任,一旦出现滥用监管科技的情况要进行行政追责,从而更好地减轻对于监管科技的技术依赖。

第二,建立监管科技应用的准入规范。严格的准入限制是预防风险的最有效途径。如上文所述,由于监管科技自身在缺乏规范的情况下仍然具有风险和漏洞,不规范地应用监管科技有可能对金融监管产生负面效果,造成监管自满和监管俘获。因此,通过严格准入对监管科技进行把关可以作为风险控制的有效途径。设立准入制度,既可以防范监管科技应用所隐藏的风险,使得相关风险得以提前暴露,也可以检验监管科技项目的效能,筛选出对于金融监管升级切实有效的优秀项目。通过设立准入制度,还可以有效防止监管科技概念的炒作,避免出现"劣币驱逐良币"的现象。因此,如何设置监管科技的准入规范,采用何种方式对于监管科技项目进行评估是建立监管科技准入规范必须考虑的问题。在监管科技测试方面,我国可以借鉴英国监管沙箱的制度实践。给予新生事物一定的发展空间,在风险可控的环境下研究其现实化的可能性和影响,是沙箱制度的内在逻辑,监管沙箱即遵循此种逻辑而出现。监管者通过构建一个相对独立宽松且能获得责任豁免的空间,为金融科技创新主体提供有利的试验条件。如果沙箱测试中的新金融产品符合各项预置的条件,达到了进入市场的要求,则可以在确保金融消费者权利的基础上实现产品和服务的现实化。通过沙箱测试能够有效检验监管科技的效能和潜在风险。

第三,建立监管科技应用主体责任规范。监管科技的应用离不开监管科技应用关系中各主体的参与。尽管学界和业界对于监管科技的讨论尚未形成一致意见,但监管科技的参与主体还应包括运用监管科技进行监管的监管机构、具体运营金融业务的金融市场主体和负责开发金融科技的公司,三者之间互有分工合作,皆为参与主体,共同参与到金融监管科技应用的法律关系之中。具体来说,三类主体有不同的定位。金融科技公司立足于更好地整合监管要求和机构合规需要进行监管科技产品开发,然后向金融市场主体以及金融监管机构提供优质的服务。金融市场主体面对金融科技时代新的监管要求,一方面要满足金融监管的新要求,即理解新要求并根据新要求调整自身业务内容,另一方面还要坚持持续合规,金融市场主体依然要遵守现有的规定,持续性地进行报告、审计、管理要求等活动,与此同时必须结合新规与现有监管规则构建持续性的合规系统。金融市场主体运用监管科技主要是为了满足监管合规的要求,增强业务活动的合法性和稳定性,在符合金融安全要求的基础上,尝试开发满足市场需要的产品和服务。金融监管机构一方面关注金融市场主体合法经营和金融消费者权利保护,防范可能发生的金融风险从而维护金融系统的稳定;另一方面着眼于金融创新对于金融环境变化带来的影响,适时地调整监管以应对新的风险。监管机构对于监管科技的需求与应用主要基于如何有效地提高金融监管的效率和水平,如何及时识别金融创新背后的风险以制定符合监管要求的新监管规则,从而更好地实现微观行为监管和宏观审慎监管。总之,监管科技应用过程是监管科技各主体共同参与的过程,各参与主体在监管科技应用过程中均承担着不可替代的功能和责任。正确处理好监管科技各参与主体之间的关系,是推动监管科技成果落地,切实实现创新监管、科技监管的重要一步。总之,基于发展与规范相结合的立场,明晰监管科技应用过程中各方的主体和责任,既有利于风险防范和追责,也有助于监管科技应用参与主体更好地发挥其功能。

第四,要完善监管科技应用基础设施和配套制度。金融基础设施是指金融运行的硬件设施和制度安排。[1] 金融监管制度是金融基础设施的重要组成部分。金融监管对于提高金融市场透明度,维护金融市场稳定,保护消费者合法权益具有重要意义,因此在金融市场中是不可或缺的。金融危机后,欧盟结合国际监管政策的变化,针对金融中介施加了更为严格的报告义务标准,来应对洗钱、非法融资等信用风险以及防范系统

---

[1] 主要包括由支付体系、法律环境、公司治理、会计准则、信用环境、金融监管和投资者保护制度组成的金融安全网等。

性风险。在这方面,最重要的监管举措包括针对金融市场的 MiFID Ⅱ /
MiFIR(2014/2018),针对银行业的 CRR / CRD Ⅳ(于 2013 年完成并于
2014 年生效),针对市场基础设施的 EMIR(2012/2013),针对资产管理部
门的 AIFMD(2011/2013),针对支付服务的 PSD 2(2015/2018)和针对洗钱
活动的 AMLD 5(2018/2020 反洗钱指令)。[1] 在数据保护方面,在 1995
年第一个《数据保护指令》之后,欧盟又通过了《通用数据保护条例》
(GDPR),该条例在引文和 GDPR 第 3(2)条中规定了域外效力。[2] 欧盟
的经验反映了监管科技应用基础设施是监管科技应用最基本的硬件设施
和制度安排,是监管科技落地的基础。推动监管科技落地必须完善监管
科技应用的基础设施。具体来说,首先要建立制度对监管规则进行数字
化转换,实现监管的"数字化"能够大大提升监管的自动化水平,有效克服
人工监管的滞后性。与此相反,以文字形式展现的监管规则存在模糊
性,不适应数字化监管的需要。需要构建监管规则的自然语言处理规则、
监管规则转化程序设计规则、监管规则数字化存储规则等配套制度,从而
对监管规则进行算法转化。其次,要完善应用平台保障制度。监管科技
应用平台是承载监管科技发挥功用的支撑,监管平台不仅承担着整合多
源数据,实现信息共享的功能,还肩负着跨部门沟通协调,及时分配监管
资源的任务。再次,要完善数据搜集制度。数据是监管科技的核心,监管
科技的应用就是数据监管,金融数据的采集是数据监管的基础,要充分利
用 API 接口、大数据和云计算等技术,在保障数据安全的前提下尽量扩充
数据监管的边界,制定完备的监管数据实时采集方案。最后,要针对监管

---

〔1〕 See Arner, D. W., Zetzsche, D. A., Buckley, R. P., and Weber, R. H., *The Future of Data-
Driven Finance and RegTech*: *Lessons from EU Big Bang II*. Stanford Journal of Law,
Business & Finance, 2020, pp.245−288.
〔2〕 GDPR 第 3 条 地域范围
1. 本法适用于设立在欧盟内的控制者或处理者对个人数据的处理,无论其处理行为
是否发生在欧盟内。
2. 本法适用于对欧盟内的数据主体的个人数据处理,即使控制者和处理者没有设立
在欧盟内,其处理行为:
(a) 发生在向欧盟内的数据主体提供商品或服务的过程中,无论此项商品或服务是否
需要数据主体支付对价;或(b) 是对数据主体发生在欧盟内的行为进行的监控的。
3. 本法适用于在欧盟之外设立,但依据国际公法成员国的法律对其有管辖权的数据
控制者的个人数据处理。

网络的特点建立技术安全系统,监管科技的平稳运行必须在软硬件层面给予足够的安全保障。要保障监管科技系统运行的安全和稳定,通过技术来提升监管系统的稳定性。[1]

四、保障监管科技规范发展的制度设计

对于我国监管科技相关制度的完善,学界主要聚焦于改善行业生态,完善相关金融基础,建立并完善针对性的标准和监管规则,防范监管科技自身技术风险几个方面。[2] 我国监管科技发展的制度设计必须立足于理论层面监管科技发展的制度需求,同时充分考虑我国金融科技监管的现实需要和监管科技现状,结合监管科技的自身特点以及可能存在的内生风险。因此,应该坚持发展与规范相结合的立场,在行业发展、规则完善和监管模式等方面进行优化,有效发挥监管科技效用,防范风险。

(一)建立监管科技市场培育机制

当前我国监管科技行业尚处于发展初期,监管科技的应用尚有很大的市场,因此培育监管科技市场是制度建设的首要任务。监管科技的开发首先要满足监管机构宏观审慎监管的需求,但是在确保金融监管机构主导地位的同时,要积极引导监管科技行业的发展,鼓励监管科技在风险合规端和内控端的应用,形成整个监管科技行业新生态。具体来说,我国

---

〔1〕 参见张永亮:《金融监管科技之法制化路径》,载《法商研究》2019年第3期。

〔2〕 如尹振涛认为监管科技属于"自上而下"推动的产业类型,因此应从顶层设计角度及早谋划我国的监管科技产业布局,制定监管科技发展长期规划。要健全监管科技政策管理体系和技术标准体系,加快出台监管科技管理办法,对数据安全、采集、报送和风险智能评估等方面提供法律保障。在行业方面推进监管科技各维度主体协同合作,实现耦合共赢。杨宇焰认为要加强对数据信息使用和数据安全方面的立法。加强对监管体系框架、技术标准的统筹规划。建立既包容技术创新又能满足安全和连续性要求的信息科技监管体系。同时,要加快基于新技术的监管科技工具开发,加强在监管科技方面的能力建设和国际合作,加强科技人才队伍建设,加大金融科技特别是监管科技的国际合作与交流。尹振涛、范云朋:《监管科技(RegTech)的理论基础、实践应用与发展建议》,载《财经法学》2019年第3期;杨宇焰:《金融监管科技的实践探索、未来展望与政策建议》,载《西南金融》2017年第11期。

监管科技市场培育要进行以下三个方面的调整：

第一，要转变监管理念。监管科技应用作为"技术型监管"的代表，其落地必须依赖于监管理念的调整。但是，我国监管理念还存在"重金融稳定、轻消费者权益保护"的理念误区，监管机构与被监管对象之间多为"自上而下"的"命令式监管"关系，监管机构与被监管者之间缺乏双向度的交流和沟通，使得金融监管与金融创新以及市场发展不太匹配。因此，应转变监管理念，实现监管模式的创新以更适应金融科技时代金融监管的现实需要。具体来说，可以从以下几个方面加以考虑：首先，要正视金融科技创新带来的影响，将"创新监管"作为业务监管和行为监管的补充，识别金融创新的本质，适当运用穿透式监管，从而实现监管和金融创新之间的良性互动；其次，要注重风险的预防，变被动监管为主动监管，积极进行市场调研，实时跟踪最新创新成果，及时更新监管科技公司相关规则和标准；[1]再次，坚持监管科技市场培育的法制化原则，完善监管科技市场培育的常态化机制。要加强顶层设计，对监管科技公司的业务运营、市场准入、受众主体等方面制定标准，积极引导，营造良好的金融创新环境；最后，在完善相关金融基础设施的基础上对相关金融科技公司开放资源，从而更好地实现监管科技开发过程中的技术交流。在具体操作层面，可以由中国人民银行金融科技委员会印发关于监管科技应用的指导意见，具体规定金融科技监管和监管科技应用的原则，从而调整监管思路。

第二，要建立监管科技开发协同合作制度。监管科技参与主体的合作有利于更好地实现监管科技成果的快速落地。监管科技需要较高的前期研发投入，这种成本不是一般的小型金融主体所能够承担的。虽然大中型金融机构在资金和技术方面具有一定的优势，但与之相配套的监管科技开发成本也必然会相应增加。在监管科技应用的参与主体中，监管机构对于监管升级的需求最为迫切，但是由于我国金融监管机构承担着较重的监管任务，缺乏相应的技术人员。而且开发监管科技也存在一定的难度，高昂的成本和较长的开发周期使得金融机构对于系统升级都保

---

[1]　比如行业监管规则、行业技术标准、规范市场准入和退出，针对数据安全保障、监管要求落实、代码审计、数据公开等技术性工作，制定行业标准。

持一种较为谨慎的态度。因此,应由中国人民银行金融科技委员会建立监管科技沟通协作平台,整合中国证监会、国家金融监管总局、工业和信息化部、科技部、网信办等相关部门的优势资源,搭建与监管科技市场主体对话的便捷通道,为监管科技开发中多方主体的合作搭建平台。在此基础上,可以在金融科技相对发达的北京、上海和深圳等地进行试点,建立标准,对相关研发初创企业给予资金鼓励或者融资激励,结合各方主体在监管数据、监管专业知识和算法方面的各自优势,鼓励社会资源接入和监管科技研究,开发监管科技系统。

第三,要建立监管科技应用协同合作制度。一方面,监管科技的应用必须要求各监管部门之间实现充分的协同合作,否则无法发挥监管科技实时性和共享性的优势。例如在数据层面,要打破各监管部门之间的数据壁垒,建立由中国人民银行主导的跨行业数据信息平台,实现数据的实时共享。要探索跨区域的金融数据信息交换和共享,从而更好地开展宏观审慎监管,提高监管效率,也可避免利益集团的操纵,提高监管科技的公平性。另一方面,要利用监管科技沟通协作平台加强监管部门同金融科技产业界和学术界的合作,充分利用市场的技术优势,吸收科技创新成果,实现监管能力的提升。通过加强合作,打破数据壁垒,能够有效减轻监管机构与金融市场主体之间在技术和人才上的劣势,有效消减二者之间存在的技术鸿沟。

(二)建立监管科技应用基础设施保障制度

监管科技的应用离不开相关基础设施和配套制度的落地,由于我国现有的监管科技规则并不完备,监管科技的应用落地面临着硬件缺乏和规则适用的双重困境。配套设施和规则的不完善,也会放大监管科技隐藏的技术风险。因此,要构建以技术应用为中心的监管科技规则体系,为我国监管科技的应用提供制度保障。

因此,要落实监管科技应用的基础设施和配套制度。如前所述,考虑到我国监管科技应用发展的阶段,完善监管科技应用基础设施和配套制度是培育监管科技市场,规范监管科技风险的双赢策略,符合发展与规范相结合的规制立场。在制度落地的过程中,可以由中国人民银行牵头中国证监会、国家金融监管总局、网信办以及工业和信息化部,制定各自领域监管科技落地的具体规划,确保监管规则数字化处理制度、监管数据采集制度、监管科技应用平台保障制度和监管科技系统安全保障制度能够真正落地。监管平台建设过程中应构建适应监管需求变化的应用环境,最大限度地提高监管业务需求的响应速度和支持效率,重视监管数据的自动采集,从而建设好监管科技应用的关键信息基础设施,为金融监管和风险分析提供有效支持。

(三)完善监管科技技术风险防范规则体系

防范监管科技的内生风险,必须建立监管科技风险防范的制度体系,将风险关进制度的牢笼加以约束。数据问题是监管科技应用的核心问题,是金融和科技相结合的载体,监管科技只有依托数据才能实现监管的实时性和广泛性。监管科技的有效运行需要打破数据孤岛,同时规范数据的存储、管理、共享和使用。在完善监管科技相关基础设施的基础上,要优化金融数据法律制度。根据中国人民银行发布的《金融数据安全　数据安全分级指南》(JR/T 0197-2020),该文件明确了金融数据权利的归属,各项金融数据的收集、传输、处理过程中所涉及的法律关系以及监管获取金融数据的权限和范围。在数据安全保障方面,可通过制定标准规定金融数据在不同情形下运用密码技术、数字签名技术等手段来确保数据安全。除此之外,还需要规范金融数据生命周期中不同数据阶段不同主体的数据处理权限和能力。在金融消费者隐私保护规则方面,要确定对金融消费者隐私保护的底线,明确用户对自身相关隐私信息的权利。在此基础上,尝试建立跨行业跨地区的监管平台,统一数据报送的标准,从而形成标准化的数据报送体系,为监管科技的应用和落地破除数据障碍。[1] 在这个过程中,可以尝试引入社会性监管理念,为监管科技应用各主体参与监管提供沟通、协作、调和的途径和资源,并利用好监管科技沟通协作平台,激发和引导各方主体参与监管。[2]

---

〔1〕　参见张永亮:《金融监管科技之法制化路径》,载《法商研究》2019 年第 3 期。
〔2〕　参见袁康:《社会监管理念下金融科技算法黑箱的制度因应》,载《华中科技大学学报(社会科学版)》2020 年第 1 期。

除此之外,要完善监管科技主体规范,明确监管科技主体的法律责任。在完善基础设施和数据规范的基础上,要加强对监管科技行业和技术标准的统筹规划,由中国人民银行牵头建立和完善监管科技应用的主体规范,明确监管主体的法律责任。要规范市场的准入和退出机制,引导金融市场主体利用科技创新提升业务能力。要严格市场准入,对于关键性的监管科技公司或者相关的数据信息公司,应探索监管办法引导和规范其运作,对其资本金、流动性和业务范围作出一定要求。要制定统一的监管科技行业规则,厘清监管科技法律关系,进一步明确监管科技的参与主体主要的义务。具体来说,金融监管机构不仅负有立足于金融创新实践调整监管政策的义务,还要负责监管端监管科技审核以及监管科技行业发展的引导和培育。金融市场主体在应用监管科技满足合规需要的同时负有及时修复技术风险、及时上报监管科技技术漏洞以及按照《金融数据安全 数据安全分级指南》保护金融消费者相关信息安全的责任。金融科技公司则不仅要负责监管科技的开发和维护,在发生监管科技导致金融消费者权利受到损害时,其也承担过错侵权的责任。

(四)建立和完善监管科技准入认证规则

如何设置监管科技的准入规范,采用何种方式对于监管科技项目进行评估是建立监管科技准入规范必须解决的问题。在这个过程中,要主动引导或牵头建立监管科技的技术规范和行业标准,规范市场的准入,从而推动金融市场主体利用科技创新提升业务能力。考虑我国现行金融监管体制和金融科技监管分工,应在现有金融科技产品认证准入的基础上设置监管科技的准入认证规则。

一方面,可以依托监管科技认证管理平台,建立监管科技认证机制。具体而言,可以尝试由中国人民银行金融科技委员会牵头,将监管科技产品与中国人民银行金融科技产品认证管理平台对接,对监管科技根据不同的应用场景考察其有效性和安全性。对于监管端应用的相关技术产品,实行严格的审核准入制度,确保其有效性和安全性;对于金融市场主体合规内控端的技术应用,可以实行备案制,如若出现侵犯金融消费者权益的状况,应由相关金融市场主体和金融科技公司按照过错比例承担责任。对一些具有系统重要性的监管科技企业和数据信息公司,应探索监管办法引导和规范其运作,比如数据、资金和硬件的压力测试,对其资本金、流动性和业务范围作出一定要求。建立既包容技术创新又能满足安全和连续性要求的信息科技监管体系。在此基础上,可以按照金融市场主体、准金融机构、金融科技企业不同的经营规模、技术和风险防控能力,在业务准入、产品创新方面进行分级分类监管。

另一方面,将监管沙盒作为准入测试解决方案。对于重要性或者基础性的监管科技应用,可以尝试构建监管科技行业的沙盒监管机制。实验性监管是指金融监管机构在面对金融创新制定监管政策时,为了更好地控制金融创新的风险,设计一个受控的环境进行观察、测试和试错,从而掌握金融创新的本质、收益和风险,制定出符合金融安全要求和金融创新需要的监管模式。所谓"沙箱",从语义上理解指的是装有一定数量沙石的容器,用于推演、试验某种事物。在计算机科学领域,"沙盒"指一种用来测试不受信任的应用程序和行为的虚拟执行环境,这种环境通过算法构建,操作者可以在其内部运行各种软件程序,运行过程中做出的任何改变都不会对硬件产生影响。给予新生事物一定的发展空间,在风险可控的环境下研究其现实化的可能性和影响,是沙盒制度的内在逻辑。监管沙盒即遵循此种逻辑而出现。监管者通过构建一个相对独立宽松且能获得责任豁免的空间,为金融科技创新主体提供有利的试验条件。如果沙箱测试中的新金融产品符合各项预置的条件,达到了进入市场的要求,则可以在确保金融消费者权利的基础上实现产品和服务的现实化。监管沙盒可以为金融科技发展提供良好的环境,其也是监管科技领域中相对成熟、已有探索的解决方案,对于中国未来监管科技的发展具有很强的借鉴意义。

(五)建立监管科技人才培养和国际交流制度

伴随着金融科技浪潮在全球的兴起,金融全球化使得金融风险防范不仅是每个国家需要面对的问题,而且全球金融监管机构和金融市场参与者无法避免的一项全球性议题。只有全球各国监管机构和金融市场主体通力合作,共同应对,才能有效防范全球化时代和"人类命运共同体"语境下金融风险的跨境传播。除了各国之间加强沟通合作,充足的人才资源也是监管科技应用顺利开展的重要保障。只有培育源源不断的监管科技人才,才能避免监管科技热度过后迅速遇冷的状况,真正为我国金融创新保驾护航。

　　具体来说,一是要建立监管科技人才培育制度。监管部门和系统重要性金融机构要密切关注金融科技的最新进展,深入研究金融科技、数字金融对于金融监管的新需要。监管部门需要加强同高校和科研机构的合作,在制定机构编制的时候充分考虑对于监管科技的人才需求,加强人才引进。二是在明确准入资质和技术标准并通过监管科技测试认证的前提下,在一些不涉及国家安全、金融安全的领域,应鼓励金融机构加强与国内外金融科技企业的技术合作,适当引进第三方技术解决方案,提升金融机构监管合规水平和风险管理能力,缓解我国监管科技产品供应不足的压力。三是要建立监管科技国际交流的常态化机制。由于监管科技应用仍处于初期,目前尚未有国际层面的监管框架来加以协调。但是如上文所述,随着监管科技在全球的应用得到越来越多国际组织的关注,相信相关国际层面的规则和指引会陆续出台。[1] 因此,我国监管部门应立足于我国监管科技应用的现实需要,加强与国际金融组织的合作与交流,并争取在未来国际金融监管标准制订中的话语权。

五、结语

　　监管科技是金融科技在监管场景的投射,反映了金融监管的技术化趋势,不论是在监管端,还是在合规端或内控端都具有积极的应用价值。综合应用大数据等新型技术的监管科技,在提升监管效率、优化监管模式和有效防范风险方面能够起到积极效果,然而由于技术的自身局限和应

---

〔1〕　国际金融稳定理事会(FSB)已于2016年3月正式将金融科技纳入其议程,巴塞尔银行监管委员会(BCBS)、国际证监会组织(IOSCO)以及国际保险监督官协会(IAIS)等都对金融科技发展表示了高度关注。

用中的错位也导致了监管科技内生风险的产生。需要正确认识监管科技既能防范风险又可能形成风险的特殊机理,本着发展与规范相结合的立场明确监管科技应用的制度需求,并根据我国实际进行监管科技完善的制度设计。从而在金融科技时代充分发挥监管科技的积极作用,有效提升金融机构的合规能力和监管机构的监管能力,实现传统金融风险和金融科技风险的有效防范。

第八章

金融科技公司的风险防范与监管对策

作为金融和科技的有机结合,除了传统金融机构自身的技术研发创新,具备科技优势且不断渗透到金融业务中的金融科技公司也是金融科技应用生态的重要主体。囿于金融科技的业务创新性和体系复杂性,当前监管的关注点主要集中在金融科技的应用过程,[1] 针对金融科技公司这类新兴主体的规制体系尚未建立。[2] 随着金融科技公司的日益活跃和不断扩张,从风险防范的角度对金融科技公司实施市场准入和日常监管已殊为必要。[3] 本章旨在结合金融科技公司的发展趋势和风险特征,探讨其监管体系、原则、框架和方法,并提出构建我国金融科技公司监管的对策方案和制度建议。

---

[1] 当前针对金融科技的监管共识为:注重对金融科技的调适性和包容性监管,注重规则监管与原则监管的相机适用,在平衡安全与效率的基础上,运用监管沙箱防范创新风险,运用穿透式监管防范业务风险,运用监管科技提升监管能力。参见杨松、张永亮:《金融科技监管的路径转换与中国选择》,载《法学》2017 年第 8 期;杨东:《防范金融科技带来的金融风险》,载《红旗文稿》2017 年第 16 期;李伟:《金融科技发展与监管》,载《中国金融》2017 年第 8 期;Mark Fenwick, Wulf A. Kaal, and Erik P.M. Vermeulen, *Regulation Tomorrow: What Happens When Technology is Faster than the Law?*, American University Business Law Review, 2017(6), p.561。

[2] 原中国银保监会在 2019 年 12 月 30 日发文要求"研究制定金融科技公司监管制度"。参见中国银保监会《关于推动银行业和保险业高质量发展的指导意见》(银保监发〔2019〕52 号),2019 年 12 月 30 日发布。

[3] 参见刘绪光、肖翔:《金融科技影响金融市场的路径、方式及应对策略》,载《金融发展研究》2019 年第 12 期。

一、金融科技公司的主体界定及其风险构成

由于对金融科技内涵理解的差异,[1]目前对金融科技公司的界定主要有两种方式:一种将金融科技公司定义为在人工智能、区块链、云计算、大数据等底层技术领域具备优势,以新型技术的金融应用为目标开展研发、设计和推广的市场主体。这种定义方式侧重于金融科技公司的技术属性,强调其"遵从金融本质,以数据为基础,以技术为手段,为金融行业服务"的定位。[2] 另一种则将金融科技公司定义为利用更高效率的科技手段切入金融领域,提供新型金融服务的非传统企业。这种定义方式侧重于金融科技公司的业务属性,关注其在新型支付、大数据风控、网络借贷等领域的模式创新。[3] 笔者认为,定义金融科技公司需要将其与持牌金融机构与互联网金融公司区分开来。与持牌金融机构不同,金融科技公司主要是向金融行业输出技术服务,若其自身想开展金融业务,则需要通过获取相应的金融业务许可,从而转型成为持牌金融机构。而互联网金融公司虽然应用了网络技术,但只是实现了渠道和效率的提升,并未对传统金融模式产生颠覆性变革,[4]且一旦实际从事了金融业务,亦应归入非典型金融机构的范畴。因此,对金融科技公司的定义既不应偏离其技术属性,又不能忽视其业务属性,而是应当将其界定为以金融科技的研

---

[1] 对金融科技的理解主要表现为两种倾向,其一是从技术本质角度认为金融科技系指能够实现金融工具和模式创新的新型技术方案,如人工智能、区块链、云计算和大数据等特定底层技术;其二是从业务模式角度认为金融科技是基于新型科技而区别于传统的金融业务模式,如网络借贷、虚拟货币、智能投顾等。参见刘志坚主编、京东金融研究院编著:《2017金融科技报告:行业发展与法律前沿》,法律出版社2017年版,第19页。

[2] 陈生强:《金融科技的全球视野与实践》,载《中国银行业》2017年第5期。

[3] 毕马威(KPMG)在每年发布的金融科技公司榜单中,将金融科技公司定义为"以科技为尖刀切入金融领域,用更高效率的科技手段抢占市场,提升金融服务效率及更好地管理风险的非传统企业",将为金融机构提供技术解决方案的企业、开展科技创新的持牌金融机构和P2P平台等都纳入金融科技公司的范畴。

[4] 参见张晓朴:《互联网金融监管的原则:探索新金融监管范式》,载《金融监管研究》2014年第2期。

发和应用为基础,通过提供技术支撑和应用方案直接或间接地参与金融市场活动的新型市场主体。

具有技术优势、场景流量丰富和金融业务属性是金融科技公司的三大主要特征,也是金融科技公司参与金融服务市场、丰富金融市场层次、优化金融市场结构的重要依赖。[1] 金融科技公司以人工智能、区块链、大数据、云计算等前沿技术在金融领域的应用创新为主营业务,使得其不仅能通过输出技术服务帮助金融机构进行数字化、智慧化转型,同时也能为其自身向投资者和金融消费者提供金融产品和服务提供重要技术支撑。金融科技正借助金融科技公司这一新型市场主体,通过不断优化金融业态经营模式、提高金融产品质量和服务效率来影响其他金融市场主体和整个金融市场结构。[2] 广泛的市场基础为金融科技公司通过多个服务场景获取消费者的各类信息和数据提供了有力保障。金融科技公司可通过对客户的消费记录、行程信息、搜索历史等数据进行深入分析和挖掘,有效识别消费者不断变化的需求,并为技术创新和业务提效指明需求端的方向。[3] 此外,金融科技公司还致力于通过各种途径获取金融服务牌照,并试图通过直接提供金融服务而取得更高的收入规模。[4]

金融科技公司的特殊性在于其金融属性和技术属性的融合。不论是金融科技公司与金融机构合作,为金融机构提供基础设施和金融商品技术服务,还是金融科技公司自身具备金融业务牌照直接参与金融服务市场,金融科技在很大程度上决定了金融机构底层基础架构和金融创新产品和服务的结构、内容、交易规则、运作方式和风险,与金融机构的业务经营成败具有高度相关性。而且,随着金融科技行业的跨界和混合经营业

---

[1] 参见李明肖:《银行与金融科技公司合作类业务存在的问题及监管思路》,载《中国银行业》2019年第12期。

[2] 参见刘绪光、肖翔:《金融科技影响金融市场的路径、方式及应对策略》,载《金融发展研究》2019年第12期。

[3] See FSB, *FinTech and Market Structure in Financial Services*: *Market Developments and Potential Financial Stability Implications*, Feb. 14, 2019.

[4] See FSB, *BigTech in Finance*: *Market Developments and Potential Financial Stability Implications*, Dec. 9, 2019.

务增多,金融科技公司的业务不断多元化,金融业务不断多样化,金融科技公司与金融机构之间的各种合作不断丰富和深化,整个金融市场内部的各金融科技公司和金融机构联系愈发紧密,组织结构将更加复杂,高度链接性和网络效应也更明显。若金融科技公司业务经营出现问题,则金融科技创新产品和服务所依赖的技术基础将会面临断供尴尬,随之而来的便是技术基础设施、金融产品和服务的受挫乃至失败风险。规范金融科技公司的业务行为,有效防范金融科技公司的风险,对保护金融消费者权益和维护金融稳定具有重要意义。从风险构成来看,金融科技公司主要存在以下风险类型:

第一,信用风险。金融科技公司虽然在提供金融服务的过程中利用了新技术,但这仅改变了金融服务的提供方式,提高了金融服务效率,其金融中介的信用定价和其他金融功能并无实质变化。金融科技时代的金融交易以互联网技术为基石,发生在虚拟的网络空间,这种交易特征加剧了信息不对称。如在异地授信业务中,金融科技公司与客户之间的信息差是相互的,而对于某一特定金融科技公司来说,技术仅能满足撮合交易的效率要求,难以保证每一个客户信息的真实性和有效性。特别是在普惠金融市场中,长尾群体这类普通金融消费者的金融素养和信用明显低于中高净值客户,既加剧了金融工具双方之间的信息不对称,也增加了违约风险。此外,个别金融科技公司业务不具备征信条件、缺乏征信数据来源,或是公司管理不规范、信贷审核不严谨、款项使用合规审查不严,都可能导致发生信用风险。与此同时,金融科技公司往往过于依赖自身大数据风控技术来监测信用风险变化,而容易放松人工监测和风险管理,导致忽略客户的非数据化信用降低情形,引发信用风险。信用风险不仅直接威胁金融科技公司的正常经营,而且容易通过资金渠道和预期渠道将风险传导至合作金融机构和金融科技行业内部,对金融稳定和金融消费者权益造成不良影响。[1]

---

[1] 资金渠道是指金融科技公司之间通过存贷和支付关系等形成资金方面的联系;预期渠道是指投资者之间的市场恐慌情绪会相互传染从而产生"羊群效应"。参见方意等:《金融科技领域的系统性风险:内生风险视角》,载《中央财经大学学报》2020年第2期。

第二，信息安全风险。拥有数据优势的金融科技公司从多个场景中获取用户大量、多维数据并进行量化处理和集中管理，可以轻易获取用户的私密信息。一旦该信息被滥用，不仅用户的诸多权益将受到重大损害，金融科技公司以及行业信誉都会遭受打击，影响金融稳定。若金融科技公司在与金融机构的合作中有针对性地收集其信息并滥用，将会给金融机构稳健经营造成重大影响，有威胁金融稳定甚至泄露重要金融信息的可能。[1] 除金融科技公司可能滥用用户信息外，潜在的数据入侵、数据监听行动也将对金融机构、金融行业和国家金融安全产生巨大威胁。金融科技公司在运行过程中会主动或被动地搜集、储存和处理海量的客户数据，在技术不完备和网络脆弱性的固有缺陷下，一旦系统遭受攻击将可能导致数据的泄露，从而严重损害投资者或金融消费者的利益，甚至造成金融活动链条的断裂，影响金融安全。

第三，监管套利风险。由于金融监管口径不一、监管力度各异，金融科技公司监管存在较大的套利空间。一方面，金融科技公司并不愿意像传统金融机构一样接受相关金融监管部门的严格监管，因此一些互联网金融公司纷纷通过业务转型和形象改造将自身标榜为金融科技公司，以试图将其置身于金融监管体系之外。另一方面，现有监管体系主要对金融机构设立的金融科技公司和具有较大市场影响的金融科技公司给予重要关注，[2] 而一般金融科技公司并未被有效纳入监管范围，导致存在一些金融科技公司从事金融服务却未受到监管的灰色地带，威胁金融消费者权益保护和金融稳定。此外，由于金融科技公司的数字化产品和服务活动难以限制在一国或地区内，而不同国家或地区之间由于监管理念和制度环境不同、金融风险识别和管控能力不一，在一些优先促进金融科技行业发展的国家，可能存在监管逐底竞争（race to the bottom），导致金融科技公司从强监管国家地区迁往弱监管政策洼地的情况，从而引发金融科技公司跨境监管套利的风险。

---

〔1〕 参见徐忠、孙国峰、姚前主编：《金融科技：发展趋势与监管》，中国金融出版社2017年版，第321页。

〔2〕 参见修永春、庞歌桐：《我国银行系金融科技公司发展问题探究》，载《新金融》2019年第4期。

第四,系统性风险。金融科技公司这类新型金融市场主体同金融机构一样具有引发系统性风险的可能。[1] 不论是小规模金融科技公司,抑或大型科技企业(Big Tech)类金融科技公司,都可能通过不同的风险发生机制最终引发系统性风险。与传统宏观风险相比,金融科技公司因金融科技与业务的深度融合和网络的高度链接性而具有隐蔽性。一旦引发系统性风险,风险的爆发速度更快、覆盖范围更广、破坏性更大。一方面,Big Tech类金融科技公司可能凭借强大的经济实力和广泛的市场基础通过获取金融服务牌照直接发展成为系统重要性机构。这类金融科技公司仅凭巨大的规模就足以让任何一次经营失败给局部乃至整个金融市场造成严重冲击。另一方面,随着金融科技公司与金融机构合作日益深入,二者在技术和业务上的紧密联系可能成为金融科技公司引发系统性风险的原因。在合作过程中,若金融机构严重依赖金融科技公司的技术供应以致发生锁定效应,即金融科技公司一旦终止技术服务合作或是出现严重经营问题,而合作项目的技术需求不能及时由其他技术供应商满足,无法保证金融机构服务的连续性的话,便极易引发系统性风险。

二、金融科技公司监管的现状检视与制度需求

由于金融科技公司具有技术与金融的双重属性,因此对其进行监管的基本逻辑也具有复合色彩。其一,根据金融科技公司业务上的金融性,需要将其纳入金融监管的框架。金融科技公司从事P2P借贷、网络小贷、互联网保险、互联网信托、互联网消费金融服务等业务时,金融市场地位与传统金融机构相差无几,也同样可能发生信用风险、流动性风险、市场风险、法律风险等多种金融风险。金融本身就是受到高度管制的特殊行业,因此有必要将从事金融业务的金融科技公司纳入金融监管体系。其二,根据金融科技公司的技术属性,需要将其纳入互联网监管的框架。

---

[1] 参见李敏:《金融科技的系统性风险:监管挑战及应对》,载《证券市场导报》2019年第2期;William J. Magnuson, *Regulating Fintech*, Vanderbilt Law Review, 2018(71), pp. 1167–1226。

金融科技公司主要依托互联网、区块链、大数据、人工智能等新兴技术开展业务,其作为技术公司也需要满足互联网信息服务和网络安全等信息产业的监管要求。然而就现实情况来看,目前对金融科技公司这一新型主体进行业务监管和技术监管的权责分工并不清晰,金融监管部门与技术监管部门之间的协调配合机制并未完全建立,导致金融科技公司监管框架的混乱与无序。

从业务监管层面来看,监管部门总体上延续着机构监管的逻辑对金融科技公司实施金融监管,并按照传统的金融监管分工确定了对不同类型金融科技公司的监管权限。中国人民银行负责监管第三方支付公司,针对监管支付机构,中国人民银行陆续出台了《非金融机构支付服务管理办法》(已失效)、《非银行支付机构网络支付业务管理办法》等部门规章和一系列其他规范性文件,建立了支付业务许可证制度、备用金集中存管制度和第三方支付账户资金流动限制制度,同时也细化了客户身份认证、机构信息安全、业务范围等规范。原中国银保监会负责对经营网络借贷、互联网消费金融、互联网保险等业务的金融科技公司进行监管。《网络借贷信息中介机构业务活动管理暂行办法》和一系列相关指引明确了网络借贷公司的业务监管主要由原中国银保监会负责,地方金融监管局则负责其机构监管。而《消费金融公司试点管理办法》(已失效)、《互联网保险业务监管办法》也宣示了原中国银保监会对于消费金融、互联网保险类金融科技公司的监管权力。中国证监会则负责在资本市场开展对金融科技创新业务的监管。例如通过《证券投资基金销售业务信息管理平台管理规定》等相关规范性文件对基金销售机构通过互联网开展基金销售业务的行为规范和信息技术要求,以及从事基金销售第三方支付业务机构的资格条件、业务规范、资金安全保障等予以明确。同时,为推动基金销售机构借助成熟互联网机构及电子商务平台开展网上基金销售业务,中国证监会制定了《证券投资基金销售机构通过第三方电子商务平台开展业务管理暂行规定》(已失效),对基金销售机构通过第三方电子商务平台开展基金销售业务的准入条件、行为规范、备案流程等做了相应要求。

从技术监管层面来看,工业和信息化部、网信办等部门从网络技术服务的角度逐步形成了一套对金融科技公司的技术监管体系。金融科技公司的技术监管体系主要由两部分构成：一是对金融科技公司的技术应用进行安全评估，如网信办协调对云计算服务安全进行评估；二是通过建立底层基础设施技术和上层金融工具应用技术的安全标准体系，对金融科技公司的技术应用行为进行规范。技术监管均不直接涉及金融服务的经营规范，如网信办对金融信息服务进行监管，工业和信息化部对网络数据安全进行监测。具体而言，网信办统筹协调金融科技行业网络安全、信息化建设和相关监督管理工作。网信办依据《金融信息服务管理规定》对金融科技公司的金融信息服务和互联网信息内容进行监管。该规定为金融科技公司经营金融信息服务业务设置了许可制度，并且在相关法律法规的基础上明确了金融信息服务的信息内容要求和处罚措施。同时，网信办重点协调组织对金融科技公司的技术创新产品和服务进行安全评估，提高技术服务购买和使用者的技术应用安全可控水平，降低技术应用的网络安全风险。而工业和信息化部则负责制定金融科技行业电信和互联网业务技术规范、技术标准和技术政策，发布相关法规和行政规章并对金融科技公司的技术应用行为进行监管。工业和信息化部对金融科技公司电信业务实施许可制，同时依据《电信条例》《电信业务经营许可管理办法》等法规和政策性文件对电信业务经营者进行监督管理，建立经营不良名单和失信名单以及随机抽查、书面检查、实地核查、网络监测等检查制度，对金融科技公司的技术服务进行监管和约束。同时，工业和信息化部还承担了制定各类技术应用和网络安全标准的工作，并对金融科技公司的技术使用行为予以规范。例如2020年4月，工业和信息化部公布了其组织制定的《网络数据安全标准体系建设指南》（征求意见稿），用以指导电信和互联网行业网络数据安全标准化工作，金融科技公司因其数据处理者的角色而被纳入监管范围。

尽管当前金融监管部门和网络监管部门都能够对金融科技公司实施一定程度的监管，但由于金融科技公司业务的复杂性、复合性以及业务监管和技术监管之间缺乏有效的配合协调机制，金融科技公司的监管体系存在结构性失衡。在业务监管与技术监管之间，乃至在业务监管体系和技术监管体系内部，均存在一定程度的监管重叠和监管漏洞问题。首先，在业务监管体系内部，部分金融科技公司的监管仍存在监管主体职责不清、监管对象不明确的情况,[1]这可能导致金融科技公司的业务监管存在一定监管漏洞。例如,根据 2015 年十部委《关于促进互联网金融健康发展的指导意见》,第三方移动支付公司由中国人民银行负责监管,但根据第三方移动支付产业链各环节对应的监管机构,其实际上为中国人民银行、原中国银保监会及工业和信息化部等共同监管。[2] 由于该意见主要是面向所有互联网金融业务,对监管部门的职责规定过于宽泛、缺乏针对性,业界一般认为监管主体只有中国人民银行一家,而中国人民银行显然不太可能对支付机构的所有业务环节进行监管,因而第三方移动支付公司的部分业务环节实际上并未受到应有的监管。其次,技术监管体系内部也存在较多的监管漏洞,许多金融科技公司的金融科技创新应用并未受到网信办及工业和信息化部的监管。[3] 例如,目前监管部门对互联网基金销售业务中智能投顾公司的人工智能算法并未设计安全评估方案,算法黑箱、道德风险问题依旧可能存在。[4] 另外,网信办及工业和信息化部在实施技术监管时,还可能发生一定的监管重叠现象。由于网信办与工业和信息化部并无行政隶属关系,尽管《网络安全法》赋予了网信办"统筹协调网络安全工作和相关监督管理工作"的职能,即一般情况下网信办在网络安全工作中发挥主导作用,但工业和信息化部也在电信网络基础设施和内容服务方面行使着相应的行政监管权力。金融科技公司一般需要同时接受二者对其网络服务和信息安全的监管,并且检查内容具有相似性,存在一定程度的监管重叠。最后,业务监管部门面对互联网金融浪潮,虽早已意识到金融科技创新业务中技术安全的重要性,因而也

〔1〕 参见徐忠、孙国峰、姚前主编:《金融科技:发展趋势与监管》,中国金融出版社 2017 年版,第 158 页。

〔2〕 参见徐忠、孙国峰、姚前主编:《金融科技:发展趋势与监管》,中国金融出版社 2017 年版,第 158 页。

〔3〕 目前北京监管沙箱测试细则尚未出台,笔者估计业务监管部门和技术监管部门会同时关注并参与测试,以便更好了解金融科技公司的运作模式和风险趋势,便于优化监管结构和相关对策。但当前,对全行业金融科技公司的监管是存在较多缺漏的,毕竟入箱金融科技公司并不多,且严重依赖金融牌照。

〔4〕 参见袁康:《社会监管理念下金融科技算法黑箱的制度因应》,载《华中科技大学学报(社会科学版)》2020 年第 1 期;袁康、邓阳立:《道德风险视域下的金融科技应用及其规制——以证券市场为例》,载《证券市场导报》2019 年第 7 期。

会对金融科技公司从事金融业务提出一些技术要求,但实际上却因业务监管部门缺乏技术监管经验和专业知识,导致监管乏力的结果。这类现象在法律文件上表现为监管重叠,监督执行上却体现为明显的监管漏洞。基于此,针对金融科技公司这类新兴主体构建更加完善的监管体系和监管制度,有效弥合技术监管和业务监管之间的鸿沟,是确保金融科技行业健康发展的现实需求,也是金融体系进入金融科技时代的必然要求。

三、金融科技公司监管体系的理论解构

金融科技的迅速发展和金融科技公司的兴起,给传统金融监管体系带来了巨大的冲击和挑战。一方面,技术监管和业务监管的分离与重叠,可能会导致对金融科技公司监管效果的减损;另一方面,风险防控目标和行业发展目标之间的冲突与矛盾,可能会导致金融科技公司在创新与合规之间难以协调。因此,在正确认识金融科技公司这一新型主体特殊属性和风险结构的基础上,有针对性地确立合理的监管原则,构建有效的监管框架,采用创新的监管方法,构建既能有效防范风险又能保障创新的监管体系,是对金融科技公司实施有效监管的前提和基础。

(一)监管原则的厘清与确立

金融安全和金融效率是金融监管的基本目标,在对金融科技公司进行监管时,既要有效地防范金融科技公司所带来的各类风险,又要为金融科技行业的发展提供合理的空间,因此对金融科技公司的监管应坚持鼓励创新和防范风险的宗旨,按照包容监管、原则监管、风险底线的原则确立合理的监管理念。

第一,包容监管原则。包容监管的核心在于监管部门对金融科技公司保持合理的包容度。一方面要对金融科技公司的技术和产品创新采取鼓励的态度,给予金融科技公司一定的创新试错空间;另一方面,包容金

融科技公司创新也并非放任金融科技创新风险滋生,[1]而是要通过多元监管手段和创新监管方案将创新风险控制在合理区间内,确保投资者和金融消费者在从科技创新中获取高效率、高质量金融服务的同时,其合法权益也受到充分保护。包容监管原则有力回应了金融科技公司技术和业务的金融包容效应,[2]即多样、多元创新促进金融服务提质扩容、降费增量以满足更多群体的差异化金融需求。考虑到不同类型金融科技公司在促进多层次市场发展中的重要性和不同风险监管需求方面的特殊性,包容监管原则可有效实现监管与发展的平衡,既能防控各类金融科技公司的风险,亦无碍于金融市场主体公平、协调、多向度发展。目前,包容监管理念受到多国监管者青睐,在英国、澳大利亚、新加坡、中国等风靡的监管沙箱模式即融入了包容监管的理念,[3]通过多项匹配性监管措施控制创新风险,免除一定监管后果以鼓励金融科技创新活动,是一种典型的包容监管实践。另外,我国于2015年发布的《关于促进互联网金融健康发展的指导意见》指出"要制定适度宽松的监管政策,为互联网金融创新留有余地和空间",也体现了包容监管理念。根据该监管理念,对金融科技公司的监管应当强调适度性、差异性,而非"一刀切"式的严格监管,即监管者不应设定过多复杂的监管指标,而应寻求制定监管基本规则,针对金融科技公司的共性可明确其业务和技术创新应遵循的基础性、通用性要求,针对某类特定金融科技公司的业务风险特性,则制定有针对性的、差异化的金融监管措施。[4]

第二,原则监管原则。与基于规则(rule-based)的监管政策不同,基于原则(principle-based)的监管政策强调监管部门在既定目标下的自由裁量。[5] 原则监管是以监管实效为导向,对金融科技公司采取抽象、概

---

[1] 参见杨松、张永亮:《金融科技监管的路径转换与中国选择》,载《法学》2017年第8期。

[2] 参见粟勤、魏星:《金融科技的金融包容效应与创新驱动路径》,载《理论探索》2017年第5期。

[3] 参见孟娜娜、蔺鹏:《监管沙盒机制与我国金融科技创新的适配性研究——基于包容性监管视角》,载《南方金融》2018年第1期。

[4] 参见《金融科技(FinTech)发展规划(2019—2021年)》(银发〔2019〕209号),2019年8月发布。

[5] 参见黄辉:《中国金融监管体制改革的逻辑与路径:国际经验与本土选择》,载《法学家》2019年第3期。

括的原则进行监管。原则监管原则旨在根据金融科技公司的现实发展情况为其创造灵活、友好的制度环境，以便使金融科技公司充分发挥创新活力，自行调整并推动防范金融风险，并实现维持金融稳定、保护金融消费者权益等监管目标。[1] 技术创新、消费者需求变化等不仅驱动着金融科技公司回应不断变化的金融市场需求，也使其试图通过金融创新摆脱监管束缚，因而监管部门需要适时更新其监管要求以填补不断出现的监管缺漏。规则监管只关注对被监管者的业务流程和程序进行控制，缺乏弹性，且监管部门只能机械地执行各项监管指标，[2]因而难以及时适应不断变化的现实监管需求，有损监管的有效性。相比之下，原则监管以监管结果为导向，无须监管部门制定明确的规则和程序，而是关注监管目标是否实现以及监管给市场和消费者带来的实际效果，从而可赋予监管者较大的自由裁量权以对金融市场及相关主体的不确定性做出恰当、及时的监管调整。与此同时，金融科技公司也可免于过高的合规成本和过多的行为限制，便于其创新业务的发展。英国在金融全球化的驱动下很早便进入原则监管模式，强调监管要注重结果而非手段。[3] 甚至一向重视规则导向监管的美国也在 2017 年金融科技白皮书《金融科技框架》(A Framework for FinTech)中提出了十项金融科技行业发展原则供监管者和金融科技公司参考。原则监管可确保金融科技公司灵活方便地发展优势，[4]而随着金融科技公司业务模式、核心技术逐渐成熟，创新应用不断推陈出新，原则监管也可长期指导监管部门采取不同的监管措施，有效防控各类创新产品和服务的差异性风险。

第三，风险底线原则。风险底线原则是指监管部门对金融科技公司采取包容监管、原则监管等监管政策从而激励金融科技公司进行创新活动时，以不发生金融风险和不损害金融消费者权益为基本的底线和前提。金融科技公司在经营过程中存在多种风险，具有快速波及各类金融市场

---

[1] 参见吴烨：《论金融科技监管权的本质及展开》，载《社会科学研究》2019 年第 5 期。

[2] 参见刘轶：《金融监管模式的新发展及其启示——从规则到原则》，载《法商研究》2009 年第 2 期。

[3] 参见方添智：《规则导向与原则导向：当代金融监管模式的缺陷与解决对策》，载《甘肃政法学院学报》2011 年第 1 期。

[4] 参见杨松、张永亮：《金融科技监管的路径转换与中国选择》，载《法学》2017 年第 8 期。

主体、广泛破坏金融市场稳定的隐患。包容监管、原则监管等创新激励监管政策虽然也重视风险防范,但金融科技行业创新积极性和目前监管有效性落后之间的矛盾仍然可能导致金融科技公司忽视风险而过度创新。一方面,金融科技公司自由经营权扩张速度过快,[1]各类尚未成熟的技术可能未经充分验证而盲目推出,容易存在安全漏洞;另一方面,各类以数据为核心的监管工具和配套监管制度的研发和落地周期长,对金融科技公司的监管滞缓落后,难以保证有效监管,容易造成风险累积。故而,金融科技公司的一切经营活动应当符合防范金融风险的底线要求,明确合规经营就是坚守底线,突破红线经营就是风险。监管部门应当创新监管方式管控金融科技公司业务和技术风险,特别是要对其金融科技创新产品和服务的新型风险进行评估和防控。[2] 当前,金融科技公司在网络借贷、非法集资等方面的增量风险已基本得到控制,但其存量风险依旧需要引起监管部门高度重视。[3] 另外,随着科技、业务创新不断加快,监管不断趋于严格,规避型金融创新理论表明金融科技公司的监管将面临更多复杂多变的挑战。[4] 要始终把金融安全作为金融科技创新和金融科技公司监管不可逾越的红线,借助金融科技创新发展成果同步更新监管手段,提升金融风险识别和防控能力,提高金融体系抵御风险能力,守住不发生系统性风险的底线。

(二)监管框架的构造与完善

金融科技公司与其他传统金融机构的业务模式、风险构成和市场地

---

[1] 参见靳文辉:《法权理论视角下的金融科技及风险防范》,载《厦门大学学报(哲学社会科学版)》2019 年第 2 期。

[2] 中国人民银行《金融科技(FinTech)发展规划(2019—2021 年)》称金融科技是防范化解金融风险的新利器,运用大数据、人工智能等技术建立金融风控模型,可有效甄别高风险交易,智能感知异常交易,实现风险早识别、早预警、早处置,提升金融风险技术防范能力。规划也将"安全可控"作为金融科技发展的总原则之一予以明确。

[3] 2020 年,国务院金融稳定发展委员会发布 11 项金融改革措施,其中就有《加强金融违法行为行政处罚的意见》,旨在从严追究金融机构和中介机构责任,加大金融违法行为处罚力度,减少风险隐患。

[4] 参见陈红、郭亮:《金融科技风险产生缘由、负面效应及其防范体系构建》,载《改革》2020 年第 3 期。

位等均具有较大的差异,监管部门既不能消极地放松对金融科技公司的监管,又不能僵化地套用传统金融机构监管的框架,而是应当充分考虑其特殊性,就金融科技公司的市场准入、业务规范、风险控制和内部治理提出特别的监管要求,从而形成能够有效应对金融科技公司风险的监管框架。

市场准入是否合理直接影响到金融科技公司进入金融市场的成本和难易程度。强化金融业务牌照管理、健全市场准入门槛,不仅可从源头上确保金融科技公司具备从事金融科技业务的基本资金、技术、人员和组织条件,降低经营失败风险及其负外部性,也可有效管理各类复杂市场参与主体并防范恶性竞争。[1] 更具体地,金融科技公司的市场准入包括业务准入和技术准入两个方面。由于金融科技公司的业务与金融机构、金融市场关系紧密,特别是对技术基础设施和创新商品影响巨大,需要对其设置相应的准入条件,即只有具备相应的资本要求、风控体系和业务能力,取得了监管部门颁发的金融业务许可证,才可以从事相应的金融科技业务。[2] 除对金融科技公司业务经营条件提出基本审慎要求外,监管部门还应重点考察金融科技公司是否具备经营相关金融业务的技术条件,如是否"建立了与业务经营和监管要求相适应的信息科技架构,具有支撑业务经营的必要、安全且合规的信息系统,具备保障业务持续运营的技术与措施"[3]。同时,对于技术准入问题不应限于直接参与金融服务市场的金融科技公司,而是需要广泛地考察所有直接或间接参与金融服务市场的金融科技公司的技术实力等级,从核心技术人员、专业管理人员的任职资格、金融科技研发和应用的软硬件设施等方面进行评估。另外,监管尤其要强调技术实力等级与所经营业务的匹配度以及针对特定技术风险的防范。例如,金融科技公司开展智能投资顾问业务,一方面需要确保其大数据、人工智能技术等金融科技研发和应用实力等级与经营

〔1〕 参见程雪军、尹振涛:《互联网消费金融创新发展与监管探析》,载《财会月刊》2020 年第 3 期。

〔2〕 参见鲁钊阳:《论我国互联网金融市场准入法律制度的完善》,载《现代经济探讨》2017 年第 2 期。

〔3〕 《中国银保监会非银行金融机构行政许可事项实施办法》(中国银行保险监督管理委员会令 2020 年第 6 号),2020 年 3 月 23 日发布,已失效。

产品规模、风险等内容相匹配。另一方面,行业准入也不能仅关注主体资格审查,也需要考虑蕴含设计者社会理念的人工智能算法是否存在偏见危险。[1]

业务规范是明确金融科技公司业务属性,指导和规范其展业行为,促进其业务健康、有序发展的一系列业务制度。业务规范不仅能为金融科技公司划定"可为与不可为"的边界,[2]系统的业务规范还能够帮助公司管理层理解金融科技公司金融业务和技术业务的运营方式,并且在市场需求或监管需求发生变化时通过更新业务规则迅速对被影响的研发、展业、管理等系统作出修改。金融科技公司及时对市场和监管者作出反应,不仅能积极获取业务竞争优势,更能缓和监管压力、降低合规成本。作为新型金融市场主体,不同类型的金融科技公司拥有不同的业务模式,掌握不同的核心技术,因而几乎不存在一套普遍适用的业务规范。尽管如此,仍然有一些金融科技公司展业共性需求可以为凝聚基础性规范提供方向。例如,为保护金融消费者合法权益,开展业务不得向客户作不实陈述、片面或夸大宣传等误导性描述,而应当在 APP、网站、宣传册或是人工服务中以清晰易懂的语言披露服务信息、履行告知义务,以公开、透明的原则提供服务;为防控数据安全和信息安全风险,需要记录和保存客户的交易信息和数据,建立安全管理制度对客户隐私信息采取保密措施;为防止欺诈行为发生,需要强化客户身份识别和信用评估,优化大数据智能风控。除了共性需求,一些特别需求也可在金融科技公司监管原则指导下予以确定,如消费金融公司催收信贷账款应当采取合法方式进行。业务规范的厘定既需要考虑以一般性、通用性规则反映共性需求,也需要以特别要求和制度反映独特需求,二者兼而有之方可指导金融科技公司真正合规经营。

良好的风险控制是金融科技公司风险监管目标的重要组成部分。金融科技公司监管应充分发挥风险导向监管对实现监管目标的积极

---

[1] 参见侯东德:《智能理财行业风险的法律应对》,载《政法论丛》2020 年第 1 期。

[2] 参见杨东、武雨佳:《智能投顾中投资者适当性制度研究》,载《国家检察官学院学报》2019 年第 2 期。

作用,[1]由监管部门的行政监管机制和金融科技行业的市场自律机制共同防控风险及其负外部性。[2] 前者主要依赖于监管者的自由裁量降低市场风险,后者则寄希望于激励金融科技公司建立全面有效的风险控制体系,提高业务经营的稳定性和技术可靠性。因而,建立金融科技公司风险控制体系需要两手抓,同时兼顾金融业务和技术两个风险控制体系的构建。以消费金融公司为例,持牌机构主要依靠互联网、大数据等技术支持经营消费信贷业务。故《消费金融公司管理办法》一方面要求消费金融公司及其企业法人出资人满足一系列审慎指标要求,如出资人资产总额、资本充足率、资产损失准备充足率等;另一方面该办法也提出了信息科技风险控制要求,即金融科技公司应当建立信息科技风险控制体系,通过强化技术风险管理保障经营安全。[3] 金融科技公司技术风险控制主要有三方面,包括技术不成熟、算法缺陷、技术失控等技术不完备问题,数据泄露和非法使用等数据安全隐患以及数据窃听、网络攻击等网络安全问题。[4] 技术风险控制需要对技术不完备、数据安全隐患和网络安全问题进行识别、分析并采取措施,以各类风控制度和技术工具为基础建立有效的风险内控体系,将风险降低并维持在可接受的水平。由于技术的不断创新演变,新的风险与威胁总会不断出现,技术风险管理势必要保持一个不断调整的相对动态,以便将金融科技公司的风险控制在一定区间。

具备良好的公司治理结构是金融科技公司稳健经营的重要条件。金融科技公司具有促进普惠金融发展的重要社会功能,根据利益相关者理论,其治理职能目标不应只关注实现股东利益的最大化,[5]而是需要通过各种内外部机制平衡公司内部人员、金融消费者等多种利益相关者的利益,防范公司治理管理漏洞导致的风险溢出。因而,金融科技公司的内

---

[1] See Carol Sergeant, *Risk-Based Regulation in the Financial Services Authority*, Journal of Financial Regulation & Compliance, 2002 (10), p.335.

[2] 参见吴烨:《论金融科技监管权的本质及展开》,载《社会科学研究》2019 年第 5 期。

[3] 参见季成、叶军:《金融科技平台的风险及管理框架》,载《河北金融》2019 年第 9 期。

[4] 参见刘孟飞:《金融科技的潜在风险与监管应对》,载《南方金融》2020 年第 6 期。

[5] 参见赵成国:《P2P 网贷平台公司治理的范式转换与优化路径》,载《江海学刊》2019 年第 4 期。

部治理不应仅强调股东会、董事会、监事会之间分工明确、相互配合、行权规范,各项公司治理机制能够充分发挥管理层主观能动性,保护中小股东的有效参与,同时也需要关注对核心技术人员、专业管理人员的不同任职资格要求和专业技能,更为重要的是避免金融科技公司复杂的股权结构而导致的不正当关联交易或利益输送。通过完善金融科技公司的内部治理,能够优化其内部控制,最大限度地避免操作风险的发生。例如国家金融监管总局在 2023 年修订的《非银行金融机构行政许可事项实施办法》中加强了对非银机构主要股东及其关联方、一致行动人的穿透监管,提高了非金融企业作为非银机构控股股东的持续盈利能力、权益性投资余额占比等财务指标要求以及增加股东入股非银机构数量的规定。将这种优化内部治理的监管框架应用于金融科技公司,可以确保金融科技公司在业务活动中的独立性,防范因不正当控制所引发的经营风险。

(三)监管方法的融合与创新

由于金融和技术的双重属性、金融科技的创新性和复杂性,对金融科技公司的监管无法沿用传统金融机构的监管方法。监管部门有必要结合金融科技公司的风险特点和运作规律,创新监管方法以实现对金融科技公司的有效监管。

第一,技术监管。技术监管是指在对金融科技公司进行监管的过程中,采用监管科技等技术手段满足监管需求,提高监管效率。具体而言,监管机构可利用技术手段分析金融市场数据、预测和识别风险、查找监管规则矛盾和问题、执行监管政策,提高监管的实时性和自动化、智能化水平。如金融科技公司可以通过监管科技系统实现网络化、数字化报告,减少人工操作失误概率,节约和控制合规成本,从而大幅提高金融监管效率,促进金融科技行业的发展。[1] 随着金融市场的发展,金融市场主体和金融交易的数量与日俱增,监管者发布的监管文件也越来越多、越来越细致,监管者和被监管者都面临着巨大的压力,监管滞后性增大、有

---

[1] 参见何海锋、银丹妮、刘元兴:《监管科技(Suptech):内涵、运用与发展趋势研究》,载《金融监管研究》2018 年第 10 期。

效性较低的问题逐渐突出。选择监管科技不仅是由于传统行政监管手段效率较低，更多的是因为行政手段在面对金融科技公司的新类型风险时往往难以发挥作用。金融科技公司通过虚拟的网络空间跨时空开展业务，监管部门同金融消费者一样处于严重信息劣势和数据劣势之中，[1]若不具备技术监管工具，仅凭传统的数据报送、现场监管等常规手段对金融科技公司进行监管，难以确保监管的有效性。事实上，积极采用监管科技已成为监管部门的共识。大数据监管平台、监管信息共享平台等技术工具在解决监管工作协调等传统监管问题上的功用更大，代表着金融监管的未来。[2]对于监管部门而言，积极探索和应用监管科技等技术手段，既是有效回应金融科技公司监管需求的必然选择，也是自身实现监管变革的应有之义。

第二，穿透监管。穿透监管是按照实质重于形式的原则，透过金融科技公司、金融科技创新产品和服务的表面形态，从业务本质入手，将资金来源、中间环节和最终投向穿透链接起来，根据业务功能和法律属性确定对金融科技公司的监管规则。对金融科技公司采用穿透监管的目的并非代替行为监管和功能监管，而是促进行为监管和功能监管的实现。[3]面对金融科技公司业务多元、金融科技商品性质模糊和金融科技公司功能定位不清、法律性质摇摆不定的现象，穿透监管方法能够抓住金融科技公司业务本质和法律属性，不论金融科技公司业务以及金融科技公司作为市场主体的自我定位、名称、形式如何变化，其在特定交易环节中的金融功能保持稳定，监管部门可以据此对金融科技创新商品和金融科技公司实施功能监管，提高对金融科技公司监管的准确性、专业性。此外，在穿透过程中了解到的金融科技公司业务功能也有助于行为监管，监管部门可以同时对金融科技公司的经营行为予以审查，判断其是否具备相应业务经营牌照，是否存在违规经营，从而保障金融科技创新和金融交易的安

---

[1] 参见王作功、李慧洋、孙璐璐：《数字金融的发展与治理：从信息不对称到数据不对称》，载《金融理论与实践》2019年第12期。

[2] 参见许多奇：《金融科技的"破坏性创新"本质与监管科技新思路》，载《东方法学》2018年第2期。

[3] 参见贺建清：《金融科技：发展、影响与监管》，载《金融发展研究》2017年第6期。

全,保护金融消费者合法权益。

第三,合作监管。合作监管旨在寻求金融科技公司的协同共治,即充分调动社会各方积极性,扩大参与度,构建行业监管、协会自律、机构自治的多位一体治理体系,以便及时发现金融科技创新产品和服务的技术漏洞与风险隐患。合作监管建立在承认政府单向管控局限性的前提之上。金融科技行业发展日新月异,无论是技术迭代速率还是应用创新频率都非常高,巨大的信息差和数据鸿沟仅依靠体现监管者理解和观点的规则是无法应对的。合作监管将"命令—控制"型单向政府管控关系转型为政府、市场(社会组织)、企业的三方互相促进关系,强调在政府与社会团体之间进行制度合作和信息支持,从而实现对市场失灵或监管失灵的有效弥补。[1] 监管沙箱的创新实践在监管部门和金融科技公司之间创建了一个信息流动自由、规则程序透明的实验主义监管空间。在沙箱测试过程中,监管部门与金融科技公司积极开展对话,前者提出防范风险的目标要求,后者在信息技术和业务试验中不断调整自身经营行为,后者的创新发展需求也可通过对话传达至监管部门,促使其作出互动式、回应式监管制度设计并修正执行方案。同时,在这一过程中回应投资者和金融消费者的测试反映和需求也是监管部门和金融科技公司的重点利益相关处。三方在争取实现各自发展目标的过程中不断增进对各方主体和金融科技业务的理解并建立信任,由此形成的监管规则不再完全由监管部门的单方管控职权决定,也体现了市场主体私权利对规则形成的影响,契合了合作治理理念。[2]

四、金融科技公司的监管对策及其制度构建

当前,我国金融科技行业的发展正处于螺旋式前进过程中,金融科技公司在开展业务过程中表现出"双刃剑"的特性。一方面,金融科技公司

---

[1] 参见吴烨:《金融科技监管范式:一个合作主义新视角》,载《社会科学》2019年第11期。
[2] 参见李有星、王琳:《金融科技监管的合作治理路径》,载《浙江大学学报(人文社会科学版)》2019年第1期。

利用技术手段为金融体系赋能,大幅提高了金融服务供给效率;但另一方面,金融科技公司的无序发展、野蛮生长也导致其业务经营过程中的风险不断累积并最终暴露。爆雷事件频发、大量投资者和金融消费者的权益受损等情况让监管部门对问题金融科技行业和金融科技公司进行紧急整顿。这种运动式执法虽然能在较短时间内有效控制风险,却也迟滞了金融科技行业的发展,不利于我国金融科技行业和金融市场快速形成较强的国际竞争力。[1] 因而,对金融科技公司要建立一套良好的监督管理体系,既要有效防控风险、保障投资者和金融消费者权益,也要有效激励金融科技公司积极创新、促进金融科技公司之间的良性竞争。笔者认为可以从以下几个方面系统性地对金融科技公司的监管构建起有效的制度设计方案。

(一)加快制定"金融科技公司监督管理办法"

现阶段,我国金融科技公司监管法律法规落后于金融科技发展实践,不仅不能有效回应金融科技公司的监管需求,而且容易造成制度漏洞进而产生风险。作为金融市场上的新型主体,金融科技公司监管规则的缺位与其日益重要的市场地位明显不相匹配。制定"金融科技公司监督管理办法",可以构建金融科技公司监管的基础性制度框架,以明确的法律授权和监管规则将金融科技公司纳入监管对象范围,并建立完善的监管制度框架,能够为金融科技公司的有效监管提供法律依据和制度保障。从实现路径上,可以在中央金融委员会的协调下由中国人民银行、国家金融监管总局、网信办、工业和信息化部等部委联合制定"金融科技公司监督管理办法",以部门规章的形式对于以下基础性内容进行规定:

第一,确认金融科技公司在监管体系中的法律地位。当前对于金融科技公司的界定在理论界和业界还处在探讨和争论阶段,概念不清和范围不明很大程度上限制了对金融科技公司的监管实践。通过具有法律效

---

〔1〕 参见胡滨、程雪军:《金融科技、数字普惠金融与国家金融竞争力》,载《武汉大学学报(哲学社会科学版)》2020 年第 3 期。

力的部门规章,明确"以金融科技的研发和应用为基础,通过提供技术支撑和应用方案直接或间接地参与金融市场活动的新型市场主体"的金融科技公司定义,从立法上确认其金融市场主体地位,可为对其市场行为的监管奠定基础。整体上,可将金融科技公司这类新型市场主体归入我国金融体系中的金融机构版图,虽有别于监管机构、银行类、证券类、保险类传统金融机构,但依然接受中国人民银行、国家金融监管总局、中国证监会、网信办、工业和信息化部等的业务监管和技术监管。如此,方能将实际从事金融科技创新活动但长期脱离有效监管的市场主体全面地纳入监管框架,明确其应当遵守的合规义务,杜绝市场上片面突出技术属性而主张排除金融监管的实践倾向,填补监管漏洞,避免监管真空,并防止监管规避和监管套利,从而有效地防范金融科技创新中的风险。

第二,廓清金融科技公司监管主体的监管职责。"金融科技公司监督管理办法"需要划定金融科技公司业务监管主体和技术监管主体的分工,既明确金融监管部门作为业务监管主体的监管内容和权限,同时还需要明确网信办、工业和信息化部等技术监管部门的监管职能和定位。在业务监管层面,需要根据金融科技公司所从事业务的行业划分确定相应的业务监管主体。申言之,由中国人民银行负责第三方支付公司以及不经营支付业务的其他 Big Tech 类金融科技公司的监管,并负责对整个金融科技行业规范发展的行政指导和总体规划。由中国证监会负责从事资本市场业务的金融科技公司的监管。国家金融监管总局负责信贷、保险等非证券业类别的金融科技公司的监管。在技术监管层面,应当明确网信办、工业和信息化部等对金融科技公司监管的权责分工,由网信办负责对金融科技公司的金融信息内容服务、创新商品和基础设施技术服务进行安全监管,而工业和信息化部则主要负责对金融科技公司电信业务、网络信息安全以及技术使用行为进行监管。当技术监管内容发生一定重叠时,一般也应由网信办统筹协调,与工业和信息化部一同对金融科技公司采取相应监管措施。

第三,明确金融科技公司的监管原则。在"金融科技公司监督管理办法"中明确监管原则,有助于各监管部门准确理解和把握监管立场和态度。将包容监管、原则监管和风险底线原则在办法中予以宣示,并将其贯穿在具体的监管规则设计之中。通过适当减少具体操作性规则的数量、开放监管标准的可讨论空间、划定金融风险防范底线指标来清晰表述监管机构对金融科技公司市场行为的具体期待,为金融科技公司创造宽松、开放且风险较低的市场环境。同时,在具体制度设计中,应突出基础性、通用性、普适性监管规则的政策引领作用,而不应对具体金融科技公司的低风险业务行为进行过度的限制,而应充分考虑不同类型金融科技公司的特定监管需求,建立差异化监管体系,释放市场活力。[1]

第四,完善金融科技公司的市场准入、业务规范、风险控制和内部治理要求。首先,市场准入制度能有效降低金融科技公司的监管漏洞。对直接从事金融业务的金融科技公司应当明确业务准入标准,设置资本、组织、人事、技术等门槛。对于金融科技公司的技术准入,要区别应用于金融科技创新产品和服务的技术,对前者设置技术门槛。其次,明确金融科技公司业务规范基础性规则并以此规范金融科技公司直接开展金融业务或是在与金融机构的合作过程中的技术应用行为,突出对金融科技公司经营的风险防控以及对投资者和金融消费者的权益保护。但同时也需要为金融科技公司经营业务的特殊性和合理商业目的预留较多自治空间,合理控制基础性规则权重。再次,要对金融科技公司的风险控制体系建设提出要求,通过内部自治和外部评估的方式加强风险管理,在业务方面定期进行内部审计并接受外部审计,在技术方面进行系统安全内评、接受技术安全外评等都是重要的风险控制手段。最后,加强金融科技公司内部治理,需要更加重视对管理层的监督,加强对核心技术人员、专业管理人员的任职资格审查以及对普通员工风险意识和安全意识的培育,减少因人为失误导致的损失。

(二)建立创新与风控相协调的特殊监管制度

金融科技公司在我国金融体系中尚属新生事物,且其自身也在业务模式和技术方面有诸多区别于传统金融市场主体的创新特征,对金融科技公司进行有效监管,需要在创新发展和风险控制之间妥善地实现平

---

[1]　参见伍旭川:《金融科技监管的国际经验与启示》,载《北方金融》2017年第7期。

衡,并建立适应其特点的特殊监管制度。

第一,建立金融科技公司经营不良名单制度。经营不良名单制度能够与市场准入制度相配合,共同形成对金融科技公司从进入到退出金融市场的全过程监管,形成相互配合、有效衔接的信用管理机制。与市场准入的事前监管定位不同,经营不良名单制度立足于对金融科技公司进行事中事后的信用管理。监管部门将违反监管规定或存在经营风险的金融科技公司列入经营不良名单,定期更新名单并向市场公示。对因违反监管法规的金融科技公司,监管机构可以使用行政执法手段予以惩戒,增大其失信和违规成本。而对于因存在经营风险而被列入经营不良名单的金融科技公司,监管部门可指派专业管理人员或技术人员介入,督促其完善经营与合规实践,限制其开展高风险创新业务活动。另外,若金融科技公司连续两期因同一原因被列入经营不良名单,监管部门可给予停业整顿、吊销金融服务特别许可牌照等行政处罚。一方面,经营不良名单可以借助声誉机制对金融科技公司实现约束,同时也有助于其他金融市场主体对金融科技公司进行有效的甄别和选择;另一方面,列入经营不良名单的金融科技公司也会成为监管部门的重点对象,有助于监管部门更有针对性地确定监管对象并加强监督检查。

第二,建立金融科技公司项目创新培育制度。英国金融行为监管局(FCA)在2014年曾推出项目创新(Project Innovate)计划,由行业组织设立的孵化器向金融科技公司提供发展政策咨询,帮助其获得业务许可,并由监管部门设立的创新中心从监管角度向获得业务许可的金融科技公司提出合规建议。我国可以借鉴该制度,由行业组织(如互联网金融协会)接受金融科技公司的申请,采取包容审慎原则并遵循一定标准对其项目申请书进行审查。行业组织认为有必要对其创新项目进行帮助的,可组织专家团队对金融科技公司的各项条件予以考察并向监管机构创新中心推荐。而后,在政策指导阶段,由监管机构创新中心专家(监管方代表)与行业组织专家团队共同负责对一个创新项目进行全过程指导,包括审定和修改项目创新计划、提供或帮助获取项目实施的必要信息与物资、观测项目创新试验并适时给予指导、辅助项目创新计划结项并给出合规建议,以便金融科技公司更快获取业务许可并建立保证公司持续稳定经营的体制机制。监管部门可通过创新中心直接了解行业发展和监管政策执行的实际情况,在帮助金融科技公司做好规范发展计划的同时也通过获取反馈信息改进监管方案。虽然我国目前已经在实施监管沙箱试点,但因准入条件严苛,金融科技公司入箱数量并不多,这对监管者了解金融科技行业发展全貌并不友好。由于创新中心可独立运行,因而其可作为监管沙箱的有力补充,帮助监管者更好地对金融科技公司进行监管和治理。

第三,创新金融科技公司技术监管工具并完善配套制度。金融科技公司的风险特征决定了其更加依赖技术监管。技术监管工具以"监管数字化"为核心,通过将人工手段转变为机器自动化工具实现对金融科技公司监管的精确化、实时化、动态化。监管机构应当借助监管科技构建技术监管体系。[1]一方面,监管机构需以大数据、云计算、机器智能等技术搭建风险态势感知平台、合规数据系统等技术监管工具,[2]并将其通过程序软件接入金融科技公司的合规数据系统。监管机构不仅要为业务监管提供技术支撑,如为行政监管及时提供现场检查时所必需的数据和工具,更要以技术监管工具应对技术应用风险,如技术漏洞识别、故障通知、提供临时补丁等。结合技术与行政两种手段并使二者在监管实践中相互促进,方能达成对金融科技公司经营状况及其创新产品和服务进行持续性监管,督促其提高创新技术应用水平和产品风险处置能力的监管目的。另一方面,金融科技公司也需要利用技术工具对自身的技术和业务风险进行防控并协助监管行动。金融科技公司应重点建设技术与业务合规数据系统,接受监管部门的自动化、智能化监管;与此同时,其还应当通过建立防火墙、数据加密保护、灾后数据恢复、应急处置等网络和数据安全设施和管理制度,防控金融科技公司基础性、关键性技术基础设施的安全风险和其他技术风险,规范其自身在市场业务活动中的行为。监管部门应当对金融科技公司上述安全义务的履行情况定期进行监督检查,并通过

〔1〕　参见杨东:《监管科技:金融科技的监管挑战与维度建构》,载《中国社会科学》2018年第5期。
〔2〕　参见管磊、胡光俊、王专:《基于大数据的网络安全态势感知技术研究》,载《信息网络安全》2016年第9期。

网络安全等级测评和备案等制度落实技术监管要求。此外,为充分调动全行业技术风险防控的积极性,监管部门、金融科技公司和行业组织有必要建立风险和技术信息共享机制和风险防控协调机制,通过信息披露技术监管平台,增强金融科技行业市场主体、创新商品信息和交易规则的透明度,同时该平台也可对金融科技公司在技术应用过程中发现的仅凭一家之力难以有效防控的风险发布警示,由监管部门、行业组织、金融科技公司、专家委员会等多家主体共同进行风险研判并采取处置措施,为科技防控技术创新风险提供有效的组织和治理保障。

(三)完善技术监管和业务监管的协调机制

通过协调和平衡各业务监管部门和技术监管部门之间的监管职能,可以进一步提高金融科技公司监管的有效性。回归金融科技公司金融业务和科技创新的双重属性,应当承认金融科技公司的业务监管与技术监管之间存在差异,故而将金融科技公司的监管体系解构为两个子体系具有逻辑上的合理性。因此,业务监管部门与技术监管部门之间需要建立协调治理机制,通过制度落实监管部门职责,明确分工,深化对金融科技公司的监管合作并对金融科技行业进行共同治理。2018年中央网信办和中国证监会《关于推动资本市场服务网络强国建设的指导意见》要求促进网信和证券监管工作联动,通过建立工作协调机制、健全信息共享机制等制度,在充分发挥多层次资本市场资源配置作用的同时,促进网信企业规范发展并落实主体责任,形成监管合力。这是协调业务监管与技术监管,以监管保发展、以发展促监管的有益尝试。

具体而言,可以探索由中央金融委员会办公室负责业务监管部门和技术监管部门的监管协调。中央金融委员会作为党中央决策议事协调机构,负责金融稳定与发展的顶层设计与统筹协调。中央金融委员会办公室作为其办事机构,其较高的地位可有效杜绝"一行三会"时期各监管部门之间联席会议协调机制难以发挥作用的情况,且其顶层设计与统筹协调的定位,也适于协调相关部门的政策与行动,降低部门间职责冲突,实现利益平衡。

五、结论

　　金融科技公司是金融科技创新生态中的重要角色,也是金融科技时代催生的新型金融市场主体。对其进行充分、合理且有效的监管,既是防范金融科技风险、维护金融安全与稳定的必然要求,也是保护金融消费者和促进金融创新发展的应有之义。由于当前金融科技公司作为监管对象的模糊性突出,技术监管和业务监管之间协调性不足,以及传统监管原则和方法的适应性欠缺,金融科技公司的监管体系和框架亟待进一步建立和完善。随着我国金融科技行业日益发展、金融科技公司的市场重要性日益凸显,有必要充分结合金融科技公司的自身特点和风险结构,理顺监管体系和监管框架,明确监管原则和监管方法,尽快制定"金融科技公司监督管理办法",为有效监管金融科技公司提供充分的法律依据和制度规范,为金融科技发展夯实法治根基。

第九章

系统重要性金融科技公司及其规制场域

　　2008 年全球金融危机之后,规模巨大且关联复杂的系统重要性金融机构(SIFIs)因其对金融稳定的潜在威胁而受到高度关注,国际上对于这类"大而不能倒"(too big to fail)的金融巨头逐渐形成了一套有针对性的规制框架。[1] 然而时移世易,"大而不能倒"在当前数字经济和金融科技时代被赋予了新的内涵和挑战。随着金融科技投资的指数级增长以及金融科技在机构和业务中的加速渗透,金融科技公司已经成为重要的金融市场主体。由于金融科技自身的系统性风险隐患和金融科技公司的不断扩张,部分金融科技巨头已经开始具备与金融稳定紧密相关的"系统重要性"。中国作为金融科技发展最迅速、创新最活跃、应用最广泛的国家之一[2],逐渐形成了以蚂蚁金服为代表的在金融市场举足轻重的金融科技巨头。在"守住不发生系统性金融风险的底线"要求下,加强对金融科技巨头的规制成为了防范和化解重大系统性风险攻坚战的重要命题。2018 年《关于完善系统重要性金融机构监管的指导意见》[3]发布后,已

---

〔1〕　参见袁达松:《系统重要性金融机构监管的国际法制构建与中国回应》,载《法学研究》2013 年第 2 期。

〔2〕　根据毕马威的报告,中国金融科技公司已在全球前十强中占据三席,蚂蚁金服、京东数科和度小满金融分别位列第 1、3、6 位。参见 H2 Ventures, KPMG, 2019 *Fintech* 100: *Leading Global Fintech Innovators*, available at https://home.kpmg/xx/en/home/insights/2019/11/2019-fintech100-leading-global-fintech-innovators-fs.html, 最后访问日期:2020 年 4 月 13 日。

〔3〕　参见中国人民银行、中国银行保险监督管理委员会、中国证券监督管理委员会《关于完善系统重要性金融机构监管的指导意见》(银发〔2018〕301 号)。

有声音主张将蚂蚁金服等金融科技巨头纳入系统重要性金融机构名单予以监管。[1] 不过,相比于一般金融机构,金融科技公司在业务模式、风险特征、关联场域和规制体系上存在差异,系统重要性的取得和表现也都不尽一致。故参考系统重要性金融机构的规制逻辑,结合金融科技公司的自身特点进行制度安排,构建有针对性和精细化的系统重要性金融科技公司规制框架,是防范金融科技系统性风险的理性选择与紧迫任务。

金融科技作为金融法学界的研究热点,已经形成了大量的研究成果。随着相关研究的深入,系统性风险开始成为金融科技监管的重要议题。围绕这一议题的研究呈现出两条路线:其一是以金融科技为研究对象,分析金融科技的系统性风险的形成机制、具体表现以及防范策略。[2] 这类研究意味着理论界开始从金融稳定的角度审视金融科技的发展。其二则是以金融科技巨头为研究对象,针对其市场地位和风险权重的特殊性,主张对其予以特殊规制。[3] 尽管"系统重要性金融科技公司"尚未成为正

---

[1] 参见董希淼:《科技巨头金融监管共识形成,巨头扩张或结束》,http://www.chinatimes.net.cn/article/81862.html。

[2] 金融科技系统性风险的研究分为三类代表性观点:(1)从规模和模式的特殊性出发认为金融科技更容易受到市场波动的影响,并传导至市场形成系统性风险。参见杨东:《监管科技:金融科技的监管挑战与维度构建》,载《中国社会科学》2018年第5期;(2)基于金融科技公司的脆弱性和监管不透明性认为其可能存在比"大而不能倒"更大的系统性风险隐忧。参见李敏:《金融科技的系统性风险:监管挑战及应对》,载《证券市场导报》2019年第2期;William Magnuson. *Regulating fintech*, Vanderbilt Law Review. Vol. 701, p1167(2018);(3)从依托互联网建立的金融关系网络出发,认为金融科技开始表现"太关联而不能倒"和"太快而不能倒"的特征,从而可能产生系统性风险。参见许多奇:《互联网金融风险的社会特性与监管创新》,载《法学研究》2018年第5期;Ross Buckley et al. *The Dark Side of Digital Financial Transformation*: *The New Risks of FinTech and the Rise of TechRisk*. European Banking Institute Working Paper, 2019/54; Arner, Douglas W., et al. *FinTech and RegTech*: *Enabling Innovation While Preserving Financial Stability*. Georgetown Journal of International Affairs Vol. 18:(3), p47–58(2017).

[3] 此类研究路线的代表性观点主要有:具有准公共品特征的金融科技巨头汇聚了大量数据,容易形成数据垄断和数字鸿沟,应当纳入系统重要性机构监管框架。参见孙国峰:《金融大数据应用的风险与监管》,载《清华金融评论》2017年第10期;如果金融科技公司提供的服务不可替代,且其风控未在有效监管范围之内,这些公司的倒闭可能会危及整个金融系统。这种类型的金融科技公司最有可能以市场基础设施的形式存在。参见周仲飞、李敬伟:《金融科技背景下金融监管范式的转变》,载《法学研究》2018年第5期;张阳:《金融市场基础设施论纲:风险治理、科技革新与规制重塑》,载《经济法学评论》2018年第2期;FSB:*BigTech in Finance*: *Market Development and potential Financial Stability Implications*, Dec. 9. 2019。世界银行和IMF在（转下页）

式概念,但"金融科技巨头"和"具有系统重要性的金融科技公司"已经进入国内外学者和监管组织的关注视野。从以上两类研究可以发现,规制系统重要性金融科技公司以防范系统性风险的共识正在形成。随着金融科技监管制度的逐步建立和完善,有必要基于已有成果进行精细化研究,未雨绸缪地构建系统重要性金融科技公司的规制框架。

一、金融科技时代的"大而不能倒"

按照金融稳定理事会(FSB)的界定,金融科技(FinTech)是指通过科技工具的变革推动金融体系的创新,形成对金融市场和金融服务供给产生重大影响的新业务模式、新技术应用和新产品服务。[1] 作为金融和科技的有机结合,金融科技的应用除了依靠传统金融机构自身的技术研发创新,具备科技优势且不断渗透到金融业务中的金融科技公司也是金融科技应用生态的重要主体。囿于金融科技的业务创新性和体系复杂性,当前监管的关注点主要集中在金融科技的应用过程,[2]针对金融科技公司这类新兴主体的规制体系尚未建立。[3] 随着金融科技公司的日益活跃和不断扩张,从风险防范的角度对金融科技公司实施市场准入和

（接上页）巴厘岛金融科技议程中则直接倡议要将系统重要性监管拓展到提供关键金融科技基础设施的科技公司。参见 IMF, World Bank, *The Bali FinTech Agenda*, DC2018-0013, October 11, 2018。

[1] See Financial Stability Board, *Financial Stability Implications from Fintech：Supervisory and Regulatory Issues that Merit Authorities' Attention*, 27 June, 2017.

[2] 当前针对金融科技的监管共识为：注重对金融科技的调适性和包容性监管,注重规则监管与原则监管的相机适用,在平衡安全与效率的基础上,运用监管沙箱防范创新风险,运用穿透式监管防范业务风险,运用监管科技提升监管能力。参见杨松、张永亮：《金融科技监管的路径转换与中国选择》,载《法学》2017 年第 8 期；Fenwick, Mark, Wulf A. Kaal and Erik P.M. Vermeulen. *Regulation Tomorrow：What Happens When Technology is Faster than the Law.* Am. U. Bus. L. Rev. 6 (2016): 561；杨东：《防范金融科技带来的金融风险》,载《红旗文稿》2017 年第 16 期；李伟：《金融科技发展与监管》,载《中国金融》2017 年第 8 期。

[3] 中国银保监会在 2019 年 12 月 30 日发文要求"研究制定金融科技公司监管制度"。参见《中国银保监会关于推动银行业和保险业高质量发展的指导意见》(银保监发〔2019〕52 号)。

日常监管已殊为必要。[1] 随着未来具备规模性和不可替代性等特征的金融科技公司出现,法律规制的缺位和系统性风险的隐患之间的张力,将给金融科技的未来和金融市场的稳定带来巨大的不确定性。本章即围绕这种特殊的金融科技公司进行分析。

(一)金融科技公司:从 FinTech 到 TechFin 的发展

从市场实践现状和发展脉络来看,当前金融科技公司主要呈现为以下三种类型:(1)由传统金融 IT 公司升级而成的金融科技公司。金融 IT 公司凭借长期为金融机构提供软硬件和网络系统等技术外包服务的实践,积累了大量的技术资源和业务经验,对于金融行业有较为深入的理解。随着金融科技的加速迭代,传统金融 IT 公司已经不再满足于信息科技外包第三方的定位,开始谋求更加独立、开放和多元的市场角色。一方面,金融 IT 公司开始跳出对个别金融机构需求的被动满足,更加主动地依托云计算、区块链、大数据和人工智能等技术研发更具开放适用性的产品,打造面向整个金融市场的数据平台、技术平台乃至交易基础设施,实现从"项目公司"到"产品公司"再到"平台公司"的升级。例如恒生电子从早期的软件外包商,逐渐进化为参与交易所交易平台建设、面向各类金融机构提供金融云服务的具备强大技术输出能力的金融科技公司。另一方面,金融 IT 公司也在通过收购、参股、引入投资等方式获取金融牌照,以此强化在金融领域的渗透。例如东华软件、安硕信息都通过入股商业银行谋求金融化转型。(2)金融机构设立的金融科技子公司。为了弥补技术短板以适应金融科技时代的挑战,传统金融机构也纷纷设立独立运营的金融科技子公司,借助其金融行业的先天优势,开展金融科技的研发与转化,既满足金融机构自身的应用需求,也通过技术输出形成新的业务增长点。例如当前以兴业数金、民生科技、建信金科为代表的银行系金融科技子公司数量已达 11 家,平安集团也以"金融壹账通"和"平安科技"等金融科技子公司为其金融业务赋能。(3)具有技术或数据优势的

---

[1]　参见刘绪光、肖翔:《金融科技影响金融市场的路径、方式及应对策略》,载《金融发展研究》2019 年第 12 期。

非金融企业扩张而成的金融科技公司。除了前述具有金融背景的公司,还有一些非金融企业凭借其在经营过程中形成的技术优势或数据优势,积极扩张介入金融科技行业。不少科技独角兽企业和互联网巨头(Big Tech)在新兴技术领域有着显著优势,加上其互联网基因所带来的用户流量和海量数据,使之能够借助大数据和人工智能等技术,以革命性的方式更加高效地提供金融服务和开展金融交易,[1]快速成长为金融科技行业的重要势力。例如蚂蚁金服、腾讯理财通、度小满金融等。此外一些传统的消费类企业也依托其积累的客户消费数据和供应链数据,将自身业务与金融服务相融合,切入金融科技行业,例如苏宁金融、海尔金融等。

作为一种新兴的主体类型,金融科技公司将给金融市场带来深刻的影响。一方面,金融科技公司为金融机构和金融交易提供技术支持,在以技术创新提高金融活动效率、推动金融市场发展的同时,也在不断地介入甚至改变传统金融活动的底层技术架构。随着金融科技的深入应用,金融体系对技术的依赖程度会不断增长,这将使得金融科技公司日益成为金融市场不可或缺的重要构成和金融稳定的重要变量。另一方面,随着对金融业务的探索和渗透,金融科技公司不断尝试从"后台"走向"前台",以新型业务模式直接提供金融服务,通过获得金融业务许可而成为持牌金融机构。这种"破坏性创新"中生成的机构类型与传统金融机构在运作模式和风险要素上均存在差异,难免会对现有金融监管框架带来冲击与挑战。[2]金融科技公司的兴起在很大程度上改变了金融市场的传统生态,尽管当前各国针对金融科技公司并未形成体系化的规制思路,但将金融科技公司作为特殊主体认真对待已成必然趋势和客观现实。

---

〔1〕 See René M. Stulz, *FinTech, BigTech, and the Future of Banks*, Journal of Applied Corporate Finance, Vol. 31:4, p86-97(2019).

〔2〕 See Iris H-Y Chiu. *The disruptive implications of fintech-policy themes for financial regulators*. Journal of Technology Law & Policy 21.1 (2017).

(二)系统性风险

　　相比于业界对金融科技的推崇和狂热,理论界和监管部门则相对冷静与理智地关注着金融科技所带来的潜在风险,例如由"算法黑箱"下的信息不对称加剧引发的道德风险、[1]业务混同化与主体模糊化下的监管冲突引发的法律风险[2]以及网络性和技术性下脆弱性加剧引发的技术风险。[3]　而金融科技的开放性使得传统风险进一步放大和隐蔽,风险的传导和溢出更加敏感迅速,且广泛应用的技术因存在缺陷而可能造成风险的累积,加剧金融体系的不稳定性,从而造成系统性风险。[4]　所谓系统性风险,是指因某个事件触发连锁反应,导致重大经济损失、信心减损或显著的不确定性,从而对整体经济稳定造成巨大负面影响的风险。[5]触发系统性风险的原因和表现既有可能是"事件型"即某类金融业务或市场事件的风险溢出效应冲击了整个金融市场的正常运转,[6]亦有可能是"机构型"即个别金融机构的失灵造成整个金融体系链条的断裂。[7]　有学者以当前金融科技领域尚未发生系统性风险的现实危害,故不存在考虑系统性风险的必要性。[8]　但正如 FSB 所认为,金融科技具备冲击金

---

〔1〕　参见袁康:《社会监管理念下金融科技算法黑箱的制度因应》,载《华中科技大学学报(社会科学版)》2020 年第 1 期。

〔2〕　参见李文莉、杨玥捷:《智能投顾的法律风险及监管建议》,载《法学》2017 年第 8 期。

〔3〕　参见朱太辉、陈璐:《Fintech 的潜在风险与监管应对研究》,载《金融监管研究》2016 年第 7 期。

〔4〕　参见方意、王羚睿、王炜、王晏如:《金融科技领域的系统性风险:内生风险视角》,载《中央财经大学学报》2020 年第 2 期;李苍舒、沈艳:《数字经济时代下新金融业态风险的识别、测度及防控》,载《管理世界》2019 年第 12 期。

〔5〕　See Sylvester Eijffinger, Donato Masciandaro, *Handbook of Central Banking*, *Financial Regulation and Supervision*: *After the Financial Crisis*, Edward Elgar Publishing, 2011, p.316.

〔6〕　See Marco Lo Duca, Tuomas A. Peltonen, *Assessing Systemic Risks and Predicting Systemic Events*, Journal of Banking and Finance, Vol. 37:7, p2183-2195. 2013.

〔7〕　See Adrian, T. and M.K. Brunnermeier, "CoVar", Staff Report No.348, Federal Reserve Bank of New York, 2009; Acharya, V., L. Pederson, T. Philippon, and M. Richardson, *Regulating Systemic Risk*, *in Restoring Financial Stability*: *How to Repair a Failed System*, Wiley, 2009, *p.* 39.

〔8〕　参见沈伟:《金融科技的去中心化和中心化的金融监管——金融创新的规制逻辑及分析维度》,载《现代法学》2018 年第 3 期。

融稳定、形成系统性风险的潜在可能，[1]而随着金融科技公司作为重要主体类型的崛起，系统性风险的担忧也日益从业务扩展到机构。按照系统性风险的分析框架，随着在金融业务中的深度渗透，以及在规模不断扩张下机构角色的日益凸显，金融科技公司对于整个金融市场的影响力不断增强，从而可能因其脆弱性和关联性而成为系统性风险的潜在来源。金融科技公司引发金融市场的系统性风险主要有以下几种可能的原因：

其一是金融科技公司的技术失灵。金融科技公司的市场实践主要基于技术创新与技术输出，相比于一般的金融机构通过声誉机制和资金流影响整个金融市场，金融科技公司对金融市场体系的全局性影响则是通过技术架构和数据流，具有更为显著的技术属性。按照哥德尔不完备性定理，任何科技总是有其局限而难以保证确定性。[2]由于技术不完备的客观规律，金融科技可能会因为自身漏洞或外部攻击而出现技术失灵的现象，如程序错误、系统崩溃或者造成数据泄露等次生损害，导致金融活动无法正常进行，从而影响金融市场的稳定运行。不论是以技术外包的方式为传统金融机构提供技术服务，还是直接向金融市场提供通用市场设施性质的基础技术支持，金融科技公司都存在因技术失灵而引发大规模连锁反应的风险。就前者而言，金融科技公司提供的诸如身份验证、交易系统、风控系统等技术产品的失灵，可能造成作为其客户的金融机构出现大规模的业务瘫痪和损失，进而导致风险传导至整个金融市场引发系统性风险。就后者来看，随着金融科技公司开始提供第三方支付平台、金融云平台、大数据平台、区块链系统等具备通用性质的基础设施，在风险逐步集中的过程中，系统自身的脆弱性和网络安全威胁的加剧，都可能会导致这些基础设施的崩溃，从而造成普遍性的业务中断和系统性损失。随着技术风险在金融科技风险形态中的地位日益突出，金融科技公司的技术失灵

---

〔1〕 See Financial Stability Board, *Financial Stability Implications from Fintech：Supervisory and Regulatory Issues that Merit Authorities' Attention*, 27 June, 2017.

〔2〕 参见熊惠民：《哥德尔不完备性定理的科学哲学透视》，载《武汉理工大学学报（社会科学版）》2008 年第 3 期。

导致风险事件并传导至整个市场形成系统性风险已经具备高度可能性。

其二是金融科技公司的业务失灵。不论是以提供技术解决方案的方式间接参与金融市场,抑或是以新型业务模式直接提供金融服务,金融科技公司的业务都在不同程度上介入了金融体系,在事实上存在着金融风险传导和扩散的路径。而金融科技公司业务的创新性,又体现为很强的规避监管的特征,或者传统金融监管方式无法实现监管的有效性,从而容易造成金融科技公司在开展业务实践的过程中,因其业务偏离预期轨道或未能得到有效监管而造成系统性金融风险。例如恒生电子开发的HOMS 系统原本是为解决私募基金资产管理的分仓需求,但在实践中却被大量用于场外配资,形成了一个"能够实现几乎所有券商功能,但杠杆比例和规模等因素不可测、不可控以及杠杆资金的流转不清晰、不实名的体系"[1],影响了监管层对系统性风险的判断和防范,成为证券市场系统性风险的重要诱因。此外,金融科技公司在积极推动科技应用以提升金融服务效率的同时,业务的跨市场、跨机构特点而使关联链条更加复杂,线上自动实时处理也加快了风险传导速度,从而放大金融市场波动形成系统性风险。例如在智能投顾中,可能因为采用相似风险指标和交易策略的算法趋同导致系统自动作出同质化的交易决策,在强化的"羊群效应"下加剧市场的波动。[2] 而数据的高速实时处理下的"多米诺骨牌效应"又会导致风险迅速地从量变走向质变,引发系统性风险。[3] 例如"光大乌龙指"事件中,技术部门的量化交易程序在极短的时间内自动下单交易的失控状态,对证券市场的稳定造成了巨大的冲击。由于金融科技公司在金融市场的深度渗透,其业务的安全性与金融稳定之间的关联也不容忽视。

其三是金融科技公司的主体失败。所谓主体失败,是指金融科技

---

[1] 陈彬:《场外配资的违法性分析》,载《证券市场导报》2015 年第 9 期。

[2] 参见李文红、蒋则沈:《金融科技(FinTech)发展与监管:一个监管者的视角》,载《金融监管研究》2017 年第 3 期。

[3] See Irene Aldridge, Steve Krawciw, *Real-Time Risk*: *What Investors Should Know About Fintech*, *High-Frequency Trading*, *and Flash Crashes*, John Wiley& Sons, Inc., 2017, p.126.

公司因自身经营不善或遇到重大风险而破产倒闭,由此造成的技术、业务、资金等的中断而导致金融体系链条的断裂,从而给整个金融市场造成冲击。若这种冲击严重到相当程度,则有可能产生系统性风险。如果说技术失灵或业务失灵具有"事件型"特点,那么主体失败则具有"机构型"特点。尽管金融科技公司的规模往往不及金融机构,但其主体失败给金融稳定的冲击也不可小觑。一方面,随着金融科技行业的迅速扩张,金融科技公司的规模正在急剧增长。具有互联网基因的金融科技公司借助"长尾效应"能够实现资产规模的指数级扩大,例如蚂蚁金服的"余额宝"产品在推出的数年内就迅速成长为中国第一大货币市场基金。科技巨头(BigTech)向金融行业的扩张而形成的金融科技公司,凭借其技术优势、数据优势和客户优势能够对传统金融行业实现"降维打击",从而获取巨大的增长潜力。当具有巨大资产规模的金融科技公司破产倒闭,可能会发生与金融机构破产倒闭相同的后果。另一方面,由于业务模式的差异,金融科技公司与传统金融机构对于金融稳定的影响并不能等量齐观。相比于金融机构在资金链条中的重要地位,金融科技公司则可能因为提供了核心技术、数据资源、基础设施而成为金融体系链条中不可或缺的主体。一旦其破产倒闭不能持续经营,则可能造成金融体系赖以运行的技术服务难以为继,从而导致金融市场的全面或者局部的瘫痪。

(三)系统重要性

鉴于潜在的系统性风险隐忧,从整体金融稳定的角度来考虑金融科技公司的规制框架显得尤为必要。然而就当前金融科技的发展格局而言,市场上的金融科技公司在集中度、业务类型、资产规模和可替代性上均具有较大差异,并非所有的金融科技公司都具有引发系统性风险的可能性,同时个别大型金融科技公司的系统性风险隐患又尤其突出。这就会产生两个方面的问题:一是将所有金融科技公司都纳入金融稳定目标下的宏观审慎监管框架,但这会增加小型金融科技公司的负担并压缩其创新空间;[1]二是如果不对个别具备系统重要性(systemic importance)的金融科技公司予以特殊规制,则可能导致监管失灵而无法有效防范系统性风险。[2]就后者而言,随着蚂蚁金服等金融科技巨头的逐渐成形,其在金融科技市场乃至整个金融市场的重要地位日益突出,其技术、业务以及主体的稳定性与金融体系的稳定性之间关联更加密切,因此参考"系统重要性金融机构"的规制逻辑对这类"系统重要性金融科技公司"进行特殊规制,是有效防范系统性风险的必要选择。

在全球对 2008 年国际金融危机的反思中,对"太大而不能倒"(too big to fail)的大型复杂金融机构的监管缺陷被认为是金融危机爆发和扩散的重要原因,由此"系统重要性金融机构"(SIFIs)作为特殊的金融机构类型正式进入监管考量。各国央行、国际组织和学者对于 SIFIs 的界定大同小异,[3]最为通行的是国际货币基金组织、金融稳定理事会和国际清算银行在《金融机构、市场和工具的系统重要性评估指引》中将 SIFIs 界定为"在整个金融市场中承担着关键功能和关键共享服务,其功能或服务的终止将会对整个金融体系造成严重冲击、损害和负面影响的金融机构"[4],并以规模、可替代性和关联性作为评估金融机构系统重要性的三大关键指标。[5]在金融稳定理事会(FSB)、巴塞尔银行监管委员会

---

[1]　不少学者都主张给予金融科技创新一定的监管空间,以原则导向型监管理念和科技型监管手段对金融科技实施适度监管,以平衡风险防范和技术创新。参见许多奇:《金融科技的"破坏性创新"本质与监管科技新思路》,载《东方法学》2018 年第 2 期; Fenwick, Mark, Wulf A. Kaal and Erik P.M. Vermeulen, *Regulation Tomorrow: What Happens When Technology is Faster than the Law.* Am. U. Bus. L. Rev. 6 (2016): 561.

[2]　FSB 认为未来很有可能产生以市场基础设施等形式存在的具备系统重要性(systemic importance)的金融科技公司,对金融市场稳定产生潜在的负面影响。See Financial Stability Board, *Financial Stability Implications from Fintech: Supervisory and Regulatory Issues that Merit Authorities' Attention*, 27 June, 2017.

[3]　参见常健、王清粤:《论系统重要性金融机构的法律特征与风险规制》,载《南京大学学报(哲学·人文科学·社会科学)》2020 年第 1 期。

[4]　IMF, BIS, FSB, *Guidance to Assess the Systemic Importance of Financial Institutions*, Markets and Instruments: Initial Considerations, October, 2009.

[5]　规模(size),指特定金融机构所提供的金融服务总量;可替代性(substitutability)指在该机构倒闭后,其他金融机构在多大程度上可以提供相同的服务;关联性(interconnectedness)指该机构与金融体系其他要素的关联程度。参见袁达松:《系统重要性金融机构监管的国际法制构建与中国回应》,载《法学研究》2013 年第 2 期。

（BCBS）、国际保险监督官协会（IAIS）等国际组织的推动下，目前已经形成了全球系统重要性金融机构（G-SIFIs）和国内系统重要性金融机构（D-SIFIs）的评估机制，并对其在治理结构、资本管理、风险控制、信息披露等方面提出了更高的监管要求，同时形成了相应的特别处置机制，以提高其持续经营能力和风险吸收能力。[1] 2018 年，中国人民银行、中国银保监会、中国证监会联合发布了《关于完善系统重要性金融机构监管的指导意见》，将系统重要性金融机构定义为"因规模较大、结构和业务复杂度较高、与其他金融机构关联性较强，在金融体系中提供难以替代的关键服务，一旦发生重大风险事件而无法持续经营，将对金融体系和实体经济产生重大不利影响、可能引发系统性风险的金融机构"，基本上延续了规模、关联性、可替代性、复杂性等系统重要性的评估指标。值得注意的是，《意见》将"国务院金融稳定发展委员会认定的其他具有系统重要性、从事金融业务的机构"纳入到了系统重要性金融机构的范围，为将金融科技巨头纳入该监管框架拨出了一丝弦外之音。

尽管金融科技公司与金融机构在市场地位和业务模式上存在诸多差异，且金融科技公司能否直接成为金融监管对象仍然存在争议，但是系统重要性金融机构的监管框架对于金融科技巨头的规制框架仍有很大的借鉴意义。我们无法仅凭金融科技公司具备造成系统性风险的可能性即主张要对其进行特殊规制，而是要对具备"系统重要性"的金融科技巨头进行特殊规制。虽然目前此类具有系统重要性的金融科技公司尚未正式出现，但未来金融科技巨头有可能在以下几个方面取得"系统重要性"地位：

（1）规模性。相比对金融机构主要以资产规模和交易规模衡量其规模性，金融科技公司的规模往往并不体现为资产余额或交易总额，而是数据规模和客户规模。数据规模反映了金融科技公司控制的各类数据和信息的体量，而客户规模则反映了金融科技公司市场渗透的广度和深度。金融科技的数据驱动（data-driven）属性，使得数据成为与资金同样重要

---

[1] 参见马新彬：《如何防范"大而不能倒"风险？——系统重要性金融机构监管框架梳理》，载《金融市场研究》2019 年第 11 期。

的金融市场要素。当金融科技公司掌握的数据规模达到特别巨大的水平,其对数据的存储、控制和利用可能关系到整个金融市场的稳定。[1]而金融科技公司的客户,既包括了接受其技术服务的金融机构,又包括了接受其金融服务的消费者,前者的规模反映着金融科技公司技术的普及程度和金融体系对其的依赖程度,后者的规模又决定着数据来源和业务转化的可能性。例如蚂蚁金服借助淘宝和支付宝的客户数据迅速完成了"芝麻信用"的个人征信业务和"蚂蚁小贷"的小额贷款业务,余额宝也是借助支付宝的客户流量实现业务转化,在一年时间内即成为资产规模全球第四的货币市场基金。概言之,巨大的数据规模和客户规模同样可以使得金融科技公司获得举足轻重的市场地位,而数据规模和客户规模通过业务转化也能够形成巨大的资产规模。因此,评估金融科技公司"系统重要性"的规模性指标,不能简单因循金融机构的资产规模和交易规模标准,而是应当充分考虑其数据规模和客户规模所形成的系统重要性。

(2)复杂性。业务、结构和操作的复杂性与金融机构出现风险时的系统性影响息息相关,也被用作评估系统重要性的指标之一。[2]金融科技公司的复杂性表现为三个方面:一是股权结构的复杂性。由于金融科技公司的审慎监管框架尚未建立,对其股权结构的披露要求和治理规则并不清晰,加上科技行业经常以独立法人的形式成立项目公司,这就导致了有些金融科技公司的股权结构往往非常复杂隐蔽,并且呈现集团化运作的特征。集团成员公司之间虽主体资格独立,但高度协同且数据共享。这就使得这类金融科技公司在监管视野下仅现出"冰山一角",难以对其实际规模进行全面的评估;二是业务链条的复杂性。金融与科技深度融合是金融科技公司业务的基本特征,这在提高效率的同时也延长了业务流程。从技术端到金融端之间业务链条的复杂性也造成了风险构成更加复杂,在常规金融风险之外形成了更多的风险暴露。例如网络攻击、系统

---

[1] See Zetsche, Dirk A., et al., *From FinTech to TechFin: The Regulatory Challenges of Data-Driven Finance*. NYUJL & Bus. 14 (2017): 393.

[2] 巴塞尔银行监管委员会在评估系统重要性银行时增加了"复杂性"(Complexity)指标,主要以其交易的资产或从事的业务的复杂程度为标准。See BIS, Global Systemically Important Banks: *Updated Assessment Methodology and the Higher Loss Absorbency Requirement*, July 2013.

崩溃等技术风险都有可能导致业务的失败从而引发金融风险。三是技术方案的复杂性。如同金融衍生工具复杂的产品结构设计,金融科技公司提供的技术方案也因其高度的专业化和隐蔽化而具备复杂性特点。例如智能投顾中大数据和人工智能等技术的实现,非专业技术人员很难理解其技术方案的原理与过程,而被封装在系统中的算法逻辑也因其不透明而形成"算法黑箱",其内在的错误与缺陷也往往不可见,如果该智能投顾产品被广泛应用,则会给整个金融市场带来巨大的不确定性。

(3)可替代性。可替代性指标衡量的是单个机构出现危机或倒闭后,给整个市场带来的系统性冲击,以及能否有其他机构及时有效地提供同类服务。作为一个新兴领域,金融科技行业目前还处在竞争相对充分的初期阶段,单个金融科技公司尚未取得不可替代的市场地位。然而这并不意味着在未来不会形成具备不可替代性的金融科技公司。一方面,随着有些金融科技公司逐渐进入市场基础设施领域,为金融体系提供云计算平台、大数据平台等信息基础设施,或者支付结算基础设施,其将有潜力迅速成长为能够向整个金融市场提供基础设施服务的特殊机构。[1] 一旦其发生风险,基础设施服务的中断或者更换极有可能造成整个金融体系的动荡。另一方面,金融科技行业的自身规律使得其天然地存在"赢者通吃"的特点,金融科技公司的市场规模和客户数量会呈双向互动的发展态势,即客户数量的增长会提高其市场占有率,而市场占有率的提升又会集聚更多的客户,从而市场上的竞争者会逐步减少。在规模效应的作用下,这些金融科技公司会不断发展并在竞争中实现主体的集中,并形成独占或寡占地位,金融体系对其技术和业务形成高度依赖,从而具备不可替代性。

(4)关联性。金融科技公司与金融体系的关联程度越高,其风险能够传导至整个金融市场引发系统性风险的可能性越大,则越有可能形成系统重要性地位。从金融科技公司的发展逻辑来看,其业务活动本来就是与金融体系紧密相关的,而随着规模的扩大和业务的拓展,有些金融科技

---

[1] See BIS, *Big Tech in Finance: Opportunities and Risks*, *BIS Annual Economic Report*, June 2019.

公司与金融体系正在形成更加紧密的关联。具体的关联方式主要有以下几种表现:其一是金融科技公司与金融机构交叉持股,形成密切的股权关联。除了金融机构设立或入股金融科技公司,金融科技公司也在通过出资或持股的形式控制金融机构,如果金融科技公司出现风险,可能会影响作为关联方的金融机构的正常经营。其二是金融科技公司与金融机构的业务相互渗透,形成密切的业务关联。金融科技公司或与金融机构进行业务合作提供金融服务,或直接转型为金融机构提供金融服务,使其能够在事实上管理和控制大量金融资产。由此金融科技公司风险的溢出效应,也会对金融市场形成冲击。其三是金融体系对金融科技公司的技术依赖程度不断加深,形成密切的技术关联。金融科技的发展会深度改造传统金融体系的运行方式,金融科技公司提供的技术架构和技术服务将成为金融体系不可或缺的要素。一旦这些技术支持因金融科技公司发生风险而中断,金融体系的正常运行将不可避免地受到严重影响。随着金融科技市场结构变化和主体不断集中,日益成型的金融科技巨头与金融体系的关联性会愈发紧密,这类金融科技公司将会因此获得更为显著的系统重要性。

尽管目前并无确实证据显示具备系统重要性的金融科技公司已经形成,但可以预见的是,随着金融科技公司的不断发展,势必会形成具备大规模性、高复杂性、不可替代性和强关联性的金融科技公司在金融体系中提供难以替代且关键的技术服务和金融服务,一旦发生重大风险事件而无法持续经营,将对金融体系和实体经济产生重大不利影响,并可能引发系统性风险,这类金融科技公司即"系统重要性金融科技公司"。系统重要性金融科技公司不同于传统"大而不能倒"的系统性风险路径,而是基于其广泛且深度应用的复杂科技,将金融体系的各类要素紧密关联且快速执行,并呈现出"太关联而不能倒"或"太快而不能倒"的新特点。[1]因此,对金融科技公司"系统重要性"的理解不能局限于系统重要性金融机构的分析框架,而是应当充分考量金融科技引发系统性风险的特殊路径和金融科技公司的发展趋势,正确认识未来极有可能出现的"系统重要性金融科技公司"。

---

[1]　参见许多奇:《互联网金融风险的社会特性与监管创新》,载《法学研究》2018年第5期。

二、系统重要性金融科技公司的
识别基础与可能样态

如果说在目前阶段系统重要性金融科技公司只是一种理论上的假设,随着金融科技应用的日益深化以及金融科技公司的不断发展,出现具备系统重要性的金融科技公司只是时间问题。而从金融系统的复杂网络来看,金融科技在金融市场中的广泛应用会使得金融科技公司在整个金融体系中的规模更大,复杂性更强,可替代性更弱,关联度更高,具备系统重要性的金融科技公司将成为金融审慎监管的重点对象。

(一)复杂网络理论下金融科技公司"系统重要性"的识别

尽管系统重要性金融科技公司概念的提出脱胎于系统重要性金融机构,但由于业务模式和系统性风险机理的差异,很难简单沿用后者的识别方法完成对前者的主体识别。当前对于系统重要性金融机构的识别方法主要有两种:其一是指标法,即在系统重要性金融机构核心特征的基础上设置具体的评估指标,对金融机构的经营数据按照相应比重计算并排名后得出系统重要性金融机构的名单;其二是市场法,即利用金融机构相关指标市场波动数据,通过衡量单个金融机构对整个体系风险的贡献程度来测定其系统重要性。[1] 指标法偏重采用资产负债规模、业务类型和规模等透明且直观的数据进行评估识别,因其快捷和简便而为监管当局所广泛接受,而市场法则因市场波动数据的不稳定和难获取而仅停留于理论界的分析。然而不论是指标法抑或市场法,都是针对"太大而不能倒"的金融机构而设置,无法充分地体现金融科技公司"系统重要性"的特殊机理,难以对"太快而不能倒"或"太关联而不能倒"的金融科技公司进行有效识别。一方面,金融科技公司的"系统重要性"往往与资产规模等表象化的经营数据并无直接关联,而是建立在金融体系对其技术的依赖程

---

[1] 参见徐超:《系统重要性金融机构识别方法综述》,载《国际金融研究》2011年第11期。

度和风险冲击程度之上,而这往往难以通过简单的数据指标予以反映;另一方面,系统重要性金融科技公司给金融市场带来的波动并不是常态化和线性的,而是表现为"黑天鹅"式的快速且剧烈的冲击,市场波动数据的实时侦测既无可能也无必要。因此,识别金融科技公司的"系统重要性"需要结合其自身特点采取更具针对性的方案。

由于现代金融体系越来越复杂,金融学家开始运用复杂网络(Complex Network)理论来研究金融市场中的系统重要性问题。[1] 复杂网络理论强调系统的结构并从结构角度分析系统的功能,其将复杂系统内的元素视为节点,各节点之间因相互关系形成连边从而形成一种复杂网络。[2] 在复杂网络中,任何一个节点的变动都会引发其他节点的反馈,从而可能影响结构的稳定性。在金融市场语境下,金融机构作为节点会形成一种复杂网络结构,各节点的风险会在网络结构中传染和吸收,一旦网络结构无法有效吸收风险就会导致系统性风险的产生。[3] 而在复杂网络中确定单个节点的重要性,则主要从其程度中心性和中介中心性予以判断。程度中心性(Degree Centrality)是指直接连接在某个节点上连边的数量,连边数越多,则说明其在网络中越重要,从而越具有系统重要性。中介中心性(Betweenness Centrality)是指任意两个其他节点之间通过某一节点的最短路径占两个节点之间所有最短路径的比例,其衡量的是该节点在网络中对资源的控制能力,控制能力越强,越具有系统重要性。[4] 易言之,如果单个机构与其他机构之间的相互关系越多,且对其他机构的控制能力越强,则越具有成为系统重要性机构的可能。

系统性金融风险受到复杂金融系统中各元素之间不同类型关联的交叉组合影响,因此仅用传统的系统重要性金融机构的识别方法会低估整

---

〔1〕 参见欧阳红兵、刘晓东:《中国金融机构的系统重要性及系统性风险传染机制分析——基于复杂网络的视角》,载《中国管理科学》2015 年第 10 期。

〔2〕 See Albert R, Barabási A L. *Statistical Mechanics of Complex Networks*. Review of Modern Physics, Vol.74:1, p47–97(2002).

〔3〕 参见黄飞鸣:《复杂网络理论在银行系统中的应用研究进展》,载《控制与决策》2019 年第 1 期。

〔4〕 参见欧阳红兵、刘晓东:《中国金融机构的系统重要性及系统性风险传染机制分析——基于复杂网络的视角》,载《中国管理科学》2015 年第 10 期。

个网络的系统性风险。[1] 而金融科技公司的介入又增加了传统金融体系的网络节点，"技术"与"业务"的融合带来的新型关联形成了更为复杂的多层网络。在这个复杂的多层网络中，金融科技公司与金融机构、金融科技公司在金融机构之间、金融科技公司在金融机构与客户之间基于技术和业务都能形成连接，而这些连接的强弱程度和中心性程度都影响着金融科技公司的系统重要性。而从金融科技公司在金融体系中的角色及其自身业务特点来看，金融科技公司作为复杂网络中一个节点与其他节点间的连接强弱和中心性程度，并不总是与其自身资产规模有关，而是与其和其他节点间的连接数量和控制力有关。尽管我们通常可以从业务的视角假设资产规模越大的金融科技公司往往能够获得更多的客户和更强的资源控制能力，然而从技术的视角来看，不可替代的技术地位和技术应用的深度和广度往往比财务指标更能影响金融科技公司的连接度和控制力，例如有些掌握关键技术并提供关键服务的金融科技公司尽管资产规模并不庞大，但其出现风险后对整个金融体系的冲击也可能是系统性的。因此，相比于"规模"而言，金融科技公司介入金融体系所形成的网络"结构"更适合作为识别其系统重要性的基础。

按照复杂网络理论的分析框架，结合金融科技公司的业务模式，金融科技公司介入金融体系后形成的网络结构分为两种形态：第一种是为持牌金融机构提供技术解决方案的金融科技公司加入金融机构间的复杂网络，形成一种多层随机网络，即金融科技公司不作为已有网络中的节点，而是在已有网络的底层与金融机构节点建立连接。第二种是开展具体金融业务的金融科技公司加入金融机构间的已有复杂网络，形成一种小世界随机网络，即金融科技公司作为已有网络中的新增节点与金融体系中的其他节点建立连接。

（二）系统重要性金融科技公司的可能样态

就目前金融科技公司发展的情况来看，并无迹象或数据表明已经出

---

[1] 参见李守伟、王磊、龚晨：《复杂金融系统的研究方法——多层网络理论》，载《系统科学学报》2020年第1期。

现了系统重要性金融科技公司。一方面,金融科技市场还处在发展早期,并未产生具有与金融体系其他节点普遍且集中连接的金融科技公司;另一方面金融科技公司之间的竞争还比较激烈,并无金融科技公司取得不可替代的独占或寡占地位。然而,随着金融科技行业的发展和竞争进入新的阶段,单个金融科技公司在金融体系复杂网络中与其他节点间的连接数量和中心化程度会显著分化,从而形成在金融体系中具有系统重要性的金融科技公司。从当前金融科技公司的业务模式、组织特征和风险表现进行预测,未来系统重要性金融科技公司将可能以关键技术服务商、金融市场基础设施和互联网金融控股公司的样态出现。

1.关键技术服务商:技术中枢

新兴技术在金融领域的深度渗透为金融科技公司正式融入金融体系创造了有利背景,通过技术输出为持牌金融机构提供支撑与服务,是金融科技公司最基本的业务模式。金融科技公司作为持牌金融机构的第三方科技供应商,凭借其技术优势从交易平台、风控系统、数据管理和后台运维等环节与各持牌金融机构建立紧密关联。例如金融科技公司可能基于其掌握的海量客户数据资源和数据分析能力,为金融机构的信贷服务提供支持,或者为金融机构的风险控制、交易流程的软硬件优化等提供辅助。[1] 例如提供生物识别技术用以验证客户身份、提供人工智能技术用以进行交易风险识别与控制等等、提供大数据资源和分析算法用以精准获客、提供交易软件系统用以快速业务处理等等。随着单个金融科技公司市场占有率和技术服务范围的不断扩大,以及持牌金融机构对单个金融科技公司的技术依赖程度的不断增长,该金融科技公司在整个金融体系中的不可替代的地位就会得以强化,从而成为与金融市场中的"关键技术服务商"。作为关键技术服务商的金融科技公司虽然只是基于技术服务合同为持牌金融机构提供技术解决方案和运维支持,但是由于其技术服务在金融业务中的深度渗透,从而也成为金融市场风险的重要变量和可能引发系统性风险的重要环节。

---

[1] 参见刘绪光、肖翔:《金融科技影响金融市场的路径、方式及应对策略》,载《金融发展研究》2019 年第 12 期。

关键技术服务商的内涵包括两个方面:第一是技术内容的关键性,即其所提供的技术是服务对象开展业务活动所必需且不可替代的;第二是主体地位的关键性,即其市场占有率较高,服务对象广泛且有效竞争者较少。金融科技公司在向持牌金融机构提供技术服务的过程中,服务程度会逐渐深化,市场黏性会逐渐增强,市场结构会逐渐集中。具体而言,作为技术服务商的金融科技公司正在从订单式的第三方外包服务商逐渐转型为面向所有持牌金融机构提供标准化产品的技术服务商。随着客户数量的增加,其市场占有率正在逐渐集中。例如兴业银行的金融科技子公司"兴业数金"作为国内最大商业银行信息系统建设与运维服务商之一,为超过 350 家中小银行客户输出技术服务,这些银行客户的核心系统架构和技术方案都是基于兴业数金的技术服务。蚂蚁金服旗下的"恒生电子"则是资本市场 IT 服务商的龙头,其向证券公司、基金公司和期货公司提供券商核心交易系统、资管投资管理系统、登记结算系统等技术产品,甚至与证券交易所合作提供异地灾备服务并联合打造证券期货交易平台,具有极高的市场占有率。而从这两家公司所提供的技术服务的内容和范围来看,其已经深入金融机构的核心业务且客户覆盖面较广而具备了关键技术服务商的雏形。如果相关技术服务无法为其他有效竞争者所替代,或者被替代需要耗费较长的时间和成本,则可以认定这类金融科技公司已经具备了关键技术服务商的地位。按照系统重要性的特征进行分析,作为关键技术服务商的金融科技公司因服务对象覆盖范围广和连接多而具备了规模性和关联性,因提供的技术复杂且必需而具备了复杂性和不可替代性,一旦这类金融科技公司的经营出现风险,将可能导致技术服务的中断,从而给整个金融市场带来风险和冲击。

2.金融市场基础设施

数字技术的进步与创新在改变传统金融交易流程的同时,能够显著地提高交易效率并降低交易成本,使得金融科技公司具备凭借新技术优势为金融体系提供基础设施服务的可能性。[1]按照国际支付结算体系委

---

[1] See Allan D. Grody, *Rebuilding Financial Industry Infrastructure*, Journal of Risk Management in Financial Institution, Vol.11, p34−36(2017).

员会(CPSS)和国际证监会组织(IOSCO)发布的《金融市场基础设施原则》(FMI原则)的定义,金融市场基础设施包括支付系统、中央证券存管系统、证券结算系统、中央对手方和交易数据库。中国人民银行等六部委在2020年联合印发了《统筹监管金融基础设施工作方案》,将金融市场基础设施界定为"为各类金融活动提供基础性公共服务的系统及制度安排",包括金融资产登记托管系统、清算结算系统、交易设施、交易报告库、重要支付系统、基础征信系统等六类设施及其运营机构。结合前述定义以及功能属性,金融市场基础设施的特殊地位和本质特征在于其能够提供交易场所、交易管道以及配套服务。[1] 金融科技公司可能按照以下两种路径成为金融市场基础设施:第一,金融科技公司依托大数据、区块链、人工智能等技术介入支付清算、登记结算、征信风控等领域,为传统金融市场基础设施提供升级改造方案甚至自行提供交易管道成为金融市场基础设施。[2] 蚂蚁金服旗下的"支付宝""芝麻信用"以及各类数字货币"交易所"均具有此类性质。在这个层面上,金融科技公司重构了传统金融市场基础设施体系并成为该体系中的新生力量。其二,一些持牌金融机构会出于成本和技术的考虑,将云计算、数据存储等业务外包给金融科技公司,这些金融科技公司面向所有持牌金融机构提供开放式的平台化服务,从而成为技术架构意义上为金融机构业务开展提供公共服务的网络基础设施或数据基础设施。例如各大金融科技公司都纷纷上线"金融云",为金融市场提供数据处理和算力支撑的基础构架。尽管这类基础设施并非传统意义上的金融市场基础设施,但是在金融科技时代,金融活动的有序开展和金融市场的稳定运行也与这类基础设施须臾不可分离,因此可以作广义理解,将其纳入金融市场基础设施的范畴。

由于金融市场基础设施本身具有公共物品的属性,其基础性地位和中心化特征使得金融市场基础设施天然地具备高度的系统重要性。[3]

从基础性地位而言,金融市场基础设施为金融活动的开展提供不可或缺的场所、管道和其他配套服务,与各类金融市场主体和工具均存在高度关联;就中心化而言,金融市场基础设施有着自然垄断的属性,在规模效应和统一市场的共同作用下,金融市场基础设施也不断集中。[1] 当金融科技公司开始扮演金融市场基础设施的角色,则不可避免地会取得相应的系统重要性地位。当金融科技公司以支付系统等传统金融市场基础设施的样态介入金融市场时,其作为一种破坏性创新的新生力量在与传统基础设施竞争的过程中会逐渐形成一套独立体系,甚至可能会因为其跨国界和更快捷而跻身主流。例如 Facebook 在其加密货币项目 Libra 的白皮书中明确了"建立一套简单的、无国界的货币和金融基础设施"的愿景,当Libra 所设想的数字货币全球跨境支付体系得以建立并得以大规模应用时,其可能会成为世界性的"大而不能倒"的金融市场基础设施。[2] 同样的,即便金融科技公司以网络基础设施或数据基础设施的样态为金融体系提供底层技术平台,也可能会因接入该设施的金融机构数量众多而成为具有系统重要性的金融市场基础设施。[3] 假设云计算平台等基础设施出现重大风险,有可能会产生"多米诺骨牌"式的连锁反应,将风险传导至其提供底层支撑的金融体系形成系统性风险。

3.互联网金融控股公司

金融和科技的融合所带来的强大效能,以及金融行业的盈利前景,给金融科技公司进入金融行业提供了有力的动机。然而受限于金融行业严格的市场准入门槛,金融科技公司直接取得金融牌照并非易事,加上分业经营的金融市场结构限制,使得拥有较强资金实力和技术实力的金融科技公司往往通过参股或者控股持牌金融机构的方式间接获取金融牌照,将其业务拓展到不同的金融业务类别以实现技术的全面应用。随着一些科技巨头不断通过成立、收购或参股的方式获取金融牌照,并依托其

---

[1] 参见张阳:《金融市场基础设施论纲:风险治理、科技革新与规制重塑》,载《经济法学评论》2018 年第 2 期。

[2] 参见杨东:《Libra:数字货币型跨境支付清算模式与治理》,载《东方法学》2019 年第 6 期。

[3] 参见周仲飞、李敬伟:《金融科技背景下金融监管范式的转变》,载《法学研究》2018年第 5 期。

强大的用户群体、流量渠道、数据资源和技术能力实现科技与金融的协同，一种区别于传统金融控股公司的互联网金融控股公司正在形成。[1]互联网金融控股公司是指直接或间接控制了不同类别和层级的金融牌照、具备一定市场规模和影响力，并通过数据的关联共享实现协同效应的互联网公司或科技公司，即金融科技公司。相比于传统金融控股公司，互联网金融控股公司虽在法律结构上并无二致，但存在着特殊之处：(1)互联网金融控股公司在对持牌金融机构的资本控制之外，还利用自身数据优势和技术优势为其控股或参股的持牌机构赋能并实现控制，具有数据控制和技术控制的显著特点。(2)互联网金融控股公司能够充分利用其互联网业务所形成的平台资源和用户流量，借助"长尾效应"为其控股或参股的金融机构引流，实现科技业务和金融业务的联动。(3)互联网金融控股公司旗下的持牌金融机构之间可能存在数据共享化、机构虚拟化和账户统一化的特征，内部各机构间的关联更加紧密，难以实现有效的风险隔离。[2]目前一些互联网巨头在发展金融科技进入金融行业时，都选择了互联网金融控股公司的发展目标。例如蚂蚁金服凭借自身的金融科技技术实力和阿里巴巴在电子商务行业的平台地位和数据积累，陆续取得了银行、保险、证券、基金、信托、第三方支付、小额贷款、信用征信等行业的金融牌照，已然形成了一个庞大的金融控股集团。按照中国人民银行在2020年发布的《金融控股公司监督管理试行办法》(以下简称《金控办法》)的要求，金融科技公司作为非金融企业控制多个金融机构的，需要申请设立金融控股公司，自身仅开展股权投资管理，不直接从事商业性经营活动。由于基于股权关联、技术关联和数据关联所形成的协同客观存在，虽然在《金控办法》实施后会实现金融科技公司与金融控股公司的主体分离，金融科技公司在事实上仍然会与诸金融机构形成一个紧密关联的整体。

尽管金融控股公司并不一定就具备系统重要性，但随着金融控股公司的体量和规模日益庞大，将其纳入系统重要性机构的考量范围也渐成

---

[1]　参见尹振涛：《互联网金融控股公司的监管》，载《中国金融》2019年第1期。

[2]　参见袁康：《互联网金融控股公司不正当关联交易的法律规制》，载郭锋主编：《证券法律评论》2017年卷，中国法制出版社2017年版，第480—490页。

共识。[1] 从互联网金融控股公司所构建的集团体系来看,金融科技公司具有明显的资本核心、数据核心和技术核心的地位。由金融科技公司发展而成的互联网金融控股公司对其参控股的持牌金融机构具有很强的资本控制力,海量数据会在集团内部共享并由金融科技公司归集存储,金融科技公司的技术产品会在各持牌金融机构深度且集中地被应用。因此在很大程度上来讲,在金融科技公司发展为互联网金融控股公司后,会以资本、数据和技术将金融集团聚合为一个系统化的整体,其内部网络连接比一般意义上的金融控股公司更为多样和隐蔽,从而其风险的传导机制和顺周期效果会比后者更为复杂。一旦互联网金融控股公司或具有实质控制权的金融科技公司发生风险,极易扩散至整个金融集团。如果该集团规模巨大且与整个金融体系高度关联,则会对整个金融市场的稳定造成冲击。

三、系统重要性金融科技公司的规制场域

作为金融科技时代的新型市场主体,系统重要性金融科技公司正在逐渐形成且在金融市场中的地位日益凸显。但是由于系统重要性金融科技公司在运行过程中存在着技术复杂应用与不完备性之间、业务深度融合与行业监管割裂之间、风险高度集中与主体数量单一之间的内在冲突,这些内在冲突造成了一种系统性的困境,即围绕系统重要性金融科技公司形成的广泛连接却又脆弱敏感的复杂网络,极易因其关键节点的断裂而导致整个业务网络或技术网络的崩溃,从而传导扩散引发系统性风险。因此,有效规制系统重要性金融科技公司,是应对金融科技时代"大

---

[1] 例如美国已将系统重要性金融机构的选择范围从银行性控股公司拓展到所有金融控股公司。See James R. Barth, Clas Wihlborg, *Too Big to Fail: Measures, Remedies, and Consequences for Efficiency and Stability*, Financial Market, institutions & Instruments, Vol.26, Issue 5, 2017, pp.175-245. 我国一行两会联合发布的《关于完善系统重要性金融机构监管的指导意见》,也将经金融委认定具有系统重要性的金融控股公司纳入到了监管范围之内。

而不能倒"的全新挑战、防范和化解系统性风险的应有之义。从系统重要性金融科技公司的运行模式和业务特点来看,对其进行有效规制可能涉及以下几个关键场域。

(一)金融监管

系统重要性金融科技公司是金融科技公司发展到一定规模和程度并取得了"系统重要性"地位的特殊类型,但不论是主体地位还是业务模式,其都没有脱离金融科技公司的本质。金融科技业务与金融市场和金融活动的高度关联决定了金融科技公司作为金融市场主体应当被纳入金融监管框架,而"系统重要性"地位所伴生的对金融稳定的威胁又势必会需要金融监管部门予以特别关注。因此,基于其业务的金融属性和对金融稳定的高度关联,系统重要性金融科技公司首当其冲地需要在金融监管的场域对其实施法律规制。

系统重要性金融科技公司因其从事金融科技业务而应当被纳入金融监管的考量范围。作为金融科技公司的特殊类型,系统重要性金融机构与普通金融科技公司在金融监管需求上有着共同的起点。因此,对系统重要性金融科技公司实施有效的金融监管,需要以一般意义上的金融科技公司的监管框架为基础。由于金融市场的特殊性,提供金融产品和服务的金融机构需要受到严格的市场准入限制,金融业务活动的开展也必须以取得许可为前提。除此之外,这些机构还需要满足资本要求、信息披露、风控要求、消费者保护、反洗钱等监管规则。走向前台直接提供金融服务的金融科技公司因其转化为金融机构而应受到金融监管自不待言,但停留在后台或者中台的为金融机构提供技术和场景支撑的金融科技公司能否成为金融监管的对象则在理论和实践中仍然存在诸多争议。

将金融科技公司纳入金融监管框架的逻辑前提是其提供了金融产品或服务,这是金融监管部门主张监管权的基础。而效率、安全和公平的金融市场目标之间的冲突与协调,也导致了对金融科技公司实施监管面临着必要性的拷问。有观点认为将金融科技公司纳入金融监管对象范围,将增加其合规成本而阻碍其创新,同时金融科技公司也会在监管者对其实施明确的监管之前灵活地通过与金融机构的契约安排或其他形式的金融创新以规避直接的金融监管。[1] 同时,金融科技公司往往采取与已在监管范围内的金融机构合作[2]或将业务转移出监管的管辖权范围[3]等"推出策略"(Push-out Strategy)而将自身保持在金融监管的边界之外。[4] 这些因素使得监管金融科技公司成为更加复杂的任务。2018年9月18日,"京东金融"更名为"京东数科",很大程度上是在申明其去金融化的定位,试图以"仅为金融机构输出技术和提供场景"而排除未来可能的金融监管。但事实上,这类金融科技公司虽然未直接提供金融产品和服务,但其技术和场景也构成了金融活动中的重要环节,其业务的合规与稳定也与防范金融风险和保护金融消费者的金融监管目标休戚相关。即便金融科技公司采取技术方案或交易结构上的处理实行"推出策略"以置身监管视野之外,也无法否认其在金融交易链条中不可忽视的重要地位。事实上,金融科技的发展正在深刻地改变金融体系的组织形态和市场结构,技术也日益成为重要的金融禀赋,继续僵化地以是否直接提供金融产品和服务作为金融监管介入的标准已经不合时宜。[5] 应当正确认识金融科技对金融活动的客观影响,按照"业务实质"原则充分认识其金融活动的本质,并以此确定金融监管介入的时点和程度,对金融科技公司进行有效的监管。

从全球实践来看,当前对金融科技公司的监管主要有三种方式[6]:(1)实验模式(Experimental Approach),即以"监管沙箱"的形式对金融科

---

[1] See Chris Brummer and Yesha Yadav, *Fintech and the Innovation Trilemma*, Georgetown Law Journal, Vol.107:2, p239(2019).

[2] 例如苹果在推出 Apple Pay 时与各持牌银行和信用卡机构之间签订合同,受监管的支付行为发生在持牌机构与用户之间,苹果仅依从合同从持牌机构处获取提供支付界面的手续费,并以此主张其未提供实质的支付服务而无须取得许可。

[3] 例如 Facebook 在设计 Libra 时试图将其设置在瑞士,以规避美国金融监管当局对其可能施加的严格监管。

[4] See Howell E. Jackson, *The Nature of the Fintech Firm*, 61 WASH. U. J. L. & POL'Y 9 (2020).

[5] 刘辉博士主张国家应当基于金融禀赋结构的变化,相机抉择地对金融市场进行干预。参见刘辉:《金融禀赋结构理论下金融法基本理念和基本原则的革新》,载《法律科学》2018年第5期。

[6] See Saule T. Omarova, *Dealing with Disruption: Emerging Approaches to Fintech Regulation*, 61 Washington University Journal of Law & Policy, Vol. 61:2, p25(2020).

技公司的创新业务予以一定程度的监管豁免,使其免予过重的监管负担。[1] 英国、澳大利亚、新加坡、瑞士等国家都采取了这种宽松的监管态度;(2)吸收模式(Incorporation Approach),即通过向金融科技公司发放特殊牌照,将这些新型市场主体吸收进既有的金融监管框架。例如美国的货币监理署(OCC)在2018年开始接收特殊目的金融科技公司牌照(special purpose fintech charter)的许可申请,获得牌照的金融科技公司仍然要像银行一样需符合审慎监管要求,但这些要求充分考虑了金融科技公司的特殊性而根据适当的标准予以确定。(3)适应模式(Accommodation Approach),即采用监管科技(RegTech)的手段适应技术驱动型的金融科技公司及其业务,借助自动化的数字技术实行更加经济高效的监管。[2] 从我国的实践来看,除根据《网络借贷信息中介机构业务活动管理暂行办法》《关于规范金融机构资产管理业务的指导意见》等规定对P2P、智能投顾等金融科技业务实施行为监管之外,金融科技公司的审慎监管框架仍尚付阙如。中国银保监会在2019年底发布了《关于推动银行业和保险业高质量发展的指导意见》[3],也只是提出了要"研究制定金融科技公司监管制度"。这反映出我国当前对于金融科技的监管更多的是在业务层面而非主体层面,如何监管金融科技公司仍然是金融监管亟待解决的重要命题。

除了作为一般意义上的金融科技公司进入金融监管框架,系统重要性金融科技公司因其在金融体系中的特殊地位及其潜在的引发系统性风险的可能性,需要金融监管部门从维护金融稳定的角度予以特殊监管。正如前文所述,系统重要性金融科技公司这一概念系参考系统重要性金融机构而提出,作为金融科技时代的新型金融市场主体,系统重要性金融

---

[1] See Hilary J. Allen, *Regulatory Sandboxes*, George Washinton Law Review, Vol:87, p579, 592, 596(2019).

[2] See Douglas W. Arner, Jànos Barberis and Ross P. Buckley, *FinTech*, *RegTech*, *and Reconceptualization of Financial Regulation*, Northwestern Journal of International Law & Business, Vol. 27:3, p371, 376(2017); Lawrence G. Baxter, *Adaptive Financial Regulation and RegTech: A Concept Article on Realistic Protection for Victims of Bank Failures*, Duke Law Journal, Vol:66, p567(2016).

[3] 银保监发〔2019〕52号。

科技公司在规模性、复杂性、可替代性和关联性等方面具有与系统重要性金融机构相类似的特征,且相比于一般的金融科技公司具备更大的造成系统性风险并威胁金融稳定的可能性,将其纳入系统重要性金融机构的监管框架,既能够充分回应系统重要性金融科技公司所带来的监管挑战,也能够保持金融监管的整体性和有效性。

当前系统重要性金融机构的监管框架主要包括评估、监管和处置三个环节。[1] 在充分考虑系统重要性金融科技公司特征的基础上将其有效地纳入这一监管框架,是将系统重要性金融科技公司作为特殊主体予以重点监管的必然要求。(1)就主体评估而言,现有评估框架主要以定量指标和定性判断相结合的方法评估系统重要性,例如巴塞尔委员会确定了资产规模、跨境业务、关联度、可替代性和复杂性五个维度共13项定量指标对全球系统重要性银行(G-SIBs)进行打分评估。[2] FSB 也发布了《国内系统重要性银行(D-SIBs)评估框架》,提出了 12 项评估原则供各国监管部门参考。但是系统重要性金融科技公司的系统重要性并不总是体现在资产规模上,而是可能体现在数据规模、技术或基础设施的不可替代性上,因此评估框架可能需要结合其系统重要性地位的特殊表现进行相应的特殊安排。(2)就业务监管而言,金融监管部门针对系统重要性金融机构通常会提出额外的监管要求,限制发展规模、限制业务活动和提升风险管理能力。通过在资本充足率、损失吸收能力、公司治理架构、风险管理体系以及信息披露要求等方面的附加要求,确保系统重要性金融机构的运行更加稳健,避免爆发风险或者将风险限制在可控范围内。金融监管部门在对金融科技公司进行监管时,也应对系统重要性金融科技公司进行更为严格的附加要求,确保其更加审慎地进行金融科技研发和应用。(3)就风险处置而言,由于系统重要性金融机构破产倒闭可能引发系统性风险,金融监管部门需要探索有效的风险处置机制,以尽可能减少这类机构出现风险后对整个市场的系统性冲击。FSB 制定了《金融机构

---

〔1〕 参见马新彬:《如何防范"大而不能倒"风险?——系统重要性金融机构监管框架梳理》,载《金融市场研究》2019 年第 11 期。

〔2〕 参见马新彬:《如何防范"大而不能倒"风险?——系统重要性金融机构监管框架梳理》,载《金融市场研究》2019 年第 11 期。

有效处置机制的核心要素》，从处置部门、处置权力、抵销担保和客户资产分立、保障措施、处置资金来源、跨境合作法律框架、危机管理小组、恢复和处置计划等 12 个方面提出了系统重要性金融机构的有效处置机制建议。对于系统重要性金融科技公司而言，其出现风险事件后不仅会造成金融业务层面的冲击，而且在技术和底层基础设施层面也可能会出现中断。一旦其发生风险，如何确保其在金融体系中不可替代业务的连续性以减少因业务中断带来的系统性冲击，是金融监管部门在既有监管框架下需要特别考虑的议题。

（二）数据治理

数据治理的目标在于实现数据安全和数据利用的有机统一。数据安全要求采取必要措施保障数据得到有效保护和合法利用。作为大数据时代的核心资源，数据既因构成企业的重要资产而具有一定的财产属性，又因来源于客户个人信息而具有一定的人格属性，因此确保数据安全既是维护企业稳健发展之必需，也是保护客户个人信息权利之必要。数据利用则要求充分发挥数据要素的市场功能，确保数据能够合理使用并有序流动，为经济社会活动提供数字动力。良好的数据治理，能够通过规范数据主体的数据行为，在确保数据安全的前提下实现数据的有效利用。数据治理贯穿在数据活动的整个流程之中。在数据收集阶段，需要按照"知情同意"原则的要求充分保障用户的知情权与选择权，避免数据的过度收集以及侵犯用户的隐私信息。而在数据使用阶段，数据主体应当遵循合理目的原则，避免数据的滥用，并且需要采取必要的手段避免数据的泄露。此外，为保证数据的有效利用并消除"数据孤岛"，有必要建立数据的合理流动机制，以便在无须重复收集的情况下充分发挥数据要素的价值。

数据是金融科技得以应用的最核心要素。不论是精准获客还是风险控制，金融科技的功能实现都离不开海量数据资源和大数据技术的支持。因此金融科技公司在开展业务过程中不可避免地需要收集、存储和使用数据。一般而言，金融科技公司的数据来源主要有三个方面：一是金融科技公司在展业过程中自行收集获取的数据；二是金融科技公司从合作金融机构处获取的数据；三是金融科技公司从电商网站、社交媒体等关联平台获取的数据。金融科技公司围绕这些数据所从事的数据行为,既有可能存在客户个人信息的过度收集与滥用的现象,也有可能因数据质量参差不齐而导致风险定价模型的失灵等问题。因此对金融科技公司开展数据治理,既关系到金融消费者权利的保护,又关系到金融科技业务的风险控制,是金融科技公司治理的重要内容。

对于系统重要性金融科技公司而言,数据治理的必要性和紧迫性则显得更为突出。一方面,系统重要性金融科技公司因客户规模和业务规模巨大,其所控制的数据规模也远超一般金融科技公司,数据的收集、存储和流动所涉及的范围更加广泛,与公共利益的交织更为紧密,这就意味着系统重要性金融科技公司的数据合规具有相比于一般机构而言更为重要的意义。另一方面,系统重要性金融科技公司因其地位关键,其所控制的数据往往质量更高且具有"重要数据"的特点,应当受到更为严格的规制,并且系统重要性金融科技公司在金融市场中的枢纽性地位使得其成为数据活动中的关键节点,其数据行为的合规性关系到整个金融体系的有序运行。另外,系统重要性金融科技公司的复杂性不仅体现在技术和业务上,还体现在组织架构上。产品和服务在技术黑箱中的连接和嵌套,使得数据的流动和利用的透明度和规范度通常不足,而集团化架构下关联机构之间的数据共享往往也会导致不正当关联交易和损害客户数据权益的现象隐秘不绝。这种复杂性使得对系统重要性金融科技公司的数据治理面临着更大的难度与挑战。

当前系统重要性金融科技公司所面临的数据治理挑战主要表现在以下几个方面:(1)系统重要性金融科技公司可能会导致数据不对称的加剧。随着金融市场逐渐数字化,金融科技在缓解信息不对称的同时却引发了数据不对称的新问题。[1] 规模巨大的系统重要性金融科技公司因为其掌握数据的规模更大、质量更高,以及其数据技术更强,会导致数据

---

[1] 王作功等认为数字金融的发展造成了数据不对称的问题,其包括了金融数据规模和质量的不对称、金融数据技术的不对称、金融数据管理的不对称、金融数据效用的不对称、金融数据外部性的不对称、金融数据监管的不对称等。此种数据不对称往往会形成金融数据垄断,并且会加剧普通金融消费者的劣势地位。参见王作功、李慧洋、孙璐璐:《数字金融的发展与治理:从信息不对称到数据不对称》,载《金融理论与实践》2019年第12期。

不对称问题更加严重。由此形成的数据优势会传导至金融市场活动之中，进一步巩固系统重要性金融科技公司相对于其他金融科技公司、金融机构以及金融消费者等各类市场主体的优势地位，导致其他主体的利益受损。如何避免数据不对称加剧所带来的负外部性，是系统重要性金融科技公司数据治理所需要解决的重要问题。(2)系统重要性金融科技公司存在更高的数据安全需求。由于在金融市场中的关键地位和覆盖程度，系统重要性金融科技公司获取客户数据的深度和广度会明显超出一般金融科技公司，同时其取得和控制的数据在规模、质量、敏感性等方面均具有与其地位相当的重要性。一旦这些数据遭到篡改、破坏或泄露，不仅可能导致金融消费者个人信息的大规模泄露，而且容易因关键数据的损坏和错误造成整个金融体系的混乱，甚至酿成系统性风险。[1] 因此，系统重要性金融科技公司在数据治理上需要满足与其系统重要性地位相适应的更高要求。(3)系统重要性金融科技公司的数据利用需要得到有效规范。数据资源一旦形成，便具有较强的财产属性和经济价值，既可以用于企业的业务经营活动，又可能被作为交易标的实现跨主体、跨区域的流动。系统重要性金融科技公司所控制的数据既是其赖以生存和发展的战略资源，同时也可能会成为其对外输出产品和服务的载体或内容。但是这些关键数据在利用和流动时是否会超出用户的同意范围，甚至是否为用户所知悉，均可能因为系统重要性金融科技公司的优势地位、复杂结构和技术黑箱而被无视。相比于一般机构而言，系统重要性金融科技公司的数据利用会因为机构的关键性、数据的重要性以及信息的敏感性而存在更为复杂的利益构成，如果不予以有效规范，可能会导致其因为公司商业利益而损害用户个人利益和公共利益的现象。

随着大数据技术在金融行业的加速应用，金融机构的数据治理受到了监管部门的密切关注。2018年中国银保监会出台了《银行业金融机构数据治理指引》，明确了银行业金融机构应当将数据治理纳入公司治理范畴，遵循全覆盖、匹配性、持续性和有效性的原则建立数据治理体系，并对数据治理架构、数据管理和数据质量控制进行了规定。中国证监会在

---

[1]　参见廖凡:《论金融科技的包容审慎监管》，载《中外法学》2019年第3期。

2018 年发布的《证券基金经营机构信息技术管理办法》[1]中也专门规定了数据治理,其要求证券基金经营机构应当结合公司发展战略,建立全面、科学、有效的数据治理组织架构以及数据全生命周期管理机制,确保数据统一管理、持续可控和安全存储,切实履行数据安全及数据质量管理职责,不断提升数据使用价值。然而遗憾的是,金融科技公司尤其是系统重要性金融科技公司的数据治理并未受到特别关注,仅是被作为一般主体需要满足网信部门和工信部门关于数据治理的一般规定。尽管《数据安全法》的出台会促进各类主体的数据治理规范化,但是考虑到系统重要性金融科技公司的行业的特殊性以及影响的系统性,有必要结合其自身特点建立更具针对性的数据治理体系。

(三)网络安全

随着金融信息化的不断发展,金融活动对网络的依赖不断增强,尤其是互联网金融的发展以及金融科技的大规模应用,网络安全日益成为金融安全的重要环节。当前网络空间安全形势严峻,网络攻击事件频发,金融行业逐渐成为网络攻击的重要目标,一旦发生网络安全事件将有可能造成网络中断、数据丢失、资料篡改或者系统失灵,从而导致金融消费者财产或其他利益受损,甚至可能造成金融机构乃至金融市场基础设施的崩溃。[2] 美国 FSOC 在 2015 年的年度报告中指出网络攻击所具备的严重干扰金融体系运行的可能性已经受到高度关注。[3] 英国央行也在提示网络攻击对金融市场的潜在冲击以及引发系统性风险的可能性。[4] 对于以大数据、云计算、人工智能、区块链等新型技术为支撑的金融科技而言,由于信息收集、存储、交互和处理的整个流程都依托网络完成,核心交易的决策和执行也都呈现出高度自动化的特征,因此金融科技在面对网络安全风险时则显得更为脆弱。由于金融科技公司的功能实现对系统

---

〔1〕 中国证券监督管理委员会令第 179 号。
〔2〕 参见袁康:《金融科技的技术风险及其法律治理》,载《法学评论》2021 年第 1 期。
〔3〕 See Financial Stability Oversight Council, 2015 *Annual Report*, 2015, p.105.
〔4〕 See Phil Warren, Kim Kaivanto, Dan Prince, *Could a Cyber Attack Cause a Systemic Impact in the Financial Sector*? Bank of England Quarterly Bulletin, Q4 2018.

网络的依赖性较高,而网络安全漏洞在技术不完备的客观现实下往往难以避免,且在金融与技术的深度融合下网络安全事件的影响会波及金融体系。[1] 因此不论是作为金融机构的技术服务商,还是直接或间接地提供金融产品或服务,金融科技公司在开展业务活动的过程中都需要直面网络安全的威胁。

　　具体而言,金融科技公司面临的网络安全威胁主要表现在以下几个方面:(1)网络攻击威胁。随着计算机网络广泛且深入的应用,网络攻击已经成为网络空间的主要威胁和全球重大风险之一,针对网络安全漏洞所发起的操作系统攻击、脚本攻击、恶意代码攻击和网络安全设备攻击等等攻击类型层出不穷。[2] 作为经济利益和社会影响高度集中的金融行业,往往是受到网络攻击最为频繁的目标之一。若金融科技公司输出的技术方案或者自营的交易系统因漏洞被入侵,或者被植入木马病毒,将可能导致数据的丢失或篡改,造成客户资产的丢失和交易的错误。(2)网络欺诈威胁。尽管金融科技在很大程度上能够降低信息不对称,但由于技术不完备的规律使然,网络欺诈并不能被完全禁绝,甚至金融科技自身的技术漏洞可能被利用而造成新型的网络欺诈。例如在认证客户身份时,金融科技公司所开发的指纹识别、虹膜识别、面部识别等生物识别技术可能会被破解,从而导致金融交易时身份验证的错误,由此而执行的欺诈交易会严重影响金融安全和秩序。(3)系统稳定性威胁。金融科技公司系统后台的稳定性与系统漏洞发现、服务器处理能力以及灾备系统等因素密切相关,这在很大程度上决定了其应对网络安全事件的能力。目前,许多网络攻击都是以 DDoS 或者蠕虫病毒的方式造成系统崩溃或者数据劫持,防火墙、服务器以及灾备体系等不完善的金融科技公司在面临网络安全事件时往往难以具备应对和恢复的能力。对于业务高度依赖网络的金融科技公司而言,防范网络安全风险不仅关系到其业务的稳健运行,还关系到金融活动链条中的其他主体的交易安全。

　　系统重要性金融科技公司因其客户规模和资产规模巨大、在金融关

---

[1]　参见李有星、王琳:《金融科技监管的合作治理路径》,载《浙江大学学报(人文社会科学版)》2019 年第 1 期。

[2]　参见袁康主编:《网络安全的法律治理》,武汉大学出版社 2020 年版,第 361 页。

系网络中关联性、复杂性和不可替代性突出等特点,其在网络安全上需要满足比一般金融科技公司更高的要求,以保证其业务的持续性和稳定性,避免网络安全事件引发整个金融市场的系统性风险。一方面,系统重要性金融科技公司通常是金融网络中的关键节点,尤其是以关键技术服务商或金融基础设施角色存在的系统重要性金融科技公司,一旦其出现系统瘫痪、服务中断等网络安全事件则可能导致金融体系的连锁反应,风险会快速且大规模地传导至与其存在复杂关联的机构或业务,继而造成系统性风险。[1] 另一方面,系统重要性金融科技公司的特殊地位所带来的"马太效应"导致市场规模进一步集中,使得其控制了海量的用户信息并直接或间接地参与了大量的金融资产和交易的处理。假设因系统重要性金融机构的技术方案存在漏洞而出现网络安全事件,会导致相关数据信息被窃取、劫持、篡改或销毁,将会导致大规模的信息泄密、交易混乱甚至资产丢失,从而对市场主体利益和公共利益产生难以估量的损害。因此,确保符合网络安全要求是对系统重要性金融科技公司进行有效规制的重要内容。

从现有的网络安全法律框架来看,《网络安全法》第十条明确了网络运营者的安全保障义务。中央网信办发布的《金融信息服务管理规定》规定了金融信息服务提供者应当履行主体责任,有义务建立信息安全保障等方面的服务规范。国务院办公厅在《互联网金融风险专项整治工作实施方案》中也明确了互联网金融从业机构的网络安全防护的监管。中国银保监会在《关于推动银行业和保险业高质量发展的指导意见》中指出要"加强网络安全建设,强化客户信息安全保护,提升突发事件应急处置和灾备水平"。北京市印发的《关于首都金融科技创新发展的指导意见》也提出要加强金融科技领域数据安全、网络安全和系统安全能力建设。然而这些政策和规则既未明确金融科技公司网络安全规制的具体规则,亦未突出在金融科技领域具有关键地位的系统重要性金融科技公司的特殊性。申言之,为避免网络安全事件对金融体系的冲击,需要对系统重要性

---

[1] 参见李敏:《金融科技的系统性风险:监管挑战及应对》,载《证券市场导报》2019 年第 2 期。

金融科技公司课以更加严格的安全保障义务,在安全防护体系建设上提出更高标准的要求,在业务执行过程中予以更为严格和有效的网络安全监管。

(四)市场竞争

从市场竞争的格局来看,金融科技行业的竞争主要体现在两个方面:一是金融科技公司之间的竞争,这种竞争主要是同类型金融科技公司在对外输出产品或服务的过程中形成;二是金融科技公司与金融机构的竞争,这种竞争主要产生于有能力或潜力向客户提供金融服务的金融科技公司与金融机构之间。[1] 正如在平台经济中所反映出来的新现象一样,市场先行者可能会通过网络效应形成主导性的标准,实现排他性的竞争优势,[2] 从而形成"强者恒强"的马太效应。例如在第三方支付市场中,蚂蚁金服的"支付宝"和腾讯的"财付通"的市场占有率分别达到了55.1%和38.9%,合计达到整个市场的94%。[3] 由于这两大支付工具已经借助平台生态与其他产品和服务形成了强大的相互依赖性,由此带来的用户黏性使得其他支付工具难以与其竞争。而金融科技巨头在凭借其数据优势和技术优势介入金融服务领域时,会因为其基于特定应用场景的特点而取得相对于传统金融机构的比较优势,在某种程度上形成对传统金融机构的"降维"竞争,传统意义上的竞争规制因竞争机制的差异而难以有效适用。一旦系统重要性金融科技公司形成,则意味着其在金融科技相关领域以及金融市场具备了较强的影响力和支配力,必须对其采取适当的竞争规制,以避免其实施垄断行为。然而由于其所处的行业比较特殊,业务形态及关联比较复杂,针对其实施竞争执法会面临难题。

难题之一便是相关市场界定的复杂性。竞争规制所涵盖的滥用市场

---

[1] 蚂蚁科技集团股份有限公司在其《招股说明书》中表示:公司面临来自互联网公司、金融科技公司、支付服务提供商(如商业银行及其他数字支付服务提供商)以及其他科技公司或金融机构的竞争,其中一些竞争对手拥有大量流量并建立了强大的品牌认知度、技术能力和财务实力。

[2] 参见[美]斯蒂文·K.沃格尔:《市场治理术:政府如何让市场运作》,毛海栋译,北京大学出版社2020年版,第54页。

[3] 参见艾瑞咨询:《中国第三方移动支付市场数据发布报告》,2020年4月。

支配地位、垄断协议、经营者集中等都须以界定相关市场为前提,对于系统重要性金融科技公司而言,数字经济时代相关市场的界定已不宜机械执拗地以市场份额作为决定性因素,还应当考虑网络效应、规模经济、锁定效应、掌握和处理相关数据的能力等因素。[1] 尤其对具有网络平台属性的系统重要性金融科技公司而言,其市场的双边特征、免费策略和交叉补贴等,都导致了传统意义上需求替代分析、供给替代分析和假定垄断者测试(SSNIP)等相关市场界定方法的捉襟见肘。[2] 以蚂蚁集团的"支付宝"产品为例,其已不仅仅是第三方支付工具,而是成了一个综合性金融平台。据其招股说明书的披露,支付宝平台是由数字支付、数字金融和数字生活服务构成的全方位服务平台,既包括了 2C 端即面向消费者的数字支付、消费信贷、理财、保险以及本地生活服务,又包括了 2B 段即面向商户的开放接口和金融服务,以及面向金融机构的技术支持、代销等服务。任何单一服务可能难以形成市场支配地位,但基于平台形成的海量数据归集、巨大用户黏性以及规模协同效应,使得支付宝平台成为广泛触达并连接消费者、商户和金融机构的关键节点,长期的用户流量积累和消费者习惯养成,导致了再造或替代的难度较大。由此,兼具规模性、复杂性、关联性和低可替代性的支付宝平台具备了一定程度的系统重要性特征,但却会在传统的相关产品市场、相关地域市场的界定中难以被认定具备市场支配地位,而无法纳入到有效的反垄断规制框架之中。市场监管总局发布的《关于平台经济领域的反垄断指南》提出"不能简单根据平台基础服务界定相关商品市场,还需要考虑可能存在的跨平台网络效应,决定将平台界定为一个独立的市场,或者分别界定多个关联市场"。这在一定程度上能够为解决系统重要性金融科技公司的相关市场界定提供原则指引,但在实践操作中的争议仍在所难免。

难题之二是执法机构的目标冲突。系统重要性金融科技公司不仅面临反垄断部门的竞争执法,而且要受到金融监管执法机构的行业监管。前者的主要目标在于维护市场的公平竞争秩序,这将不可避免地受到结

---

[1] 参见杨东:《论反垄断法的重构:应对数字经济的挑战》,载《中国法学》2020 年第 3 期。

[2] 参见孙晋、钟瑛嫦:《互联网平台型产业相关产品市场界定新解》,载《现代法学》2015 年第 6 期。

构主义的影响导致金融科技公司的发展规模受到主动或被动的限制。而后者的主要目标在于促进行业发展和维护金融稳定,这就需要金融科技公司不断创新和扩张,以增强我国金融科技行业的国际竞争力,与此同时通过相应的审慎监管要求避免发生系统性风险。在很大程度上,两类执法机构的目标之间存在着不容忽视的内在冲突,反垄断执法机构试图控制市场主体规模以及规范滥用市场支配地位的立场极有可能受到金融监管部门在确保金融科技公司审慎经营的同时乐见其规模扩张倾向的掣肘。这在本质上依然是竞争政策和产业政策的冲突与选择。但正如在传统金融行业的竞争执法所遇到的困境一样,金融监管部门在系统重要性金融科技公司的竞争执法中是否会完全让路于竞争执法机构并不乐观。尤其是当系统重要性金融科技公司发挥起金融基础设施的功能后,金融市场对于效率的需求势必会让其当然地具备自然垄断的特征,在《反垄断法》并未对其豁免的情况下,这种执法机构之间的目标冲突导致的竞争执法难题会一直存在。

四、系统重要性金融科技公司的规制路径

作为金融科技行业发展到一定阶段的特殊主体形态,系统重要性金融科技公司的规制需求具有显著的特殊性。常规的金融科技公司规制方案显然不足以匹配其系统重要性地位。而系统重要性金融机构的规制经验也无法适应金融科技公司的风险生成逻辑,网络安全和数据治理的规制目标又难以完全应对其金融属性,这就决定了系统重要性金融科技公司的法律规制必然是遵循一种复合型思路,按照多个规制场域相结合、多种规制方案相配套的方式,建立起符合系统重要性金融科技公司特殊行业、特殊地位、特殊风险的规制路径。更为关键的是,系统重要性金融科技公司的规制重点在于防止其机构失灵而引发的金融市场系统性风险,因此必须围绕其"系统重要性"地位开展有效规制,在避免金融市场对其过度依赖的同时确保其稳健运行。

（一）建立以协调性为目标的监管体制

由于系统重要性金融科技公司涉及多个规制场域，既要面对不同执法机构的监管重叠，也会存在不同执法内容之间的目标冲突，因此理顺系统重要性金融科技公司的监管体制，确保监管权力分配和风险规制方案的有机协调，是妥善防范系统重要性金融科技公司风险并避免其传导至整个市场形成系统性风险的重要保障。当前针对金融科技公司的监管框架仍在逐步构建的过程之中，其技术属性决定的来自工信部门和网信部门的技术监管与其金融属性决定的来自金融部门的监管并驾齐驱。规模巨大且替代性弱的系统重要性金融科技公司除需要满足一般金融科技公司的监管要求外，还因其可能妨碍市场竞争的担忧而面临竞争执法机构的监管；监管权力的央地划分，也使得系统重要性金融科技公司在从设立展业到稳健运行的整个生命周期中存在着中央监管和地方监管的内在张力。"九龙治水"式的多主体、多目标、多层级监管，并不利于集中有效解决系统重要性金融科技公司在整个金融体系中可能存在的系统性风险隐患，因此以协调性为目标重构系统重要性金融科技公司的监管体制殊为必要。

首先，协调金融监管与技术监管，将技术监管纳入金融监管框架。在既有监管体系下，监管金融科技公司的困境在于其机构定性的难题。金融科技公司并非金融机构，不能当然地成为金融监管部门的监管对象，而是基于信息技术服务商和网络运营者的身份接受工信部门和网信部门为维护网络安全和完善数据治理而实施的监管。但由于其为金融机构提供技术服务，甚至直接向消费者提供金融服务，因此其业务的高度金融化必然也离不开金融监管的有效干预。[1] 因此将金融科技公司纳入金融监管范围正在形成共识，《银行业监督管理法》第五十一条也明确了金融科技公司须遵守监管规定并接受现场检查。由于系统重要性金融科技公司相比于一般金融科技公司而言，其提供的金融科技服务在金融机构和金

---

[1] 参见袁康、唐峰：《金融科技公司的风险防范与监管对策》，载《山东大学学报（社会科学版）》2021年第5期。

融业务中的覆盖面更广、程度更深、影响更大,在金融市场系统性风险的生成和传导中的角色更显著,因此对其进行金融监管的需求也更强。是故,一旦某个金融科技公司具备了系统重要性地位,在对其实施监管时应当将金融安全作为优位于网络安全和数据安全的监管目标。为充分实现该目标,有必要以金融监管吸收技术监管,实现监管权力的整合,[1]建立以金融监管部门牵头的监管体系,从而确保监管冲突的最小化和监管效能的最大化。根据中国人民银行牵头制定的《关于完善系统重要性金融机构监管的指导意见》[2],我国已初步建立系统重要性金融机构的监管框架,可以将系统重要性金融科技公司的监管纳入该框架,在国务院金融稳定发展委员会的统一协调下由金融监管部门与技术监管部门共同形成对系统重要性金融科技公司的监管工作机制,从而有效解决监管漏洞与监管冲突。

其次,协调风险防范与竞争执法,以风险防范优先统筹安全与发展。由于系统重要性金融科技公司在规模、关联性和替代性上的特征通常会使其具备一定的市场支配地位,从而成为反垄断执法机关的高度关注对象。诚然,严格的竞争执法有助于维护金融科技行业的竞争秩序,但是当前市场竞争并非系统重要性金融科技监管所面临的首要问题。一方面,金融科技的应用具有较为显著的边际效应,市场结构的相对集中有利于实现资源集约利用和金融市场有效连通,降低金融市场数字化的运行成本。已经取得系统重要性地位的金融科技公司首先需要克服的是滥用市场支配地位的冲动,继而提供稳定可靠服务的能力。易言之,相比于妨碍市场竞争所带来的社会福利减损,系统重要性金融科技公司失败对金融市场的冲击所导致的社会成本显然更高,例如金融机构技术架构重置成本、金融消费者损失成本、金融交易失败的机会成本、金融市场波动的信心成本等。另一方面,我国金融科技行业尚处在做大做强的爬坡阶段,尚未在全球范围内取得优势地位,过早地祭起反垄断的大棒并不利于我国金融科技行业的发展壮大。并且从金融行业的特殊管制来看,系统

---

[1]　See Rory Van Loo, *Making Innovation More Competitive: The Case of Fintech*, 65 UCLA L.Rev. 232 (2018).

[2]　银发〔2018〕301 号。

重要性金融公司在相关市场界定上本身就存在着一个悖论:如果将相关地域市场界定为全球市场,从目前来看我国并不具备市场支配地位,但由于金融行业在网络安全和数据治理上的规制要求,金融科技行业又存在显著的本土化特点,相关市场界定的难题与监管目标的冲突势必会导致在对系统重要性金融科技公司实施监管时的困境。"两害相权取其轻",面对具备系统重要性的金融科技公司,有必要在竞争执法时正确对待其自然垄断属性和产业发展需求,采取相对包容的监管态度,将监管重心放在确保其稳健运行的风险防范上,以实现安全与发展的有机统一。

最后,协调中央监管与地方监管,对系统重要性金融科技公司实行集中统一监管。根据当前的监管体制和央地事权划分,金融科技公司以地方监管为主,即通常由省级人民政府进行市场准入许可,由地方金融监管部门与地方信息技术产业部门进行监管。涉及跨地区业务活动的金融科技公司才会受到国务院层面的监管约束,但事实上也并未脱离地方监管为主的格局。地方监管为主的最大弊端在于地方保护主义和监管能力薄弱双重作用下的监管俘获和逐底竞争,最终会削弱监管效果甚至引发市场乱象。P2P和网络小贷等行业的乱象正是这种弊端的生动体现。鉴于系统重要性金融科技公司的特殊地位,其对于全国整个金融体系具有重要影响,继续采取以地方监管为主的监管体制并不符合系统性风险防范的需求。只有将系统重要性金融科技公司的监管提升到中央监管的层面,才可以依托明确的监管主体和统一的监管标准,确保监管的实际效能。具体而言,应当在地方监管部门对一般性金融科技公司的监管措施之外,由国家金融稳定委员会牵头,协调中央金融监管部门和其他相关部门的监管活动,对具有系统重要性的金融科技公司进行有针对性的特殊监管。

(二)建立以可靠性为目标的审慎监管体系

系统重要性金融科技公司已经取得了系统重要性地位,再试图约束和限制其规模扩张为时已晚,而考虑到保持金融市场活动的持续性和稳定性,又不宜采用强行拆分的方式削弱其系统重要性,同时也不必过于排斥金融科技公司的独占或寡占经营。虽然反垄断执法在系统重要性金融科技公司的监管中依然可以发挥应有的积极作用,但相比于维持金融科技行业的公平竞争,对系统重要性金融科技公司的监管更应当侧重于维持金融科技公司服务的安全与可靠,从而尽可能减少系统重要性金融科技公司的失败而导致对整个金融市场带来冲击。系统重要性金融机构的监管框架以更高的附加资本要求和杠杆率要求以及更严的日常监管以确保系统重要性金融机构的可靠性,对于构建系统重要性金融科技公司的监管框架具有显著的借鉴意义。因此,结合系统重要性金融科技公司的特殊性,以可靠性为目标对其进行有效的审慎监管,能够在一定程度上强化对系统重要性金融科技公司的激励约束,实现和维持其稳健运行。

首先,明确系统重要性金融科技公司的识别标准。评估和识别系统重要性金融科技公司并将其纳入监管,是对系统重要性金融科技公司实施审慎监管的前提和基础。从整体看,规模性、复杂性、关联性和可替代性是系统重要性的基本评估标准,对系统重要性金融机构的评估也采取的是以上指标。然而如前所述,不同于系统重要性金融机构因流动性风险引发系统性风险的逻辑,系统重要性金融科技公司主要是因技术风险导致系统性风险,因此对其系统重要性进行评估的重点并不在于资产规模而是在于客户规模和业务规模以及金融体系对其技术的依赖程度。加之金融科技公司存在不同样态,不能简单套用系统重要性金融机构的评估标准对其系统重要性进行判断,而是应当落脚到技术的关联性和规模的结构性上进行判断。因此,评估识别系统重要性金融科技公司宜参考以下标准:(1)客户规模,即使用该金融科技公司技术服务的金融机构数量在特定金融行业中的金融机构总量中的比重,如果该比重较高,则说明该金融科技公司覆盖了相当规模的金融机构客户,金融行业对其具有较强的依赖性,在一定程度上也产生了高度的关联性和不可替代性,故而其系统重要性也就更强;(2)业务规模,即依托该金融科技公司技术服务管理资产余额在特定金融行业管理资产总额中的比重,如果该比重过高,则说明该金融科技公司的技术服务覆盖了相当规模的金融业务,涉及的金融资产规模巨大,故而系统重要性也就更强;(3)技术依赖度,即该金融科技公司所提供技术服务的排他性程度,如果排他性程度较强,各类金融机构和金融消费者在该金融科技公司之外并无其他可能的选择,以至于该金融科技公司的技术服务成为金融市场关键的底层技术,则其毫无疑问具备系统重要性。另外需要说明的是,由于金融科技行业有其自身特殊性,许多金融科技公司并非以单一组织体而是平台生态圈的形态存在,[1]因此对系统重要性金融科技公司进行识别时有必要超越单一机构或简单的股权关联,而是要充分考虑金融科技行业的数据关联和技术关联,按照"实质重于形式"的标准进行穿透识别。

其次,完善以技术服务稳定性为重心的监管框架。金融科技技术服务的稳定性包含了两方面内容,即技术服务自身的安全性,以及技术服务提供的持续性。系统重要性金融科技公司主体经营的失败,以及其技术运行的失败,都有可能对整个金融市场造成系统性冲击。相比于系统重要性金融机构监管以流动性和偿付能力为重心的审慎监管框架,系统重要性金融科技公司的监管不仅需要关注其自身的稳健运行,而且更要关注其运营的技术的稳定性。一方面,系统重要性金融科技公司需要维持充足的资本,以合理的资本充足率和杠杆率要求确保其不至于因资金短缺或资不抵债而出现破产风险,进而造成金融科技技术服务的中断。在这个层面上,监管部门需要对系统重要性金融科技公司科以更加严格的市场准入标准,建立更高的资本金要求,并合理限定其负债率和流动比率,确保其财务状况保持在健康水平。另一方面,系统重要性金融科技公司需要审慎地提供技术服务,严格按照相关标准和要求确保数据安全和网络安全,防止因数据泄露、网络瘫痪、数据篡改、网络攻击、算法错误等问题造成金融活动中的风险,为金融市场提供安全、稳定且持续的技术服务。对此,监管部门需要针对系统重要性金融科技公司构建更为严格的技术合规、数据合规、网络安全合规的体系与附加要求,建立更加常态化、更高频次的现场检查机制,从而确保系统重要性金融科技公司的技术服务更加安全和稳定。

再次,优化系统重要性金融科技公司的治理结构。具备了系统重要性的金融科技公司不再仅仅只是作为提供金融科技技术服务的一般商事

---

[1] 参见冯果、刘汉广:《互联网平台治理的生态学阐释与法治化进路》,载《福建论坛(人文社会科学版)》2022年第4期。

主体,而是因其对金融市场的系统性功能以及在金融安全中的重要影响而具有一定的公共属性,因此不能再以一般商事公司的治理结构要求约束其内部治理,而是有必要采取合理措施优化其内部治理,从而防范其利益冲突和内部人控制。从金融科技公司的自身特点来看,其客户规模和业务规模的巨大并不意味着自身规模的巨大,也并不意味着自身治理结构的完备。为确保系统重要性金融科技公司的可靠运行,有必要建立与其系统重要性相适应的公司治理结构。笔者认为可以从以下几个方面优化系统重要性金融科技公司的治理结构:(1)完善透明高效的公司治理架构,进一步明确股东会、董事会、监事会和管理层之间的权责划分,且要求系统重要性金融科技公司的董监高任职须得到监管部门的资格许可,防止创始人或主要股东在公司治理中的过度控制,确保公司决策的科学与公允;(2)设立风险管理委员会,评估系统重要性金融科技公司运行中的各类风险因素,建立和落实系统性风险管理目标,制定风险防控的管理措施和监督落实机制;(3)探索特别管理股制度,引入国有资本或重要金融机构参股系统重要性金融科技公司,并赋予其在关键重要事项中的否决权,利用公司治理机制加强对系统重要性金融科技公司的约束。(4)建立强制性的外部董事制度,要求系统重要性金融科技公司的董事会中有不少于三分之一的外部董事,从而避免系统重要性金融科技公司因其并非上市公司而无须外部董事的制度漏洞,确保其决策的科学性与客观性。

最后,加强系统重要性金融科技公司的透明度与审计要求。由于系统重要性金融科技公司对整个金融市场的安全稳定具有显著的外部性,要求其保持相对的透明度并接受外部审计从而实现有效的外部约束就显得尤为必要。[1] 透明度要求系统重要性金融科技公司向公众进行必要的信息披露,审计则要求系统重要性金融科技公司委托中立的专业第三方对其运行状况进行评估和验证。具体而言,透明度和审计要求主要涉及以下三个方面:(1)治理,即公司内部组织机构的设置与运行,各机构之间的协同与制衡,以及决策形成与执行的整体流程是否符合最佳实

---

[1]　See Linsay Sain Jones, Tim R. Samples, *On the Systemic Importance of Digital Platforms*, University of Pennsylvania Journal of Business Law, Vol. 25, 2022.

践的要求,以外部约束塑造系统重要性金融科技公司的"善治",从而在其商业运行的实践中除实现商业利益外,还充分反映对金融消费者保护和金融安全等社会公共利益的追求;(2)财务,即公司经营的财务报告需要经审计并公开披露,以确保监管部门和社会公众充分知悉系统重要性金融科技公司的真实财务状况,从而评估其经营的稳健程度与风险水平,并以此形成有效监督和约束;(3)技术,即公司所提供金融科技技术服务的技术逻辑与架构、算法、数据处理流程与规则等需要在平衡商业秘密保护和用户知情权的基础上进行适当的披露与解释。例如,对于金融科技的关键算法,要按照算法透明度的要求进行解释、备案和审计,从而在一定程度上确保算法的可信,[1]并且能够通过算法的影响性评估实现对安全性的维护。[2]

(三)建立以可承受性为目标的风险处置机制

虽然按照可靠性目标构建的审慎监管体系能够在很大程度上防止和避免系统重要性金融科技公司的风险,但这并不意味着系统重要性金融科技公司的绝对安全。为了尽最大可能降低系统重要性金融科技公司的失败给金融体系造成的冲击和损害,我们需要将其失败风险的负外部性控制在可承受的范围之内,从而未雨绸缪地应对最坏的情形。因此,以可承受性为目标建立系统重要性金融科技公司的风险处置机制,在一旦发生系统重要性金融科技公司失败的"黑天鹅"或者"灰犀牛"事件时,给整个金融市场带来的系统性风险也能够得到有效处置和吸收,避免这种系统性风险扩散造成整个金融市场的崩溃。在这个角度上,系统重要性金融科技公司的风险处置机制并不能讳疾忌医式地停留于风险防范,而是应当根据疏堵结合的思维,提前构建风险发生之后的应对方案,将风险的负外部性降至最低。具体而言,可以从以下几个方面构建系统重要性金融科技公司的风险处置机制:

首先,建立系统重要性金融科技公司的压力测试机制。针对被识别

---

[1] 参见袁康:《可信算法的法律规制》,载《东方法学》2021年第3期。
[2] 参见汪庆华:《算法透明的多重维度和算法问责》,载《比较法研究》2020年第6期。

的系统重要性金融科技公司,监管部门应定期组织压力测试,评估其在遭遇极端的财务危机、技术瘫痪、运行崩溃等情形时继续维持其运行的能力。[1] 作为一种极端风险模拟,压力测试能够在未发生实际风险的情况下评估系统重要性金融科技公司失败以及金融科技技术服务中断后给金融体系造成的冲击程度以及危害后果,从而提前识别风险点以及风险传导路线,为风险实际发生后的处置提供参考。更为重要的是,压力测试的结果能够为风险发生提供警示,监管部门可以根据压力测试结果对系统重要性金融科技公司提出额外监管要求或采取相应的监管措施,实现查漏补缺,堵住风险源头以及扩散的关键节点。

其次,建立系统重要性金融科技公司的服务替代机制。虽然系统重要性金融科技公司具有较强的不可替代性,但当其技术服务中断或者系统崩溃时,只有及时采取服务替代方案才能尽可能维持技术服务的连续性,将其失败给金融市场稳定运行造成的冲击降至最低。这种服务替代机制的建立可以从以下几个方面进行探索:第一,要求金融机构在使用金融科技公司技术服务时确定备用服务商。备用服务商的选定既可以由金融机构在技术服务项目招投标时单独选定,也可以由金融科技公司在投标时作为联合体向金融机构备案。在未发生风险事件时备用服务商并不向金融机构提供技术服务,但须做好随时接手提供服务的准备。金融科技公司与备用服务商之间应制定接续服务的预案。第二,系统重要性金融科技公司所提供的技术服务应满足具备连通性和互操作性的技术要求,以便在备用服务商接手提供服务时能够以最低成本、最快时间恢复提供技术服务。尤其是在系统重要性金融科技公司失败后,其为金融机构提供的交易系统、云存储系统等技术设施可能会因服务中断而陷入瘫痪。金融机构更换此类技术设施将耗费巨大的时间成本和经济成本,当这些技术服务具备连通性和互操作性,备用服务商就可以在现有瘫痪或中断的技术设施软硬件的基础上尽快恢复运行,从而减少对正常金融活动的冲击。

最后,引入系统重要性金融科技公司的生前遗嘱制度。2008 年次贷

---

[1] See Rory Van Loo, *Stress Test Governance*, Vanderbilt Law Review, Vol. 75, p553(2022).

危机后,美国《多德—弗兰克法案》要求系统重要性金融机构制定恢复与处置计划,也称"生前遗嘱"。生前遗嘱的意义在于能够使系统重要性金融机构在遭遇经营困难时能够及时有效地采取既定措施,降低对金融市场的不利影响。[1] 系统重要性金融科技公司由于自身经营出现困境而导致其难以继续提供技术服务时,资产处置和业务移交都需要经过较长的磋商谈判过程,这必然会对金融科技技术服务的稳定持续产生重大影响。引入生前遗嘱制度,提前就出现危机后的资本充实、资产处置等事项进行安排,有助于缓和其经营失败给金融市场造成的巨大冲击。具体而言,可以从以下几个方面探索系统重要性金融科技公司的生前遗嘱机制:(1)明确主要股东的资本补充义务,即当系统重要性金融科技公司出现流动性短缺或资本不足的情形,主要股东应负有向公司补充出资的义务,这种安排在金融机构、金融控股公司的股权管理规范中已有实践。[2] 通过要求主要股东作出资本补足的承诺,有助于系统重要性金融科技公司及时补充资本,及时从困境中恢复正常经营,确保业务的持续;(2)制定资产和业务处置预案,即系统重要性金融科技公司应预先制定主要资产和业务的剥离方案和交易条件,以便于在出现危机时能够及时地完成核心业务的转移,避免长时间的不确定性影响金融市场活动的有序进行。

五、结论

随着金融科技在金融行业日益广泛且深入的应用,金融市场对金融科技公司的依赖性日益增强。一旦金融科技公司取得了系统重要性地位,其经营失败以及技术服务中断将会给整个金融市场带来巨大的系统性冲击。在当前金融科技公司监管框架的形成过程中,充分认识到系统

---

〔1〕 参见邹伟康、于海纯:《后危机时代大型金融机构"生前遗嘱"问题研究》,载《金融论坛》2020 年第 9 期。

〔2〕 例如《金控办法》第 27 条要求当所控股金融机构资本不足时,金融控股公司应当及时补充资本。《商业银行股权管理暂行办法》第 19 条要求商业银行主要股东需在必要时向商业银行补充资本。

重要性金融科技公司的特殊地位和潜在风险,结合系统重要性金融机构的监管经验和金融科技公司的运行特征,统合金融监管、数据治理、网络安全和竞争执法等不同场域的监管措施,科学构建针对系统重要性金融科技公司的规制方案,对于有效防范金融科技时代的系统性风险,维护金融安全与稳定具有重要意义。

第十章

金融科技背景下金融基础设施的系统性
风险及其监管因应

　　互联网、大数据、区块链、人工智能等金融科技技术与金融业务逐步走向深度融合。不仅市场主体纷纷加大金融科技力量投入以持续优化经营模式，增强企业核心竞争力，交易安排的确认与执行所依赖的金融基础设施同样面临自我革新以适应金融科技背景下市场创新的诸多需求与挑战。随着在金融基础设施中各类金融科技应用不断涌现，部分平台型金融科技公司也逐渐具备了金融基础设施功能。金融科技正从系统运行、管理、风控等多个方面影响我国现行金融基础设施体系。金融科技应用所带来的效益自不待言，但其也在金融基础设施建设过程中表现出潜在的系统性风险特征，如金融科技应用可能因技术故障导致金融基础设施系统运行中断，使金融交易无法正常结算、金融体系无法正常运转。然而，当前金融基础设施系统性风险监管仍依赖传统大型金融机构系统性风险管理的固有路径，对金融基础设施领域内由金融科技导致或产生于金融科技应用的系统性风险诱因应对不力。习近平总书记曾在第五次全国金融工作会议上强调，防止发生系统性金融风险是金融工作的根本性任务，也是金融工作的永恒主题。要把主动防范化解系统性金融风险放在更加重要的位置。[1] 金融基础设施是金融体系的柱石，对于金融稳定

〔1〕　参见习近平：《服务实体经济防控金融风险深化金融改革 促进经济和金融良性循环和健康发展》，载新华网，http://www.xinhuanet.com/fortune/2017－07/15/c_1121324747.htm，最后访问日期：2021年9月18日。

意义重大。故应密切关注金融科技在金融基础设施建设中的应用实践及其给现行金融基础设施体系带来的"破坏式创新"影响,警惕金融基础设施的系统性风险监管因存在疏漏而破坏金融稳定。

一、金融科技在金融基础设施建设中
的应用与展望

当前国际社会对金融基础设施的权威界定主要是根据 2012 年国际支付结算体系委员会和国际证监会组织技术委员会联合发布的《金融市场基础设施原则》(PFMI),其认为"金融市场基础设施"是"参与机构之间的多边系统(系统运行机构),用于支付、证券、衍生品或其他金融交易的清算、结算或记录支付",包括支付系统、中央证券存管机构、证券结算系统、中央对手方以及交易报告库。而根据《统筹监管金融基础设施工作方案》,我国金融基础设施统筹监管范围包括金融资产登记托管系统、清算结算系统(包括开展集中清算业务的中央对手方)、交易设施、交易报告库、重要支付系统、基础征信系统等六类设施及其运营机构。尽管对金融基础设施的内涵界定存在差异,但各国金融体系中同类金融基础设施的功能本质及特征表现其实大同小异。本书并不认为金融基础设施是一个包括所有硬件和软件系统的金融生态体系,但也并非仅止于 PFMI 所列的五大金融基础设施类型,而是为我国金融市场中任何标准化金融交易提供支付、登记、保管、清算、结算、记录等基础性、公共性、多边性服务的各类硬件系统与制度安排的总和。金融基础设施自诞生时起,便未曾与世界上最先进的科技成果失之交臂。金融科技以技术提供金融解决方案,其与金融基础设施的碰撞与结合实属情理之中。不过,金融科技应用于金融基础设施这一现象本身,其实蕴含着更为理性的技术实践逻辑。

(一)金融科技提升金融基础设施服务质效

金融科技参与金融基础设施建设可以通过金融科技创新成果优化现有金融基础设施服务,提高金融服务质效并保证服务安全。一方面,金融科技能够以技术创新成果改进金融基础设施的硬件系统,通过数据挖掘、机器学习、智能合约等技术成果优化金融基础设施市场中的交易流程安排,为资金配置提供科学依据,降低资金融通的边际成本,提升金融基础设施服务效率。一个具有代表性的创新成果便是将基于人工智能算法的自动化处理程序嵌入金融基础设施运行系统,通过实现业务流程的自动化、智能化应对金融创新增速带来的资源压力。算法执行行为比人类员工的工作行为更容易预测,由于它不会偏离其机器语言逻辑,也就不会出错或是绕过业务流程,从而可以更迅速、准确地协助金融基础设施提供市场服务。如结算系统中的智能软件机器人可以根据交易数据自动生成结算单、对账单,实现结算流程自动化,从而大幅提升结算效率。另一方面,金融科技技术创新可通过创造、优化用于缓解市场信息不对称的多种制度安排和科技工具,充分助力金融基础设施市场服务体系建设。首先,金融科技应用能增强金融基础设施市场的交易监测能力,协助监管机构履行监督管理职责。如深圳证监局搭建的证券公司风险监测系统、深圳证券交易所搭建的市场运行风险监测系统,均是通过技术创新增强了对市场违法交易行为的查处能力。其次,金融科技可助力普惠金融基础设施建设,增强其普惠金融服务能力。如金融科技运用于信用征信体系建设,不仅可优化征信服务功能,还能促进精准扶贫和金融普惠。[1] 最后,数据市场建设、关键数字金融基础设施的搭建离不开金融科技。在金融数字化的过程中,金融基础设施服务可为市场提供更多有效信息的生产和传递,提升金融服务的多元化和差异性。综上,金融科技不仅能在技术层面优化金融基础设施,更能帮助其构建更高效的市场服务体系,综合提升金融基础设施的市场效率。

(二)金融科技应用催生新型金融基础设施

金融科技发展过程中出现的部分新业态与传统金融业务之间存在显著差异,它们或许已然改变行业之间、市场主体与金融基础设施之间的关联结构,又或将以革命性技术创新成果颠覆现有金融基础设施,成为影响

---

[1] 参见倪庆东:《加快金融基础设施建设的四个着力点》,载《人民论坛》2019 年第 15 期。

金融稳定的新的不确定性因素。这些金融科技新业态无法由现有金融基础设施承载,或者以现有金融基础设施承载将导致过高的系统适配成本,因此监管机构不得不创造全新的金融基础设施。以支付清算基础设施为例,2016 年以前,非银行支付机构曾将大量客户备用金直接存放于不符合要求的商业银行,部分非银行支付机构甚至直接在各商业银行设立的中间账户与非银行支付机构业务账户(清算账户)之间进行资金划拨,从而规避中国人民银行的清算系统变相开展银行业金融机构之间的跨行资金清算业务。[1] 非银行支付机构与银行业金融机构的"直连"导致中国人民银行的支付体系监管存在漏洞,使得网络支付行业与银行业容易结成风险共同体,威胁金融稳定。因此,中国人民银行清算总中心等 45 家机构共同组建了网联清算公司以"断直连",负责非银行支付机构发起的涉银行账户的网络支付业务清算。[2] 此外,建设新型金融基础设施也是基于对基础设施服务效率与安全的孜孜以求,如利用区块链技术建设区块链金融基础设施。基于区块链技术的数字货币产品展示了区块链网络对变革现行支付清算系统的巨大潜能。相对于非法定投资型数字货币,[3] 使用央行发行的数字货币进行支付将直接在区块链网络中完成资金划拨,不再需要经历传统支付清算体系繁复的层层结算环节。[4] 由此可实现真正的即时支付,从而大幅提升支付清算与结算效率。同时,基于区块链网络共识机制的去中心化信用和交易数据的不可更改特性,利用区块链金融基础设施进行支付清算的安全性也可得到保障。可见,金融基础设施的功能、结构不仅影响金融创新方向,金融科技应用在金融市场

---

[1]　参见廖凡:《论金融科技的包容审慎监管》,载《中外法学》2019 年第 3 期。此前支付宝的典型业务模式就是在各商业银行开立中间账户,通过各中间账户与支付宝业务存户(清算户)之间的资金划拨,将实质上的跨行清算转换为形式上的同行清算,从而规避 2010 年《非金融机构支付服务管理办法》(已失效)所明确规定的"支付机构不得办理银行业金融机构之间货币资金转移"的义务。

[2]　参见中国人民银行:《2018 年支付体系运行总体情况》,载中国人民银行官网,http://www.pbc.gov.cn/goutongjiaoliu/113456/113469/3787878/2019111315220962373.pdf,最后访问日期:2021 年 5 月 18 日。

[3]　投资型数字货币一般由私人机构发行,作为数字资产在数字货币交易所交易,并主要依靠中央证券存管系统、证券结算系统提供基础设施服务。

[4]　参见姚前:《基于区块链的新型金融市场基础设施》,载《中国金融》2019 年第 23 期。

的发展实践对金融基础设施的建设与革新亦具有反作用。

(三)平台型金融科技公司作为类金融基础设施

伴随着金融科技兴起,互联网金融企业依赖金融科技搭建各类业务平台和系统,以便开展金融创新,拓展市场基础。以金融科技为基础的业务平台和系统不同于清算结算系统和中央对手方等传统金融基础设施,但根据其市场功能、地位及关联结构,部分平台和系统在一定市场范围内提供具有公共服务属性的金融基础设施服务,[1]可以被识别为一种特殊的金融基础设施。从功能上看,互联网金融企业所搭建的数字平台多为信息中介,并无意也不能成为中央对手、信用中介。例如,相关法规明确规定网络借贷企业在开展业务活动时的法律地位仅为信息中介,不能认为其业务平台是为出借人和借款人买卖"债券"提供登记、保管、结算服务的中央证券存管机构和证券结算系统。[2]然而,在互联网金融行业发展过程中确有部分业务平台和系统逐渐具备了金融基础设施的功能,属于金融科技背景下金融基础设施发展出的新样态。其中,一类是被动演进的、逐渐具备金融基础设施功能的平台型金融科技公司。在一定市场范围内,市场参与者之间在达成交易时可能自发地依赖某一金融科技平台提供的基础性、公共性便利条件,使其在正常经营过程中逐渐发挥了事实上的金融基础设施的作用。例如互联网金融企业建设的代销型平台即具备 PFMI 第 24 条中关于交易报告库的特点,属于类交易报告库。[3]又如蚂蚁集团支付宝平台,其本身即内嵌部分支付清算系统(目前仅具备收单功能),也即事实上的金融基础设施。另一类是主动建设的、直接具备金融基础设施功能的平台型金融科技公司。为提升整体交易效率、普遍降低交易成本,市场势力往往主动联合,就市场交易的基础性、公共性交易条件达成安排,建设便利所有市场参与者的数字基础设施

---

[1] 参见刘绪光、肖翔:《金融科技影响金融市场的路径、方式及应对策略》,载《金融发展研究》2019 年第 12 期。

[2] 参见岳彩申:《互联网金融平台纳入金融市场基础设施监管的法律思考》,载《政法论丛》2021 年第 1 期。

[3] 参见岳彩申:《互联网金融平台纳入金融市场基础设施监管的法律思考》,载《政法论丛》2021 年第 1 期。

平台,如由互联网金融协会牵头成立的百行征信公司(信联)。作为我国信用征信体系的重要组成部分,其主要利用大数据技术汇集包括金融数据在内的多种个人、企业信用数据,本质上是一个大型数据库,是央行征信中心数据库的重要补充。

归结起来,金融科技参与金融基础设施建设具有以下特征:其一,适应性。金融科技成果的应用实践具有适应金融市场创新的特点,其往往会根据金融体系发展的需要,随着市场结构变化和风险变迁不断更新升级原有的金融基础设施;其二,前瞻性。从金融基础设施风险管理的功能本质看,金融科技成果的应用实践很大程度上旨在增强监管机构捕捉风险因素、实施监管执法的能力,而这依赖于金融基础设施的各种制度安排和监管工具的先进性;其三,全面深化。金融科技应用呈现出全面深化金融基础设施功能的趋势。在市场竞争和监管要求的双重动力下,金融基础设施开始主动探索如何利用金融科技成果全方位革新自身服务。不仅覆盖面广,涉及支付系统、中央证券存管系统、证券结算系统、中央对手方、信用征信系统、交易报告库等多类金融基础设施,而且力求自内而外的深刻变革,探索经营模式数据化、业务流程自动化、风险监管科技化等多个维度,助力金融基础设施更好服务市场。

二、金融科技对金融基础
设施系统性风险的影响

金融基础设施的金融体系支柱地位对于保持金融稳定、促进金融发展、缓冲风险冲击、提供信息传递均有助益,[1]因而其系统性风险管理也就成了金融基础设施市场各利益相关方的重要期待。金融科技参与金融基础设施建设的既成事实,以及金融科技应用对金融基础设施系统性风险的影响是本章讨论的前提性判断。

---

[1] 参见[德]马丁·迪尔等编:《金融基础设施经济学分析》,中央国债登记结算有限责任公司译,中国金融出版社 2019 年版,第3—4 页。

（一）金融基础设施系统性风险生成机理

如今，金融基础设施与金融体系中几乎所有的成分均关联甚密，形成了一张错综复杂的金融网络。基于关联关系，网络中任一成员的问题都可能成为整个金融体系的问题。因此，从关联网络的角度讨论金融基础设施的系统重要性十分必要。

一个金融基础设施在金融体系中与其他主体或成分之间的直接关联主要有三种：其一是金融基础设施与其成员（市场参与者）之间的机构性关联；其二是金融基础设施与其他金融基础设施之间的系统性关联；其三则是金融基础设施与外部服务提供商之间的一般性关联。[1] 凭借具体的关联关系，市场参与者、金融基础设施以及金融科技公司可能因各种原因出现经营管理风险而影响金融基础设施的正常运行，严重的或将导致金融基础设施出现运行机制或者业务功能中断，进而使得金融系统无法运转。这种因金融基础设施运行机制或业务功能中断以致无法为金融市场持续提供基础性服务，使得金融系统出现运行困难的可能性，可称之为金融基础设施系统性风险。可见，鉴于其金融网络中心性，[2] 金融基础设施的系统性风险管理亦极为必要。

在技术与监管力量的驱动下，金融风险复杂化和金融监管模式趋同化要求金融基础设施主动承担起更多市场风险管理的职能，[3] 帮助监管机构、市场参与者等了解市场风险水平。这往往需要金融基础设施以中央对手、信用中介的身份承担所有市场交易风险，如成为金融基础设施市场中所有交易合同当事人（卖方或买方）的中央对手方，便将承担所有信用风险。同时，其介于私人机构与政府部门之间的公共组织地位又意味着金融基础设施不能以营利为目的，[4] 这使其面临巨大的风险资源压

---

〔1〕 参见［德］马丁·迪尔等编：《金融基础设施经济学分析》，中央国债登记结算有限责任公司译，中国金融出版社2019年版，第4页。

〔2〕 中心性被广泛用于衡量网络中某个参与者的重要性，通常以度数或强度来度量。

〔3〕 参见焦瑾璞等：《中国金融基础设施功能与建设研究》，社会科学文献出版社2019年版，第85页。

〔4〕 参见季奎明：《金融市场基础设施自律管理规范的效力形成机制》，载《中外法学》2019年第2期。

力。例如中国证券登记结算公司不仅对证券交易当事人的信用风险承担责任,而且需对结算参与人和托管银行的信用风险承担责任。[1] 这是由实体经济通过金融基础设施向虚拟经济分散、转移具体经营风险的金融功能本质决定的,即部分市场风险在金融工具通过金融基础设施进行交易的过程中被集中、分割、转换成金融基础设施的风险。如图10-1,a 公司与 b 公司都是证券结算系统(SSS)、中央对手方(CCP)以及支付系统(PS)等金融基础设施的成员,a 公司的违约会导致 b 公司以及其他市场参与者以自身的资源来弥补三家金融基础设施的风险缓释成本,[2]通过将风险分散给其他市场参与者,增大金融基础设施面对整个市场的风险管理压力。

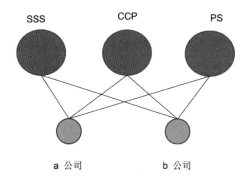

图 10-1 金融基础设施的连接网络

值得警惕的是,金融基础设施的业务风险可能进一步变为金融基础设施系统性风险。这或是因为交易对手违约,或是由于突发的技术故障,抑或是系统受到网络攻击。尽管原因多种多样,但支付系统的每一次支付迟延、证券结算系统和中央对手方的每一次交易结算失败都构成一次初始系统性冲击并将造成一定的风险缓释成本。通常情况下,几乎所有支付、结算风险的对冲成本均由金融基础设施自身来承担,如利用自身的业务风险基金等风险资源弥补损失。但金融基础设施业务风险与收

[1] 参见赵磊:《证券交易中的信用机制——从中央存管(CSD)到分布式账本(DLT)》,载《财经法学》2019 年第 3 期。
[2] See Fuchun Lia and Hector Perez-Saiz, *Measuring Systemic Risk Across Financial Market Infrastructures*, Vol.34: Journal of Financial Stability, p1–11(2018).

益具有不对称的特性,有限的风险资源意味着其在一定时间内承受风险事件冲击的能力是存在极限的,一旦超过这个限度,或是较短时间内交易失败的次数增长过快而超过金融基础设施的损失吸收能力,金融基础设施便会因信用危机而无法承担起中央对手、信用中介的职能,不能为金融市场处理体量庞大的标准化交易,以致金融系统无法运转。由于金融基础设施已经出现瘫痪或濒临破产可能,其危机事件恢复与处置机制便会启动对金融基础设施进行最后挽救。但此时金融基础设施系统性风险的影响随着关联网络中的资金渠道、预期渠道等多种途径,[1]由一个或多个市场参与者扩散到其他相关市场参与者,并将造成一系列连续性损失,增加损失吸收压力,甚至可能构成二次冲击乃至成为系统性风险的源头。[2]

(二)金融科技应用对金融基础设施系统性风险的影响评估

对系统性风险管理而言,金融科技应用于金融基础设施市场最大的用益或许在于其较好地解决了信息不对称问题。金融交易是跨时间、跨空间的人际价值交换,是把交易双方在不同时间的收入进行互换,彼此信任是交易成功的关键。[3] 在金融基础设施市场中,强势交易者与弱势交易者之间存在信息不对称,由此可能出现的逆向选择、道德风险问题就成为交易双方的信任障碍,也为金融基础设施信用风险管理埋下了隐患。为更好促进金融交易的确认与执行,发挥金融基础设施的资源配置和风险管理功能,合规备案、信息披露、资产评估等大量信息工具被开发出来帮助买卖双方建立信任并达成交易。大数据、区块链、人工智能等金融科技元素加入信息工具强化了数据与业务的多机构联通和传递,[4]从而促

---

[1] 参见方意等:《金融科技领域的系统性风险:内生风险视角》,载《中央财经大学学报》2020年第2期。

[2] 参见张晓朴:《系统性金融风险研究:演进、成因与监管》,载《国际金融研究》2010年第7期。

[3] 参见杨东:《互联网金融的法律规制——基于信息工具的视角》,载《中国社会科学》2015年第4期。

[4] 参见靳文辉:《法权理论视角下的金融科技及风险防范》,载《厦门大学学报(哲学社会科学版)》2019年第2期。

进了信息在金融网络中的广泛共享，[1]有利于金融基础设施更好缓解市场信息不对称，降低了金融基础设施的系统性风险。

在数据收集上，金融科技应用能够打破市场信息获取的时空限制，对所有以互联网为基础的交易的金融、征信数据进行全方位电子捕获，保证数据多维度深度触达。在数据流动上，金融科技应用能够为信息工具赋能，通过监管大数据、风险态势分析、企业产品画像等促进数据多向度流动，推动数据共享以消除"信息孤岛"，增强弱势交易者的信息博弈能力。[2]在数据处理上，金融科技应用能够改变监管机构重结构化数据分析、轻非结构化数据分析的现状，[3]克服难以了解风险市场真相的局限，以机器智能增强市场数据分析与风险判断能力。如此，金融基础设施将利用金融科技获得更大的技术禀赋。从业务处理到风险监测，再到数据挖掘及合规监管，内嵌算法编程的金融科技应用将清晰明确地指挥整个金融基础设施运转。系统运营的自动化、智能化不仅会提高金融基础设施服务的效率，同时也将在一定程度上打破虚拟经济发展和系统性风险管理的桎梏。新型金融创新产品能更频繁地通过基础设施服务对接进入市场，风险监测与监管干预也能够更便捷、高效地通过金融基础设施网络发挥作用。可见，金融科技应用有助于强化金融基础设施市场信用和风险管理，从而防控金融基础设施系统性风险的积累和传播。

但另一方面，金融科技在为金融市场和金融基础设施提供新型技术方案的同时，金融科技应用蕴含的风险可能会使金融基础设施面临的系统性风险诱因更加敏感、复杂。技术自身固有的不完备性和脆弱性，[4]技术研发、应用的负面影响和非中立性，意味着金融科技应用自身不仅可能出现故障和失控，也可能因其设计者、运营者的过失操作、故意操纵乃至外部人员的恶意攻击而出现问题。与此同时，金融科技帮助互联网金

---

[1]　参见许多奇：《互联网金融风险的社会特性与监管创新》，载《法学研究》2018 年第 5 期。

[2]　参见李安安：《互联网金融平台的信息规制：工具、模式与法律变革》，载《社会科学》2018 年第 10 期。

[3]　参见结构化数据通常是具备金融性质的数据，如财务会计报告、资本计量模型分析等；非结构化数据通常是企业或消费者活动的副产品，但其反映了金融市场行为特征，与风险分析密切相关，因此也应当被整合用于风险判断。

[4]　参见袁康：《金融科技的技术风险及其法律治理》，载《法学评论》2021 年第 1 期。

融企业、传统金融机构等市场参与者构建了以互联网为基础的交易网络,以科技手段强化了金融网络成员彼此之间的信息与业务关联(通常是经济或法律关系),使风险传递更加迅捷而难以防控。故而,金融科技应用的风险若在一个市场参与者处触发,便可能迅速通过上述关联传递给其他市场参与者而引发共同风险暴露,给特定金融基础设施带来外部冲击;而该风险若在一个金融基础设施内部触发,也可能以资金或预期渠道迅速传递给其他金融基础设施和市场参与者,进而引发二次外部冲击。

具言之,其一,金融科技使金融基础设施面临来自金融市场的更大风险冲击,增加了金融基础设施的系统性风险管理压力。金融科技繁荣使得市场创新风险大幅增加。作为以技术驱动的金融创新,金融科技本身就意味着对原有金融体系的"破坏式"冲击。然而,互联网金融企业展业并不规范,金融科技应用中的技术风险可能进一步增大金融市场风险。如前文提及的非银行支付机构的直连问题以及网络借贷平台的卷款跑路问题都是前车之鉴。智能投顾、量化交易程序的人工智能算法存在输入数据与输出结果之间的逻辑黑箱,[1] 可能会诱发算法同质化风险,导致个体非理性诱发群体非理性的"合成谬误"或"羊群行为",[2] 使标准化交易风险在极短时间内完成量的积累并促成质变,冲击金融基础设施。一时间金融市场巨大的风险暴露或将使金融基础设施无力为金融体系缓冲风险而导致系统性风险。

其二,金融科技应用可能放大金融基础设施的传统操作风险,使微小失误成为具有系统性影响的风险事件。操作风险通常与不适当的操作和人工失误密切相关,可能在内部控制和信息系统存在缺陷时导致不可预期的损失。[3] 以清算结算操作为例,尽管可以依靠智能软件机器人辅助,但最后的结算操作一般由人工执行。一次操作失误可能会将不符合条件的所有交易在不恰当的时间尽数结算,造成金融基础设施信用风险

---

[1] 参见许可:《人工智能的算法黑箱与数据正义》,载《社会科学报》2018 年 3 月 29 日,第 6 版。

[2] 参见王怀勇、邓若翰:《算法趋同风险:理论证成与治理逻辑——基于金融市场的分析》,载《现代经济探讨》2021 年第 1 期。

[3] 参见杨东:《监管科技:金融科技的监管挑战与维度建构》,载《中国社会科学》2018 年第 5 期。

骤升。金融基础设施出现信用风险之后,金融科技信息工具会迅速将风险信息传递给所有市场参与者。在利益关切下市场参与者会积极参与信息真伪的求证。此过程中,真实信息可能因人为因素被扭曲、篡改,错误信息经过多次反复交互影响不断被同化,使市场参与者的恐慌心理和非理性行为进一步强化,最终"加快信用风险传染的速度,扩大信用风险传染的影响范围和力度"。[1]

其三,金融科技参与建设金融基础设施存在技术风险,这可能会增大金融基础设施自身的系统运营风险。金融科技应用中技术细节的专业性所造成的技术方案设计者与使用者之间的信息鸿沟,可能会招致技术滥用和道德风险。[2] 问题在于,即使拥有算法的源代码,算法黑箱中的隐层逻辑依然无法完全被算法运营者勘破。故而,具有创新和逐利动机的金融科技公司也可能放松金融科技应用的技术风险防控,采用未成熟的新技术或未予充分提示风险,从而间接促成金融基础设施系统性风险的生成。此外,网络攻击的巨大威胁使得内嵌诸多金融科技应用的金融基础设施非常脆弱,难以应对算法攻击带来的数据盗窃、信息泄露问题。即使是具有不可更改特性的区块链系统网络,其加密数据和软件也可能因超过 50% 的算力攻击而被强行解码。几乎所有数字货币交易所都频繁地成为黑客们的恶意网络攻击对象,甚至部分交易所还曾被窃取过大量数字货币。[3] 网络攻击事件的发生主要由利益驱动,盗窃资产是常见情形,但恶意攻击金融基础设施的技术弱点却可能使其系统运营陷入困境乃至瘫痪。若金融基础设施没有足够的技术和监管力量,金融稳定将岌岌可危。

无论何种情形,因金融科技应用产生的多种风险都可能导致金融基础设施服务中断、延迟、质量下降,或是出现系统运行故障、系统衔接故障乃至系统崩溃和金融基础设施瘫痪。一旦金融基础设施运行机制和业务

---

[1] 许多奇:《互联网金融风险的社会特性与监管创新》,载《法学研究》2018 年第 5 期。

[2] 参见袁康、邓阳立:《道德风险视域下的金融科技应用及其规制——以证券市场为例》,载《证券市场导报》2019 年第 7 期。

[3] 如 2018 年 1 月 26 日,日本比特币交易所 Coincheck 称该所的 5.23 亿个"新经币"(NEM)被盗,导致交易所需利用自有资金向 26 万客户赔偿约 4.26 亿美元,给其风险资源造成了巨大压力。

功能因金融科技应用出现问题,如无法及时完成清算、结算或是风险暴露监测失效,可能会导致具体风险随着金融基础设施、市场参与者之间的关联网络进一步转化、传染,增加整个金融体系的风险暴露程度,从而引发系统性风险。

三、金融基础设施系统性
风险监管的局限与革新

我国金融审慎监管主要围绕大型金融机构展开,但"大而不倒"的机构并非金融科技背景下金融稳定的唯一潜在威胁,金融科技所增加的"太关联而不倒""太快速而不倒"问题也需要金融基础设施系统性风险监管提供坚韧的创新风险缓冲屏障。对金融基础设施系统性风险传统监管思路的过度依赖或将难以应对金融科技繁荣所带来的系统性风险诱因变化和金融基础设施发展需求。

(一)金融科技时代金融基础设施系统性风险监管之局限

1.金融基础设施系统性风险监管的资源压力

系统性风险生成、传导、爆发、扩散的复杂性决定了其风险监管的巨大资源需求,金融基础设施系统性风险监管亦不例外。金融基础设施的系统性风险监管主要围绕金融基础设施运营机构和金融基础设施市场参与者展开,前者为金融基础设施建立多种稳健性风险控制机制,后者则通过制度激励降低市场参与者违约风险。由于面对的是整个市场的风险,这两者均需要大量资源投入。但当前的系统性风险监管将大部分资源投放于大型金融机构和系统重要性机构。如商业银行风险监管需从资本、流动性、盈利、大额风险暴露等多个维度、数十个指标体系进行监测分析。随着金融科技本身作为一种新的系统性风险因素遍及众多金融市场参与者和金融基础设施本体,金融基础设施风险管理需求的不断增加愈加彰显出监管资源的匮乏。

由于金融基础设施通常由监管机构及其下属单位牢牢掌握,可根据金融基础设施体系评估标准及时增加监管资源投入，故而由内生因素导致的系统性风险并不多见。然而，监管机构对金融基础设施系统性风险外生诱因的管控则相当有限。其主要原因之一便是监管资源的缺乏限制了执法工作对监管需求的积极与主动的回应。例如，在网联清算公司成立以前，监管机构未能将众多支付机构类金融科技公司列为金融基础设施系统性风险管理对象，一定程度上增大了支付清算基础设施的系统性风险。因此，根据金融科技的应用实践，对金融基础设施系统性风险监管措施进行增补、调整殊为必要。例如可能对具体执法机构、人员、制度、工具、方法等提出新的要求，从而使本就极为复杂的金融基础设施风险管理更添几分资源压力。

另外，金融科技应用可能使传统金融基础设施面临更大的系统性风险管理压力，这也意味着更大的风险监管资源需求。作为市场参与者，不论是从会员管理抑或市场监管的角度，金融科技公司和金融机构均需接受金融基础设施系统性风险管理。随之而来的监管资源压力源于不断趋严的监管催生海量的合规数据，而风险监管方法、数据处理技术无法与新的监管需求相匹配。特别是需要综合处理整个市场的各类数据、整体评估金融基础设施体系的系统性风险时，这种资源压力将更为明显。总之，随着金融科技应用在金融基础设施中的应用不断增加，金融基础设施系统性风险监管的主动性及有关需求也随之增加，组织与技术保障的缺乏或将使监管工作面临资源危机。

2. 金融基础设施系统性风险监管的动机缺陷

降低金融基础设施系统性风险本质上是一种公共产品，应由监管机构及其下属单位主动提供，如金融基础设施运营机构内部控制和市场参与者风险管理。就目前的金融基础设施体系建设成果来看，公共产品供给所提供的系统性风险监管激励是有效的。现代金融市场的基本稳定和快速发展得益于由"监管办市场"发展而来的金融基础设施体系保障。但这同时也直接导致监管机构及其下属单位以绝对持股、间接控股等形式掌控几乎所有金融基础设施机构。例如央行监管的银行间市场清算所股份有限公司和中国证监会监管的全国中小企业股份转让系统有限公司。[1] 由此观之,金融基础设施的所有者在一定程度上担任了自身的监管者。

尽管"自我监管"能够有效保证金融基础设施的稳健运营,却也存在一定局限,即基于监管机构的绝对控制和保护,金融基础设施的重大风险难以预料且实属低概率事件,监管机构及其下属单位容易在日常监管中不断降低社会最优评估范围。[2] 而在风险更加复杂的金融科技市场中,具备金融基础设施功能的平台型金融科技公司常因创新优势使其在与监管机构的互动中占据主动,监管者则往往因事后反应式的监管思维方式显示出滞缓、落后的特点。例如,网络借贷行业的风险整治行动便是典型的事后监管案例。"自身懈怠"与"对手进步"叠加,金融基础设施系统性风险监管很可能陷于一种低效困境,无法充分评估新风险因素的潜在影响,体现出公共产品单一供给的潜在被动性、滞后性。

金融科技背景下的金融基础设施系统性风险监管需要具备一定主动性,能够积极回应市场风险监管的需求。相较于传统金融基础设施,新型金融基础设施的建设以相对市场化的股权结构回应了这一点,使得金融基础设施系统性风险管理获得了更多市场助力。如网联清算公司由监管机构与市场势力共建,虽然金融基础设施仍然由监管机构掌控,但监管机构及其下属单位绝非唯一意志。[3] 虽说不同类型所有者之间可能会存在

---

[1] 银行间市场清算所股份有限公司虽由中国金融交易中心与中央国债登记结算公司分别持股46.67%和33.33%,但中国金融交易中心由央行全资持股,中央国债登记结算公司也由央行进行业务监管。因而,表面上该金融基础设施由外汇交易中心、中央国债登记结算公司、中国印钞造币公司、中国金币公司共同设立并管理,其管控人实际上为中国人民银行。全国中小企业股份转让系统有限公司的股权由上海证券交易所(20%)、深圳证券交易所(20%)、中国证券登记结算公司(20%)、上海期货交易所(16.6667%)、中国金融交易所(16.6667%)、大连商品交易所(3.3333%)、郑州商品交易所(3.3333%)共同持有,但这些金融基础设施的主管机关均为证监会,因而全国中小企业股份转让系统实际上仍然受到证监会的管控。
[2] 参见[英]李儒斌:《运转全球市场:金融基础设施的机构治理》,银行间市场清算所股份有限公司译,中国金融出版社2019年版,第319页。
[3] 如网联清算有限公司注册资金20亿元,股东总数44家,其中38家为支付机构。在股权结构的设计上,央行为第一大股东,其下属6家单位(央行清算总中心、上海清算所、黄金交易所等)共出资约7亿元,占股比例超过30%;支付宝和财付通分别持股约10%;中国清算支付协会持股比例为3%,代表不符合入股资格的中小支付机构行使投票权。

一定的协调问题,金融科技公司利用创新科技改进风险监测、优化系统运行以节省系统性风险管理成本、降低基础设施服务费用的动机更具主动性。简言之,"市场所有者"的科技创新及自利动机能够弥补"监管所有者"公共产品供给动机的局限,避免金融基础设施系统性风险管理陷于被动和低效。

3.金融基础设施系统性风险监管的数据局限

由于缺少监管资源,监管机构的系统性风险监管执行不可避免地会依赖大型金融机构的内部控制和自我监督。[1] 例如对于系统重要性银行的外部监督检查,巴塞尔协议 II 以及巴塞尔协议 III 要求银行提供内部资本充足评估,并结合监管机构的监管复核评估,共同确认大型银行的差异化资本监管要求。我国的系统性风险监管执行也主要通过审查各大型金融机构、金融科技公司的财务会计报告,检查金融基础设施的 PFMI 信息披露报告,来判断其是否满足风险控制要求。这种以内部控制报告为主要审查内容的风险监管方式体现了监管执行的数据依赖性。

依赖业务指标审查的局限在于,它过于关注细节和程序,虽然能够保证组织或机构具备标准化的内部治理体系和风险控制制度,从而规范市场经营行为,却无法积极回应金融市场创新。特别是在金融科技时代,一家金融科技公司的经营模式和风险偏好可能在较短时间内几度变化,难以通过量化业务指标的方式进行风险捕捉,更无法以标准化的检查程序实现风险识别。如此,在监管机构视阈中很多正常且不显眼的指标背后,很可能隐藏着不一致甚至完全相反的风险事实。金融基础设施的内部控制与自我监管也是系统性风险监管的重要组成部分,但监管机构对金融基础设施的监管同样依赖其运营机构的内部控制报告。这可能会使监管机构忽略金融基础设施市场的整体风险,给金融稳定埋下隐患。

即使金融机构、金融科技公司和金融基础设施的内部控制和自我监督所提供的监管数据能够如实反映其经营和运行状况,内控报告审查的风险监测滞后性、片面性也难以应对金融科技时代的市场创新速率。一方面,合规审查本质上是事后反应型监管。由于开展监管执行工作的前提是各监管对象及时提交其合规数据,这就使得监管执行始终落后于

---

[1]　参见廖凡:《论金融科技的包容审慎监管》,载《中外法学》2019 年第 3 期。

市场发展。实践表明,治理这些能够预防的市场风险问题耗费了大量监管成本和社会成本。另一方面,金融科技推动金融市场主体建立以互联网为基础的数字交易体系,信息环境的复杂多变与金融基础设施的数据局限也难以保证金融科技应用的最佳设计效果,从而使金融基础设施运营者风险报告的准确性、完整性存疑,这意味着风险监管可能存在疏漏。

(二)金融科技时代金融基础设施系统性风险监管之革新

促进金融普惠、提升金融效率等优点让监管机构从一开始就提出要对新科技发展保持敏锐、支持、宽容,但监管机构未必具有足够的科技知识和清晰的科技预见性,[1]容易在风险监管上陷入两难。金融基础设施的系统性风险监管应避免过度关注机构治理、依赖内控报告,而应采取更加主动的风险监管策略,从监管基础、监管方式、监管工具等多方面增强监管机构自身的监管能力。

1.以高效信息协同为风险监管基础

从金融基础设施的关联网络看,市场参与者在一个金融基础设施市场中的违约可能导致其他市场参与者不能履行其在另一个系统或市场中的义务。由于支付系统、清算结算系统等金融基础设施是系统性危机传播的关键渠道,[2]金融科技的应用可能使其以更难以预料的方式增加、转移、集中、转换风险。因此,监管机构也必须以更高效的方式打通各金融基础设施之间的信息和数据流动,以便对各金融基础设施市场有及时、充分的了解,这是金融基础设施系统性风险监管的基础性、保障性条件。最理想的情况是监管机构能够全面、完整地掌握所有金融基础设施市场的信息,像英格兰银行首席经济学家安德鲁·霍尔丹在 2014 年一次演讲上所期望的那样,能够在一张显示屏上实时追踪、标注全球金融市场资金流动。借助金融科技力量促进金融基础设施市场信息的高效协同,在必要时迅速形成对金融基础设施系统性风险的科学分析和处置决策,这并

---

〔1〕 参见杨燕青、周徐编:《金融基础设施、科技创新与政策响应——周小川有关讲座汇编》,中国金融出版社 2019 年版,第 42 页。

〔2〕 参见[德]马丁·迪尔等编:《金融基础设施经济学分析》,中央国债登记结算有限责任公司译,中国金融出版社 2019 年版,第 74 页。

非不可能实现的任务。

2.全面性、前瞻性的风险判断式监管

金融安全是国家安全的重要组成部分,准确判断风险隐患是保障金融安全的前提。[1] 金融基础设施系统性风险监管应突破审计监管的被动性和滞后性,采取以风险判断为基础的监管,突出金融科技时代监管的全面性和前瞻性要求。金融科技使得系统性风险诱因更加复杂多变且风险一旦暴露便难以阻断。由于风险从本质上难于测量,风险程度只有在暴露后才能知晓,但若此时再采取措施则为时已晚。从根源上制约风险形成是必然选择。全面性要求监管要能够尽可能覆盖所有风险源头,防止风险监管存在疏漏;前瞻性要求监管要具有较强的创新适应性,能够尽早发现风险诱因并采取早期干预措施。

就金融基础设施系统性风险监管而言,一方面,市场参与者、金融基础设施以及金融科技公司可能直接导致金融基础设施系统性风险,故应重视其组织管理,特别是要关注其组织战略、经营模式、机构文化、激励结构等非审计监管重点但可能滋养过度风险行为的环境因素。另一方面,金融科技应用本身也构成潜在的风险源,可能妨碍监管机构对金融机构、金融基础设施乃至整个金融体系的风险监管与监测。故也有必要构建管理所涉金融科技应用的风险监管制度,保持对金融科技应用风险的敏感度,确保既能够及时进行预警,又能够在制度框架内采取适当的处置措施,防止风险进一步扩大。需强调的是,监管人员对金融基础设施系统性风险管理的风险质疑判断应突破审计指标体系的局限,以监管法规的立法精神为更高基准看到风险控制、机构治理的缺漏,并敢于向所有者(监管机构)提出质疑。

3.金融基础设施系统性风险的科技监管工具

面对监管资源及能力困境,运用监管科技,以技术监管技术是重要的解决方案。监管科技的作用不仅在于突破传统监管工作的多重限制,以工具价值弥补监管机构的能力短板,它本身也能成为一种金融监管方

---

〔1〕　参见胡金焱、孙健、郭峰:《我国金融业在改革创新中发展壮大》,载《人民日报》2018年8月14日,第07版。

式,使科技与金融监管相结合,推动"代码即法律"实践,以技术规则先于法律规则对风险行为进行规范。在金融基础设施系统性风险的监管中,一方面,监管科技能够更有效地获取、处理、分析监管数据,以信息共享帮助监管机构深度掌握金融基础设施、市场参与者及市场整体的风险状况,为监管法规的制定及执行提供更加科学的依据;另一方面,监管科技能帮助监管机构革新金融基础设施系统性风险监管的思维方式,面对金融科技的"入侵",摆脱依赖内控指标、机构治理在系统性风险管理方面的滞后性、片面性,采取更加主动、全面、前瞻的创新性监管方法。

由监管机构联合市场势力以区块链技术搭建金融基础设施运行的分布式账本,或可成为能够自动阅读、分析市场数据,监督金融基础设施系统性风险发展情况的重要科技监管工具。基于可信任、难篡改的特征,分布式账本技术可以给金融基础设施系统提供一种具有高安全性的底层架构改造,在金融基础设施系统中为监管提供接口,[1]监督市场风险。如在一条联盟链上汇集单个金融基础设施市场的会员/客户、账户、风控、交易等信息,嵌入监管节点自动阅读市场的分类账本并在各金融基础设施系统之间通过跨链协议实现互联互通。一个较大的技术挑战在于如何在共识机制中嵌入系统性风险监管规则。鼓励具备公信力的第三方机构参与区块链治理并进行上链信息的真实性验证或是一种可行方案。[2] 由于联盟链中包含会员/客户、平台、监管、第三方等多种节点,该科技工具也可以提供相对开放的金融基础设施系统性风险的协同治理空间。[3]

四、适应金融科技发展的金融 基础设施系统性风险监管

金融基础设施体系面临由金融科技驱动的来自金融市场创新和内部

---

〔1〕 参见李晓楠:《区块链金融基础设施监管研究》,载《金融监管研究》2020 年第 10 期。

〔2〕 参见巴曙松、魏巍、白海峰:《基于区块链的金融监管展望——从数据驱动走向嵌入式监管》,载《山东大学学报(哲学社会科学版)》2020 年第 4 期。

〔3〕 参见徐忠、邹传伟:《区块链能做什么、不能做什么?》,载《金融研究》2018 年第 11 期。

自我革新的双重影响,金融服务效能的整体提升也伴随着系统性风险威胁的安全隐忧,这对当前的金融基础设施系统性风险监管工作提出了更高的要求。金融基础设施系统性风险监管需回应金融科技风险特征,并针对金融基础设施系统性风险的诱因变化和金融基础设施的科技化建设目标,从责任主体框架、应用风险管理、监管逻辑重塑等方面逐步构建具有适应性的监管制度。

(一)"金融基础设施—关键参与者—金融科技公司"的全面监管框架

如图 10-2,应对金融基础设施系统性风险监管问题,可从宏观审慎的角度搭建"金融基础设施—关键参与者—金融科技公司"的全面监管框架,落实主体风险责任。关于其实现路径,首先应考虑将哪些具有监管必要性的主体纳入金融基础设施系统性风险监管框架,即确定金融基础设施系统性风险监管范围。而后,应对金融基础设施、关键参与者、金融科技公司分别提出具有针对性、符合金融基础设施系统性风险监管目标的制度要求。

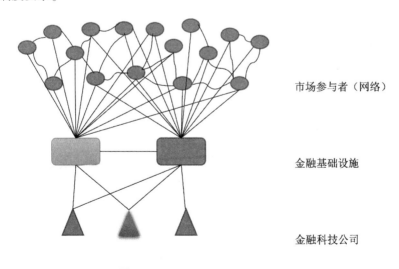

图 10-2　"金融基础设施—关键参与者—金融科技公司"的全面监管框架

在识别监管对象的问题上,首先,对于传统系统重要性金融基础设施,在识别上可以借鉴系统重要性金融机构的识别方法,综合考量金融基础设施自身的系统性风险影响和金融基础设施抵御外界风险冲击的能力。如可通过分析金融基础设施的金融网络中心性以及其强度予以判断,也可通过金融基础设施系统性风险源的生成难易、传染可能性、负面影响大小挑选出更具系统脆弱性的金融基础设施。其次,对于新型金融基础设施以及作为类金融基础设施的平台型金融科技公司,监管机构也有必要根据 PFMI 以及其他金融基础设施识别规范,确认具备基础性、公共性、多边性的系统或机构为金融基础设施并将其纳入系统性风险监管框架。与此同时,有必要对金融基础设施的关键参与者进行二次识别,制定对具体金融基础设施产生系统性影响的市场参与者清单,以便监管机构充分掌握相关信息并着重进行风险管理。这些关键参与者往往是系统重要性金融机构,也可能包括一些大型科技企业或互联网金融企业。前者的系统性风险特别监管已有相关制度安排,[1]但作为关键参与者的大型科技企业往往会因其金融业务风险而仅受到市场监管,并未直接纳入金融基础设施系统性风险监管框架,监管机构应对此作出回应。除此之外,大型科技企业在经营金融业务的同时,也可能为金融基础设施的系统运行提供技术支持。前文述及,为金融基础设施提供金融科技技术服务的金融科技公司也可能从金融基础设施内部诱发系统性风险。因此,也有必要以其所提供技术服务的影响大小为依据将大型科技企业、其他金融科技公司等金融基础设施第三方服务提供者从系统性风险监管的高度纳入监管范围。

在制度配置上,传统金融基础设施在 2012 年之后逐步被纳入 PFMI 及宏观审慎监管框架之中,主要通过 PFMI 信息披露、审计评估、自我监管等途径实现金融基础设施系统性风险监管。新型金融基础设施与类金融基础设施金融科技公司被正式纳入宏观审慎监管框架后,不宜直接被课以过多传统系统性风险监管要求,以免过度增大其经营成本、阻碍市场创

---

[1] 参见《关于完善系统重要性金融机构监管的指导意见》(银发〔2018〕301 号),2018 年 11 月 26 日发布。

新。针对其金融科技特殊监管需求,应配置较传统金融基础设施更具针对性的技术风险、操作风险防范机制,通过加强内部风险控制、技术风险评估等排除内部系统性风险诱因。与此同时,对于传统金融机构、互联网金融企业、大型科技企业以及其他作为市场参与者的金融科技公司,监管机构、金融基础设施也应在日常监管中加深对金融科技因素引致系统性影响的理解,关注其作为金融基础设施市场重要参与者的审慎问题。必要时也可以考虑参照系统重要性金融机构的监管措施,由中国人民银行对互联网金融企业或金融科技公司类市场参与者进行风险提示,或者建议中国证监会、国家金融监管总局等加强监管,抑或是直接升级监管强度,要求其进行业务结构性调整。此外,对于仅为金融基础设施提供技术服务的金融科技公司,其所提供的技术方案主要受到工业和信息化部等有关部门的技术应用标准规范,金融科技公司自身的技术行为也主要以技术服务合同为依据,并不应主动、直接回应金融监管要求。但就金融基础设施系统性风险监管而言,还是应当确认金融科技公司在金融监管问题上回应监管机构、金融基础设施要求提供信息、解释算法等超越服务合同本身的义务。总之,应将金融基础设施系统性风险监管作为一个系统工程,从整体风险视角给予各利益相关主体充分的重视。

(二)有效管理金融基础设施中的金融科技应用风险

以科技驱动的监管创新应对以科技驱动的金融创新,这是监管科技的本旨所在。监管机构有必要积极推动监管科技研发、测试与应用,充分运用监管科技赋能信息工具,减轻系统性风险监管对被监管对象内部控制的依赖,强化系统性风险监管主动权。但嵌入金融基础设施的金融科技应用并非完美,金融科技自身也可能成为金融基础设施系统性风险的诱因,故而有必要进行相关制度安排以规范金融科技应用的风险。

其一,构建监管沙盒制度。通常认为监管沙盒是一种试验性监管,一方面给科技创新者提前免除行政责任以激励金融科技应用实践,另一方面也将创新风险控制在一定范围内,避免给金融稳定造成威胁。构建监管沙盒制度来监管金融基础设施中的金融科技应用风险,重点在于将拟用于金融基础设施系统运行的多种金融科技应用,如系统运行工具、数据转译工具、科技监管工具等均纳入风险监管考量,使金融科技的应用风险排除工作能够标准化、程式化。通过设定金融基础设施中金融科技应用准入、退出和信息披露标准,评估金融科技应用在金融基础设施中的运行安全及可靠性,提前降低金融科技参与金融基础设施建设的不良影响。[1] 除此之外,监管沙盒亦能为金融基础设施市场提供更高的金融科技市场透明度,这对于金融基础设施系统性风险监管具有重要意义。

其二,配置技术监管官员落实风险判断。在金融基础设施的日常风险管理中,除了对金融基础设施系统运行情况,如对信用风险、流动性风险、信息系统安全等按照相关指标进行自动化合规审查,更重要的是利用各种业务检查和数据分析手段来判断金融基础设施的风险策略、经营文化、激励机制等可能影响金融基础设施稳健运行的"表外因素"。[2] 对金融基础设施的运行及风控状况的分析不仅需要监管人员具有金融、法律背景,更需要其具备一定的技术专业性,这样的监管人员才有望提出有效且充分的风险管理质疑。值得一提的是,由于风险质疑往往会引致早期监管干预,金融基础设施运营者可能会要求监管人员提出客观理由,[3] 即提供证据证明风险管理确实存在问题。这看似合理的诉求却可能使监管者更多关注法律明文规定的合规义务履行情况,而忽略掉可能存在风险隐患的其他行为,故不应将客观理由作为风险判断的前置条件。同时,应当允许金融基础设施运营者对相关风险质疑作出解释说明,若无法说服监管人员,则有必要将风险质疑向监管机构及金融基础设施权力机关提出。

其三,构建金融科技应用风险动态评估制度。金融基础设施运行中所涉金融科技应用需根据金融科技应用本身所使用的技术方案质量定期进行安全性、可靠性评估。行业协会可以帮助监管机构为金融科技应用设定质量评估标准。评估主体上,囿于技术资源以及为避免监管俘获,不

---

[1] 参见袁康:《金融科技的技术风险及其法律治理》,载《法学评论》2021年第1期。

[2] 参见[荷]乔安妮·凯勒曼等编著:《21世纪金融监管》,张晓朴译,中信出版社2016年版,第44页。

[3] 参见[荷]乔安妮·凯勒曼等编著:《21世纪金融监管》,张晓朴译,中信出版社2016年版,第44页。

宜由监管机构负责,而应尽量通过行业协会聘请技术专家团队进行,保证安全性评估的独立性与客观性。评估标准上,应当特别关注金融科技应用内嵌算法的可靠性,重点考察算法运行的稳健性,包括输入算法的数据能否有效反映市场发展基本面,输出算法的分析结果是否以及在何种程度上达到了算法的设计目的,算法是否具备良好的风险控制部署,能否在市场发生异常情况时依然保持稳定而不发生失控,在出现技术问题后能够及时获得有效的恢复和处置等。在此基础上,监管机构可以根据评估结果对金融科技应用进行重点监管,对于安全系数较高的金融科技应用,在其满足总体监管目标的前提下,可以在一定程度上放松合规要求,给予其更多自由裁量空间;对于安全系数较低的金融科技应用,应当加强合规要求,增加压力测试,确保其运行安全性。

(三) 以监管科技重塑金融基础设施的系统性风险监管逻辑

罗斯科·庞德认为,法律应以经验论的方法寻求相互冲突或重叠的利益之间的平衡来实现社会效果的最大化。[1] 金融科技作为一种新的物质基础设施,给金融基础设施系统性风险监管构建了新的社团空间。[2] 面对金融基础设施的创新发展趋势及巨大的监管资源压力,监管机构无法再凭一己之力贯彻金融基础设施的系统性风险监管要求,需解锁金融基础设施系统的封闭式防御,让金融基础设施、市场参与者、金融科技公司等利益相关方共同对金融基础设施系统性风险进行监管。

其一,构建金融基础设施系统性风险协同共治制度。随着金融科技创新推动新型金融基础设施、类金融基础设施不断出现,市场势力所有者也将更频繁地出现在金融基础设施的所有权结构中。监管机构及其下属单位推动金融基础设施系统性风险的滞后动机可由市场势力的创新、逐利动机予以弥补。监管机构可牵头集合各方力量搭建金融基

---

[1] 参见[美]罗斯科·庞德:《通过法律的社会控制》,沈宗灵译,商务印书馆2010年版,第79—80页。转引自沈伟:《金融科技的去中心化和中心化的金融监管——金融创新的规制逻辑及分析维度》,载《现代法学》2018年第3期。

[2] 参见沈伟:《金融科技的去中心化和中心化的金融监管——金融创新的规制逻辑及分析维度》,载《现代法学》2018年第3期。

础设施科技监管平台,在保证监管机构主导及控制权的前提下,根据各方利益需求,考虑市场发展实践,积极推动金融基础设施系统性风险监管。一个可能的科技监管路径是推动基于区块链的嵌入式监管。各利益相关方可根据联盟链协同共治协议,嵌入符合治理共识的权限节点,自觉履行各自的风险控制义务。如市场参与者应遵守联盟链市场准入要求,监管机构可根据监管平台与金融机构之间的数据查询协议或与公安系统、工商系统之间的数据共享协议即时获知金融牌照、信用状况等信息,从而实现精准实名制管理。另外,监管机构应做好智能合约审计、市场风险判断、发布监管法规等工作,金融科技公司应维护联盟链运行并及时报告技术风险等。

其二,构建金融基础设施系统性风险整体监测和预警制度。对于金融基础设施的系统性风险监管,不能仅依靠其内部控制报告等合规数据,金融科技背景下单个机构的数据局限性呼吁监管者以超机构监管方式对行业或市场风险进行整体观察。监管机构欲掌握金融基础设施系统性风险的发展情况,可在科技监管平台重点建设以数据驱动的大数据风险态势分析模块,通过后台程序接入金融基础设施运营系统,以大数据、人工智能等技术统合分析某企业、个体在不同金融基础设施系统中的金融交易数据、信用征信数据等,予以画像并判断该企业或投资者的信用状况,预测其在金融市场的行为趋势。同时,监管机构还可逐渐扩大分析视域,待掌握金融市场参与者基本投融资信息后,汇集金融基础设施信息工具所输送的实时金融数据并进行宏观分析与集中研判,最终帮助判断所有市场参与者对具体金融基础设施在一定时段内潜在的风险暴露,乃至推及整个市场的金融基础设施系统性风险发展情况。如此,在市场可能出现风险暴露时,监管机构便能够及时给予金融基础设施风险提示,要求增加担保品或提前终止净额结算,避免给金融基础设施造成重大信用风险。

需说明的是,金融基础设施系统性风险的监管执行以监管数据为基本要素。市场各利益相关方的解决方案之间的数字包容性与互操作性是监管机构引导风险协同共治、进行整体风险监测的前提。科技监管平台实际上旨在提供一个不同主体、不同数据设备之间的数据交互机制,便于各方主体彼此之间进行无障碍的数据交换,协商潜在利益冲突,探讨如何应对风险。科技创新与监管需求的耦合给金融基础设施系统性风险监管带来了许多挑战,但同时也给予了监管机构更理性的监管动机和更高效的监管工具。利用适应金融科技发展的监管制度充分发挥各利益相关方对金融基础设施机构治理及系统性风险监管的能动性,实现在科技监管工具推动下的高效协调,从而更利于达成金融监管目标。

五、结语

金融科技的"破坏式创新"特点意味着在提升金融效率的同时可能会带来冲击金融安全的后果,故以科技力量驱动的金融基础设施自然同时面临着提升基础设施服务效率的机遇与冲击原有基础设施服务体系的风险。当谈及金融基础设施建设中的系统性风险监管时,必然是建立在各方对系统性风险监管的高度认可和深刻理解之上。通过实现对"金融基础设施—关键参与者—金融科技公司"的全面监管,管理好金融基础设施中的金融科技应用风险,以监管科技重塑金融基础设施系统性风险监管逻辑,可以高效统筹监管,推进金融基础设施宏观审慎监管能力,提高金融科技时代下对金融基础设施系统性风险的全面性、前瞻性监管能力。唯其如此,监管机构所制定的监管政策、规范性文件,乃至其所采取的监管执法行动才可能恰如其分、不偏不倚,从而最大限度地利用科技进步所创造的发展机会。

第十一章

平台型金融科技公司的风险隔离机制

2021 年 11 月 2 日,2.1 万亿人民币估值的蚂蚁集团在上市前夜,实际控制人马云、董事长井贤栋、总裁胡晓明被中国人民银行等四部门进行监管约谈。11 月 3 日,上海证券交易所即以"监管环境发生重大变化"为由,决定暂缓蚂蚁集团上市。这一事件的导火线是 10 月 24 日马云在上海外滩金融峰会上发表的一个演讲。马云在演讲中直言,巴塞尔协议比较像一个老年人俱乐部,"中国金融,没有系统性风险,而是缺乏金融生态系统的风险"。这引发了学界、业界对于金融系统性风险、金融创新、互联网金融的大讨论。中国金融没有系统性风险吗? 近年来飞速发展的互联网金融、金融科技创新,难以形成系统性风险吗? 至少,对蚂蚁集团而言,事实并非如此。蚂蚁集团个人用户超 10 亿人,机构用户超 8000 万家,数字支付交易规模达 118 万亿元。如此庞大的市场规模,一旦出现风险暴露,将引发严重的风险传染。并且,"大型互联网企业集团内跨行业、跨领域金融产品相互交错,关联性强,顺周期性更显著,其风险隐蔽性与破坏性会更严重"。

本章对以蚂蚁集团为代表的平台型金融科技公司进行考察,研究金融科技平台生态的风险混同现象,揭示平台内部金融科技、金融创新诱发系统性风险的机制机理,并借鉴金融控股公司的风险防火墙制度,提出平台型金融科技公司风险隔离制度建设的治理意见。

一、平台型金融科技公司及其风险混同隐忧

(一)平台型金融科技公司的内涵界定与实践探索

1.平台型金融科技公司的内涵界定

金融科技公司以金融科技服务为主营业务,因此,对金融科技公司的认知关键在于对金融科技本身的理解。何为金融科技?这个问题国际国内均存在共识。国际上以金融稳定委员会(FSB)的定义为准,认为金融科技是金融服务领域中由技术赋能的创新。[1] 国内主要采用中国人民银行的表述,即金融科技是技术驱动的金融创新,旨在运用现代科技成果改造或创新金融产品、经营模式、业务流程等。[2] 不难发现,业务(金融)和技术(科技)是金融科技中的两个核心要素。因而,一部分市场主体从业务模式的角度,认为金融科技是基于新型科技而区别于传统的金融业务模式,如网络借贷、虚拟货币、智能投顾等;另一部分市场主体则从技术本质的角度,认为金融科技系指能够实现金融工具和模式创新的新型技术方案,如人工智能、区块链、云计算和大数据等特定底层技术。[3] 金融科技的特殊之处在于技术与业务的深度融合,具有技术服务和金融业务的双重属性。但金融科技公司不是典型的金融机构,也并非持有金融牌照的互联网金融机构,而是以技术创新切入,在与传统金融的竞争和合作中直接或间接参与金融业务活动的一类新型市场主体。[4]

平台型金融科技公司的金融科技服务具有综合性。普通金融科技公

---

[1] See Financial Stability Board, *Financial Stability Implications from Fintech*：*Supervisory and Regulatory Issues that Merit Authorities' Attention*, 27 June 2017, https://www.fsb.org/wp-content/uploads/R270617.pdf.

[2] 参见《金融科技(FinTech)发展规划(2019—2021年)》(银发〔2019〕209号)。

[3] 参见刘志坚主编、京东金融研究院编著:《2017金融科技报告:行业发展与法律前沿》,法律出版社2017年版,第19页。

[4] 参见袁康、唐峰:《金融科技公司的风险防范与监管对策》,载《山东大学学报(哲学社会科学版)》2021年第5期。

司的金融科技服务种类较为单一,一般仅向金融市场提供一到两种金融科技服务,如主要提供数据产品加工和风险控制服务的大数据科技公司、提供重要信息存储和支持系统运行的云计算科技公司等。平台型金融科技公司提供的金融科技服务不限于某一类型,而是顺应平台或公司业务发展所需,同时向多个金融、非金融市场主体提供复合金融科技服务。强大的技术实力和资本实力底蕴使得综合性金融科技服务成为金融科技平台的核心竞争力。

平台型金融科技公司在金融服务链上的业务具有多元性。相较于普通金融科技公司,平台型金融科技公司在金融服务链条中的介入程度大得多。金融业务方面,平台型金融科技公司从多个角度切入金融服务,依托监管机构颁发的金融牌照或者节点业务许可证照提供信息传输、资金托管、支付收单、征信服务等多种节点化金融服务;技术服务方面,平台型金融科技公司向金融经营者提供大数据、云计算、区块链等技术服务,在智能营销和风险控制、数据存储和系统运营、支付清算和证券交易方面有着重要应用,从而间接参与金融业务。

平台型金融科技公司在利用金融科技平台连接金融资金需求端和资金供给端的同时,向需求端和供给端同时提供技术服务或者开展许可业务。平台型金融科技公司充分利用自身生态中的各类场景流量,向资金供给端提供客户、数据共享渠道,再通过金融科技平台以各类金融产品和服务将资金导向平台用户。不止信贷业务,平台型金融科技公司的链上业务多元性也体现为金融科技平台的功能多元性,即同一平台具有多重节点功能。如蚂蚁集团的支付宝平台,实际上承担了数字支付平台(支付宝)、微贷科技平台(蚂蚁花呗、借呗)、理财科技平台(余额宝、蚂蚁财富)和保险科技平台(相互宝)等多种平台功能,共同构成了业界著名的"阿里生态"。

凭借着对金融科技平台和海量数据、客户资源的掌控,平台型金融科技公司制定平台生态内部运营规则和标准,完善金融服务链条上的细化分工合作,可实现平台与各平台接入者之间在具体业务上的信息无碍流动。对平台内经营者而言,平台生态内部成员间数据普遍而全面的共享能够大幅降低协作成本、提高交易效率;对平台用户而言,在平台使用一种金融服务时所提供的身份、信用信息会在其使用其他金融服务时被直接使用或用作参考,省去了用户携带个人账户体系辗转不同金融机构之间的多种成本。

数字化金融科技平台的网络组织性征与市场功能性征表明,[1] 在互联网金融向金融科技或数字金融的转型中,金融科技对金融交易结构的影响从单一金融工具扩展到更大的金融生态范畴,平台型金融科技公司基于对数字金融平台的掌控成了重要的市场参与者。

基于以上讨论,本章将平台型金融科技公司初步界定为以金融科技与场景流量为双支撑,以平台网络组织成员联结为基础,以高效信息流、数据流为系统驱动力,通过聚合多种互补性资源构建的共生型金融生态系统,主要表现为金融科技平台形态,是一种极为特殊的金融科技公司。

2.平台型金融科技公司的生态发展与业务模式

(1)平台型金融科技公司的生态发展路径

中国平台型金融科技公司主要有两种生态发展路径,一是大型科技公司以金融科技切入金融业务,通过设立或投资金融公司聚合而成的"科技+金融"平台生态,如阿里、腾讯、百度等大型科技公司的金融板块业务;二是传统金融机构以金融业务为基础提升金融科技能力,通过设立金融科技公司对原有资源和业务进行重新整合和科技化探索的"金融+科技"平台生态,如招商、平安等大型金融集团的科技板块业务。由于金融科技平台的建设、运营起点不同,两类平台金融生态的成长过程也存在一些差异,具体情况如下表所示。

表 11-1 平台型金融科技公司的两种生态发展路径

	大科技"科技+金融"生态	大金融"金融+科技"生态
生态起点	科技公司	金融机构
监管情况	早期放松,不断趋严	持续监管

---

[1] 网络组织性征是指平台参与者基于虚拟网络的联结关系。参见林润辉、李维安:《网络组织——更具环境适应能力的新型组织模式》,载《南开管理评论》2000 年第 3 期。市场功能性征是指平台作为信息中介、信用中介的市场角色。参见宿营:《猫虎之辨:互联网金融平台定位的信息中介与信用中介之争》,载《法学论坛》2021 年第 3 期。

（续表）

	大科技"科技+金融"生态	大金融"金融+科技"生态
服务特征	技术、客户供应商	技术供应商
客户类型	主要是中小金融机构、中小企业、个人客户	
合规能力	偏弱	强
风险水平	早期较高，有所缓解	平稳
生态竞争力	金融科技能力、共赢合作模式、客户体验与业务效率	

以大型科技公司为生态起点的平台型金融科技公司，在行业发展早期被监管机构视为市场创新的重要源泉。因此，为鼓励市场创新、激发市场活力，监管机构多将平台型金融科技公司置于宽松的监管环境。这种监管政策取向客观上促进了行业的快速发展和平台金融服务模式的成熟。但这也在一定程度上放任了金融风险和行业乱象的滋生。随后，监管机构逐渐转变思路，加强对平台金融创新的规范，降低了行业整体风险。无序发展带来的"创伤"使行业快速进入了业务风险合规和自查整改完善的新阶段。

而以大型金融集团为生态起点的平台型金融科技公司，则不断积累技术实力，在金融创新领域深耕。大型金融机构通常投入大量资金自主研发重要金融科技平台，在实现自有传统业务转型的同时，利用平台金融科技服务为行业内其他机构的数字化转型提供协助。相较于以大型科技公司为生态起点的金融科技平台，大型金融集团主导的平台型金融科技公司因具备丰富营业经验而更加规范，客户服务更加精细、全面，提供的技术方案也更具竞争力。因为大型科技公司主导的金融科技往往仅掌握技术逻辑，而缺乏对金融逻辑的深刻理解，因而难以提出适应金融发展需求的成熟且体系化的解决方案。

（2）平台型金融科技公司的业务参与

平台型金融科技公司主要参与四条业务线：

第一，第三方支付业务。平台型金融科技公司涉足的典型业务之一是第三方支付业务。这是大型互联网公司切入金融领域的最基础业务，也是支撑平台型金融科技公司后续发展的不竭动力。第三方支付业务,是指收款人或付款人通过计算机、移动终端等电子设备,依托公共网络信息系统远程发起支付指令,且付款人电子设备不与收款人特定专属设备交互,由支付机构为收付款人提供货币资金转移服务的活动。[1]

第二,融资借贷业务。近年来,借贷业务可以说是平台型金融科技公司利润的主要来源。[2] 平台型金融科技公司的融资借贷业务主要有四种类型:P2P借贷、网络贷款、互联网众筹以及消费金融业务。P2P借贷是借助互联网平台实现的个人与个人之间的借贷。互联网众筹,通俗地讲,是大众基于特定事业目的利用互联网平台集中资金的行为。网络贷款、消费金融业务也是典型牌照业务,在平台型金融科技公司的业务布局中占有重要地位。

第三,信息中介业务。信息中介业务同样是平台型金融科技公司的重头戏。信息中介不似前两种业务一样直接经营金融业务,而是通过金融科技平台的网络化、智能化运作间接协助金融服务的提供。一是金融科技平台充当销售渠道,主要功能是增强金融消费者的投资决策能力,实现金融机构产品与客户的高效匹配。另一种是提供个人财务管理、信用管理、投资者教育等综合性平台,主要功能是通过场景教育提升消费者决策能力,提升客户忠诚度和用户黏性。

第四,技术供应商业务。技术供应商业务也是平台型金融科技公司的重要业务板块。一方面,在传统金融机构的合作业务中,平台金融科技公司主要提供技术支撑,具体资金业务往往由传统金融机构经营;另一方面,平台型金融科技公司提供整体技术方案,帮助其他中小金融机构搭建信息技术系统,促进中小机构快速实现数字化转型。对金融业的技术赋能是平台型金融科技公司技术服务合同的价值核心。[3]

---

[1] 参见《非银行支付机构网络支付业务管理办法》(中国人民银行公告〔2015〕第43号)第2条。

[2] 根据任泽平对蚂蚁集团的研究,在2017—2020年间,蚂蚁集团的数字金融科技平台贡献收入的64%,其中2020年上半年营收中网络借贷占比高达39%,高于同期理财业务营收23%,高于同期保险业务营收31%。参见任泽平:《蚂蚁研究报告》,载微信公众号"泽平宏观"2020年10月27日,https://mp.weixin.qq.com/s/dEgj9OQWuVJYCe0PSTh9og。

[3] 参见夏蜀:《平台金融:自组织与治理逻辑转换》,载《财政研究》2019年第5期。

3.平台型金融科技公司的综合实践案例鉴析

（1）以大型科技公司为基础的平台型金融科技公司

阿里生态、腾讯生态、百度生态等均属典型的大型科技公司类平台金融生态。平台生态内，互联网金融机构与传统金融机构同时存在，是主要的资金供给端。金融科技平台对平台用户进行分类后，可根据不同标准将客户有效匹配给不同的平台生态成员。以度小满金融科技平台为例，度小满金融从百度母体独立之后，主要有四条业务线，分别是财富管理（度小满理财）、信贷业务（有钱花）、数字支付（度小满钱包）以及金融科技业务，共同构成了度小满平台金融生态的核心组成部分。度小满金融的主要展业逻辑之一是从百度生态中转化金融客户，利用金融科技平台对客户的金融需求进行有效区分，然后以智能分发引擎向内部生态成员（金融机构）分配客户，[1] 进而开展金融服务。

度小满金融科技平台向外部输出技术服务和数据产品的两大核心分别是"云帆"消费金融开放平台和"磐石"金融科技能力开放平台，前者辅助合作机构获客，后者强化业务流程风控。"云帆"平台的智能获客系统可以精准识别某类特定客户群体，提供个性化定制产品，通过响应模型、授信预估模型、聚类分析、用户画像四位一体智能获客技术，智能语音机器人等多元化经营工具和流失率模型等经营模型，提高客户转化率和用户留存率。

（2）以大型金融集团为基础的平台型金融科技公司

大型金融机构不愿意将核心技术系统外包给金融科技公司，故而在金融科技领域早早布局，不断加大科技研发投入，当前在金融科技领域已然可以同前述大型科技公司并驾齐驱，甚至是后来居上。平安集团的"金融壹账通"便是众多金融机构系金融科技平台的"集大成者"和代表作，"金融壹账通"的平台生态服务具有全行业影响力。

---

〔1〕 度小满金融"云帆"平台负责人曾表示：超级大行其实对于收益要求不高，但是对于合规和风险底线的要求非常高，如大型国有银行可能定价非常低，但是希望度小满为其推送的客户风险也特别低，或者能够符合其流程的闭环；部分股份制银行或是城商行，他们既兼顾收益又兼顾风险；信托公司，更多是在满足风险底线的情况下，实现赚钱的首要目标。参见金融城金融科技创新案例编写小组：《科技赋能金融Ⅱ：中国数字金融的最佳实践》，中国金融出版社2019年版，第105页。

银行业务方面,"金融壹账通"依托平安集团传统大型金融机构的数十年金融经验,推动技术与业务充分融合,以零售银行云平台服务帮助中小银行进行智能化、平台化转型,以平台智能贷款一体机提升审核精度、批贷效率、风控安全,以壹银企中小企业智能金融服务平台、壹企链智供应链金融平台促进多层级数据共享和信用穿透,提升金融机构中小企业信贷业务能力。保险业务方面,在智能闪赔上传数据后,完成特定类型事故车损和维修方案核定仅需几秒,大幅提升国内车险赔付效率,而智能认证为客户建立生物档案,身份、事件核实速度的提升将投保环节时效大幅降低。资管业务方面,壹账通智能 ABS 平台利用区块链技术穿透底层资产,提高资产信息和产品设计流程透明度,实现相关数据实时共享,能够进一步优化资产证券化交易流程。壹资管平台则帮助银行在投资端整合标化和非标化资产,支持资管业务净值化转型;同时,给信托、基金子公司提供非标资产全流程管理,给券商和公募基金发行 ETF 提供一体化管理平台。

(二)平台风险混同及其发生机理

1.平台风险混同与混同风险

风险混同本身并非一种风险类型,而仅是一种风险现象描述,它主要是指金融经营者在特定市场中的具体风险相互交叉传导的现象。从具体风险传导过程看,有两种可能:其一,同一类型风险在机构之间相互传导;其二,不同类型风险同时在机构之间相互传导。具体原因则具有高度不确定性,同一风险诱因可能给不同机构造成同类风险,也可能给不同机构造成不同种类风险。如流动性风险可从一机构传导至另一机构,操作风险一般仅影响存在操作风险的机构,网络安全风险则可能同时给不同机构造成威胁。但风险本身的传导并不一定导致受到影响的其他机构产生同样的风险。

与风险混同现象相近的概念是"混同风险"。混同风险指的是基于营业事实基础产生的风险,包括营业事实混同本身以及混同所带来的潜在损失,如金融控股公司的关联公司之间存在业务混同导致某一公司的风险成为其他关联公司的风险。

混同风险是一种具体风险表现形式,风险混同仅是一种风险现象描述。混同风险可能诱发风险混同,其他基础风险也可能导致风险混同现象。尽管"风险混同"与"混同风险"发生基础略有差异,但风险事实的协同本质决定了,无论是"风险混同"还是"混同风险",都将导致非单一风险单位的系列、连带风险暴露,而金融系统普遍的交叉链接更可能导致这一结果的负面影响进一步扩大。

2.平台型金融科技公司风险混同的发生路径

金融科技平台将获取到的用户数据(通常是经过处理获得的数据产品)提供给平台内经营者,后者基于有效数据创新并提供与平台金融消费者需求高度匹配的定制化金融产品或服务,金融科技平台在整个业务流程中提供信息传输、风控监测、技术协助等服务。在这种数据驱动经营模式下,平台型金融科技公司通过技术、数据协同将平台生态内各成员通过不同业务线条联结起来,通过在各分支业务线之间普遍地共享信息,[1]有效促进分支机构和业务协同发展,形成了一张信息、数据交互网络。

然而,平台型金融科技公司在以技术、数据协同增强资本协同效率的同时,也为平台金融生态圈内部的风险混同留下了"可乘之机"。由平台型金融科技公司自身金融相关业务的综合性生发出两条风险混同路径。

其一,"同时混同"路径,即风险在各平台生态成员间同时发生,并产生溢出和交叉传导。由于平台金融生态圈内各成员与平台型金融科技公司存在技术协同与数据协同,技术方案、交易对手、数据产品、经营模式的趋同性意味着各成员针对平台生态内相关业务的风险对冲模型和风险管理漏洞的相似性和顺周期性,平台型金融科技公司技术风险的迭代更新将可能同时对所有平台生态成员的风控体系构成冲击。这也意味着,不仅是平台型金融科技公司的技术风险,平台型金融科技公司的普通风险也可能通过公司本体影响到整个平台金融生态系统的平衡。当这个"预

---

[1] 如在阿里生态中,蚂蚁集团将用户的淘宝交易数据、支付宝支付记录、蚂蚁财富理财等分支平台的数据用于用户的"芝麻信用"评分,随后蚂蚁集团又将该"芝麻信用"评分用于蚂蚁花呗、蚂蚁借呗的小额贷款数额的确定。同时,在与传统金融机构的引流、助贷、联合贷款等合作业务中,平台型金融科技公司往往也将用户数据直接共享,传统金融机构根据平台型金融科技公司提供的客户原始信息进行信用评估或直接采用芝麻信用等征信数据库的信用信息。

言"在平台型金融科技公司于缺乏风险敬畏的发展过程中自我实现,围绕数字金融科技平台构建的共生性金融系统将大概率发生"同时风险混同",增大金融市场风险监管压力。

其二,"间时混同"路径,即风险先由单体发生,后基于资本、技术、数据协同等关联路径发生迅速溢出,由一向多而发生交叉、相互传导。"间时风险混同"同样与平台型金融科技公司的业务综合性密切相关,平台型金融科技公司的业务牌照越多,其在金融产品交易和服务流程中的节点介入越丰富,与整个金融行业、金融体系的机构、业务、数据关联越复杂。技术的、数据的、经营的节点业务风险将导致业务线条的风险累积和溢出加剧,当这条业务线对市场稳定或重要机构具有决定性影响,如规模巨大、关联甚密,或者平台金融生态圈内的数条业务线均存在风险水平较高的情形,风险的外溢和交叉传导将不可避免。换言之,平台型金融科技公司的"间时风险混同"亦不可避免。

3.平台型金融科技公司风险混同的具体发生机制

(1)资产负债机制

金融交易行为在平台生态系统内部的负外部性主要由资金、资产、负债三个内生因素影响。[1] 资金或为资本,或为负债。而资产=资本+负债。当平台金融生态圈中无成员负债时,则所有成员的资产即为资本。此时,平台成员金融交易行为的外部性即为投资者将其资本性资金投入市场的运作效果。由于资本是投资者自有的,金融交易的风险始终是由投资者自身承担,也就不太可能会牵连到其他人。同理,平台金融生态中,若网络组织成员仅以自身资本为限开展金融活动,风险溢出也就很难波及其他成员。但这样的假设显然在现实中并不存在,企业的正常经营几乎必然产生负债。有的金融业务经营甚至追求负债,以在一定程度上放大其可操作的资金数额,俗称"加杠杆"。而一旦负债,就必须要支付利息并在一定期限内偿还本金。这也就意味着金融交易失败的风险可能影响到债权人的利益,因为交易收益可能为负。在平台金融生态圈内,一家

---

[1] 参见王国刚:《防控系统性金融风险:新内涵、新机制和新对策》,载《金融评论》2017年第3期。

企业的负债可能即是另一家企业的资产,如 A 的负债可能是 B 的部分资产,B 资产中的负债又可能是 C 的部分资产,形成"资产—负债(资产)—负债(资产)—负债(资产)……"的链条,并在平台金融生态中形成经济权益联动的网络体系。[1] 如此,基于平台金融生态成员之间的互补性、共生性,以及平台成员与平台本身之间的依赖性,单个成员的风险溢出可能会诱发多个成员风险共同暴露,导致风险混同。

(2)数据共享机制

平台金融生态通过对海量数据进行规模化、动态化处理,对有关数据资源进行整合、配置,可以发现潜在的金融需求、创造新的金融需求,同时鼓励金融创新并实现价值链再造。[2] 可以说,信息流动是平台金融生态运行的驱动力,数据共享是平台组织的内容本质。平台型金融科技公司通过平台与平台接入者之间的数字基础设施连接共享数据。不同类型数据生成、连接和聚合之间的互补性能够有效降低企业的平台金融信息成本,[3] 让各种金融业务在统一平台上相互补充、支援,通过销售、运营和管理协同向用户提供综合性、一体化的金融服务。[4] 然而,每个金融服务提供者所回应的基础数据在特定场景中总是趋于一致,单个用户可以更为便利地拥有十数个金融服务合同。这些金融服务提供者通常提供不同类型的金融服务,一旦用户出现违约情况,则对平台金融生态来说是多点风险,严重时可能会出现局部的风险混同现象。具体而言,一是给具体用户提供金融服务的十数个平台内经营者会同时遭受风险,二是其他平台成员基于此前的基础数据所做的金融创新、风控模型也可能会受到影响,增大沉没成本。此外,由于我国数字经济发展尚在早期阶段,数据共

---

〔1〕 王国刚:《防控系统性金融风险:新内涵、新机制和新对策》,载《金融评论》2017 年第 3 期。

〔2〕 参见易宪容等:《开放银行:理论实质及其颠覆性影响》,载《江海学刊》2019 年第 2 期。

〔3〕 See Annabelle Gawer, *Digital Platforms and Ecosystems: Remarks on the Dominant Organizational Forms of the Digital Age*, August 1, 2021, Innovation: Organization & Management, https://ssrn.com/abstract=3900105.

〔4〕 参见许可:《开放银行的制度构造与监管回应》,载《财经法学》2019 年第 5 期。

享模式也正处于探索之中。[1] 数据共享机制不规范、不健全、不合理,可能会促成风险信息不当传递或数据安全问题的发生。如在不同的平台金融场景内不加考量地采用相同的数据共享模式,致使敏感信息的不当传递导致单体风险引发不必要的市场波动乃至连锁反应,增大风险混同可能。

(3)平台生态机制

平台的组织信任结构是诱发风险混同的软生态。平台型金融科技公司在生态化发展的过程中,通过各种手段不断给平台用户、平台接入者打上平台的标签,使得生态或网络中陌生人依靠平台规则建立的信任关系,基于对自身身份的认同演化成某种程度上的组织信任关系。组织信任即组织成员对组织持有的信心及支持的情感,能够增加组织成员自发的合作行为,并促进组织集体目标的实现。[2] 生态信任环境的建设当然符合平台型金融科技公司的效益目标,但这种组织认同与普遍信任的稳定性如何仍然存疑,可能成为风险混同的根源。由于声誉也是信任的外在表现形式,[3] 平台生态成员的单体风险可能破坏特定场景中的平台信任结构,使其他生态成员和场景参与者出现声誉危机和信用危机。考虑到平台金融生态成员之间的紧密联结,这种风险很快会引起其他平台成员的警觉。若平台成员之间这种基于组织信任的微妙心理契约能够在有效的平台治理之下保持稳定而不崩溃,或可将风险影响限缩于一定范围,否则其负外部性将很有可能迅速波及整个平台生态,引发更严重的风险混同。

平台的基础设施条件是诱发风险混同的硬生态。平台基础设施,在金融交易的语境下,或许应直接称为“金融基础设施”。但显然此“金融基础设施”并非指重要支付系统等“参与机构之间的多边系统(系统运行机构),用于支付、证券、衍生品或其他金融交易的清算、结算或记录支

---

[1]　我国正在探索的数据共享方式有以征信体系为核心的信用信息共享,有地方政府主导的以政府数据为主的数据共享,还有金融科技公司通过市场化方式探索的分布式数据共享。

[2]　参见李灿:《企业社会责任边界与绩效评价框架重构》,载《求索》2010年第1期。

[3]　参见王飞:《互联网金融平台治理研究》,东南大学2018年博士学位论文,第34页。

付"。[1]应当说,大部分平台金融生态所依赖的平台或系统均非传统意义上的金融基础设施。即使是与支付系统极为相似的第三方支付平台,也在其网络支付业务于2017年转移至互网联清算公司后失去了"最终清算性"功能。[2] 然而,尽管平台基础设施无法落入传统金融基础设施的范畴,但这并不意味着其对平台金融生态内的金融交易毫无影响。恰恰相反,平台基础设施对生态圈内的金融交易具有重要影响。平台基础设施本身同样内嵌有金融交易规则,通常包括技术规则和法律规则,[3]特定场景中平台内发生的任何金融交易都必须要遵守,否则就无法使用平台基础设施获得交易便利。正因为平台基础设施具有"金融基础设施"的一些特征,如公共性、多边性,当平台成员的交易风险暴露时,风险溢出的负外部性若没有健全的风险管理机制束缚,将以平台基础设施为传导路径波及其他平台生态成员,最后诱致风险混同。

(三)平台型金融科技公司风险混同的潜在危害

1.妨碍市场效率

风险混同的发生将妨碍平台金融生态的市场效率。市场效率一般是指完全竞争状态下的帕累托最优效率,主要受资源配置、信息传递、制度秩序和行为理性的影响。

考察风险混同对平台金融生态的市场效率影响,有两个前置性问题需要作出特别说明。

一是平台金融生态圈是否构成特殊的市场?平台型金融科技公司属于以网络组织为基础的特殊金融模式,而网络组织同时具备组织与市场的双重特征。因此,实际上平台金融生态中嵌入了多个双边市场,而平台型金融科技公司通过创造、利用网络效应增强了平台的规模经济、范围经

---

[1] 参见《中国人民银行办公厅关于实施〈金融市场基础设施原则〉有关事项的通知》(银办发〔2013〕187号)。

[2] 参见岳彩申:《互联网金融平台纳入金融市场基础设施监管的法律思考》,载《政法论丛》2021年第1期。

[3] 参见张永亮:《金融科技视阈下金融基础设施域外适用的法治保障》,载《法治研究》2021年第5期。

济。故可将平台金融生态视作一个特殊的市场。

二是平台金融生态是否存在有效的竞争？作为平台金融生态的规则制定者，平台型金融科技公司对平台金融生态交易秩序的影响显然举足轻重。而为更好整合、配置平台生态系统中的各项资源，其通常会选择性地影响部分金融服务提供者的业务结构，使平台各成分逐步迈向功能互补、相辅相成的共生状态。但这是否会妨碍竞争？

实际上，关于平台内部有效竞争的质疑并不成立。首先，金融生态具有竞争性，其结构秩序就是在竞争中形成的，[1]要看到"大金融生态"秩序对平台小金融生态秩序的结构性映射；其次，当前平台型金融科技公司正处于发展的初级阶段，中小机构尽管依赖平台的各种助力，但"赢者通吃"的局面并未来临；最后，平台金融生态发展到高级阶段，产品或服务将不再是主要的竞争点，为客户更快更好地定制符合其个性需求的金融解决方案的能力才是平台生态竞争的核心。因此，不能仅凭其潜在的发展趋势就认为平台金融生态不存在有效竞争。

但一般认为完全竞争市场并不存在，当前市场效率的最优解是通过不断改进其影响因素达到帕累托次优。平台金融生态市场行为也主要因风险爆发导致平台金融生态资源配置效率、信息效率、制度效率和金融交易行为效率降低而有所收敛。如风险爆发导致市场或政府不得不投入大量资金用于赔偿投资者，或对某些重要金融机构、金融基础设施进行救助，或者采取其他维持市场信心的行动。又如风险爆发还会导致整个市场转向对风险更加敏感的交易趋向，市场主体不再愿意承担更大的交易风险，对交易安全验证、担保措施的要求也会提高，从而进一步增大交易成本，并最终影响市场效率。

平台生态秩序受到风险冲击最大的，可能是平台制度效率。事实上，风险混同事件的发生本身就意味着平台规则可能存在问题，如制度滞后无法与平台成员的创新需求相匹配，又或是缺乏健全的风险隔离措施和激励机制。从组织制度理论看，制度既是组织行为的约束，也是组织行为的结果。[2]

---

〔1〕　参见徐诺金：《论我国的金融生态问题》，载《金融研究》2005年第2期。
〔2〕　参见陈嘉文、姚小涛：《组织与制度的共同演化：组织制度理论研究的脉络剖析及问题初探》，载《管理评论》2015年第5期。

平台规则给平台金融生态成员提供了行为规范和准则,并通过平台基础设施条件限制了其交易行为选择。尽管平台规则能够维持平台交易秩序,客观上有利于平台金融生态的整体发展。但当遵守规则与平台生态成员追求经济利益的行为发生冲突时,后者总会利用自己的影响力寻求打破规则或促使平台型金融科技公司做出调整。然而,这种尝试有时可能是徒劳的,因为在平台规则中通常会含有无法由私权意志所决定的规则,如维持整个"大金融生态"秩序的法律规则。此时,平台生态成员往往会在表面遵守平台规则,然后根据其自身的经济利益或社会效益目标作出其他行为,[1] 通过平台的渠道实施新型监管套利,而这很可能是风险混同事件发生的起点。

2.诱发系统性金融风险

风险混同可能诱发系统性金融风险。目前对系统性金融风险尚无统一共识,主流观点主要从风险传染性、金融功能和对实体经济的影响三个角度分别对其进行定义。[2] 尽管对风险内涵的认识有所出入,但一般认为系统性金融风险生成、传导、爆发、扩散具有相当的复杂性,其负外部性具有传染快、波及广、危害大等特点。[3] 平台型金融科技公司的风险混同问题可能诱发系统性金融风险,值得警惕。

一方面,若平台型金融科技公司的信用风险诱发风险混同,可能进一步导致系统性金融风险。平台型金融科技公司庞大的场景流量背后是广泛的市场基础和大量的用户群体。而由这些用户转化而来的金融消费

---

[1] 参见王飞:《互联网金融平台治理研究》,东南大学 2018 年博士学位论文,第 35 页。

[2] 从风险传染的角度,系统性风险是一个在一连串的机构和市场构成的系统中引起一系列连续损失的可能性。See George G. Kaufman and Kenneth E. Scott, *What Is Systemic Risk, and Do Bank Regulators Retard or Contribute to It?*, The Independent Review, 2003, 7 (3): 371-391. 从金融功能的角度,系统性风险是突发事件引发金融市场信息中断,从而导致金融功能丧失的或然性。See Hyman P. Minsky, *Financial Factors in the Economics of Capitalism*, Journal of Financial Services Research, 1995, 9:197-208. 从对实体经济影响的角度,系统性风险是由于全部或部分金融系统遭受损害而造成的金融服务的流动受到破坏,并对实体经济产生潜在的影响。See FSB, IMF and BIS, *Guidance to Assess the Systemic Important of Financial Institutions*, Markets and Instruments: Initial Considerations, October 28, 2009, https://www.imf.org/external/np/g20/pdf/100109a.pdf.

[3] 参见许多奇:《互联网金融风险的社会特性与监管创新》,载《法学研究》2018 年第 5 期。

者绝大部分是中低净值客户,不仅本身的风险承受能力较弱,而且金融素养相对较低,缺乏独立的风险判断和金融决策能力,但其中的信用风险也不容小觑。一旦部分客户的信用风险暴露,并在平台金融生态圈内引发一定程度的风险混同,基于平台网络成员之间的业务和数据的多种联结,风险信息会迅速在网络组织内部成员之间共享。并且,风险信息在传递的过程中可能被扭曲、篡改,使得错误的信息在网络节点之间的交互过程中不断被同化。[1] 缺乏独立判断能力的普惠客户群体很可能因各种因素作出非理性的决策行为。同时,平台型金融科技公司的轻资产特征可能导致风险损失补偿机制失位,使平台金融风险过早溢出,[2]并导致市场情绪的恶化。因此,"集体非理性"、羊群效应可能进一步诱致系统性金融风险。

另一方面,风险混同诱发平台型金融科技公司的系统性风险,并可能转化为系统性金融风险。一是部分平台型金融科技公司具有系统重要性,可能因风险混同诱发系统性金融风险。平台型金融科技公司不仅科技实力强大,业务规模大、市场份额高、用户群体广等特点使其可能发展成为具有系统重要性的机构。若风险混同在这样的系统重要性平台内部爆发,仅凭巨大的规模就可能引发局部市场动荡,产生"太大而不能倒"的问题。从平台金融生态的角度,生态内部快速的风险传递、信息共享也意味着风险混同的不良影响将会极其快速地波及众多成员,即可能同时引发"太多链接而不能倒"的问题。[3]

二是平台型金融科技公司向外输出技术服务,技术风险也可能与平台金融的风险混同及系统性风险紧密相关。一者,众多中小金融机构在与平台型金融科技公司合作开发金融创新产品的过程中,对平台型金融科技公司提供的技术节点服务产生了相当的依赖。这种依赖关系并非总是与协同效应的正面效果相关,其中也隐含了技术应用的负面效果。如

---

[1] 参见许多奇:《互联网金融风险的社会特性与监管创新》,载《法学研究》2018 年第 5 期。

[2] 参见丁安华:《我国平台金融科技演进路径、商业模式及监管建议》,载微信公众号"中国财富管理 50 人论坛"2021 年 6 月 16 日,https://mp.weixin.qq.com/s/T9ZOqJnpY2Ce6RBouZRmsw。

[3] See Dirk A. Zetzsche, William A. Birdthistle, Douglas W. Arner and Ross P. Buckley, *Digital Finance Platforms: Toward a New Regulatory Paradigm*, University of Pennsylvania Journal of Business Law, 2020, 23:1-68.

上述依赖关系发展到一定程度,则平台型金融科技公司与中小金融机构之间可能会产生"锁定效应",一旦平台风险混同发生,中小金融机构也可能受到影响并成为风险传染的通道。二者,平台型金融科技公司业务高度依赖数据和算法,依赖大数据、人工智能等金融科技底层技术。但技术的不确定性和固有风险决定了使用技术就必然无法避免技术风险。[1]而技术风险通常与网络安全、数据泄露和数据隐私等问题相互关联,如网络攻击可能导致平台型金融科技公司出现技术漏洞,使客户资产被盗或金融数据泄漏,引发平台金融信用风险。此外,由于生态成员的金融科技服务主要由平台型金融科技公司承担,金融科技服务的单一性容易导致成员间的技术创新方案存在趋同性,如可能使平台生态存在算法趋同风险,导致算法由"个体理性"转为"集体非理性"。[2]由于技术风险极其容易在机构内部和机构之间传染,一旦技术风险诱发风险混同,可能直接影响平台型金融科技公司和平台金融生态的稳定,甚至引发系统性金融风险。

3.损害投资者、消费者权益

风险混同爆发更直接的影响是损害投资者和消费者权益。风险混同现象往往是由独立风险事件诱发多个机构基础性安全保障机制失效导致。因此,风险混同一旦爆发即意味着多个金融服务提供者的资产负债表会同时受到影响。并且,这一影响将持续反映到接受具体金融服务或购买金融产品的消费者和投资者。缺乏风险防控、处置措施的平台型金融科技公司可能无法遏制风险的进一步传染扩散,致使更多平台金融参与者遭受损失。

一般而言,投资者与消费者权益受损往往指同一交易主体在一份合同下受到的一份损害。然而,与普通风险损害相比,平台风险混同中投资者、消费者的损害具有扩张性。为更好利用平台金融基础设施条件进行交易(出于成本或效率的考量),客户通常会在一个平台金融生态系统内拥有多个金融产品或服务合同,这使得平台风险混同可能导致投资者或消费者同时受到多份损失。需要说明的是,单个平台客户信用风险也可

---

[1] 参见袁康:《金融科技的技术风险及其法律治理》,载《法学评论》2021年第1期。

[2] 参见王怀勇、邓若翰:《算法趋同风险:理论证成与治理逻辑——基于金融市场的分析》,载《现代经济探讨》2021年第1期。

能是诱发风险混同的导火索,但此处讨论的是风险混同发生后对其他不特定投资者或消费者的不利影响。

另外,风险混同所产生的不良影响并非仅表现在投资者、消费者的经济性权益上,对于投资者、消费者的人身权益,风险混同也同样是一个巨大威胁。这与我们对投资者、消费者损失风险的传统印象相异。"投资有风险,入市需谨慎""高风险,高收益""风险自担"等耳熟能详的传统金融风险观念强调的投资者、消费者权益损害一般指的是经济损失。证券违法案件中最为重要的处罚措施之一便是向在案件中因违法行为受到损害的投资者赔偿一定数额的投资损失。如康美药业虚假陈述案中,相关责任人被判赔偿 24.59 亿元。[1] 但平台金融风险混同不仅可能导致投资者、消费者在金融合同下的经济利益受损,更可能导致其在平台生态内所有金融交易所依赖的基础数据泄漏,包括投资者、消费者的个人信息、用户信息以及其他重要金融信息,给投资者、消费者的人身权益带来不良影响。

值得注意的是,就权益保护而言,在平台金融生态中区分金融消费者、投资者的意义有限:一者,平台金融生态中金融业务种类繁多,混业经营特征明显,[2]以金融业别区分消费者和投资者的实践意义不大。[3]二者,平台金融生态中,对金融交易行为可以从不同维度认识,同一交易行为中的客户可能存在既是消费者又是投资者的双重地位。[4] 如客户通过平台购买银行代销的理财产品,于银行而言,客户即是接受金融服务的金融消费者,但对证券市场而言,客户可能就是投资者。最后,根据《九民纪要》第 76 条中"投资活动""卖方机构""金融消费者"的相关表述,宜混同处理购买金融产品或接受金融服务的消费者、投资者,将平台金融交易中的买方统一视作金融机构的金融消费者。[5] 因此,平台风险

〔1〕　参见李曙光:《康美药业案综论》,载《法律适用》2022 年第 2 期。

〔2〕　参见高惺惟:《平台垄断与金融风险问题研究》,载《现代经济探讨》2021 年第 7 期。

〔3〕　参见翟帅:《金融消费者和金融投资者辨析及其法律保护》,载《上海政法学院学报(法治论丛)》2016 年第 6 期。

〔4〕　参见谭艺渊:《金融消费者与投资者概念关系的界定与重构:基于规范与司法实证分析》,载《理论界》2021 年第 6 期。

〔5〕　参见任妍姣:《互联网理财代销平台的告知说明义务——以行为金融视野兼评〈九民纪要〉第 76 条》,载《法律适用》2021 年第 5 期。

混同对投资者权益的损害一般也即其作为消费者的风险损失。故对于平台金融消费者、投资者的保护力度原则上应趋于一致,营利与否不应成为权益保护差异的正当理由。[1]

二、隔离原理重释与平台风险隔离必要性

(一)平台风险隔离监管的理论基础

1.风险隔离监管探源

(1)隔离的词义及其风控目的

"隔离","隔"即隔断,"离"即分开。隔离本意为阻拦、断开,使不相接触。根据 MBA 智库,风险隔离是指分离或复制风险单位,使任一风险事故的发生都不至于导致所有财产的毁损或灭失,是一种从总体上减少风险所造成的损失的风险管理措施。风险隔离主要有三种措施:分割、分散和复制。分割是指将经济单位中的风险单位分离出来,避免其影响其他经济成分,如处置不良资产;分散是指通过增加风险单位的数量,将特定风险在更大的样本空间内分散来减少损失;复制是通过复制风险单位作为储备,在原资产或设备被损害时使用。基于上述讨论,我们提炼隔离的两个主要功能:其一,风险隔离并非仅为了控制风险,而是更侧重于防止风险扩散。其二,风险隔离是为了降低风险的整体影响,降低总体损失。

(2)隔离作为一种监管措施

在金融监管领域,风险隔离是一种普遍适用的风险管理措施,不仅行业与行业之间存在一定程度的风险隔离要求,在金融机构的业务许可、风控合规、系统重要性监管等中均存在特殊的风险隔离规则。因此,它在各类金融监管法律文件、金融机构内部控制规范以及行业自治条例等文件中均有体现。[2]

---

[1] 参见何颖:《金融消费者概念的法律定性及规范价值》,载《财经法学》2016 年第 1 期。

[2] 根据北大法宝数据库的统计,我国现行有效的法规规章中有 392 件涉及风险隔离内容,其中以银行业、证券业部门规章居多。具体包括部门规章 15 件、部门规范性文件 76 件、部门工作文件 22 件、行政许可批复 279 件。

美国财政部一项关于"美国金融服务体系在满足用户需求方面的优缺点"的研究报告认为,在一个竞争愈演愈烈的金融世界中,金融市场周期性波动是不可避免的,政策的重要作用不是防止这些波动出现,而是如何控制其扩散,即尽最大可能识别、隔离和处置风险问题。[1] 2005年中国人民银行等颁布的《商业银行设立基金管理公司试点管理办法》,是我国最早提出金融业务风险隔离要求的规范性文件。[2] 该文件要求商业银行严格按照"法人分业"的原则,与其出资设立的基金管理公司之间建立有效的风险隔离制度。2008年金融危机发生以后,巴塞尔委员会于2012年颁布新版《有效银行监管核心原则》,[3] 在国际层面对银行集团风险隔离机制提出监管要求。自此,各国普遍建立起风险隔离的监管观念。

2.风险隔离的理论基础

(1)金融生态理论

坦斯利(Tansley)最早提出生态系统是"在确定的时间、空间范围内,各物体利用物质能量流动产生的具有彼此关联性和自我修复调节功能的系统"。[4] 随着生态系统相关理论的发展及影响力的不断扩大,金融学者开始将生态系统理论引入金融学研究。金融生态理论认为,自然生态系统与金融生态系统之间存在许多天然共性,可以将金融生态系统内各金融机构视为自然生态系统中的各物种,各类金融机构在金融产品交易、存贷款业务等金融活动中的合作在生态系统中建立起了彼此之间的"物种关联"。[5] 2004年,周小川在"中国经济50人论坛"上正式提出了"金融生态"的概念,称"金融生态"主要指的不是金融机构的内部运作,而是金融运行的外部环境,金融生态即微观层面的金融环境,包括法

---

[1] Robert E. Litan, Jonathan Rauch, *American Finance for the 21st Century*, Brookings Institute Press, Washington, D.C., 1998, p.8.

[2] 参见《商业银行设立基金管理公司试点管理办法》(中国人民银行、中国银行业监督管理委员会、中国证券监督管理委员会公告〔2005〕第4号)

[3] See Basel Committee on Banking Supervision, *Core Principles for Effective Banking Supervision*, https://www.bis.org/publ/bcbs230.pdf.

[4] Tansley A G., *The Use and Abuse of Vegetational Concepts and Terms*, Ecology, 1935, 16(3): 284-307, p299.

[5] 参见乔海曙:《当前经济形势及货币、信贷政策研究》,载《上海金融》1998年第9期。

律制度环境、中介服务体系等要素。[1] 2015 年前后,互联网金融的兴起将金融生态研究带入一个新的阶段。互联网金融生态被视为"在一定时间和空间范围内,互联网金融生态主体等要素之间及其与外部生态环境之间在相互作用的过程中,通过分工合作所形成的具有一定结构特征,执行一定功能作用的动态平衡系统"。[2] 大多数学者认为互联网金融改变了中国的金融生态,[3] 如有学者认为互联网金融更新了金融服务理念,促使传统金融机构进行变革,深化了金融机构跨界合作并形成了金融主体合作共生的新业态。[4] 章延文等人认为金融生态强调"平衡""效率"和"普惠"。他们分析了金融生态组织网络形成的内外动因和具体形成过程,并基于阿里金融的具体案例构建了金融生态圈网络结构模型和评价方法。[5]

(2)金融脆弱性理论[6]

金融脆弱性理论的现代阐释中,明斯基(Minsky)等人的论述具有重要影响,主要是其对资本主义金融危机、金融体系的内在不稳定假说。金融不稳定假说,又称金融脆弱性假说,认为以商业银行为代表的信用创造机构和借款人相关的特征使金融体系具有天然的内在不稳定性。[7] 本章考虑金融脆弱性理论中的金融自由化和信息不对称问题。

金融自由化主要包括利率自由化、合业经营、金融创新、金融机构准入自由、资本自由流动等方面,且均有引发金融脆弱性的可能。[8] 本章

---

[1] 参见周小川:《完善法律制度 改进金融生态》,载 https://wenku.baidu.com/view/e-31e8fd5d5bbfd0a795673eb.html,最后访问日期:2022 年 2 月 26 日。

[2] 参见严圣阳:《互联网金融生态系统建设探析》,载《中国经贸导刊》2014 年第 11 期。

[3] 参见欧阳日辉主编:《互联网金融生态:互联、竞合与共生》,经济科学出版社 2016 年版,第 5 页。

[4] 参见李敏:《互联网金融对金融生态体系的影响与对策研究》,载《上海金融》2015 年第 12 期。

[5] 参见章延文、冯怀春、迟仁勇:《金融生态与共享金融》,清华大学出版社 2020 年版,第 34—50 页。

[6] 金融脆弱性理论总体上是对金融危机、系统性金融风险的理论解释体系。但金融脆弱性理论体系非常庞大、复杂,部分理论成果与本章关注的平台金融混同风险问题相关性有限,故笔者仅摘取其理论体系中数个经典理论,为平台风险混同的隔离监管做好理论铺垫。

[7] 参见向新民:《金融系统的脆弱性与稳定性研究》,中国经济出版社 2005 年版,第 138 页。

[8] 参见黄金老:《金融自由化与金融脆弱性》,中国城市出版社 2001 年版,第 85—134 页。

主要涉及金融创新所带来的金融脆弱性问题。金融创新本是金融市场的常态。随着金融科技的广泛应用,金融创新速率得到了极大的提升。但与此同时,日新月异的创新现象也在一定程度上遮掩了传统风险和新型风险给金融体系稳定、金融交易安全带来的一些隐患。[1] 由于金融创新激励了基于未来不确定甚至难以实现的收入和价格预期之上的投机性融资,整体上金融创新有增加金融体系脆弱性的倾向。

经济学家认为由于存在信息不对称所导致的逆向选择和道德风险,以及储户的"囚徒困境"可能引起的银行挤兑,[2]银行等金融机构具有内在的脆弱性。经典经济学理论中信息不对称主要包括两种类型,即在借款人与金融机构之间和存款人与金融机构之间均存在信息不对称。在本章语境下,平台用户既可能是"借款人",也可能是"存款人"。但基础信息不对称问题实际上较为少见,可能引致风险的更多是交易双方之间存在的数据不对称。[3] 如智能投顾业务中人工智能算法的黑箱和道德风险问题,授信业务中大数据风险控制的失灵问题等。

(3)金融风险监管理论

金融风险的存在是导致金融监管的直接原因。[4] 本章将金融监管理论分为传统金融监管理论、金融监管改革理论和金融科技监管理论。

传统金融监管理论,包括金融监管有效性理论、管制失灵理论、监管辩证理论。监管有效性理论强调通过纠正金融市场失灵来矫正金融市场和法律体系不完善带来的负面效果,主要包括金融脆弱性理论和公共利益理论。金融脆弱性理论前文已有述及。公共利益理论承认金融市场存在市场失灵,但认为政府是仁慈的且有足够的动机和能力去纠正市场失灵。[5] 由于市场失灵会导致不能实现"帕累托最优",因而需要政府对

〔1〕　See EBA, EIOPA & ESMA, Joint Committee Report on Risks and Vulnerabilities in the EU Financial System, September 8, 2021, https://www.esma.europa.eu/sites/default/files/library/jc_2021_45_-_joint_committee_autumn_2021_report_on_risks_and_vulnerabilities.pdf.

〔2〕　参见向新民:《金融系统的脆弱性与稳定性研究》,中国经济出版社 2005 年版,第 140—146 页。

〔3〕　参见王作功、李慧洋、孙璐璐:《数字金融的发展与治理:从信息不对称到数据不对称》,载《金融理论与实践》2019 年第 12 期。

〔4〕　参见翟丽芳:《金融监管理论与实践的综述及展望》,载《新疆社会科学》2020 年第 6 期。

〔5〕　参见冯科编著:《金融监管学》,北京大学出版社 2015 年版,第 28 页。

金融活动进行适当干预。[1] 管制失灵理论认为政府具有自身独立利益,容易在私人利益方面受到市场牵制而无法使社会福利最大化,主要包括管制俘获等理论。斯蒂格勒(Stigler)认为政府管制是为利益集团服务的,[2]金融监管可能仅在最初实施时具有一定效果,随着被监管者的认识不断加深,其会找出监管漏洞回避监管,甚至寻求控制监管机构。监管辩证理论认为技术、市场和监管等任一因素的变化都将导致最优化过程的重复,因此在金融机构行为作出调整的同时,监管也会随之作出相应的调整,从而形成"管制—创新(规避管制)—放松管制或再管制—再创新"的动态博弈过程。凯恩(Kane)认为金融创新主要是金融机构为了回避政府监管引起的。[3] 监管部门会适应形势变化放松监管政策,当金融创新威胁金融稳定或货币政策执行时,又会诞生新的监管政策。

金融监管改革理论主要涉及几个重要的监管理论发展。一是金融约束理论,认为政府可以通过一系列的金融政策在金融部门和生产部门创造租金机会,解决金融部门内广泛存在道德风险和逆向选择问题。二是功能监管理论,认为金融功能比金融机构更稳定,组织形式随着功能而变化,机构之间的创新和竞争最终会导致金融系统执行各项功能的效率提高。[4] 三是监管激励理论,认为必须给予规制机构激励以实现政治委托人的目标,[5]将金融监管视作一个最优机制设计问题,采用相机性的原则或非相机性的规则监管方法。四是资本监管理论,即通过对金融机构的资本有效性监管降低金融机构风险,主要是指以资本充足率和资产业务管制为核心完善金融监管体系。

金融科技监管理论在金融科技行业快速发展中随之诞生,主要遵循

---

[1] See Joseph E. Stiglitz, *The Role of the State in Financial Markets*, The World Bank Economic Review, 1993, Vol. 7, pp. 19-52.

[2] See George J. Stigler, *The Theory of Economic Regulation*, The Bell Journal of Economics and Management Science, 1971, 2:3-21.

[3] See Edward J. Kane, *Accelerating Inflation, Technological Innovation, and the Decreasing of Banking Regulation*, NEBR Working Paper Series, Working Paper No. 638, March 1981.

[4] See Robert C. Merton, Zvi Bodie, *Deposit Insurance Reform: A Functional Approach*, Carnegie-Rochester Conference Series on Public Policy, 1993, Vol. 38, pp. 1-34.

[5] 参见[法]让-雅克·拉丰、让·梯若尔:《政府采购与规制中的激励理论》,石磊、王永钦译,上海人民出版社2004年版,第5页。

金融安全与金融效率并重的监管理念。就金融科技监管而言,当前相对成熟且具有代表性的监管理论主要有二:一是包容审慎监管理论,二是科技监管理论。包容审慎监管理论强调在创新与规范、效率与安全、操作弹性与制度刚性之间寻求平衡,促进金融科技的稳健有序发展。[1] 科技监管理论强调科技维度的监管是金融监管的另一重面向,致力于依靠大数据、人工智能等技术构建科技驱动型监管体系,[2]是传统金融监管应对金融科技监管挑战的重要理论指引。

(二)风险隔离监管的逻辑进路

隔离监管可横贯风险问题的全过程,是一种集事前预防、事中控制、事后处置于一身的基础性、保障性监管措施。

1.预防风险发生

真正控制风险的关键之处就是在风险产生之时、在风险产生之处采取措施,事前防范风险而不是事后补救。[3] 在风险发生阶段或风险安全时期,隔离监管措施的使用便能起到良好的事前预防作用。由于风险在金融机构的日常经营活动、正常金融交易中产生,且随着不同的业务流程线不断积累,到达某一业务节点时,风险积累达到一定程度,便会产生风险暴露问题。隔离监管措施对风险生成的影响,主要体现在金融机构对其自身的内部控制和风险管理中。

全球金融危机以后,从金融机构企业文化的角度管理风险成为更为受欢迎的风险隔离方案。将风险管理融入企业文化实际上是转变传统风险管理模式,从传统的以业务部门或业务线为风险单位建模进行风险评估的粗放式风险管理,转变为以金融机构所有业务单元或业务节点为风险单位开展风险管理的精细化模式。风险隔离方案也从累积型隔离转变成了分散型隔离,从业务部门隔离转变成了业务节点隔离。业务节点风

---

〔1〕 参见廖凡:《论金融科技的包容审慎监管》,载《中外法学》2019年第3期。

〔2〕 参见杨东:《监管科技:金融科技的监管挑战与维度构建》,载《中国社会科学》2018年第5期。

〔3〕 参见[美]菲利普·卡雷尔:《金融机构风险管理:打造后危机时代企业文化》,朱晓辉译,刘霄仑审校,中信出版社2013年版,第17页。

险隔离让风险问题更加容易预测。在具体金融机构的风险管理实践中,识别能够理解和容忍的一般量化风险因素仅是第一步。风险管理关键在于让金融机构整体接受并承担全部风险责任,向每个业务节点负责人按照风险因素分配风险责任,然后根据风险信息采取行动,而非基于历史观察简单地估计潜在损失。[1] 这样细致的风险管理有诸多好处:首先,将风险单位细化,在源头减少风险隐患,降低金融机构的整体风险。其次,将业务节点之间的风险隔离开,在一定程度上避免不同性质的风险交叉传染,减少风险在业务线上的混同和积累。最后,向业务节点分配风险责任,业务节点负责人承担具体的风险敏感性和最大损失估计工作,保证金融机构具体工作人员均接受风险文化,具备风险意识,从而降低操作风险。

2.限制风险传递

金融机构企业风险文化将风险隔离从微观行为的视角渗透到具体经营活动中的业务节点。但金融风险的积累随着业务流程的推进是不可避免的,当经营活动从一个业务部门跨界到另一个业务部门,固有金融风险也随着金融工具的交易完成了传递。风险隔离对风险的传递具有限制作用,能够通过紧缩风险传导通道的"口径",减少不必要的风险传染,降低风险传导危害。

首先,风险隔离机制将业务风险积累或突发性风险事件的影响限制在金融机构内部,避免风险外溢影响其他金融机构或市场。这首要得益于对金融机构的资本监管。金融机构的资本有效性保障了其风险处置能力,由于风险损失能够有充足的资本做抵充,也就能够避免破产给其他金融市场主体的资产负债表造成不良影响,从而在内部消弭风险。其次,风险隔离机制能够紧缩风险传导通道,降低风险单位的外溢效应,金融机构其他业务部门或单元受到的影响有限。链式风险传递节点是常见的风险暴露点。风险隔离机制能够在风险业务节点与其他业务节点间筑就藩篱,风险单位的脆弱性受到风险隔离的保护,不会因金融市场的正反馈效

---

〔1〕 参见〔美〕菲利普·卡雷尔:《金融机构风险管理:打造后危机时代企业文化》,朱晓辉译,刘霄仑审校,中信出版社2013年版,第18页。

应和集体非理性变得更加脆弱。最后,风险隔离机制像存款保险、风险基金等制度一样,能够提振金融市场对风险单位的信心。金融机构某一金融产品、业务或分支机构信用评级的降低会使其市场信心快速降低,产品价格、股价等也会受到影响。但风险隔离机制的存在,使得金融市场倾向于相信已暴露风险单位的失败对其他金融业务成分的影响有限,金融机构依然能够在其他业务满足人们对相关金融服务的需求。如此,当这种风险隔离理念深入人心,市场信任在面临个体或局部风险时便仍然能够维持。

3.规避风险混同

风险混同在风险发展阶段上仍属于风险爆发阶段,混同意味着多个机构同时爆发不同类型的风险,并可能在极短时间内相互交叉传导,使得金融机构风险管理压力骤升。隔离措施对风险混同的规避作用主要体现在两个方面:一是对风险混同产生的重要基础机制进行规制,避免其负面影响诱发集体风险暴露;二是将局部风险混同控制在一定范围,避免风险传染引发更大范围的风险混同。

平台效率优势的背后潜藏着一定的安全隐患。平台风险混同可能依靠资产负债机制、数据共享机制及平台生态机制等基础机制发生,体现出技术应用的负面效应。对此,风险隔离的回应是通过平衡效率与安全,在保证安全的前提下实现效率最优,既不过分以隔离监管束缚平台内部的共享与合作,但也绝非放任高风险业务肆意蔓延。

对于资产负债机制,风险隔离试图通过资本监管、业务隔离、专户专用等机制,平衡企业负债的必要性与安全性,防止具体风险业务负外部性诱发整体风险暴露;对于数据共享机制,风险隔离通过业务分类、逻辑隔离、限制名单等机制,[1]平衡共享数据的基础性与多样性,防止数据使用的同质化诱发多点风险共同暴露;对于平台生态机制,风险隔离通过信用建设、风险管理、声誉独立等机制,平衡基础设施通道与风险传染功能,防范基础设施的负面影响。

另一方面,由于平台金融生态中的基础性机制是平台发展必不可少

---

[1]　参见《证券公司信息隔离墙制度指引》(中证协发〔2019〕274号)。

的竞争优势,其负面影响也就不可避免。这意味着,风险混同隐患的存在具有永续性。当局部风险混同发生时,风险隔离措施的另一重作用是限制风险混同的进一步升级扩大。如风险混同在某一层级爆发,本层级的风险隔离体系将风险混同的影响控制在该层级内,避免风险混同进一步扩大。当然,想要做到这一点并不容易,其有赖于平台型金融科技公司对平台金融生态的数据体系建设和自身数据能力的成熟。

4.控制风险扩散

风险扩散是风险爆发之后风险事件的影响持续发酵,风险外溢影响金融市场其他成分的过程。风险影响可大可小,而且到了扩散阶段,一般而言,风险溢出均具有一定程度的系统性影响。通过对扩散过程中的系统性金融风险进行评估,可得知平台金融生态系统性风险的程度,通常包括相对安全、一般风险、风险谨慎、高度风险和极度风险五个等级。[1]

在控制风险扩散上,风险隔离的作用主要是通过在金融机构之间建造风险隔离墙,保护其他易受波及的金融机构和维持金融市场信心。值得注意的是,风险扩散阶段与风险传递阶段具有一定相似性,即都体现出风险的传染性以及隔离的阻断作用,但扩散阶段的隔离措施更加全面且具备整体性,通常是在金融机构与金融机构、单个市场与其他市场之间发挥作用。而风险传递则往往指金融机构或者混业集团内部,风险在各业务节点间的积累和传递,隔离机制在各业务节点之间发挥作用。

金融机构之间的业务关联是系统性金融风险的重要传播途径。特别是现代金融市场内部,各个金融机构之间均存在紧密的合作,形成了一张错综复杂的金融网络,任一节点的风险都可能具有整体上的扩张性、传染性。这种高度链接性极度考验风险监管制度所提供的韧性支撑。因为风险一旦蔓延,利益相关者必然对金融市场失去信心,随后根据个人理性作出最优选择,即将所有存在风险的资产全都抛售,从而导致金融资产价格急速下跌,金融市场的流动性大幅紧缩,引发系统性金融风险。风险隔离正是通过在金融机构之间、不同的金融市场体系之间建立关联性"阀

---

[1] 参见徐荣贞、姚伟、展望:《金融生态视角下系统性风险研究》,南开大学出版社 2017年版,第40页。

门",满足风险隔离要求的业务分工与合作能够提升金融市场效率,相关交易的安全性也能够得到保障;在风险程度较高,或者出现风险事件时,风险隔离机制能够通过切断风险传染通道或建立风险防火墙阻碍风险继续扩散。

(三)平台型金融科技公司风险隔离的必要性

1.风险隔离是应对平台风险混同的有效防控机制

风险隔离能够有效应对平台型金融科技公司的风险混同问题。从具体的风险隔离规则规范机理看,风险隔离措施从最基本的风险管理切入,在金融交易和金融组织两个方面,对交易过程、组织运行中的风险源和风险累积进行有效规制,在风险发生之时、风险发生之处消弭或减少风险。如交易过程中能够有效防范因人为因素导致的操作风险,降低组织运行过程中各组织成分协作过程中的信息成本、数据泄露风险,并最终降低金融服务链条上的风险累积。

与此同时,风险隔离措施对风险混同的基础发生机制进行规范,能够有效防范基础风险通过资产负债、数据共享以及平台生态等具体机制诱发新的乱象。许多监管制度的目的也许并不从隔离的角度出发,但却具备事实上的隔离效果。公司资本维持、金融账户管理等也是有效控制机构业务负外部性的手段,能够防止具体业务风险溢出诱发风险交叉传染和整体风险暴露;数据分类分级、信息系统逻辑隔离等机制能够防止数据使用的同质化诱发多点风险共同暴露;完善信用体系建设、实施产品声誉独立也有助于安全利用平台基础设施条件,防范平台生态机制的负面影响。

平台型金融科技公司可运用复杂系统理论设置风险隔离措施,将平台生态圈进行多层级风险管理,按照具体经营者、特定业务链条(基于紧密关联)、关联业务链条(基于一般关联)以及整体生态等不同层级的风险管理要求设计专门的风险隔离体系。当风险事件在某一层级发生,风险溢出影响会在多层、系统的隔离机制下得到有效控制,也能避免风险混同及其负面影响的进一步扩大。

2.风险隔离是平台金融消费者保护的关键实践机制

保护金融消费者并非要做消费者的保姆,更非要保护他们的收益,而是要提供一个消费者能够有效获取相关金融交易信息的公平竞争市场环境,以最大限度地减少金融交易中的机会主义行为。[1]

(1)风险隔离增益信息搜寻

平台金融消费者保护的关键在于提升金融消费者决策行为的理性程度。而这取决于金融消费者对金融市场中有效交易信息的收集、理解和将之运用于消费决策的能力。隔离机制能在具体金融交易过程中增益金融消费者的信息搜寻,助力金融消费者将有限理性与注意力用于有效风险信息获取,从而免于过多且混杂的市场噪音。功能上看,风险隔离规范是一种行为规则,也是一种信息规则。风险隔离不仅要求敏感信息的传递受到一定限制,同样也意味着金融产品信息、客户信用信息等有效交易信息应实现高效共享。因此,风险隔离机制制约不当信息传播、促进有效信息流动的过程本身就是以信息工具传播有效市场信息、消解市场垃圾信息的过程,有助于消费者和投资者更好做出交易决策。在市场相对集中的数字金融平台中,可供消费者挑选的金融产品和服务种类包罗万象。订立合约时,经营者必须向消费者履行风险告知说明义务。告知说明内容不仅应包括投资者适当性要求下的产品风险信息,在平台金融语境下也需要符合平台规则和风险隔离监管要求。考虑到数字金融平台的典型契约群业务模式,为防范连锁违约、平行违约等群体性违约风险,[2]平台内经营者还应通过共享信息对客户资信进行全面事前审查,基于风险隔离或管理要求向消费者说明平台内已有合约对当前合约订立的影响。

(2)风险隔离提供整体安全

隔离机制通过规范组织行为提供平台内经营者、平台金融生态的整体安全保障,间接助力平台金融消费者保护。更有效的分工合作是平台型金融科技公司建设数字平台聚合市场主体开展集中交易活动的重要驱动力。技术创新背景下的银证、银保等传统业务合作,征信机构、科技公司与金融机构的创新业务合作等均越来越深入、普遍,平台内的业务合作

---

〔1〕 参见林越坚、岳向阳:《互联网金融消费者保护的制度逻辑与法律建构》,载《国家检察官学院学报》2020 年第 3 期。

〔2〕 参见徐英军:《金融风险生成的契约群逻辑及其法律规制》,载《法学评论》2020 年第 6 期。

也同样如此。混业趋势的增强在促进创新和有效竞争的同时,也使组织行为的溢出效应更加明显。风险隔离机制能够为机构业务合作划定行为边界。严格的业务分离与归口管理能够有效防范业务风险混同,基于隔离的信息技术系统开展合作能够有效防范技术风险传导,这些隔离措施都有助于提升平台业务整体安全性。而缺乏健全的风险隔离措施和激励机制,无疑将会放任平台生态成员的交易行为选择,引发新的机会主义套利行为,最终仍将损害投资者和消费者权益。风险隔离建设对于科技金融平台内关联交易的规制尤其重要。作为组织行为规范的风险隔离规则对于金融消费者保护的功用虽然并非显而易见,却时时处处影响着平台生态中金融消费者的决策行为的安全性,是一种不起眼却又具备长效保护作用的安全机制。

3.风险隔离是金融科技平台治理的重要安全机制

(1)风险隔离规则规范平台及其参与者行为

数字规范能力侧重引导、规范数字社会形态下的公民行为,以更好促进其有序发展。[1] 数字规则,通常表现为平台规则,对平台用户的行为,平台内金融服务提供者的行为,乃至平台自身的行为均具有一定约束力。就规则效力而言,平台规则不如法律规则,甚至不如一些规范性文件的政策要求,但其却往往表现出强大的执行能力。因为是否遵守平台的规则通常是一个单项选择,有且只有按照平台规则要求提供唯一正确的数字符号,行为的结果才能在平台规则下出现。换言之,不遵守平台规则便不能使用平台服务。正因如此,当隔离监管规则在法律法规的要求下被嵌入平台的数字运行逻辑之后,隔离规则必然成为平台金融生态的底层风险规则,从而使隔离监管成为平台金融生态风险管理的重要基础。但平台成员的集体行动,包括平台成员的合作行为,均可能影响平台规则。这是数字规则的短板,即相较于法律规则,它的变动成本很低,更迭速度很快。一方面,平台规则面临适应市场发展和技术进步的需求,另一方面,平台生态中的市场势力强弱不一必然导致平台规则容易受到交

---

〔1〕　参见鲍静、贾开:《数字治理体系和治理能力现代化研究:原则、框架与要素》,载《政治学研究》2019 年第 3 期。

易中更强势的一方的意志影响。隔离监管要求虽可成为平台规则的组成部分,却并非平台私权力可左右。当隔离要求对所有平台生态成员的行为产生约束力,隔离便能发挥重要的平台治理保障作用。

(2)风险隔离动机强化金融科技平台市场调节能力

组织能力形成基本制度框架,调节不同主体间的利益结构,协调不同治理主体之间集体行动的便利性或低成本特征。[1] 平台直接承担管理责任,并充当网信领域管理结构中用户与政府之间的中介。[2] 就平台治理而言,至少存在两组互动关系:一是政府与平台之间基于公共利益或委托代理建立的监管与被监管关系;二是平台与用户之间,基于契约关系建立的权利义务关系,囊括了平台与用户之间的服务与被服务关系、平台对用户的直接管理关系。前者强调契约本身的内容,侧重平台与用户之间的私权关系;后者强调契约的社会功能,侧重平台对用户的影响,具有"公"的属性。在以平台为中心的"金字塔"型契约群结构中,契约关系中的本质并非双方的合意,而是以契约方式实现的从上至下的管理。[3]

但数字金融平台治理的力量构成,除了监管者、平台金融消费者、数字金融平台本身,还有众多金融服务提供者,以及其他主体。多元主体的存在给平台治理带来了更大的组织和协调困难,部分主体在特殊的场景中存在身份利益上的冲突,[4] 因而利益协调可能存在阻碍。但隔离规则的使用具有基础性,它并非仅在指导具体数字金融平台建立一个具体的稳定制度框架,更是希望能够根据不同的市场组织形态,建立与其业务发展相适应的风险分离机制,保护机构风险单位安全。因此,风险隔离的监管要求是一个非常有利的多元主体协调驱动力,能够促进平台治理主体

---

[1] 参见鲍静、贾开:《数字治理体系和治理能力现代化研究:原则、框架与要素》,载《政治学研究》2019 年第 3 期。

[2] 法国社会学家埃米尔·涂尔干认为国家的功能是规划社会环境,以使个人能够更好地实现自我。但这一功能不能直接由政府实现,而应当由社会群体(如职业群体)充当个人与国家之间的中介来发挥,因为随着社会分工精细化、复杂化程度的加深,政府直接接触到某些社会运行的机会也在减少。参见杨乐:《网络平台法律责任探究》,电子工业出版社 2020 年版,第 15 页。

[3] 参见陈醇:《权利结构理论:以商法为例》,法律出版社 2013 年版,第 161 页。

[4] 参见蒋国银:《平台经济数字治理:框架、要素与路径》,载《人民论坛·学术前沿》2021 年第 Z1 期。

间的风险管理合作。这表明,各主体除利益驱动的自发性共享与协作之外,法律规则以及法律法规授权的平台规则,也可以充分引导数字金融平台治理走向更为安全的协同治理实践。

(四)平台型金融科技公司风险隔离的现实挑战

1.平台型金融科技公司的隔离制度建设不充分

(1)平台型金融科技公司的平台账户管理不规范

平台型金融科技公司的平台账户管理缺乏必要隔离监管规范,平台金融生态当中的金融账户气息的区分管理存在不健全、不合理问题。电子支付平台的监管中心在于沉淀资金,[1]因此各国普遍采用账户隔离的方式区分平台账户和客户账户,以有效防范资金混同。平台型金融科技公司虽然对平台消费者、平台内经营者和平台金融账户进行账户隔离管理,但仅限于不同主体间的账户隔离,对于同一主体内部并无更细化的隔离管理要求。当前平台用户在平台金融生态内以同一数字支付账号发起各类金融交易活动,部分平台型金融科技公司也仍以统一虚拟账户数据表示客户总资产。由于不同的金融交易类别和金融资产数量所代表的权益与风险并不完全相同,以统一虚拟账户发起交易和表示总资产数据并不能真实反映平台用户在平台生态中的风险水平,容易导致风险混同。

(2)平台型金融科技公司数据共享缺乏必要隔离限制

平台型金融科技公司的数据共享缺乏必要信息隔离限制,向平台型金融科技公司的关联公司、第三方合作机构、公众、政府等普遍地共享用户个人信息、数据产品,不仅存在侵犯个人隐私的风险,而且可能导致平台生态内部基于数据协同的风险共同体的形成,诱致风险混同的发生。如部分平台型金融科技公司对个人信息、信用信息缺乏隔离管理机制,不加区分地将用户信息(如个人信息、用户在平台生态场景中的行为记录)共享给关联公司、合作机构,使客户原始信息被直接广泛地用于客户画像和模型构建,存在过度挖掘和使用用户数据的问题。

---

〔1〕 参见钟志勇:《电子支付市场监管问题比较研究》,载《河北法学》2018年第4期。

(3)平台型金融科技公司对平台关联公司管理不到位

平台型金融科技公司对平台生态内关联公司的管理缺乏明确的机构隔离规范,存在互联网金融业务风险混同隐患。平台型金融科技公司的数字金融业务版块(创新业务之外的业务)与其关联公司实质上构成互联网金融控股公司,但当前多数平台型金融科技公司的金融业务并未申请设立金融控股公司,尽管在监管压力下这一过程正在加快,但关联公司之间、关联公司与平台型金融科技公司之间的风险隔离机制并未建立起来。因此,在金融科技平台中,各类金融业务通过虚拟的门户网站、小程序、API 等高度集中起来,而消费者通常仅由一个平台账户对接多种金融产品和服务,平台金融生态中实际上存在着机构身份混同的问题,这也为业务风险混同埋下了隐患。

2.平台型金融科技公司的内部风控现状有局限

(1)平台规则对平台金融生态的风险治理作用有限

传统上适用于一般金融市场的金融法规范同样适用于科技金融交易平台。但平台金融生态也具有相当的特殊性,金融法规范在平台金融的适用上,面临着许多新的技术、法律甚至是伦理上的挑战。平台规则是法律规则更新以适应金融科技发展需要之前,用于规范平台金融秩序、引导平台金融交易、辅助科技平台管理的重要制度资源。然而,平台规则通常由运营科技金融交易平台的金融科技公司制定。尽管规则制定的正当性能够在理论上获得相对有力的解释,但平台型金融科技公司并非公权机关,其"立法"存在公正性、科学性局限。一方面,平台型金融科技公司是由互联网金融演变而来,虽然正逐渐摆脱金融属性,但营利依然是公司生存的第一目标。因此,平台规则自然不可避免地带有平台利益倾向。另一方面,平台型金融科技公司以科技创新为主营业务,而规则制定却是一种极为复杂的法律技术工作,综合考量各方利益、统筹平台上下安排实非科技公司所长,平台规则的科学性有待进一步验证。

(2)平台型金融科技公司的"生态守门人"[1]职责履行不到位

平台型金融科技公司的风险管理往往因各种原因出现风险管理不充

---

[1] 参见张新宝:《互联网生态"守门人"个人信息保护特别义务设置研究》,载《比较法研究》2021 年第 3 期。

分、打折扣的情况,给平台金融生态安全带来风险隐患。一方面,平台型金融科技公司的经营资质管理存在疏漏,违法经营可能使平台面临多种风险。一是部分平台自身的经营资质欠缺,却与合作机构利用金融科技应用规避监管开展他种业务;二是平台型金融科技公司可能忽视对入驻平台的金融机构的资质审查,使平台与金融机构的合作业务面临多重合规风险。另一方面,平台型金融科技公司本身的内部控制、风险管理体系建设仅停留在单纯科技公司层面,尚不能到达金融合规标准。平台型金融科技公司是优质的客户导流渠道,因此知名度大、声誉佳的大型平台对金融机构非常具有吸引力。[1] 这虽然能极大丰富用户的金融需求解决方案,但也存在风险隐患。平台型金融科技公司为寻求利益最大化可能采取诱发寻租的经营管理方式,如使平台内经营者为获取更大流量开展竞逐,最好的产品可能无法有效触及最多的平台金融消费者。更关键的是,平台型金融公司的金融相关业务风险控制体系建设滞后,而各类机构业务水平、风险模型、监管要求不一,给平台供应商筛选造成不利影响,可能使风险混同的概率增加。

3.平台型金融科技公司的外部监管制度不完备

(1)监管机构的风险认知和科技监管工具准备不足

金融安全是国家安全的重要组成部分,准确判断风险隐患是防范金融风险的前提。然而,监管机构对风险的认知往往被固定在金融机构的传统风险范式中,不能有效评估市场创新风险给金融稳定带来的影响,由此导致的事后反应式监管常常走向监管不足和监管过度两个极端。例如,对早期的 P2P 借贷行业监管不足导致风险爆发;而后监管部门又对该行业进行风险整治行动,以风险隔离逻辑清退、清出大量存在风险的借贷平台。[2] 到如今,整个 P2P 借贷行业已然凋零。

---

[1] 据统计,京东金融的自运营平台京东行家推出一年左右,便有银行、证券、保险、基金、信托、期货等 76 家金融机构入驻,其中华夏基金、安信基金等五家金融机构的保有客户和资管保有量均实现了成倍增长。参见京东数字科技研究院:《数字金融》,中信出版社 2019 年版,第 194 页。

[2] 参见冯辉:《金融整治的法律治理——以"P2P 网贷风险专项整治"为例》,载《法学》2020 年第 12 期。

科技监管工具能够极大程度地增强监管机构对市场风险的敏锐度,便于其在卷帙浩繁的财务会计数据和市场行为数据中发现、了解、预测隐藏的风险行为,从而能够有针对性地提升监管机构的执法能力,及时阻断风险蔓延。当前的问题是,科技监管工具的研发进度慢、落地周期长,针对全市场的风险监测机制,如全国性的监管大数据平台,并不像券商、私募等成熟且市场参与者相对有限的金融业务一样,便于设计匹配分析模型和设置监管指标阈值。而平台型金融科技公司的发展却极为迅速,或持牌或合作,几乎已经渗透到金融行业的每个细小分支。因此,监管机构对风险的认知和判断在未来一段时间依然面临较大挑战。

(2)具体金融科技监管执法模式与机构职权配置仍不甚清晰

机构监管的模式源自分业监管体制。部分监管机构的组织合并和职能整合,强调功能监管理念、穿透式监管方法,以及贯通细分市场、采取联合执法等,上述改革均没有改变机构监管的主要制度。尽管中央与地方层面的监管范围看起来相对清晰,实际上部分金融科技乃至传统金融业务均存在一定程度的监管模糊和混乱,容易导致监管执法的标准和尺度不一,地方金融科技监管压力尤为突出。

另外,不清晰的金融科技或数字金融执法可能进一步阻碍市场合规能力的提升,金融科技平台也不例外。这是由于监管者对市场创新的金融风险、技术风险和商业风险的认识不到位,难以直接对金融科技业务的具体成分进行确认并匹配具体监管机构。如对地方金融科技平台的监管,相关法律法规明确地方金融监管部门具备机构监管职能,而其业务监管职权却又归属于中国银保监会的地方派出机构。但机构监管与业务监管内容真就如此泾渭分明吗?如果存在监管内容上的重叠与冲突,应当如何有效协调?监管金融科技需要更加清晰的监管安排。[1]

---

[1] 参见周仲飞、李敬伟:《金融科技背景下金融监管范式的转变》,载《法学研究》2018年第5期。

三、风险防火墙的制度经验及其借鉴

(一)传统金融机构风险隔离的既有范式

1.商业银行的风险隔离

商业银行的风险隔离历史十分悠久。以美国为例,商业银行的风险隔离历史可以分为建立隔离、放松隔离、强化隔离三个阶段。

(1)1930年代大危机后的建立隔离阶段。1929年华尔街股灾发生后,美国经济陷入大萧条。为快速实现经济复苏,美国于1933年颁布了《格拉斯—斯蒂格尔法案》(也即《1933年银行法》),开启了风险隔离的序幕。该法案禁止商业银行直接从事证券交易业务,在商业银行业务与高风险证券业务之间建立隔离墙,[1]严格区分不同种类的银行业务,独立管理商业银行、投资银行和保险公司。1934年,美国证券交易委员会根据《1934年证券交易法》设立,正式确立了商业银行、投资银行分业经营、分业监管的金融体制。随后,美国又通过了一系列相关法律对隔离墙制度予以完善。如1960年《银行合并法案》规定银行间的合并与重组不得导致全能银行或超级金融机构的出现。金融隔离墙制度有效稳定了混乱的银行业,为美国金融业创造了一个相对稳定的恢复和发展环境。[2]

(2)1970年代后的放松隔离阶段。20世纪70年代末,金融自由化、全球化趋势成为潮流,严格分业经营体制限制了美国金融业的国际竞争力。因而,美国政府开始放松1933年以来建立的隔离管制。[3] 美国先于1982年颁布《高恩—圣杰曼存款机构法》,允许银行从事一定证券和保

〔1〕 也称为"格拉斯—斯蒂格尔墙"。See David H. Carpenter, Edward V. Murphy and M. Maureen Murphy , *The Glass-Steagall Act*: *A Legal and Policy Analysis*, Congressional Research Service Report, 2016, No. R44349.

〔2〕 参见邹克、关天宇、黄宇焓:《美国金融防火墙制度的演化与反思》,载《湖南财政经济学院学报》2016年第3期。

〔3〕 参见何德平:《美国〈金融服务现代化法案〉对我国国有商业银行的借鉴与启示》,载《武汉大学学报(社会科学版)》2001年第1期。

险业务。1986 年,美联储对《格拉斯—斯蒂格尔法案》第 20 条有关禁止成员银行与"主要从事证券业务"的经营者发生关联关系的规定进行了解释,[1]认为"主要从事证券业务"包括商业银行可以在主营业务收入不受影响的情况下从事少量投资银行业务。[2] 随后,美国政府颁布了《金融服务现代化法案》,通过大量例外条款放松对金融业务经营权限的管制,允许银行控股公司的子公司经营与银行业务相关的多种金融产品和业务,[3]正式放弃了行业间的隔离墙制度。美国金融业由分业经营转入混业经营时代。

(3)2008 年次贷危机后的强化隔离阶段。随着金融自由化泛滥,美国金融衍生品市场风险不断累积,最终次贷危机爆发,导致了全球性的系统性金融风险。为应对此次自 1930 年代以来最严重的金融危机,美国政府于 2010 年颁布《多德—弗兰克法案》,对金融监管体制进行了再次梳理和改革。在金融隔离墙制度方面该法案纳入了"沃尔克规则",禁止商业银行及银行控股公司进行自营交易,限制大型金融机构的业务经营权限。[4] 同时,在商业银行业务与其他主要业务之间建立风险隔离机制,加强对金融衍生品的监管。该法案还配置了其他机制强化风险隔离,如允许对风险金融机构进行分拆等。不过,美国学界对沃尔克规则的实施效果多持消极意见,认为沃尔克规则与金融服务市场发展不相匹配,[5]系统性风

---

[1] 该条款意在禁止成员银行通过其附属公司从事证券业务,这种关联关系包括银行对主要证券业务经营者持股 50% 以上,或者主要证券业务经营者有半数以上同为商业银行董事。See SEC. 20 of the Banking Act of 1933.
[2] 参见佚名:《〈格拉斯·斯蒂格尔法案〉的兴废与启示》,载《金融发展评论》2011 年第 4 期。
[3] 参见杨海瑶:《我国商业银行混业经营准入监管法律制度研究》,法律出版社 2020 年版,第 112 页。
[4] 沃尔克规则禁止任何银行实体包括银行附属机构:(1)赞助或投资对冲基金、私募股权基金和其他类型的私募基金及集合投资工具。豁免情况:由银行组织提供的资金不受此禁令的限制,只要银行持有不超过 3% 的资金,投资于该基金的银行一级资本不超过 3% 且满足与基金名称和关联交易有关的其他要求。(2)从事自营交易,即短期交易(金融工具的购买和销售),目的是从购买和销售价格之间的差异中获利。豁免情况:市政债券由州县或政治分区(如市政)发行、与"做市商"有关、与旨在降低风险的某些对冲活动有关以及代表客户进行的交易不受该禁令的限制。
[5] See Charles K. Whitehead, *The Volcker Rule and Evolving Financial Markets*, Harvard Business Law Review, 2011, 1: 39 – 74; Darrell Duffie, *Market Making Under the Proposed Volcker Rule*, Rock Center for Corporate Governance at Stanford University Working Paper 106 (2012).

险防范的目标可以通过其他更优方法(如更有效的监管资本等)实现。[1] 实践中,华尔街的"豁免"游说已使数百种金融衍生品免于监管,规则的实施周期也不断被延长,"法案的漏洞正不断扩大",[2]但"认定多德—弗兰克法案已经失败还为时过早"。[3]

总体上,由于金融危机带来的影响太过深刻,加强隔离仍然是全球金融市场提升银行业整体安全的主流做法。2010年前后,除美国外,英国、欧盟等大部分发达国家和地区均针对商业银行颁布了限制其混业经营业务范围,"隔离储蓄业务和高风险业务"。[4] 具体改革措施和监管法规包括禁止商业银行从事自营交易、限制商业银行对私募基金开展投资、将储蓄机构与投资银行业务分离并适用不同的市场准入规则、成立分支机构经营高风险业务等,被众多法学家和经济学家称为"结构性变革"。[5]

2.证券公司等其他机构的风险隔离

除了商业银行,证券公司、证券投资基金管理公司等其他金融机构也均存在各自的风险隔离机制。

我国监管机构在资本市场发展早期即对证券公司有着防火墙制度建设的要求。如2001年中国证监会颁布的《证券公司内部控制指引》明确规定,证券公司完善内部控制机制必须遵守防火墙原则,公司投资银行、自营、经济、资产管理、研究咨询等相关部门,应当在物理上和制度上适当隔离,对因业务需要知悉内部信息的人员,应制定严格的批准程序和监督处罚措施。在风险隔离制度建设中,证券公司非常注重信息隔离墙的建设。为控制敏感信息的不当流动和使用,中国证券业协会发布的《证券公

[1] See Anjan V. Thakor, *The Economic Consequences of the Volcker Rule*, Report by the US chamber's center for capital market competitiveness 20120 (2012).

[2] 刘亚东:《多德弗兰克法案:一次不完美的改革》,载《海南金融》2013年第2期。

[3] 郭雳:《金融危机后美国私募基金监管的制度更新与观念迭代》,载《比较法研究》2021年第6期;Celia R. Taylor, *The Dodd-Frank Death Knell*, Loy. U. Chi. L. J. 2018, 49, p. 655。

[4] Julian TS Chow, Jay Surti, *Making Banks Safer*; *Can Volker and Vickers Do it?*, International Monetary Fund Working Paper, No. WP/11/236; Schwarcz. Steven L., Ring-Fencing, Southern California Law Review, 2013, 87, p.69.

[5] 杨海瑶:《我国商业银行混业经营准入监管法律制度研究》,法律出版社2020年版,第109页。

司信息隔离墙制度指引》对证券公司的信息隔离制度建设进行了全面的指导和要求。[1] 根据上述指引,证券公司按照"需知原则"管理敏感信息,证券公司工作人员在工作中知悉敏感信息负有保密义务,不得利用敏感信息为自己或他人谋取不正当利益;证券公司将风险隔离墙纳入内部控制机制管理,董事会、高级管理人员、各部门、分支机构和工作人员在信息隔离墙制度建立和执行方面负有相应的管理职责;证券公司采取签署保密文件、加强信息设施设备管理等保密措施防止敏感信息的不正当流动,同时采取措施确保保密侧业务与公开侧业务之间相互独立(包括物理设施独立和信息系统独立),通过跨墙管理与审批制度实现证券公司两侧业务协调;证券公司建立观察名单和限制名单制度,对敏感信息所涉公司、证券、人员等进行跟踪监控,规范潜在的内幕交易和任何形式的利益输送行为。

证券投资基金管理公司同样关注风险隔离机制的建设,防火墙原则亦是其风险隔离制度建设的重要原则。证券投资基金公司风险隔离建设要求公司基金资产、自有资产和其他资产的运作严格分离,基金投资、决策、执行、清算、评估等部门和岗位在物理上适当隔离。首先,公司各机构、部门、岗位在职能上保持相对独立,不同类型的基金应由不同的部门独立管理;其次,投资管理决策职能与交易执行职能严格隔离,实现集中交易、公平执行、合理分配。具体业务风险隔离上,公司证券投资业务由投资业务部门统一操作,财务部负责证券投资的清算工作和资金划拨与核算,其他部门无权涉足。投资规模由投资业务部门申请,公司投资决策机构审核通过。投资业务部门一般由基金经理、研究分析部、交易管理部和风险控制部组成,公司投资决策机构则通常包括投资业务部门的主要经营管理负责人(总经理、部门总经理、副总经理)和风险控制负责人。同时,风险隔离要求公司受托证券投资业务与自营证券投资业务之间建立严格的防火墙,从组织结构、账户管理、投资运作、信息传递等方面做到完全隔离,如公司证券投资业务部门管理的自营投资账户与代理客户投资账户应严格区分,相互独立。此外,公司加强商业信息管理,严禁泄漏公

---

[1] 参见《证券公司信息隔离墙制度指引》,中证协发〔2019〕274号。

司投资计划、结构、盈亏状况等投资信息。2020年新修订的《证券公司和证券投资基金管理公司合规管理办法》第14条规定,合规负责人应当协助董事会和高级管理人员建立和执行信息隔离墙、利益冲突管理和反洗钱制度。

3.金融控股公司的风险隔离

金融控股公司实乃金融混业集团,通常为防范金融控股公司内部风险传染,需要建立风险隔离墙机制,主要包括信息防火墙、人事防火墙、业务防火墙和资金防火墙等方面的内容。[1] 世界范围内金融控股公司存在着不同类型的组织结构,并且金融控股公司的风险隔离建设要求也并非完全一致。

美国金融控股公司以纯粹型金融控股公司为主,如花旗集团。纯粹型金融控股公司以母公司为控股公司,不经营具体业务,只负责调度资本、分配财务资源、制定战略规划等重要决策及管理,以协调各子公司之间的利益格局,实现金融控股公司整体利益的最大化。因此,该类金融控股公司的下设银行、证券、保险等金融子公司与母公司之间、各金融子公司之间存在有效的防火墙制度,保证了母子公司、子子公司彼此之间的人事、财务、管理的独立性和各业务体系的专业性。纯粹型金融控股公司的混业仅体现在母公司层面,各子公司实际上仍然是分业经营,全面的防火墙制度能够有效隔离风险。

英国金融控股公司以事业型金融控股公司为主,如巴克莱银行。事业型金融控股公司以银行母公司为控股公司,母公司既从事商业银行业务,同时也负责整个金融控股公司的战略管理。事业型金融控股公司同样重视风险传染防控,在银行母公司与证券、保险等子公司以及各子公司之间建立了较为完善的风险隔离机制,使得银行母公司、非银行子公司之间相对独立。但由于商业银行业务的特殊性,这种隔离具有局限性。[2] 商业银行通常在整个金融控股公司中占主要地位,子公司危机所带来的对金融控股公司整体利益的损害,如打击市场信心、诱发声誉危机等,常

---

〔1〕 参见李晗:《论我国金融控股公司风险防范法律制度》,中国政法大学出版社2009年版,第208—210页。
〔2〕 参见连平等:《新时代中国金融控股公司研究》,中国金融出版社2018年版,第67页。

常迫使母公司不得不积极予以救助。

德国金融控股公司大都是全能银行模式的金融控股公司。这类金融控股公司在组织架构上仅存在一个公司,即全能银行。在银行内部,则分设有商业银行业务部、证券业务部、保险业务部及其他业务部,具有"一个法人、多块牌照、多种业务"的特点。由于全能银行不受分业准入限制,可以全面经营各种金融业务,满足客户的多种金融服务需求,因而能够充分发挥不同业务间的协同优势。但这也导致全能银行的风险控制难度较大,各类业务之间基本不设立风险防火墙,极易引发风险传染。德国全能银行具备优良的风险管理传统,在风险管理理念、风险管理手段和技术等方面均在全球处于领先地位,而且德国全能银行普遍具备稳健经营的企业文化,因此全能银行模式能够在德国取得成功。[1]

从上述三类金融控股公司组织结构以及风险隔离机制建设的相关描述中不难发现,纯粹型金融控股公司防火墙制度建设最为完备,风险隔离有效性最强,而事业型金融控股公司次之,全能银行模式的金融控股公司则再次之。虽然风险隔离机制有效控制了风险传染,保障了金融控股公司的安全性,但也一定程度上限制了金融控股公司各业务成分之间的协同。因而,防火墙制度越完备,风险隔离效果越好,金融控股公司协同效应的发挥就越依赖公司的内部协调和信息共享来实现各业务成分之间的沟通。另外,尽管金融控股公司的组织结构导致了风险隔离机制建设的差异,但其他风险控制措施的重要性同样不遑多让,风险隔离上的制度性缺乏并不一定意味着交易安全性存在绝对劣势。

(二)平台型金融科技公司风险隔离的共性考量

1.风险隔离强度的适度性

正如学者所言,"防火墙的制度设计应在金融跨业经营的兴利与除弊之间寻求一种平衡,太严太厚的防火墙将无法实现多元化经营的效益,无

---

〔1〕 参见徐文彬:《金融控股公司发展与监管模式选择研究》,经济科学出版社 2013 年版,第 37—41 页。

异于严格分业经营,而太松太薄的防火墙不能有效矫正金融跨业经营的弊端,使风险防控机制形同虚设"。[1] 以传统防火墙的制度建设的平衡理念指引适度、有效的风险隔离机制建设,对平台型金融科技公司同样适用。

(1)适度的风险隔离机制建设应旗帜鲜明地包容创新

平台型金融科技公司的发展得益于技术应用带来的服务效率提升和资本扩张的自利驱动,但也离不开普惠客户群体的支持,因为其关照到了传统金融模式未能充分覆盖的领域。因此,金融科技创新的效益不仅体现于推动金融市场繁荣而服务实体经济,更体现在满足庞大的长尾客户群体的财富管理和金融消费需求,使整体社会公共福利增加。故而,平台型金融科技公司风险隔离机制的建设应体现对金融科技、金融创新的包容态度,不宜过严设置风控要求。风险隔离机制的包容性需要直接追溯至近年来为学界和监管机构主张的包容审慎监管理念。[2] 提出包容审慎监管理念是鉴于金融科技创新和风险并存的市场发展特征,希望通过包容措施给予金融科技发展充分的试错空间以鼓励创新,畅通平台金融生态内的分工协作、数据共享等机制,激发各业务部门的市场创新活力和科技创新能力,以便充分发挥不同业务之间的潜在协同效应。

(2)适度的风险隔离机制建设应明确创新的风险底线

保持整体审慎是风险隔离机制的主要建设目的,包容性仅是为了体现平衡理念,避免风险隔离过严而限制协同效益发挥做出的适度让步。风险隔离机制建设及其作用发挥需明确守住法律底线、守住不发生系统性风险的底线,方能实现包容审慎监管的有效监管内涵。[3] 具体到平台型金融科技公司风险隔离问题上,适度的风险隔离机制建设需充分考虑

---

[1] 李晗:《论我国金融控股公司风险防范法律制度》,中国政法大学出版社2009年版,第208页。

[2] 参见廖凡:《论金融科技的包容审慎监管》,载《中外法学》2019年第3期;侯东德、田少帅:《金融科技包容审慎监管制度研究》,载《南京社会科学》2020年第10期;以及《优化营商环境条例》(国务院令第722号)、《中共中央、国务院关于新时代加快完善社会主义市场经济体制的意见》(2020年5月11日公布)等行政法规或政策文件。

[3] 参见张效羽:《行政法视野下互联网新业态包容审慎监管原则研究》,载《电子政务》2020年第8期。

传统风险隔离墙、新型风险隔离墙的必要性、适当性问题。考虑风险隔离墙的必要性,其原因在于金融科技应用与网络平台的结合可能重构传统金融业务模式或创造新的金融服务链条,传统风险隔离墙的部分功能已然被虚置或者亟须新型风险隔离措施规制出新的风险传递渠道。考虑风险隔离墙的适当性,则是需要充分平衡风险隔离机制的风险防控作用与促进平台金融生态内部的分工合作,按照相关监管要求提出具体监管目标,使风险隔离机制建设满足监管目标要求后,将执行标准开放给具体的平台型金融科技公司和平台金融生态成员,以充分发挥市场主体的创新活力。

2.风险隔离范式的适应性

(1)传统金融机构风险隔离的适应性范式经验

商业银行的风险隔离政策变动主要受到金融发展理念的影响,银行业在金融利润的驱使下走向无序混业,后来又在反思金融危机的过程中加强风险隔离并慢慢转向有序的混业经营。

金融控股公司的风险隔离主要关注到法人机构之间的隔离,不同类型的金融控股公司在组织结构上的特性往往也就决定了风险隔离机制建设的特点。但这仍然不够具体。不同的金融控股公司自身的资本背景、战略布局和竞争力塑造方面不可能完全相同,其风险隔离制度设计也可能因此受到影响。

证券公司、证券投资基金管理公司等机构的风险隔离机制建设受到业务风险与业务特征的影响。证券市场交易的特殊性在于公开市场的放大和联动效应,[1]因此证券法必须以信息披露为核心制度,保护不特定投资者的公共利益。证券公司、证券投资基金管理公司参与证券市场活动,必须遵守法定信息披露和投资者保护义务,防范内幕交易、虚假陈述、操纵市场等违法行为侵害投资者权益,因而这类机构的风险隔离制度建设非常注重信息隔离墙建设。

可见,尽管风险监管理念类似,但不同金融组织或机构的具体风险隔

---

[1] 参见陈洁:《虚假陈述民事赔偿制度的新发展理念及其规范实现》,载《法律适用》2022年第3期。

离制度构建也存在极大的个性化、定制化空间,适应了不同市场主体的组织架构、经营战略、企业文化、创新能力及其面临的监管环境。

(2)平台型金融科技公司风险隔离的范式适应性考量

在平台型金融科技公司的风险隔离制度设计上,也需要体现其特定的风险特征和一定的适应性,确保其在不同类型的平台型金融科技公司中均能发挥有效的风险控制作用。这需要解决两个问题,一是如何对待当前已有的风险隔离制度?二是如何回应平台型金融科技公司技术、数据协同规范需求?

如何运用业已存在的风险隔离制度资源?金融科技平台的运作虽依赖于数字技术和海量数据的支撑,但也离不开传统金融业务和金融机构的基础服务。当前商业银行、金融控股公司等机构或组织的隔离墙规范依然能够发挥重要风险规制作用。因此,平台型金融科技公司可主要利用已有风险隔离框架结合自身业务综合发展战略重新梳理、更新其风险隔离需求,而后再行开展风险隔离制度创新。换言之,平台型金融科技公司的风险隔离墙建设可充分学习、借鉴已有规范。

如何应对平台型金融科技公司的技术、数据协同模式的负面影响?平台型金融科技公司在一个平台上为用户提供多种不同类型的金融服务,各种金融服务之间相互协作或补充。这一特征在追求金融效率协同上与金融控股公司颇为相似,其本质均是通过改变、改善业务流程实现一体化金融服务,为客户创造价值。[1] 区别在于,平台型金融科技公司业务协同作用的发挥主要依靠数据共享、数字技术应用,而金融控股公司业务协同则主要依靠混业集团内部更加便利的业务分工与协调机制。对平台型金融科技公司而言,由于部分平台型金融科技公司及其关联公司本身具备金融控股公司类似特征,其风险隔离显然也需要做好相似准备。但更为重要的是,平台型金融科技公司更为有效的业务协同是通过技术、数据协同实现的,其风险隔离需回应数字金融服务带来的挑战,运用风险隔离机制对数据要素流动、数字技术应用以及数字金融创新过程中风险

---

〔1〕 参见连平等:《新时代中国金融控股公司研究》,中国金融出版社 2018 年版,第46—56 页。

的传递进行规制,减少风险累积和风险溢出。

3.风险隔离规范的体系性

(1)风险隔离规则在宏观规范层面的体系性

《证券法》《商业银行法》等法律,《证券公司监督管理条例》等法规规及章基本建立了我国金融业法定风险隔离义务体系。随着银行、证券公司、保险机构乃至互联网金融企业之间的业务合作越发频繁和各类金融控股公司的不断发展,银行、证券、保险机构之间的横向合作业务、股权交叉投资和业务交叉经营越来越多,[1]蚂蚁集团、京东金融、百度金融、美团金融等综合性金融服务科技公司逐渐涉足支付、征信、理财、信贷等多种业务,严格分业经营格局早已发生变化、金融混业化趋势逐渐凸显。2018年,中国银行业监督管理委员会、中国保险业监督管理委员会依据《国务院机构改革方案》合并为中国银行保险业监督管理委员会。监管机构改革初步确立了"一委一行两会"的"混业"监管格局,以加强监管协调应对分业监管之不足。[2] 同年,中国人民银行颁布《关于规范金融机构资产管理业务的指导意见》(资管新规),中国银保监会出台《商业银行理财业务监督管理办法》(理财新规),金融机构成立理财子公司成为行业主流。新监管形势进一步促进了金融机构之间的沟通合作,混业经营趋势进一步发展。但相应地,对金融行业的监管力度也进一步加大。不难发现,随着金融混业趋势的进一步发展,当前存在的分业经营、机构监管体制所提供的风险隔离作用,以及依靠分业体制建立的风险隔离体系正面临冲击。

(2)风险隔离规则在微观规范层面的体系性

行业自律规范以及金融机构具体合规管理、风险管理和内部控制体系建设是金融机构风险隔离的主要合规路径。对特定金融机构,尤其是金融控股公司而言,风险隔离制度不仅是该机构或组织全面、有效的风险管理体系中一项重要风险管理和客户权益保障制度,其本身也是一类内

---

〔1〕 参见王兆星:《机构监管与功能监管的变革》,载中国财经网,http://finance.china.com.cn/roll/20150202/2940422.shtml,最后访问日期:2022年1月23日。

〔2〕 参见张永亮:《金融科技监管法律制度构建研究》,法律出版社2020年版,第89页。

涵极为丰富、覆盖面相当广泛的规范群。[1] 尽管法规规章、规范性文件、自律规范文件以及机构内部控制制度是风险隔离规范的主要载体,但上述法规文件一般也仅能对某类金融机构作出相对宽泛的规定,大量风险隔离的操作性规范仍然需要更加细节性的自律性规范提供指导,如前文提及的证券公司信息隔离墙指引。甚至,即使存在丰富的风险隔离机制建设指引文件,也不能保证金融机构的风险隔离全面、有效,平台型金融科技公司仍需根据自身业务及组织特征细化具体的风险隔离框架和执行流程。可见,风险隔离制度建设本身即意味着要根据金融机构具体情况搭建一个贯通各业务成分的风险控制体系。

(3)体系化考量的意义

风险隔离的制度化、体系化建设经验对平台型金融科技公司风险隔离具有重要指导意义。金融监管要求下的风险隔离义务并不一定与平台型金融科技公司风险隔离义务等同。一般而言,金融监管侧重从系统安全和风险防范视角设置风险隔离义务,但平台金融风险隔离往往需要更多地从促进平台健康发展的角度考虑平台规则设计。平台型金融科技公司是一个网络组织或生态系统,网络或生态成员若持有牌照,则需同时满足金融监管框架下的风险隔离要求和平台风险隔离要求,即使不持有具体金融业务牌照的金融科技公司或其他参与者,同样需要遵守平台风险隔离义务。需指出的是,在进行平台型金融科技公司风险隔离制度设计时,应重视体系化考量。一方面,这有助于平台风险隔离义务体系找准自身定位,处理好平台风险隔离体系与各成员现有金融风险隔离体系的关系。另一方面,对于具体金融机构而言,这有利于在各网络或生态成员之间的业务合作和交流中,促进专业化分工和高效协调并保障安全。

---

[1]　如《金控办法》第34条明确规定:"金融控股公司应当建立健全集团整体的风险隔离机制……强化法人、人事、信息、财务和关联交易等'防火墙',对集团内部的交叉任职、业务往来、信息共享,以及共用销售团队、信息技术系统、运营后台、营业设施和营业场所等行为进行合理隔离……"风险隔离制度的建设涉及金融控股公司业务、人事、场所、组织等多个方面的具体安排。

（三）平台型金融科技公司风险隔离的特殊要求

1.信息披露:强化平台型金融科技公司的外部审查与监督

（1）引入披露制度的原因

平台型金融科技公司的经营不透明性与平台企业特征是两块助长平台风险混同隐患的"土壤"。平台型金融科技公司的经营不透明性表现在,一方面,平台型金融科技公司的节点式金融科技业务在技术层面存在"认知黑箱",人工智能、云计算、区块链等底层技术的创新应用机理具有高度不可认知性,金融科技的技术风险及其不利影响存在以难以预料的方式向金融系统传递的隐患;另一方面,平台型金融科技公司的综合性数字金融服务在业务层面存在"监管黑箱",尽管自营互联网金融业务、合作业务、科技创新业务发展迅速,但平台型金融科技公司风险合规体系尚未建立,产品违规关联、不当信息共享、机构业务混同等在科技公司的"躯壳"遮掩下逃避了金融监管审查。

同时,平台型金融科技公司同时具备政府、市场、企业三种经济角色,[1]即同时具备管理交易、撮合交易和参与交易的三种功能。由此便自然产生一个追问,这三种经济角色可能发生冲突吗?如果存在经济利益冲突,平台型金融科技公司能够克服并坚守其"信义义务"底线,避免利用平台"公用"设施而为自己或为第三方牟取利益吗?这一过程中如何实现平台金融公平与效率的平衡?这显然是一个极难把握的判断,但正因如此,这种利益冲突也极易被利用,增大平台交易的整体风险及其负外部性。因此,考虑到平台型金融科技公司经营的黑箱模式和利益冲突,在非典型公开市场(平台)引入信息披露制度确有必要。

（2）向谁披露及隔离披露的内容

平台型金融科技公司的风险隔离建设情况应在信息披露内容之列。但公司很难向信息使用者收取信息成本,而且可能使公司竞争者获取更

---

[1] 参见黄益平:《专家观点 | 黄益平:平台经济及其创新与治理》,载"未名湖数字金融研究"微信公众号 2022 年 3 月 28 日,https://mp.weixin.qq.com/s/Wz-OOhdZXejVtmI2Eu5j5Q,最后访问日期:2022 年 3 月 28 日。

大竞争优势,〔1〕因此公司缺乏披露激励。故而,金融监管机构应当明确提出要求。

风险隔离信息应向主要监管机构披露。平台型金融科技公司的数据金融科技平台嵌入多个金融服务流程,提供支付、托管、信息传输等多种节点金融服务,应向监管机构披露其在节点业务风险隔离方面的措施,特别是直接与传统金融业务相关联的合作业务中的风险隔离措施。对用户和市场,平台型金融科技公司同样应负一定风险隔离信息披露义务。如平台用户应当能够通过平台型金融科技公司的应用知晓自己的金融账户信息和具体资产配置情况,用户和市场都应有权获悉平台型金融科技公司将如何通过风险隔离措施降低数字金融平台的整体风险情况。

2.行为合规:运用科技工具满足外部监管与自我监督要求

(1)数据驱动型风险管理对科技工具的需求

部分平台型金融科技公司可能被监管机构认定为"系统重要性金融机构"而施加特别监管要求。〔2〕而对于未被监管机构认定为系统重要性金融机构的平台型金融科技公司,数据驱动的平台数字金融模式也使得平台型金融科技公司必须要收集更多数据来进行风险管理。显然更多、更丰富、更高质量的结构、非结构化数据能够帮助平台型金融科技公司开发更有效的风险管理模型和技术风控流程。因此,更高、更复杂的风险监管要求不仅对平台型金融科技公司提出了更高风险合规要求,也对监管机构自身的科技监管能力提出了新的挑战。平台型金融科技公司的隔离机制建设是企业合规的重要组成部分,对于由数字技术和数据驱动的平台型金融科技公司,建立隔离机制、开展隔离合规,仅依靠传统金融监管工具显然是不够的。

(2)科技工具在平台风险隔离中的应用

在监管端,监管机构运用新技术提高监管和监督的有效性,称为监管

〔1〕　参见国泰君安证券股份有限公司编著:《科创板与注册制:一场伟大的变革——基于国际视野的比较研究》,上海财经大学出版社2019年版,第29页。

〔2〕　《中国人民银行、中国银行保险监督管理委员会、中国证券监督管理委员会关于完善系统重要性金融机构监管的指导意见》(银发〔2018〕301号)规定,系统重要性金融机构范围包括银行业、保险业、证券业系统重要性金融机构和国务院金融稳定发展委员会认定的其他具有系统重要性、从事金融业务的机构。

科技,如巴塞尔委员会认为监管科技是由技术赋能的监管创新;[1]在合规端,被监管机构运用新技术满足更高的合规要求、降低合规成本,称为合规科技,如国际金融协会认为合规科技是在合规成本不断提高的背景下,运用技术手段实现合规的解决方案。[2] 应以系统分析视角,动态考察平台、平台参与者以及监管机构之间的监管与合规互动,利用监管科技、合规科技实现高效合规。

具体而言,科技工具应用于隔离机制建设主要有以下几个方面:

第一,隔离合规数据的收集、整合和报送。对平台而言,科技合规工具能够更好应对庞大用户群体生产的海量数据的合规资源压力。例如,针对互联网理财业务,《理财公司理财产品流动性风险管理办法》要求在理财公司的理财产品之间建立风险隔离机制,这就要求每个理财产品单独核算、操作分离、归口管理。由此产生的风险隔离数据便可由合规科技从平台生态中的业务经营者处收集、整合,最终报送给监管机构。

第二,关联交易风险的监测、分析和报告。由于平台金融生态成员数量多、关联复杂,一个品牌下可能有数家金融子公司同在一个平台中开展业务。平台型金融科技公司需要利用监管科技分析各生态成员的经营状况和风险水平。由于违反风险隔离要求的不当关联交易很可能导致品牌系产品或子公司的集体风险暴露,监管科技要具备准确、自动发现潜在的风险隔离漏洞并生成预警信号的能力,以便平台和监管机构及时采取干预措施。

第三,身份识别与业务节点风险管理。随着科技的不断发展,跨地区、跨行业、跨市场的交易越发频繁,传统身份识别效率低下,于是便诞生了以科技监管工具实现高效身份识别的解决方案。平台型金融科技公司利用大数据、生物特征技术等科技手段进行身份确认,管理用户系统的风险。基于用户的身份信息匹配其信用信息,平台或平台中的金融经营者便能够管理个人合约集束的风险,防范连锁违约诱发风险暴露。

---

[1] See Basel Committee on Banking Supervision, *Implication of Fintech Development for Banks, and Bank Supervisors*, https://www.bis.org/bcbs/publ/d415.pdf.

[2] See Institute of International Finance, *RegTech: Exploring Solution for Regulatory Challenges*, https://www.iif.com/Portals/0/Files/content/Innovation/10_01_2015_regtech_exploring_solutions.pdf.

3.数据治理:平台型金融科技公司数据协同的信息法规制

(1)数据保护困境对隔离的消极影响

当前,平台型金融科技公司过度收集并滥用个人信息、违规处理平台用户数据、平台数据库建设与共享机制缺乏审慎等问题依然突出。平台型金融科技公司对平台金融客户个人信息和数据的保护不到位,无疑会损害《数据安全法》《个人信息保护法》所保护的社会安全、个人隐私等公私权益。从商业发展和风险防范视角看,侵犯个人隐私行为在损害平台用户对品牌的信任、降低平台市场声誉和投资者信心的同时,亦在一定程度上促成了风险传导预期渠道的形成。[1] 毫无限制的数据开放和共享更将导致“搭便车”行为的普遍化,从而促进平台生态成员对平台型金融科技公司数据库的过分依赖,进一步加剧数据协同的整体性负面隐患。

(2)遵循隔离规则开展数据治理

应将隔离规则嵌入平台数据治理,将平台金融风险隔离规则与平台数据治理相结合,促进数据安全[2]、效率、正义等治理目标的实现[3],使数据流动共享和价值实现过程更加安全有序,从而最终助益平台型金融科技公司的整体风险安全。隔离规则的运用应当贯穿平台金融数据生产、数据治理的全过程。

在数据收集的过程中,个人数据安全和隐私保护应当受到特别重视。为避免对平台用户个人信息的过度采集,应对照个人信息保护、数据安全法律规范对各类隐私信息保护的程度,通过建立信息隔离安全区对个人信息和用户数据进行差异归口管理。在数据加工处理的过程中,要特别注意到平台算法的伦理风险,防止经营者对用户数据的歧视性处理和过度挖掘。需通过运用特殊信息隔离方法,对原始数据进行匿名化清洗和采样,使最终的数据处理结果不因性别、年龄、疾病等非交易重要信息而

---

〔1〕　参见方意等:《金融科技领域的系统性风险:内生风险视角》,载《中央财经大学学报》2020 年第 2 期。

〔2〕　数据安全,是指通过采取必要措施,确保数据处于有效保护和合法利用的状态,以及具备保障持续安全状态的能力。参见《数据安全法》第三条。

〔3〕　数据治理目标通常有三种,包括数据效率、数据正义和数据安全。数据效率目标旨在鼓励数据的广泛使用,数据正义目标要求保障各数据主体的正当权益,数据安全目标旨在实现数据的有效保护和合法利用。

产生不当歧视后果。[1]

在数据的共享和使用上,信息隔离墙能够确保数据保护和数据使用的具体落实,缓解数据非竞争性与排他性的矛盾。风险隔离规则的要求能够作为一种技术保障措施予以实施,控制第三方的数据使用行为,减少数据处理者对失去数据控制的顾虑,从而为数据共享和使用提供激励与约束。如对于特定场景数据库,数据的可用性是在"可用不可见"[2]"数据不出笼"的前提下实现的。由于在具体场景中开展不同的业务所需要的数据存在差异,可以基于隔离要求,根据在平台金融生态中开展不同金融业务的具体数据使用需求予以共享。由平台型金融科技公司向数据使用者开放隔离机制的"通路"获取具体数据库,以许可合同和技术措施双重手段保障数据控制者的权益,同时避免数据库的无限制、非必要共享带来的风险传导的混同问题。隔离正是为了构建一种混合型的网络,"在不受控制的互联网上增设了一个控制层","仅有通过控制层之后,你才能访问互联网"。[3]

4.规则包容:平衡风险隔离与平台数字金融效率和包容

(1)隔离机制建设不应阻碍创新、降低数字金融效率

数字金融效率是平台型金融科技公司开展业务的基础,也是平台生态发展的重要驱动。数据化是平台型金融科技公司业务体系的起点,本质上是将业务现象以数字工具量化而变得可见的过程,最终目的是通过金融创新提升金融效率。对金融效率概念本身,当前并没有统一的权威界定,如有学者认为金融效率是金融运作的能力,也有学者指出金融效率是资金融通的效率。[4] 但金融科技和业务数字化所带来的突破金融交易时空限制、降低金融交易成本等裨益获得了普遍认可。因此,平台型金融科技公司建立风险隔离机制时应充分寻求效率和风险的平衡,风险隔

---

[1] 参见李成:《人工智能歧视的法律治理》,载《中国法学》2021年第2期。

[2] 李冰、张博:《数据"可用不可见"前景光明 "金融+隐私计算"成金融业刚需》,载《证券日报》2021年10月30日,第A3版。

[3] [美]劳伦斯·莱斯格:《代码2.0:网络空间中的法律(修订版)》,李旭、沈伟伟译,清华大学出版社2018年版,第39页。

[4] 参见吴晓求等:《中国金融监管改革:现实动因与理论逻辑》,中国金融出版社2018年版,第70页。

离机制的建立不能影响平台型金融科技公司创新对金融效率的提升。风险隔离机制尤其不能阻碍金融经营者从具体社交、商业或金融场景中正常获取用户数据。因为通过各类互联网场景收集的大量数据意义非凡,对多维数据的分析可以实现客户画像丰富度、准确度的大幅提升,形成对传统金融业务信息利用的本质超越。

(2)隔离机制建设应提升数字包容性、降低隔离成本

数字包容是一种"旨在确保所有人都有平等的机会和适当的技能,从广泛数字技术和系统中受益的策略"。[1] 提升隔离机制的数字包容性是期望通过创新隔离机制,使更多中小平台参与者以较低的数字成本承担平台隔离责任,让众多平台金融消费者以更低数字技能享有平台隔离安全。对于中小平台参与者而言,进驻平台在享受庞大场景流量带来获客、创收便利的同时,也支付了相应对价,其中就包括遵守平台隔离规则而需支付的成本,如提高自身的技术实力、更新业务板块的管理架构等。但中小平台参与者不具备大型科技公司强大的合规能力,其完成合规任务通常需要平台协助。这样一种依存关系会使中小平台参与者被锁定在平台生态中,退出平台意味着放弃平台生态带来的庞大市场用户群体,留在平台则需接受平台规则并承担较大的隔离成本。因此,平台型金融科技公司的隔离机制建设应坚持"最小必要"的原则,同时平台还应协助中小平台参与者提供诸如数据分享、科技支持等产品,降低其隔离合规成本。

随着我国金融混业经营市场不断发展,平台型金融科技公司已经成为依靠金融科技技术手段助力混业经营实践的一类新型市场主体。但由于平台型金融科技公司并非典型金融机构,传统风险监管亦难以直接对其发挥作用。在混业实践与分业监管体制的基础性张力之下,混业市场下的统一监管转向愿景虽然美好,也绝非一日之功。因此,为防范平台型金融科技公司效率提升的潜在风险混同,仍应以分业体制为基石,将平台型金融科技公司纳入隔离监管视域。因而,承袭分业体制的传统金融机构的风险防火墙制度经验仍具有相当的借鉴意义,包括平台型金融科技

---

[1] 杨巧云、梁诗露、杨丹:《数字包容:发达国家的实践探索与经验借鉴》,载《情报理论与实践》2022 年第 3 期。

公司风险隔离的规范强度、范式适应性以及规范的体系性方面。同时,平台型金融科技公司的业务、组织、风险管理等亦有特殊之处,在其风险隔离之际需注入新的隔离内容,如信息披露、合规行为、数据治理等,但也需以包容性规则留出相应调整之空间。以上内容可为下节关于风险隔离制度的构建提供价值目标指引。

四、平台型金融科技公司风险隔离的制度设计

(一)平台型金融科技公司风险隔离的制度基础

1.平台型金融科技公司的营业主体识别

对平台型金融科技公司开展风险隔离,首当其冲是要将关涉金融业务且存在风险混同隐患的协同成分识别出来。对于第三方支付、信用中介、信息中介、技术中介、征信数据库等成分,一般应同时被识别为直接或间接关涉金融的协同成分,受到风险隔离规则的规范;对于单纯的科技创新业务,则应排除于金融监管之外。

2.平台型金融科技公司的协同行为规制

监管法规并未涉及对平台型金融科技公司这类金融共生性市场主体的特殊协同规范需求。与此同时,对平台型金融科技公司的金融数据协同行为也未有整体性的监管要求。平台型金融科技公司的数据、技术协同具有关涉金融的特殊性,金融监管法规应当对平台型金融科技公司基于技术协同对金融资本协同的影响做出回应。

3.平台型金融科技公司的风险防控责任

平台型金融科技公司应对其所参与的金融交易负有风险防控责任。具体言之,平台型金融科技公司应保证自身独立金融业务的安全性,如应遵守监管法规、完善合规体系;同时,平台型金融科技公司应保证其向传统金融机构提供的技术服务和数据产品的安全性,避免给金融业务带去风险。这不仅是合作合同的约定义务,也是监管机构对金融机构的监管要求。

（二）平台型金融科技公司的风险防火墙构建

1.平台型金融科技公司风险防火墙的规范内容与具体机制

（1）平台型金融科技公司的风险隔离目标

整体上看，平台型金融科技公司应建立金融科技系统与金融系统间的隔离机制，防范金融科技系统风险向传统金融系统风险传导，宜将金融科技风险控制在金融科技系统内。

（2）平台型金融科技公司的风险隔离主体

平台型金融科技公司自身无疑是风险隔离的第一主体。平台金融生态圈中的其他参与者，包括平台金融消费者、平台内经营者、数据控制者、技术供应商等也无法置身事外。

（3）平台型金融科技公司的风险隔离客体

风险隔离客体主要指向风险隔离行为，包括作为与不作为。

作为的风险隔离行为。第一，规范技术行为。风险隔离技术人员主动将具备风险隔离功能的机器语言段落写入程序中，以实现需求端或供给端之间的互动操作和单方向唯一操作，杜绝潜在"阴阳"操作。如掌握算法暗门的技术人员可能取消已被记录的操作（用于报送监管部门），再行实施其他的交易操作（用于实际关联交易）。第二，规范经营行为。平台金融生态中不同交易类型的具体风险并不相同。不同种类金融业务之间应当存在一定的隔离，否则难免发生风险混同。因此，平台型金融科技公司、平台内经营者应对产品和客户进行分类、分离，独立核算不同产品，并将产品与客户按不同标准进行归口管理。第三，规范管理行为。平台型金融科技公司作为平台生态"守门人"和"控制者"，互联网监管部门、金融监管部门将部分管理职能予以授权，都意味着平台应为风险隔离进行积极管理，确保平台规则符合风险隔离的要求，监督平台规则和隔离规范的具体落实，并对监管部门负有一定责任。第四，规范合规行为。平台型金融科技公司以及平台内经营者根据相关风险隔离规范，建立相关风险隔离工作机制并向监管机构报告隔离数据，是平台风险隔离合规行为的应有之义。最后，平台型金融科技公司还应以生态秩序维护者、金融科技平台管理者身份承担风险隔离的概括性合规义务，对平台生态成员的风险隔离承担一定督导和协助功能。

不作为的风险隔离行为。与风险混同的具体发生机制相对应,不作为的风险隔离行为主要是针对平台型金融科技公司资本协同、数据共享与信任危机的负面影响。其一,不实施不当关联交易。在不透明的平台经营模式下,利益冲突容易导致关联交易被用于牟取私利,损害公司、中小股东或债权人利益。同时,不当关联交易也可能使风险通过资产负债机制发生交叉传导、扩散,并最终诱致平台型金融科技公司风险混同。故而,平台型金融科技公司不应从事不当关联交易。其二,不当数据共享。数据共享本是平台型金融科技公司开展具体合作业务或其他金融科技业务的基础,但不当的数据共享侵犯个人隐私、威胁平台数据安全,更可能通过数据共享机制导致平台风险混同。因此,平台型金融科技公司对数据共享也应有所控制,严格遵守《个人信息保护法》、《数据安全法》、《征信业务管理办法》等法律法规的要求,不盲目逐利而进行不当数据共享。其三,不过度标签化平台业务。标签化是平台型金融科技公司的常用引流手段。然而,过度的标签化使平台金融消费者更加盲目,组织信任的裨益也可能走向反面并就此埋下风险隐患。因为,显然并非平台内所有的产品都是优质的。因而,平台型金融科技公司不宜在推介产品时过度利用平台市场声誉,而应向消费者披露合作品牌并允许消费者选择。

(4)平台型金融科技公司的特殊风险隔离机制构建

技术系统防火墙机制。平台型金融科技公司对合作机构的系统接入或托管,应实施统一管理,制定分类技术规范和接口标准,实施技术与安全评估,保持平台技术系统与合作机构信息技术系统间的隔离。[1]

数据库防火墙机制。合理设置数据共享限制,区分客户原始数据和金融信用数据,隔离个人信息库和信用信息库。同时,有必要在不同的数据产品间构建隔离,避免数据产品的无差别、非必要商用导致去身份化信息被复原。

第一,业务场景隔离机制。明确场景边界,宜强化不同场景同质业务

────────────

[1] 参见《中国银监会关于规范商业银行代理销售业务的通知》(银监发〔2016〕24 号)第 17 条。

的风险隔离和机构独立,不宜混同不同场景下同类业务的风险管理;宜强化同一场景不同业务之间的风险隔离和机构独立,禁止混同同一场景下不同种类业务的资金、信息管理。

第二,技术人事隔离机制。适当限制信息技术人员的人事调动,避免技术方案的设计架构和数据产品的分析处理过度单一,以技术方案多元化"对冲"技术协同的极端负面效果。

第三,账户隔离机制。完善平台金融消费者账户管理体系,应区分其金融账户、数据账户,区分金融账户中的资产账户、数据账户中的数据集合,开展隔离管理。

第四,声誉隔离机制。应重视平台的品牌或市场声誉管理,谨慎考量平台产品标签,同时仔细甄别平台合作对象,避免因单个产品的爆雷影响平台的整体市场声誉,导致因小失大。

2.平台型金融科技公司风险防火墙的赋能与隔离重点

(1)技术规则赋能

信息隔离墙方面,屏蔽特定敏感信息,仅允许特定有关人员拥有获取信息的固定账号和密码;人事防火墙方面,将任职规则写入平台信息系统,不符合要求的人员无法在平台从事相关业务活动;业务防火墙方面,在平台设置联营交易限制,仅有获准的关联交易才具有可操作性;资金防火墙方面,禁止或限制不正常的资金流动。

同时,在平台内部的各技术子系统、金融子系统以及用户体系之间建立数字逻辑隔离,或称机器语言隔离,平衡安全时期的共享效率与特殊时期的风险隔离。在风险可控、系统安全的运营环境中,系统之间的信息、数据流动应得到充分保障,但在风险爆发或混同时期,技术系统风险引擎应有能力识别潜在风险,并及时中断业务或数据流动。

(2)平台型金融科技公司风险防火墙构建的隔离重点

就平台型金融科技公司的服务本质内容而言,第三方支付、信贷融资、信息中介、技术供应商等是金融科技服务内容的核心。针对上述核心业务的不同风险管理和发展需求,对平台型金融科技公司不同核心业务的关键风险隔离机制进行重点建设。对于平台的第三方支付业务,风险隔离的重点在账户隔离和资金隔离机制的建设。应建立平台用户账户与金融账户分类分离制度,重点区分支付账户与其他金融账户,对支付账户应继续完善沉淀资金的合规管理,对其他平台内因金融交易产生的金融资产,应另行建立金融账户体系,细化平台内部不同类型金融资产的账户管理。对信贷融资型业务,重点在于信息隔离、资金隔离机制的建设。应建立平台信用信息数据库管理制度,完善平台数据治理规则,在创新业务、合作业务中使用的用户个人信息与信用数据应进行区分管理,平台收集、处理、使用、共享用户原始数据,均应基于保护平台用户个人信息权利的前提;资金隔离方面,应对合作业务中的资金供给渠道进行有效区分和隔离,不应混淆、模糊资金来源,严格防范平台利用科技创新转嫁金融业务风险。对信息中介业务,风险隔离主要在于信息隔离和数据安全管理。应建立平台信息隔离和数据安全管理制度,有效防范信息不当传递和数据泄露。对技术供给业务,风险隔离重点应在技术风险管理和技术系统风险隔离,目标即防范技术系统风险向金融系统风险传导。应重视平台技术风险治理,建立技术风险定期评估与矫治制度,及时发现并清理风险较高的技术模块。适当限制技术供给业务与金融业务的关联集中,避免合作业务的资金业务、技术服务由同一平台供给,防范道德风险和业务风险转嫁。

3.平台型金融科技公司风险防火墙建设的成效评价机制

平台型金融科技公司的风险防火墙制度建设天然带有技术基因,部分法律规则的落实情况甚至仅有在读懂技术语言、真正理解技术方案的底层逻辑之下,才能有更深刻的认知。换言之,对平台型金融科技公司,甚至整个以技术为主要竞争力金融科技产业的监督管理,要求监管者具备读懂科技语言、理解技术逻辑、创造符合技术特征的法律规则的能力,而这恰是当前监管机构力所未逮之处。

风险防火墙建设成效的评价应属于平台风险防火墙建设义务的衍生内容,之所以为该"成效评价"内容部分提供一个新的机制,正是希望以此缓解监管者与市场主体之间的数字鸿沟。但基础义务的法定性并不意味着衍生义务内容也必须要有法律法规确立。评价平台型金融科技公司的风险防火墙制度建设成效,以行业自治性法规确定该平台的风险治理规则显然更加符合市场创新和平台发展的要求。因此,监管机构或行业自治组织可以通过发布平台风险隔离制度建设指引的方式确立一定时段内对平台型金融科技公司的风险隔离评价要求。

就具体评价路径而言,按照监管机构参与风险防火墙建设的程度不同,应有政企合作型和事后备案型两种路径可供选择。[1] 政企合作型路径希望在平台型金融科技公司和监管者间建立合作机制,[2] 监管者参与平台风险防火墙建设过程中不做指导,结束后对平台风险隔离建设成效进行评价。监管者根据平台型金融科技公司风险防火墙体系的安全性进行定级评价,建立分级监管体系,对安全性较低的风险隔离体系进行持续督导改进,对安全性较高的风险隔离体系则应给予更多制度激励。事后备案型路径中,监管者丝毫不进入平台风险防火墙建设过程,也不亲自进行建设评价,而仅按照监管目标、原则对平台型金融科技公司的风险隔离防火墙建设成效评价报告进行事后审查,对评价结果等进行备案。其中较为关键的角色将会是平台型金融科技公司聘请的第三方评估机构。作为市场化评价机制中的关键环节,第三方评估机构的权威性应当得到监管机构的认可,同时,其应当对制度建设成效评估报告负一定法律责任。

合作型路径与备案型路径各有千秋,前者中监管机构参与程度高,能够有效指导平台型金融科技公司完成防火墙建设,保障平台运营的安全、稳定;后者中平台型金融科技公司享有更大的风险隔离自主权限,能够充分发挥市场化治理机制的作用。考虑金融科技市场的发展实践,当前应以合作型路径为主,发挥监管机构的约束作用;而当行业发展逐渐进入成熟期,监管机构应逐渐退出合作,由市场化机制完成评估,释放更多监管资源。

---

[1] 理论上,还有监管主导型和完全自治型两种方案,但监管主导型路径要求监管者在平台防火墙建设时便参与其中并给予指导,在完成后即启动对风险隔离制度建设成效的评价。而监管机构科技能力不足,这种方案缺乏一定实践基础。同时,完全自治型方案又给予了市场过多隔离自由,缺乏监管标准约束可能导致较大的监管成本。故而,选择这两种方案的可能性较小。

[2] 参见李有星、王琳:《金融科技监管的合作治理路径》,载《浙江大学学报(人文社会科学版)》2019年第1期。

（三）平台型金融科技公司的非防火墙风险隔离制度完善

1.完善平台型金融科技公司的科技治理体系

风险隔离要求通过平台完善科技治理体系，提升技术系统的整体风险防范能力。一方面，通过增大技术系统风险管理的人员、制度、工作文化建设等方面的投入，以组织规范抵御潜在的内外部风险诱因。如针对具体信息技术风险建立与风险相适应的对冲和抗衡机制，加大网络安全、数据安全、隐私保护等方面的员工培训力度，加强科技人才激励与约束，明确各层级技术管理人员的技术权限和职责，建立平台信息技术风险控制措施的协调机制。另一方面，加强管理工具技术赋能，利用云计算、区块链技术管理技术系统风险。[1] 云计算是一种按照使用需求配置计算资源的访问模式。由于云计算本身是虚拟的主机资源，较传统信息技术系统具备更强的灵活性和延展性，因而能够真正做到按需分配算力，大幅降低技术系统投入和运营成本，甚至完全省去部分场景下的风险隔离措施。此外，基于云计算、区块链技术的信息网络更加专业、复杂，其也能够通过丰富技术系统架构为平台型金融科技公司提供更强的防护能力。

2.完善平台型金融科技公司统一账户与业务协同的风险隔离

（1）细化平台金融账户的实名管理制度

平台用户取得平台账号的同时将其各类金融账户与平台账号关联。《互联网用户账号名称管理规定》规定对平台用户账号进行"后台实名，前台自愿"的实名制管理。但金融消费者在平台金融交易上，平台金融账户落实实名制管理面临更大的身份识别和信息验证风险。[2] 平台型金融科技公司应借助第三方信息核实、关系网络模型等多种方式，在为用户远程开立金融账户时验证客户身份信息；运用基于大数据技术应用的欺诈侦测模型管理平台金融账户风险，以规则判断、异常阈值、神经网络、关联模型等来处理客户的账户数据并侦测账户异常情况，保护客户资产安全。

---

[1] 参见张晓朴、姚勇等：《未来智能银行：金融科技与银行新生态》，中信出版社 2018 年版，第 119 页。

[2] 参见张晓朴、姚勇等：《未来智能银行：金融科技与银行新生态》，中信出版社 2018 年版，第 120 页。

与此同时,更需重视的问题是平台型金融科技公司的统一账户管理制度有碍于监管机构对不同类别金融账户进行区分管理和市场风险监督。对此,应要求平台型金融科技公司在实名制的基础之上对平台用户的金融账户进行区分管理和风险隔离。在用户端,平台型金融科技公司应在统一账户体制下细化账户管理分支,使平台用户能够穿透查阅已有平台账号关联金融账户的具体类别,以及每个金融账户中的金融资产类别、数量、价值和相关风险信息,保障平台金融消费者的知情权和选择权;同时,平台型金融科技公司还应当增强其统一账户管理体制的透明度,及时向监管机构报告其平台金融账户管理情况和风险信息,便于监管机构穿透到资产层面掌握平台型金融科技公司发展动向和风险水平。但为保护平台用户隐私,一般不得将具体平台用户个人信息、金融账户信息及资产信息等数据报告给监管机构。

(2)完善基于技术协同的全过程、节点化风险隔离

平台型金融科技公司参与的经典金融业务线条包括申请、受理和调查、风险评价和审批、订立协议与执行、支付管理、支付后管理等环节。平台型金融科技公司基于技术协同实现更高效的业务协同,同时呼吁更精准的控制业务节点风险、减缓业务线条上风险的累积,降低风险的不当传递。

交易机会筛选。在平台型金融科技公司与金融机构开展的引流、助贷、联合贷等业务合作中,平台型金融科技公司利用智能获客系统匹配金融消费者和金融机构,这是平台型金融科技公司对业务风险的第一次节点控制,即根据平台用户账号的已填写资料和第三方数据库(如征信、纳税数据)筛选出低风险交易机会。

交易风险评价。到风险评价与审批阶段,金融机构往往将平台型金融科技公司提供相关数据产品(基础数据或征信数据)直接作为客户提供数据进行交易风险评价,此为第二次节点风险控制。但为加强平台用户隐私保护,直接取用客户原始数据这一做法即将成为历史。[1]

---

[1] 2021年7月,中国人民银行征信管理局向腾讯金融、度小满金融、京东金融、字节跳动等13家从事金融业务的网络平台下发通知,要求上述平台不得将个人主动提供的个人信息、平台内产生的信息,或从外部获取的信息以申请信息、身份信息、基础信息、个人画像评价等名义直接向金融机构提供。同年9月,《征信业务管理办法》颁布,网络平台开展助贷等相关业务符合征信业务定义的,同样适用该办法,即需要取得征信业务牌照。换言之,征信机构将成为连通平台与金融机构的必需桥梁。

协议订立与执行。订立协议与执行的节点风险控制有赖于平台型金融科技公司信息隔离和安全管理的努力。因为金融机构与平台用户之间的协议通常是电子签名的无纸化协议,而且协议的执行通常需要借助平台的信息传输介质。同时,协议的内容一般还较传统金融服务协议多出了个人征信授权、个人信息使用授权、委托扣款协议等内容。

支付。支付环节风险隔离与控制,无论是委托支付还是自行支付,均需要平台型金融科技公司的数字支付平台提供安全资金隔离和安全管理服务,并配合网联清算基础设施保障支付流程的在线自动完成。

支付后管理。支付后管理实际上是风险责任、客户信用的管理,这方面平台型金融科技公司基于信息技术系统和平台数据库的风险预警监测系统能实时追踪客户的信用变化,更可根据客户的动态信用变化情况及时修改风险管理策略。其中的关键是通过对客户使用习惯、消费倾向等点滴行为的记录和分析,系统只要发现客户的异常行为,便会主动强化安全措施、调整管理策略。如若授信客户信用变坏,则可提前收回款项。

建立基于技术协同的金融科技应用全过程节点业务风险控制和风险隔离制度,分别管理平台型金融科技公司的智能获客系统、大数据产品系统、互联网信息传输系统、第三方数字支付系统、人工智能风险监测系统等技术方案及其在具体业务中的应用,能够在实现技术协同效率的同时保证技术协同的安全性,在以技术手段控制业务风险的同时规制技术自身的应用风险及衍生风险。

3.基于拟人化自治组织的风险隔离协同自治与合规协调制度

平台是影响并与多元主体互动的生态系统,由生态位(平台、关键节点、一般节点)和扩展生态位(政府、平台、社会组织等)构成。[1] 这就需要通过协同自治协商进而协调各方利益。

(1)拟人化自治组织及其智能自治与协调

以科技工具驱动风险隔离自治与合规协调,应构建平台型金融科技公司的拟人化自治组织,赋予其风险管理协调职能,如在该自治组织中设

---

[1] 参见魏小雨:《互联网平台信息管理主体责任的生态化治理模式》,载《电子政务》2021年10期。

立风险管理委员会,负责检查、协调风险隔离措施的落实。平台型金融科技公司的拟人化自治组织是基于联盟链治理技术的协同治理空间,[1]本质上是由智能合约驱动的一种分布式系统——分布式自治组织(DAO)[2]。该组织负责平台生态化、社会化治理的主要工作,包括制定符合监管要求的平台规则,协调平台生态成员间的风险管理合作和风险隔离机制建设。

自治组织的风险隔离自治。拟人化自治组织以智能科技方案为驱动,应具备以下几项"智能":对平台金融科技公司的整体风险隔离建设情况进行自主智能监测,将平台金融生态风险隔离合规与建设情况报告给监管机构;对平台金融生态圈成员在具体金融业务上与其他机构之间的风险隔离建设情况进行自主智能监测,在金融科技平台内执行符合风险隔离要求的平台规则,记录平台生态成员的风险隔离违规情况;接受平台生态成员的风险举报,对具体风险管理失范情况进行调查,将问题汇报给自治组织权力机关,并衔接启动平台风险隔离合规自查与整改。尽管如此,分布式自治组织仍无法完全摆脱组织法规范的调整。该自治组织的成立、机构设置、成员构成、具体职能等均应有法律规章、监管指引或者自治章程授权,以明确其平台风险治理的法律角色和职责。

自治组织的风险隔离协调。与一般的风险管理协调职能不同,拟人化自治组织需要更多满足平台数字化方面的风险隔离协调要求。在数据要素的流动上,风险自治组织需在不同场景中,有力协调各金融从业者、平台间的平台金融消费者数据共享。同时,也需要具备特殊的风险引擎或其他识别工具,在数据共享中及时发现潜在的风险隐患,并在必要时切断数据传输、中断业务流程。另外,风险隔离可能还需具备一定的场景适应性,不同场景中的数据共享模式和数据利用效果不可能完全相同,因此隔离也同样需要作出符合特定要求的调整。而在数字技术治理上,风险自治组织一方面需要协调平台生态成员做好对数字技术风险的防控,这

---

[1] 参见徐忠、邹传伟:《区块链能做什么、不能做什么?》,载《金融研究》2018年第11期。
[2] 由智能合约驱动的分布式系统包括分布式组织(DO)、分布式自治组织(DAO)和分布式应用(DApp)。See Andrew M. Hinkes, *The Limits of Code Deference*, Journal of Corporation Law, 2021, 46, p4.

是数字技术治理的基础性、根本性、保障性要求;另一方面则需要协调数字技术的协作,共同服务定制化金融方案的设计,保障业务节点间的有效衔接,提升数据、数字产品的复用性、互操作性,同时也要保障技术使用的安全性和独立性,实现协同化风险隔离,谨防风险传递和过度溢出。

(2)授权拟人化自治组织制定、审核平台风险规则

监管机构宜授权自治组织对平台(风险)规则进行审核,报监管机构备案,以明确自治组织在平台规则制定、执行,包括风险隔离建设中的法律定位。金融业者接入平台开展业务,本身即受金融监管,其中亦包含风险隔离要求。但仅平台内经营者对自身的风险隔离要求并不能满足组织形态不断变化、业务分工不断精细化的平台生态发展需求。风险隔离是平台生态安全展业原则的基本要求,应同样在平台规则中予以明确。但平台型金融科技公司是制定平台规则的主要推动者,而由科技公司制定规则难以保证规则的公平性、科学性。因而,建立平台规则的备案审查制度殊为必要,由监管机构对相关风险隔离规范进行审核备案,可便于剔除潜在的利益冲突、填补可能的监管漏洞。

此外,若将目光投向平台规则的形成过程,有论者认为平台规则的"制定权"源自平台为自己设权(用户授权)、行业自治组织授权(自律规则)以及国家机关赋权(法律法规)授权三者[1] 前两者主要由社会实践主导,市场中也确实存在这样的做法,但法律法规授权目前仅在互联网监管领域内存在,金融监管语境下的赋权踪迹较难觅见。所谓的多元主体协同治理可能只是在市场主体为追求效率自发地在私权领域内,遵循"法无禁止即可为"原则主动适应现行监管规则的行为表达。要进一步明确平台规则的效力,使所有市场参与者均遵守平台规则,监管机构有必要授权平台自治组织,完成对平台规则,包括风险隔离规则的制定和审核,再报监管机构备案。

4.以金融科技伦理指导风险隔离法律规则的技术嵌入

(1)建立规则嵌入的金融科技伦理审查制度

技术主体可以"将自身的非理性偏见和价值观写入代码的字里行间,立

---

〔1〕 参见唐旭、雍晨:《互联网金融平台权力行使的困境观照与治理路径》,载《重庆社会科学》2021年第7期。

法者也同样可以将伦理先行原则、声誉评价机制等写入规范技术开发行为规范，为不同类型的技术应用创设差异化的社群规则"。[1] 当法律规则被嵌入技术方案中，监管科技、合规科技的双向应用可"通过设计的利益保护"[2]实现各方利益的平衡。故而，宜建立金融科技伦理审查体系，以金融科技伦理预防与矫治实践中可能的风险隔离规则技术嵌入失范问题。

（2）风险隔离规则技术嵌入的金融科技伦理审查内容与要求

审查内容方面，平台型金融科技公司的风险隔离规则嵌入应主要关注两个重点：一是平台型金融科技公司技术协同的本质内容——数据协同，二是平台型金融科技公司为数据协同运作提供的科技工具支撑——算法程序。对平台型金融科技公司的规则嵌入伦理审查，应运用风险隔离的基本思路，判断平台技术方案的功能目的与输出结果匹配性，确认技术规则是否具备隔离不同类别的数据库、保护客户个人信息和数据隐私的作用；判断平台的业务模块设计是否能够在协助完成交易的同时，实现对客户敏感信息的保护，防范数据泄露以及客户交易损失风险；判断平台的金融科技创新是否具备相当的包容性，真正按照风险隔离原则对不同的客户群体的金融消费需求和权利进行区分，保障产品的低成本获取及与客户风险承受能力的有效匹配。

审查要求方面，平台型金融科技公司的规则嵌入伦理审查应明确三个要求：其一，伦理审查程序的标准化。伦理审查具备规范性和价值取向，标准化和规范性的程序是现代治理的外在特征。[3] 平台型金融科技公司风险隔离规则技术嵌入的伦理审查同样需要遵守一定的标准化程序，以确保风险隔离的公开透明。其二，伦理审查主体的独立性。2022年两会上，全国政协委员肖钢建议由中国人民银行牵头建立全国性的金融科技伦理委员会，由监管部门、自律组织、市场机构、高校智库等代表组成。[4]

---

〔1〕 唐林垚：《数据合规科技的风险规制及法理构建》，载《东方法学》2022年第1期。

〔2〕 郑志峰：《通过设计的个人信息保护》，载《华东政法大学学报》2018年第6期。

〔3〕 参见刘忠炫：《困境与治理：人类基因组编辑伦理审查制度的完善》，载《经贸法律评论》2022年第1期。

〔4〕 参见肖钢：《两会｜肖钢：构建金融科技伦理治理体系》，载微信公众号"中国金融杂志"2022年3月6日，https://mp.weixin.qq.com/s/0QfRSSAOfYe11TrEBQzxOg，最后访问日期：2022年3月6日。

这一建议体现了金融科技生态及多元治理特点,具有顶层设计合理性。其三,伦理审查内容的合理性。当新的技术、新的风险产生,法律规则的变动自然会引致监管标准、技术规则的变动,审查内容当然也应随之做出改变,符合科技发展规律和理性。

(四)平台型金融科技公司风险隔离的主体责任制度

在人与技术、科技与金融交互影响的平台型金融科技公司中,风险隔离责任也应主体化。

1.平台型金融科技公司风险隔离的平台概括责任

《互联网平台落实主体责任指南(征求意见稿)》(以下称《指南》)于2021年10月发布。作为互联网平台领域内的基础性规则,《指南》在为市场主体提供安全、合规发展指引的同时,也向市场展示了监管部门的态度——将整个平台行业纳入法治轨道。

平台治理强调公平和非歧视,不实施自我优待,风险隔离也是如此。平台和平台内金融服务提供者均应遵守相同或类似的隔离规范,平台不得对自身实施优待,放松对自身的风险隔离标准。同时,风险防控的责任还意味着平台型金融科技公司需要主动承担风险隔离检查、评估、维持、强化等监督者的角色,协调平台生态成员完成风险隔离建设和隔离成效评估。

风险评估与风险防控责任的核心在于履行风险披露义务。《指南》要求平台定期发布风险评估报告,接受社会监督。由于对平台进行风险评估,自然要对平台风险管理体系的有效性进行评价,也就必须要对风险隔离措施的效果进行评估,从而能够通过风险自我评估强化平台风险管理。使风险评估报告接受社会监督是非常有力的推进平台安全的手段,但也要警惕风险隔离的逆向激励阻碍正常的业务活动。

内部治理与数据合规责任契合风险隔离的制度建设要求。《指南》规定超大型平台经营者应当设置平台合规部门,不断完善平台内部合规制度和合规机制,积极响应监管部门的监管要求。在内部控制与风险管理合规上,绕不开风险隔离机制建设和隔离数据的报送。网络安全、数据安全与隐私保护责任也对风险隔离提出要求。信息与网络系统之间的隔离、数据库之间的隔离符合上述安全保护责任的意涵。对平台消费者、平台内经营者的保护责任也需要风险隔离提供整体安全的平台运营环境。

2.明确平台型金融科技公司风险隔离义务体系

(1)明确平台风险隔离主体责任的行政责任性质。[1]

应承认平台生态中的多元主体具有不同的利益诉求,在制定平台治理规则时通过参与或协调机制赋予其一定发言权和参与权。[2] 平台型金融科技公司是主要平台运营者。根据我国"以网管网"的互联网监管理念,平台型金融科技公司作为平台生态"守门人"[3]和"控制者"[4],理应主动承担风险隔离责任,履行对众多利益相关者的金融安全保障义务。与此同时,互联网、金融监管者虽将部分监管职能授权给平台,但这并不意味着监管部门应该完全放任平台自治。监管者应当在平台经济协同治理体系中以开放、创新思维为新生事物保驾护航,[5]加强规范引导和监督管理,推动平台生态风险隔离进展,优化平台市场发展环境。平台金融消费者、平台内经营者、数据控制者、技术供应商等平台生态参与者也无法置身事外,应积极通过舆论监督、技术公约等多种渠道参与风险隔离和生态环境建设。

但平台责任与平台内经营者责任的基础截然不同。为保障科技金融平台的安全性,应明确平台型金融科技公司的风险隔离主体责任,且责任性质为行政责任。将平台风险隔离责任确定为行政责任的主要原因有二:其一,从责任目的上看,为平台设立风险隔离主体责任是为了协助监管机构有效管理金融风险,具有提供金融安全的公益管理目的,符合行政

---

[1]　这里的"行政责任"应理解为"行政义务",而非行政法律责任,意在区别互联网监管中的侵权责任。

[2]　参见周学峰、李平主编:《网络平台治理与法律责任》,中国法制出版社2018年版,第35页。

[3]　解志勇、修青华:《互联网治理视域中的平台责任研究》,载《国家行政学院学报》2017年第5期。

[4]　张新宝教授在论述平台责任基础时,虽然也使用"守门人"的表述,但其采用的并非新闻传播学上的"守门人"理论,而是侵权法上的控制者义务理论。参见张新宝:《互联网生态"守门人"个人信息保护特别义务设置研究》,载《比较法研究》2021年第3期。

[5]　参见石良平等:《流量经济——未来经济发展的一个分析框架》,上海交通大学出版社2018年版,第116页。

执法的价值目标;其二,从平台"权力"来源看,政府通过法律规章给平台授权,赋予了平台审查用户账号、信息内容等的"准行政监管职能"。[1] 这与平台型金融科技公司充当监管权力之延伸,对平台内经营者进行整体上的风险隔离管理和协调在权力运行上类似。区别在于行政监管权力的内容存在互联网监管与金融监管的差异。风险隔离责任的渊源载体应以金融法规为主,由金融监管部门和互联网监管部门联合颁布,确定平台的风险隔离责任制度。

(2)平台型金融科技公司的风险隔离义务体系

第一,"准入"审查、管理义务。平台型金融科技公司应在平台内经营者入驻平台开展金融业务时对具体金融机构的资质进行"准入"审核。平台通常在事前对平台用户进行实名审查和身份登记管理。类似地,平台型金融科技公司应对平台内经营者的展业小程序或其他程序模块进行身份认证管理。同时,平台型金融科技公司应当配备风险管理人员对申请入驻平台的金融经营者的风险管理和内部控制计划进行审查,满足风险隔离合规标准的机构才可入驻。应对经营不同金融业务、具备不同组织结构的经营者采取不同的风险隔离审查标准。对于业务风险大、风险链条长以及不确定性较大的业务,应要求经营者达到更高的风险管理标准;对于进入平台市场的同一品牌下的多家金融子公司,也应提高风险隔离标准,更要关注其关联关系管理与潜在利益冲突情况。

第二,隔离信息披露、合规义务。平台型金融科技公司应受风险隔离信息披露义务强制,真实、准确、完整、及时向监管机构报送风险隔离合规信息。但目前尚缺乏专门的信息披露义务法源,需梳理几种可能性:一是部分平台型金融科技公司被认定为互联网金融控股公司,将直接适用《金控办法》中的风险隔离规范,但需细化对技术、数据、资本协同趋势下风险混同问题的回应;二是监管机构从金融系统切入,通过具体规范性文件加强对金融机构与平台型金融科技公司的合作业务监管,提出并确立金融机构的隔离信息披露义务,间接对平台风险隔离信息披露提出要求;监管

---

[1] 该职能性质存在争议,有学者认为属于网络平台的自律行为,有学者认为是行政授权,也有学者认为既存在行政授权,也存在行政委托。参见赵鹏:《私人审查的界限——论网络交易平台对用户内容的行政责任》,载《清华法学》2016 年第 3 期。

机构通过"金融整治"积极整合平台型金融科技公司节点金融业务的监管职能,对平台金融生态圈的金融科技业务施加综合性监管,并提出平台风险隔离信息披露义务等特殊监管要求。

第三,隔离失范查处、报告义务。一方面,平台型金融科技公司可建立常态化的风险隔离合规巡查制度。平台型金融科技公司应配备与平台规模、金融业务性质相匹配的专业风险管理人员,对平台内经营者展业过程中的风险管理情况进行巡查。同时,平台型金融科技公司应着力健全信息审核、技术保障、值班巡查、风险处置等制度,增强平台内部风险管理有效性。另一方面,应定期对平台内经营者的风险隔离情况、平台自身的风险隔离建设情况开展评价,对平台生态整体风险防控和管理情况进行评估。评价活动可采取市场化或非市场化的方法,但应保障评价主体的独立性、评价结果的客观性。平台型金融科技公司对平台整体风险的评估中应包含自身对平台风险隔离责任的履行情况,说明风险隔离建设对平台风险管理的影响。风险评估报告应报送监管机构和自律组织。

第四,配合执法义务。除了互联网监管要求下的违法信息协助执法义务,[1]平台型金融科技公司至少应履行金融监管语境下的下列两项配合执法义务:其一,配合监管机构对特定案件中的平台金融账户开展行为监控;其二,配合监管机构向法院或其他司法机关提供交易记录等金融数据。这二者都需要风险隔离数据予以支撑。对平台用户的大数据监控或直接披露其交易数据直接涉及个人信息,可能存在侵犯个人隐私的情况,一般需要遵守严格的程序要求。如美国法中,相关政府部门需要持有《联邦刑事诉讼规则》规定的法院令状才可要求电子通信服务提供商披露其在系统中存储的 180 天以内的通信内容;对于存储超过 180 天的信息,相关政府部门可不通知用户直接向服务提供商调取。[2] 当前我国还未设立明确而具体的程序规范和监督机制,有必要做出回应。

---

〔1〕　参见周学峰、李平主编:《网络平台治理与法律责任》,中国法制出版社 2018 年版,第381 页。

〔2〕　参见周学峰、李平主编:《网络平台治理与法律责任》,中国法制出版社 2018 年版,第104 页。

五、结语

平台型金融科技公司的风险混同需要风险隔离制度予以应对。借鉴已有风险防火墙制度建设经验构建平台型金融科技公司风险隔离制度,其合理性在于以当前分业金融体制下的风险监管体系为背景,在传统风险隔离墙制度建设基础上进行"添砖加瓦";同时要求制度创新契合当前平台型金融科技公司的市场实践和发展趋势,从而提升制度的"破坏式创新"适应能力。如此,方可以有序、有效的风险隔离为平台型金融科技公司追求规模经济、范围经济时实施市场集中提供具有整体韧性的制度保障。但最终风险隔离制度的落实仍需要平台型金融科技公司、平台内经营者、平台金融消费者、监管机构、非政府机构等多类主体达成安全共识,以政府部门与金融监管者为规制者、元治理者,[1]以平台型金融科技公司为主体责任人,与其他参与者通过社会规范(法律、伦理等)和技术规则协作实现平台风险的有效治理。

---

[1] 参见马丽:《网络交易平台治理研究》,中共中央党校(国家行政学院)2019年博士学位论文,第73页。

第十二章
互联网金融控股公司的微观审慎监管

　　互联网金融控股公司是互联网金融发展过程中出现的新类型金融控股公司。金融需求多样化和互联网技术推动了互联网金融的产生和发展。在此基础上，互联网金融组织和业务的创新以及金融科技的应用共同催生了互联网金融控股公司。互联网金融控股公司具有金融组织平台化、金融中介轻资产化、金融服务数字化、资本与技术双重控制的特点。然而，互联网金融控股公司在风险类型、风险属性、风险生成与传导机制方面具有特殊性，需要根据其风险特性建立微观审慎监管框架。

　　金融机构微观审慎监管理论历史悠久。金融控股公司微观审慎监管不局限于单个机构的稳健经营，而应立足于集团层面风险治理。金融控股公司微观审慎监管框架主要包含监管分工、资本监管制度、内控制度三个方面。互联网金融控股公司由于其业务和风险的特殊性，传统微观审慎监管存在风险监管效率不足、风险识别难度加大、风险应对手段单一的不足。在此基础上，互联网金融控股公司还存在外部监管不足、内部监管制度不健全的问题，需要构建微观审慎监管框架，发挥微观审慎监管的功能，防范化解金融风险。因此，互联网金融控股公司微观审慎监管框架应在平衡金融效率、金融安全与金融公平的基础上，维护机构稳健经营，努力实现机构风险、业务风险和金融市场风险的有效防范。具体来说，可以从外部监管框架、内部监管框架和监管保障框架三个方面构建微观审慎监管框架。

　　在外部监管层面，要优化外部监管法律制度，完善外部监管分工，建立市场准入监管制度，完善针对高杠杆问题的资本监管制度，并进一步细化互联网金融控股公司协议控制模式下的并表监管规则;在内部监管层面,要建立集团层面的金融数据应用规则,并针对互联网金融控股公司的特性,构建以信息披露为核心的关联交易监管,建立风险内控体系,完善治理结构优化与信息协同互补机制;在长效监管制度层面,要逐步建立资本与数据双重监管体系,实现全面风险管理,建立以风险化解为核心的市场处置和退出机制,防止风险传染,完善以加重责任为依托的法律责任制度,从而为监管制度有效实施提供保障。

一、互联网金融控股公司的兴起与风险

金融监管的目标是实现金融风险的有效防范。鉴于互联网金融风险多发的现状,互联网金融风险一直是近年来金融监管的重点。在互联网和金融科技发展的影响下,互联网金控具有不同于一般金融控股公司的业务特征和组织结构,在风险方面更具有独有的风险类型、特殊的风险属性和特别的风险生成和传导机制。金融监管不能忽视被监管对象的特殊性,有效的监管需要立足于被监管者的风险特征及现实监管需要。虽然我国互联网金控发展较快,但是对其研究依然不足,通过厘清其概念和特征,分析其风险特性,才能更好地总结其监管需求。

(一)互联网金融控股公司的兴起分析

1.互联网金融控股公司概念界定

对于金融控股公司的概念,不同国家基于各自金融发展历史和金融监管体制做出了不同的规定。美国《金融服务现代化法》突破了对于业务兼营的限制,规定可以在银行控股公司的基础上建立金融控股公司。在此基础上,《金融服务现代化法》规定了金融机构(主要为商业银行)转化为金融控股公司须满足的条件和一般禁止性规定。[1] 日本《金融控股公

---

[1] 参见黄毅、杜要忠译,王传纶校:《美国金融服务现代化法》,中国金融出版社 2000 年版,第44—61 页。

司法》将以银行、保险、证券公司为子公司的控股公司统称为金融控股公司，并对银行、保险和证券控股公司分别作出定义。[1] 虽然各国对于金融控股公司的概念规定略有分歧，但均认为金融控股公司是由母公司控制各下属子公司开展两类以上金融业务，且母公司处在控制权的核心的公司。

2020 年 9 月，中国人民银行发布了《金融控股公司监督管理试行办法》(以下简称《金控办法》)。《金控办法》规定金融控股公司为"依法设立，控股或实际控制两个或两个以上不同类型金融机构，自身仅开展股权投资管理、不直接从事商业性经营活动的有限责任公司或股份有限公司"。由此可见，我国对于金融控股公司的定义不仅强调控制两个以上不同类型的金融机构，还要求自身不能从事商业经营活动，只能进行股权投资。这种制度安排一方面有助于风险的隔离，防范自身经营风险，另一方面也能减少关联交易的空间。

金融控股公司可以区分为法律意义上的金融控股公司与事实意义上的金融控股公司。前者需要通过准入程序获得监管机构的准入许可。后者虽然尚未获得监管机构设立许可，但实质上通过参股、协议控制等方式实现跨业经营。两种金融控股公司可以通过申请许可相互转化。本章研究的互联网金控监管问题，既包括按照《金控办法》设立的金融控股公司，也包含实践中尚未取得许可的金融控股公司，唯有如此，才能做到对互联网金控风险的全面监管，化解互联网金融风险。由金融控股公司的概念类推，互联网金融控股公司是由互联网或科技类企业实际控制，通过成立、收购和并购等方式获得多个不同金融牌照，依托互联网为社会提供金融产品和服务的金融集团中的特殊金融控股公司。由于控股公司与被控制机构之间相互依存，《金控办法》将与金控公司有密切关联的机构也纳入监管范围。互联网金控的监管不仅要监管控股公司，还要防范被控制机构以及互联网金融集团的风险，唯有如此才能解决互联网金控的监管难题。

2.互联网金融控股公司产生与发展

互联网金融热潮催生出大量"金融服务集团公司"，它们不仅从事支

---

[1] 参见谢华军:《金融控股公司全面风险管理监管经验比较研究——基于美国、欧盟、日本和中国台湾地区监管实践》，载《海南金融》2020 年第 5 期。

付、征信、借贷、消费信贷等互联网金融业务,还涉及银行、证券、保险业的投资和经营,有着诸如电子商务、3C 产品生产销售、房地产、物流等各类产业资本背景,体现出明显的由产到融特征。根据毕马威《2019 年全球金融科技 100 强》报告,在全球"金融科技 50 强"中,中国有三家企业跻身前十。[1] 金融科技独角兽的不断涌现表明中国已经成为全球金融科技发展最快的国家。同时人们也发现除 BATJ(百度、阿里巴巴、腾讯、京东)外,更多互联网公司也相继开辟金融业务。[2] 通过成立、并购等方式,这些互联网公司不断整合金融业务,搭建金融业务产业链,获得多种金融牌照。除此以外,他们还通过互联网平台充分发挥技术优势,吸引了庞大的客户群体。互联网金控的风险监管成为当下金融监管的重点,这与互联网金融综合经营的发展以及影响力的增大密切相关。探讨互联网金控监管,首先需要厘清我国互联网金控兴起的历史脉络和内在逻辑。我国互联网金控不断发展,主要基于以下四个方面原因:

首先,伴随互联网经济的发展,我国金融消费者的金融需求呈现出多样化和综合化的特点。尤其是进入新时代,随着社会主要矛盾的转化,金融领域的主要矛盾也随之转化为消费者多样化的金融需求和不平衡不充分的金融发展之间的矛盾。互联网和大数据减少了物理网点,降低了人工成本,支撑更大客户服务数量和范围,从而扩大了金融的受众范围,拓展增强了金融服务的广度和深度。科技的进步使得金融服务能够更迅速、更灵活地决策,更贴近客户的多样化需求。在此基础上,既能够同时满足多样性的消费需求,又能够提供多种金融服务的互联网金融平台应运而生。

其次,科技迭代带来范围经济的发展。互联网经济的发展创造了广阔的市场和消费群体,扩大了金融服务的广度和深度。互联网金融经营活动的开展受到的地域和时间的限制大大减少,互联网金融业也从规模

---

[1] 蚂蚁金服排名第一,京东金融(京东数科)位居第三,百度金融(度小满金融)则排名第六。参见《毕马威联合 H2 Ventures 公布 2019 年 Fintech100 名单,多家中国企业位居前十名》,载毕马威官网,https://home.kpmg/cn/zh/home/news-media/press-releases/2019/11/chinese-and-asia-pacific-companies-dominate-fintech100.html。最后访问日期:2021 年 5 月 27 日。

[2] 例如今日头条、360、美团等互联网公司以及小米、用友等科技公司。

经济向范围经济转变。相对于传统的规模经济,互联网范围经济的发展带动了金融业经营成本的降低和利润的提升。在此基础上,金融机构有动力进一步扩大经营范围,互联网金控也随之进一步扩展规模。

再次,新型产融结合的需求。互联网相关产业的发展要求互联网金融业扩大金融供给,这构成了金融控股公司发展的另一内生动力。随着新时代来临,新经济、新业态层出不穷,当前实体经济对金融服务的需求正在发生深刻的变化,从过去单纯的资金需求转化为多样化的经营服务需求。互联网金融相较于传统金融具有即时性和便利性的优势,互联网金融平台不仅可以提供信贷服务,还可以满足支付、担保、质押、供应链金融、场景金融等各种金融服务的需要。互联网金融为产融结合提供了新的可能性,吸引实体企业和电商平台进军互联网金融行业。

最后,科技进步带来经营模式的变化。由于金融科技的发展,业务和信息的协同以及机构之间的数据共享使用使得银行、证券、保险和其他机构的金融业务模糊化,金融机构开展综合经营的条件逐渐成熟。科技的进步带来金融创新的机遇,为业务整合和产业链打造创造了技术条件。互联网金融依托平台开展综合经营,将多种金融服务串联,并搭建全平台"产业链",为互联网金控规模的迅速扩张提供了途径。

2016 年底,我国的金控平台数为 53 家,其中互联网金控只有腾讯集团和阿里巴巴集团两家。[1] 但经过两年的发展,不仅传统互联网金控,如百度、阿里巴巴、腾讯、京东拿下第三方支付、征信、民营银行、保险等多块金融牌照,一些新兴起的互联网公司(小米、美团、奇虎 360)也纷纷打造金融控股公司,努力追求上市,其公司价值也随之水涨船高。因此,面对当下互联网金融集团的发展,构建互联网金控微观审慎监管框架成为互联网金融监管的重点。

互联网金融综合经营的发展有其深刻的时代背景。因此,监管制度的设计也要尊重其发展的客观规律,考虑到互联网金融健康发展的现实需要。蚂蚁集团上市引发的一系列风波也体现了当下互联网金控的监管

---

〔1〕 参见券商中国:《总计 53 家金控平台,这才是国内最强金融控股集团全貌! 看他们热衷哪些金融牌照?》,载搜狐网,https://www.sohu.com/a/121874700_355147,最后访问日期:2021 年 5 月 26 日。

难题。除上文所述两次约谈外,2021 年 4 月 12 日,监管部门第三次约谈蚂蚁集团,要求其将所有从事金融业务的金融机构整体申设为金融控股公司,健全风险隔离措施,规范关联交易并严格落实审慎监管要求,完善公司治理,认真整改违规金融活动,控制高杠杆和风险传染。监管部门对蚂蚁集团的三次约谈,表明当下互联网金融监管的重点是互联网金控的监管,尤其是对于想要上市融资的互联网金融平台,整体设立为金融控股公司将成为上市的必备条件。然而,我国目前仍然处于试点转型混业经营的阶段,互联网金控缺乏专门的法律规制。因此,互联网金控在发展过程中会存在着不规范的问题,需根据其风险特征、特殊性提出差别化的监管规制思路。

(二)互联网金融控股公司的特征分析

互联网金控在实现综合经营方面具有独特的优势:互联网金融经营和投资有显著的多元化特征。金融科技的大数据、区块链技术为综合化、一体化建设提供了技术支持,互联网金控体系化建设的速度有了很大的提升。以蚂蚁金服为例,其旗下管辖网商银行、天弘基金、蚂蚁基金销售公司、众安保险、国泰产险等机构,其体现了互联网思维与互联网技术的深度融合运用,打造了全面的金融服务。[1] 与此同时,互联网金控由于机构不断增多、业务不断交叉、场景不断丰富、信息不够透明,其风险具有特殊性。通过分析互联网金控的特征,能够更好地发掘互联网金控存在的风险及特性,为风险防范奠定良好基础。具体来说,互联网金控具有以下特点:

1.金融组织平台化

平台化成为金融机构提供服务的主要模式,依托互联网金融平台开展综合经营成为互联网金控最显著的特征。随着数字经济的深入,个人、企业的各类活动都会有数字留痕。这些数据在强大的计算能力和先进算法作用下不断集中,让这些信息资源的拥有者有能力对相应客户提供全

---

[1] 参见张璐昱、王永茂:《电商大数据金融下小微企业融资模式研究——基于蚂蚁金服与京东金融的比较》,载《西南金融》2018 年第 7 期。

方位的服务。不但股权、债权、贵金属等大类资产更容易形成组合配置,信贷、投资、保险之间也将被组合在一起。通过双边或者多边的市场结构,互联网金融平台内部不同牌照之间的整合效应将加快,平台业务整合化也推动了互联网金融组织的变化。

互联网金控认为平台是一个具有开放支撑、合作秉性、融合特征的生态系统,能够让优质的金融产品和服务在这个体系集聚,并向客户提供综合服务。[1] 开放性是技术支撑下金融平台的核心特征:产品供给是开放的,机构链接是开放的,客户服务是开放的。客户、机构和产品都是通过平台的品牌运营和整合聚集在平台上,为此,平台是赋能和生态构建者的角色。大多数金融机构在平台化和生态体系构建中能找到价值实现并实现资源整理。以阿里系为例,其经营业务从电商平台到支付平台(支付宝),再延伸到网络金融平台(余额宝和阿里小贷)。目前阿里系已经布局了网上银行、基金、支付等多个领域。与国内传统金融控股公司存在差异的是,蚂蚁金服持有第三方支付牌照,拥有了重要的支付基础设施,并基于此拓展金融服务平台以及构建金融控股体系,因此其上市引发的监管问题才如此引人关注。

2.金融中介轻资产化

互联网金融成为银行、证券和保险机构销售产品,提供服务的重要渠道。互联网金融控股平台的金融中介具有明显的轻资产化特征。金融中介前台的物理网点和后台的风险控制都在大量运用大数据、云计算和人工智能等技术,客户与金融中介的后台直接通过 App 和智能客服相连。例如蚂蚁财富、京东金融、理财通等 App,客户只需要通过移动端操作,就能享受一系列金融服务。在这个过程中,金融中介的服务成本和人力成本明显下降,组织管理流程更短、更趋扁平化。互联网金融经营模式的转变虽然降低了互联网金控的经营成本,但也容易造成其规模盲目扩张和抗风险能力的减弱。互联网金融经营模式的转变也带动了传统金融业的变革。为了适应互联网金融的发展需要,传统商业银行不再拘泥于资金

---

[1] 参见蒋伟、杨彬、胡啸兵:《商业银行互联网金融生态结构与系统培育研究——基于平台经济学视角》,载《理论与改革》2015 年第 4 期。

融通和支付结算的"资金中介"功能,而主动转型为提供咨询、投行、风控等多种金融服务的综合"服务中介"。金融业务中介业务的复杂化也给金融监管带来了新的难题。

3.金融服务数字化

互联网金控金融服务的开展更加依赖数据的传输与共享,金融服务数字化拓展愈发明显。人工智能、物联网、云计算、大数据和区块链等支撑数字经济发展的数字化技术,对整个金融生态产生深刻影响,甚至出现颠覆性创新的力量。[1] 这些技术已经被广泛用于金融活动的各个环节。以移动支付为代表的金融服务基础设施已是数字经济的代表。网上支付作为最活跃的金融科技应用场景和基础性服务,除了促进现有支付结算体系的数字化,未来一旦与数字货币相结合,将重构整个金融体系。金融服务数字化的拓展不仅带来业务形式的改变,也会带来风险类型、风险传播方面的变化,需要监管及时调整加以应对。

互联网金控的数字化特点需要金融监管部门给予足够的重视。在监管过程中,要充分认识到产融结合下互联网金控风险的复杂性,厘清其平台业务发展的脉络。与此同时,监管部门需要对互联网金控风险承受能力进行重新评估。互联网金融集团资本与技术双重控制的特征启发监管机构不仅要防范资本层面的风险,还要防范技术层面的风险。互联网金控数字化特征要求监管机构更加注重对于金融数据的监控和规范,同时也要提升自身监管能力,丰富数字化监管手段。

4.金融机构与科技公司并存

互联网金融控股平台存在金融科技公司与金融机构竞合并存,体现了资本与技术的双重控制。金融产业在"互联网+"的化学反应下,衍生出了互联网金融的多种形态,促进了传统金融业和互联网行业的双向变革。互联网金融的发展催生了大量金融科技公司,头部金融科技企业普遍认同以科技为导向的发展,实施战略升级业务迭代,进行多元化业务布局。

---

[1] 参见董玉峰、赵晓明:《负责任的数字普惠金融:缘起、内涵与构建》,载《南方金融》2018年第1期。

　　金融科技公司与金融机构的合作,主要是助力后者自动化、移动化、智能化运营,并为智能化业务提供决策支持。金融科技公司的核心定位是以数据和技术为核心服务金融创新的主体。金融科技公司与传统金融机构合作,不仅要能够提升金融机构的技术水平,还要有效改变金融机构的定位与角色。在这个过程中,二者之间的界限正因金融科技而变得模糊,竞争和合作并存。金融科技公司利用在服务中掌握的数据资源和数据技术,对客户、企业和个人的行为进行分析,通过便捷化、个性化和智能化服务改善了客户的体验。[1] 互联网金控利用技术在获客和客户黏性方面获得了巨大优势,并迅速切入消费金融和电子支付以及金融产品的销售,甚至获得相关的金融牌照。在互联网金控中,金融机构与金融科技公司发挥协同效应,各自发挥金融和科技的优势,共同推进金融体系的数字化、信息化和智能化发展。

(三)互联网金融控股公司的风险剖析

　　微观审慎监管框架的目的在于识别,控制和防范金融风险。为实现其风险的有效识别和防范,需要充分了解其风险生成和传导的过程,掌握其风险点,认清风险传导的形式和方向。作为一种新型金融控股公司,互联网金控与传统的产融结合和融融混业的服务对象及业务模式有所不同,其嫁接了更多的科学技术属性和互联网元素。只有对互联网金控风险特征进行全面充分地认识,才能有针对性地提出应对其特殊风险的监管措施,建构符合互联网金融发展进路的金融控股公司监管模式。

　　1.互联网金融控股公司的风险类型

　　互联网金融作为金融业发展的新形式,不可避免地具有金融业发展过程中所面临的传统风险。但是内生于互联网环境的金融控股集团受到互联网环境和技术的影响,其风险有着不同于一般金融控股公司的表现形式。除此以外,得益于互联网技术和金融科技的进步,互联网金控的管理和经营体现了深层次的技术融合与技术依赖。互联网技术和金融科技

---

[1]　参见皮天雷、刘垚森、吴鸿燕:《金融科技:内涵、逻辑与风险监管》,载《财经科学》2018年第9期。

的大量应用,一方面确实提高了互联网金控的效率,在信息传输、客群培养、客户需求匹配、即时服务等方面取得了传统金融无可比拟的优势;另一方面,技术的大规模运用也将技术自身存在的风险带入互联网金控的经营过程中,从而催生出新的风险。具体来说,互联网金控具有以下几种特殊风险,需要在金融监管过程中重点关注:

(1)监管套利风险

互联网金控监管套利问题突出。互联网金融创造出新的商业模式,但没有改变金融中介的本质,依然需要面临各种金融风险。传统银行受到存款保险保护,央行作为"最后的贷款人(the last resort)"可提供流动性支持。[1] 然而,一些互联网企业盲目追求金融牌照,利用监管漏洞快速扩张,短时间内便实现集团资产的翻倍式增长。互联网金融公司例如蚂蚁金服和腾讯,几乎获得了所有金融牌照,并通过各种金融业务交叉组合实现金融创新。互联网金控复杂的投资关系使得其业务经营日益复杂,业务边界日益模糊,难以有效划分监管的区域和范围,造成监管真空。由于各行业监管标准和监管方法不同,互联网金控可以利用这种差异,将资产和风险向监管要求宽松的地带转移,从而轻松实现监管套利。在蚂蚁集团的招股说明书中,蚂蚁集团尤其强调"金融服务行业及其他相关行业监管变化"是自身的重要风险。可见由于监管标准的差异,互联网金融监管套利现象普遍存在。

(2)关联交易风险

关联交易风险是金融控股公司最突出的风险表现形式。互联网金控复杂的控制关系和组织架构增加了关联交易风险的识别难度,平台化的经营模式更是将信息和业务协同发展推到新的高度,关联交易频发。在这种复杂的控制关系中,投资者、债权人难以清楚了解公司内部各个成员之间的授权关系和管理责任。此外,非金融企业成立互联网金控之后,可以利用其控制权实现利益输送、挪用资金,影响投资人和存款人的利益。由于互联网金控依托平台发挥协同效应,不可避免产生各种形式的内部

---

[1] See Agustin Carstens. *Big Tech in Finance and New Challenges for Public Policy*, Speech at the FT Banking Summit London, 4 December 2018.

交易或者关联交易,其中不乏不正当关联交易,如果缺乏有效监管,将大大增加互联网金控的风险。蚂蚁集团招股说明书详细介绍了蚂蚁金服与阿里巴巴集团以及网商银行之间存在的关联交易情况,并分析了关联交易的监管情况以及可能带来的风险。因此,由于互联网金控特殊的经营模式和组织结构,关联交易风险成为突出的风险表现形式。

（3）高杠杆的风险

为了加速资金运转效率并提高资金利用效率,互联网金控中的金融科技公司多采用资产证券化的形式,利用杠杆获得大量资金。我国资产证券化起步于2005年,2012年因风险过大曾被叫停,2015年其合法性才重新得到承认。现实中,大多数金融科技巨头如蚂蚁集团、京东金融、小米金融等,都是通过资产证券化实现流动性和资金量的快速膨胀。[1] 由于监管标准不明确,这些公司轻松实现了在"轻资产—高杠杆"模式下运行。如黄奇帆认为借呗用30多亿元的本金,通过资产证券化的方式循环40余次,最终发放3000多亿元的贷款,获取了高额的利润,但造成了100多倍的高杠杆。[2] 除此以外,由于与银行合作的联合贷款不计入杠杆率,联合贷款也成为蚂蚁集团资本迅速膨胀的途径。从招股说明书中可以看出,蚂蚁集团约三分之一的资金来自联合贷款,这部分资金规避了杠杆率的限制。在此基础上,如果有的企业投资动机不纯,通过虚假注资、杠杆资金等方式,同时控制多个金融机构,形成跨领域、跨业态经营的互联网金融控股集团,将极大地扩大风险影响的范围。

（4）信息不对称风险

互联网技术加快了信息流通的速度,表面上丰富了信息获取的来源,但是在风险信息方面却仍然缺乏透明。由于市场中各交易主体在认知水平和能力上的差异,在各交易主体的经济行为互相影响、互相作用下,容易产生众多的"非对称信息"。互联网金融控股集团往往是规模庞大的金融集团。如果其股权结构和控制结构过于交错复杂,则存在多个

---

［1］ 参见刘月丽:《以蚂蚁集团暂缓上市为视角研究金融科技的安全发展问题》,载《甘肃金融》2021年第9期。

［2］ 参见黄奇帆:《结构性改革——中国经济的问题与对策》,中信出版集团2020年版,第104页。

委托-代理关系与多个层次的控制关系。经营者可能采取合谋行动来对付股东、投资者和监管机构，由此可能产生大额监督成本。由于互联网金融控股集团内部的不公开性和复杂性，金融机构和金融消费者难以准确把握其业务流程，无法看清其中的风险程度。互联网金控在技术层面拥有巨大的优势，其算法或者程序不向投资者和其他金融机构公开，还可以利用格式条款获得投资者关于信息使用的授权。总之，互联网金控技术鸿沟和数字鸿沟的存在加大了信息不对称，提升了风险识别的难度，容易造成对于风险的误判。

（5）技术风险

金融科技在整合改造金融业务，实现金融创新的同时，也可能会衍生出新的技术风险。例如，区块链技术可以有效缩短支付时间，可用于改善跨境支付业务，但却可能为跨境洗钱提供便利，也不易被发现和监控，所以需要加强区块链实名制的技术应用。[1] 同时，互联网金融平台经营模式决定了各金融业务之间相互连接，平台的技术系统、数据安全等容易受到冲击。此外，技术的大规模应用也有可能带来操作风险，如不完善的信用评估模型无法有效识别信用风险。在相关程序和模型缺乏完整检验时，其风险评估能力可能不如传统借贷。同时，如果只依赖数据分析而缺乏人工矫正和判断，可能会造成金融风险的掩盖。技术的应用也有可能引发网络事故风险，例如 Wannacry 事件、NotPetya 事件等。数据泄露、业务中断和网络攻击等网络风险可以导致金融部门遭受严重损失。除此之外，技术的应用可能会引发流程管控风险。例如，很多新数字金融服务商只注重利用技术提高业务效率，忽视数据收集、存储和处理的标准化流程，导致数据被滥用。[2] 金融数据如果缺乏科学的治理机制和管控流程，会大大增加互联网金融系统故障的风险，威胁金融系统的安全运行和稳定。

2.互联网金融控股公司的风险属性

互联网金控依托于网络技术的发展，又受到大数据、云计算和人工智

---

[1] 参见李敏：《金融科技的系统性风险：监管挑战及应对》，载《证券市场导报》2019 年第 2 期。

[2] 参见孙天琦：《为什么必须整肃金融科技？》，载移动支付网 https://www.mpaypass.com. cn/news/202011/25141216.html，最后访问日期：2020 年 11 月 24 日。

能等金融科技技术的影响,嫁接了更多科技属性和互联网元素,因此其不仅拥有独特的风险类型,其风险属性也有特殊性。互联网金控特殊的风险属性对监管的及时性和有效性提出了新的要求。具体来说,互联网金控的风险属性体现在以下几个方面:

(1)互联网金融控股公司风险具有巨大性

目前互联网金控依靠网络进行迅速扩张,在金融市场占据举足轻重的地位。截至2022年4月,港股腾讯总市值高达3.66万亿港元,阿里巴巴总市值高达2.33万亿港元,几乎是中国银行(9214.34亿港元)、中国农业银行(1.06万亿港元)总市值的2倍,互联网金控普遍市值规模庞大。从员工数量看,京东员工数在2022年已经超过32万人,阿里巴巴员工数也达到25万人以上,互联网集团的员工数量也非常庞大。[1] 除此以外,同互联网金融控股集团合作的金融机构和其他市场主体的数量也非常庞大,扩展了风险影响的范围。可见目前互联网金控已经到了"太大而不能倒"的境况,风险影响范围巨大。

(2)互联网金融控股公司风险传染的快速性

互联网金控没有改变传统金融控股公司风险识别难、风险传播快、风险影响的特性。在短短数十年间,我国信息技术发展从PC端到移动端,从2G发展4G、5G,互联网连接世界的速度越来越快。但与此同时,根据摩尔定律,信息技术带来的风险具有风险扩散速度更快,溢出效应更强的特点。受到网络技术的影响,互联网金控风险由于其社会网络属性,平台化经营模式下多节的连接导致金融风险具有强传导性。首先,双边市场结构下的互联网金融平台具有非常强的交叉网络外部性;其次,根据梅特卡夫定律,网络价值以用户数量的平方的速度增长,而金融风险在网络中将以指数型增长。[2] 因此,互联网金融控股公司由于其基于网络的平台化和双边市场经营模式加快了金融风险传播的速度,金融风险影响范围迅速扩大。

---

[1] 参见京东2020年Q3财报,阿里巴巴集团2021年三季度及全年财报。

[2] 假设网络总人数是n,那么网络价值为Value=α* n²,同理,网络中金融风险可以表述为Risk=α* n²+β,参见寇宗来、赵文天:《分工视角下的数字化转型》,载《社会科学文摘》2021年第11期。

(3) 平台业务整合化引发风险内部化

互联网金融控股集团通过设立互联网金融平台全方位、综合性地开展金融业务,但是高度混业的经营模式也带来了风险。互联网金融控股平台通过将金融业务内部联动,极易将风险累积在系统内部。这时,若其下属的某一项业务出现风险,不仅会导致风险在不同机构之间传递,甚至在机构之间引起连锁反应,导致风险衡量和控制的失衡。除此以外,互联网金控依靠网络和平台经营可以实现短期内业务的迅速扩张。但是,巨量增加的业务规模和利润容易掩盖其自身存在的风险和漏洞,其风险担当能力受到挑战。

(4) 多类型风险叠加加剧风险复杂性

金融科技的应用带来互联网金融的深刻变革。技术要素整合各种类型金融业务,能够提高资源配置效率,但同时也提升了监管难度,对风险识别提出了更高的要求。例如小贷业务通过互联网渠道运营,拓展了潜在客户的同时但却放大了贷款规模,这就需要通过加强技术分析能力,识别扩大的贷款规模的目的是否满足实体经济的消费或生产需要。再次,运用大数据风控手段控制风险,在一定程度上提高了贷款配置效率,但由于会吸纳更多的长尾客群,也需要通过强技术分析能力,有效识别出长尾中有还款意愿和能力的客户。[1] 技术的应用使得互联网金控风险更加复杂,呈现出多类型风险交织的特点。

总之,互联网金控呈现出传统风险和新风险交织的特点。互联网金融集团出于对金融效率和金融创新的追求,自身存在着利于风险生成的条件。基于金融控股集团平台及业务组合的复杂性,其生成的风险呈现出复杂性,风险识别难度增加,这就要求我们在监管规则的设计层面注重多种形式风险的防范和化解。

3. 互联网金融控股公司的风险生成与传导

通过静态层面分析互联网金控的风险类型和风险属性,我们认识到了互联网金控风险处置的复杂性。在此基础上,还要从动态视角分析互联网金控风险生成与传导的过程,更好地制定风险隔离和预防的方案。

---

[1] 参见许多奇:《互联网金融风险的社会特性与监管创新》,载《法学研究》2018 年第 5 期。

现实中,依托平台的互联网金融控股集团已经以惊人的速度与规模进行扩张。金融科技的发展深刻影响了金融控股公司的发展格局。事实上,以数据技术驱动的金融科技企业,规模经济上可以触达数以 10 亿计的客户,其占据了大量的优质客户资源。因此在互联网金控中,头部金融科技企业,其用户量和用户资源是实现规模经济的基础。头部金融科技企业的日常运营能力以及强大的影响力,使得金融科技企业和传统金融机构传统产业可以强强联合。从范围经济角度而言,头部金融科技公司以"普惠金融"为口号,为海量的金融服务不足的客户提供金融服务,享受金融产品和服务的收益和便利。在金融科技行业的头部企业获得更多资源的同时,其发展速度会加快,从而持续拉开与第二梯队或第三梯队竞争者的差距,马太效应便可能会形成。马太效应越强,头部金融科技企业作为金融控股公司的规模经济和范围经济就会越强,竞争优势和比较优势也会更明显。在此基础上,通过成立金融控股公司进一步健全完善相关的基础设施,该企业甚至在行业中都能形成巨大的影响力。

但是,在这个过程中,互联网金控为了降低监管成本,可以利用监管差异将业务活动在不同行业之间转移。互联网金控依托平台优势,不仅在传统金融领域迅速增长,在普惠金融领域也不断推进创新。一些企业可以通过层层控股、交叉持股,以负债资金出资推升整体杠杆率。一些企业通过虚假出资、循环注资或者不正当外部融资,实现资产规模的迅速扩张,但是完全忽视了其中积累的金融风险。

过度扩张的金融控股集团将引发"大而不能倒"的风险。市场主体会认为接受并表监管的互联网金控受到监管机构的保护,从而激发集团内部成员进行非审慎的经营行为。[1] 金融控股集团的内部成员认为集团存在"大而不能倒"的优势,因而疏于风险管理,盲目扩张业务。其他市场主体在与集团进行交易时也存在忽视风险以谋求更大收益的可能性。在现实中,大量网络金融消费者对于互联网金融平台的完全信任,将借呗、花呗等产品等同于支付宝看待,一方面是对于互联网金融的风险缺乏充

---

〔1〕　参见黎四奇:《后危机时代"太大而不能倒"金融机构监管法律问题研究》,载《中国法学》2012 年第 5 期。

分认识,另一方面也是对互联网金控"大而不能倒"的自恃。这不仅加快了风险的产生,也掩盖了长期风险积累所带来的隐患。

互联网金控存在天然的混业冲动。金融控股集团由较多子公司组成,其风险生成和演变具有特殊性。金融控股集团不是各子公司的简单相加,而是利用组织和业务上的联系,金融控股公司通过在集团内进行资源调配和业务合作,可以实现实质意义上的混业经营。金融风险的扩散既可以通过有形的资产加以传递,又能通过无形的信息进行扩散。在实行混业经营的情况下,子公司之间、子公司与外部市场主体之间资金流转速度越来越快,风险扩散速度也越来越快。

因此,在风险传导层面,互联网金控依托平台进行综合经营放大了道德风险和利益冲突,对金融机构自身的风险管理和金融监管形成了挑战。如上文所述,互联网金融控股集团天然具有混业扩张冲动。金融控股公司通过股权和结构安排形成紧密相连的媒介网络。由于存在复杂的关联结构和紧密的网络,资金和数据都能够成为风险传播的重要媒介,风险传播的途径和渠道更加复杂,加大了风险识别的难度。当风险发生时,风险极易从集团内部向外迅速扩散。与此同时,负面信息也可以借助资金、机构、业务三种媒介向金融体系进行非线性扩散。[1] 在扩散过程中,负面信息还会与其他信息相互交织,真实信息与虚假信息相互影响,进一步影响市场主体对于风险的判读。随着互联网金控规模的扩大,负面信息的影响范围将进一步增大,其引发的舆情效应能够对现有的金融体系造成冲击。

综上所述,互联网金控风险的生成和传导过程不仅显示出其风险传播的快速性和广泛性,还反映了其风险传播的复杂性。互联网金控风险不仅有金融风险,还夹杂着技术风险、网络风险、舆情风险等多种风险。这些风险既可以作为金融风险产生的后果,也可能成为诱发金融风险产生的原因。因此,微观审慎监管框架的构建不仅需要能够更加及时有效地识别和防范金融风险,还需要具备处置其他类型风险的能力。

---

〔1〕 参见韩钰:《金融控股集团的监管逻辑》,载《金融发展研究》2019年第11期。

二、传统微观审慎监管及其
在互联网金控的适用困境

互联网金控具有风险生成的复杂性和风险传播的快速性。为了更好地规范互联网金控的风险,防范金融系统性风险,须加强其自身的微观审慎监管。金融控股公司微观审慎监管发展历史悠久,其监管框架内涵逐渐丰富,可以为互联网金控监管提供了较为充足的制度经验。通过梳理微观审慎监管的地位和功能,厘清金融控股公司微观审慎监管的内容,可以为互联网金控风险防范制度构建提供良好的制度基础。但是传统微观审慎监管在互联网金控监管过程中存在监管困境,因此需要及时调整监管政策和制度,针对互联网金控的特性构建微观审慎监管框架。

(一)金融机构微观审慎监管理论

1.微观审慎监管的定位

金融风险监管又称审慎监管,是对金融机构存在的风险和化解金融风险的能力所进行的监督和管理。金融业在现代经济活动中起着融通资金、提供中介服务的重要作用,同时金融业又是集中各种风险的行业,单个金融机构的风险极易传播造成整个金融体系的波动,影响金融系统的稳定。因此,相较于传统的工商业,政府对于金融业需要采取更为严格、要求条件更高的监管,这就是审慎监管的内涵。审慎监管与行为监管相区分,行为监管主要通过制定公平的市场规则来实现对消费者的保护,推动公平竞争。

微观审慎监管的概念源于巴塞尔委员会《银行业有效监管的核心原则》(Core Principles for Effective Banking Supervision)。[1] 微观审慎监管旨在提高金融机构经营稳健性,防范机构风险。微观审慎监管通过设置

---

[1] 参见陈忠阳主编:《巴塞尔协议与中国金融风险管理发展》(上卷),民主与建设出版社2021年版,第34页。

资本充足率、流动性比率等安全标准来维护金融稳定。[1] 微观审慎监管要求将外部监管方式逐渐变为内外部联合监管,建立和完善风险内控体系。在此基础上,微观审慎监管不仅包括合规监管和风险监管,还整合了市场监管和资金监管。微观审慎监管在审慎监管体系中的地位非常重要,是金融安全网的第一道防线。在准入环节,金融机构必须持牌经营,不能"无照驾驶"。同时,微观审慎监管也着力于构建更加强健有效的金融安全网。金融微观审慎监管和行为监管在整个金融安全网中处于较为上游的位置,通过事前预防和风险识别与处置,实现风险防范,处于较下游的补救措施如存款保险、最后贷款人的压力就越小。

2.微观审慎与宏观审慎监管的协同

2008 年金融危机后金融监管更加注重宏观审慎管理和系统性风险防范,审慎监管框架趋于完善。从制度框架看,审慎监管可分为宏观审慎监管和微观审慎监管。这次危机显示了金融机构盲目逐利特点及破产的负外部性。为维护金融稳定,保护金融消费者利益,各国普遍对金融业实施严格监管。[2]为了有效防范金融系统的系统性风险,宏观审慎监管的概念得以提出。

宏观审慎监管将金融业视作一个有机整体,以防范系统性风险为根本目的,既防范金融风险利用金融系统内部的联系进行传染,又防范周期性市场波动对于金融体系的影响,从而有效管理整体风险。[3] 目前,《有效金融机构处置机制核心要素》(Key Attributes of Effective Resolution Regimes for Financial Institutions)、《巴塞尔协议Ⅲ》部分标准、《全球系统重要性银行认定及损失吸收能力》(Adequacy of loss‒absorbing capacity of global systemically important banks in resolution)等文件构成了宏观审慎监管规则体系。美国、英国、欧盟等主要经济体均明确央行宏观审慎监管职责,并不断完善宏观审慎监管法律框架。中国人民银行也发布《宏观审慎

---

[1] See Calvo D., Crisanto J., Hohl S. and Gutiérrez O.,*Financial Supervisory Architecture*：*What Has ChangedAfter the Crisis?*, April 2018,https://www.bis.org/fsi/publ/insights8.htm/[2021‒08‒01].

[2] 参见熊婉婷:《宏观审慎与微观审慎协调的国际经验及启示》,载《国际经济评论》2021年第 5 期。

[3] 参见李成、李玉良、王婷:《宏观审慎监管视角的金融监管目标实现程度的实证分析》,载《国际金融研究》2013 年第 1 期。

政策指引(试行)》,就政策框架、具体工具及使用方法等进行了明确。总体来说,宏观审慎监管与微观审慎监管最主要的差别是监管目标与监管实现的方式不同,而不在于政策工具。在此基础上,后续研究从直接目标、最终目标、相关性与共同风险暴露、审慎监管标准调整几个方面对微观审慎与宏观审慎的关系进行区分。(见表 12-1)

表 12-1　微观审慎监管与宏观审慎监管的区别[1]

区别指标	微观审慎	宏观审慎
直接目标	金融机构稳健经营	防范系统性风险
最终目标	保护消费者、投资者和债权人利益	避免造成宏观经济产出损失
金融机构之间的相关性与共同风险暴露	不重要	重要
审慎监管标准的调整	根据单个机构的风险变化来进行政策调整,自下而上	根据系统性风险的变化进行调整,自上而下

尽管微观审慎监管与宏观审慎监管之间存在区别,但是二者之间的联系却更为密切。微观审慎监管是宏观审慎监管的基础,只有金融机构在良好微观审慎监管下实现稳健经营,才能有效防止风险的传播和扩散,为宏观审慎监管和系统性风险的防范创造条件。微观审慎监管与宏观审慎监管相互配合,在微观审慎监管标准的基础上附加宏观审慎监管要求是当下金融监管的主流形式,一些微观审慎监管指标如资本缓冲要求本身也包含了宏观审慎监管的思想。

表 12-2　微观审慎监管与宏观审慎监管政策工具[2]

具体指标	微观审慎监管	宏观审慎监管
大额敞口限额	√	√
贷款价值比	√	√

---

[1]　See Borio C., *Towards a Macroprudential Framework for Financial Supervision and Regulations*?, CESifo Economic Studies, Vol.49:2, p181-215(2003).

[2]　See IMF, *Key Aspects of Macroprudential Policy*, June 2013, https://www.imf.org/ external/ np/pp/eng/2013/061013b.pdf/[2021-08-01]。

（续表）

具体指标	微观审慎监管	宏观审慎监管
动态拨备	√	√
对单个机构的最低资本要求	√	
杠杆率	√	√
风险管理标准	√	
支柱 II 下的资本要求	√	√
风险加权资本要求	√	√
流动性要求	√	√
外汇限制	√	√
系统重要性机构的附加资本要求		√
债务收入比	√	√
逆周期资本缓冲		√
执照发放标准	√	
资本留存缓冲	√	

另一方面,微观审慎和宏观审慎的政策工具高度重叠。（见表 12-2）在很多情况下微观审慎和宏观审慎政策的工具并没有明显界限,二者的目标都聚焦于金融风险的防范。微观审慎和宏观审慎监管对金融机构的影响可以相互促进。机构的稳健性虽然不等于体系的稳健性,但金融系统的稳定依赖于个别金融风险的有效防范。本章聚焦于微观审慎监管框架,不仅有助于实现互联网金控的稳健经营,也有助于防范系统性风险,二者并不矛盾。

（二）金融控股公司传统微观审慎监管框架

金融控股公司微观审慎监管具有不同于普通金融机构监管的特点。金融控股公司的监管目标不能局限于单个机构的稳健经营,而应着眼于集团风险防范,将集团视为整体。金融控股公司的微观审慎监管是在个体机构微观审慎监管基础上集团层面风险防范的制度安排。因此,金融控股公司微观审慎监管以确保金融控股集团的稳健运营为目标,其不仅关注集团成员在经营过程中所面临的各类风险，还关注风险在集团层面的防范与隔离。具体来说，金融控股公司微观审慎监管包含以下几个方面：

1.监管分工模式

完善金融监管，首先要明确监管主体和监管分工。金融控股公司的规模较大，业务范围广泛，风险蔓延快、波及面广。各国针对金融控股公司的风险状况，确立了专门的监管分工。各种监管模式各具特色，具有各自的优势和要求。具体来说，主要的监管分工模式主要有"伞形"监管、统一监管、双峰监管三种。

在金融控股公司监管方面，美国实行"伞形"监管模式。在混业经营改革前，美国实行分业监管体制。1999 年美国通过的《金融服务现代化法》取消了混业经营的限制，在立法上实现了横向统一。该法出台后，实行混业经营制度的美国，在金融控股公司监管的分工及组织上实行了"伞形"监管方式。具体来说，子公司仍沿用分业监管模式，联邦储备委员会负责金融控股公司母公司监管。该法规定母公司的主要职能为申请执照管理、管理子公司运作等，自身不能开展业务。[1]《多德—弗兰克法案》加强了美联储的监管职能与监管权限，对"伞形"监管模式进行了修正：美联储在金融集团层面采取更严厉的审慎监管标准，从而致力于解决"大而不能倒"的问题。[2] 但与此同时，美联储一般不直接监管附属机构，而是采纳功能监管机构的结果。综上所述，"伞形"监管模式针对控股公司和子公司之间做出了不同的监管安排，由不同部门承担监管职责，实现了在分别监管基础上的统一监管。[3]

统一监管是将金控公司的所有业务交由单个监管机构监管，日本是金融控股公司统一监管模式的代表。日本金融控股公司的监管制度有以下几个方面的内容：在准入层面，金融控股公司的设立需要获得批准；在

---

[1]　参见黄毅、杜要忠译，王传纶校：《美国金融服务现代化法》，中国金融出版社 2000 年版，第 44—61 页。

[2]　参见中国证券监督管理委员会组织编译：《美国多德—弗兰克华尔街改革与消费者保护法》，法律出版社 2014 年版，第 81—140 页。该法案规定设立银行的实体必须成立控股公司，也由控股公司持有银行股权并接受美联储监管。

[3]　参见范云朋，尹振涛：《金融控股公司的发展演变与监管研究——基于国际比较的视角》，载《金融监管研究》2019 年第 12 期。

关联交易方面,关联交易不能损害金融控股公司的利益;在信息披露层面,母公司应半年提交一次业务和财务资料;在分散风险方面,对大型集团的授信总额进行了限制。1997 年日本通过《金融控股公司法》对银行、证券和保险业金融控股公司进行了规定。同期通过的《银行控股公司创设特例法》确立了金融控股公司法律地位。1998 年的《金融体系改革一揽子法案》彻底放宽了对金融分业经营的限制。[1] 日本金融控股公司的监管模式展现了统一监管模式的特点。统一监管模式的优势在于监管权责清晰,能够集中处置金融控股公司存在的不同风险,有助于防止监管重叠和监管真空,提升金融监管的效率。与此同时,统一监管模式对于监管机构的专业性和各监管机构的协调也有较高的要求。

双峰监管模式的特点是把银行业和保险业统一起来,着重进行审慎监管,而把证券业监管独立出来,着重进行市场行为监管。双峰监管下监管机构各司其职,可有效缓和维护金融系统安全稳健和消费者保护之间的矛盾。双峰监管通过区分审慎监管与行为监管,提升监管分工的专业化。行为监管机构确保了市场的信息披露和有序经营,也可以为消费者提供更加充分地保护。英国 2013 年的《金融服务法》确立了"金融政策委员会负责宏观审慎监管,审慎监管局和行为监管局负责微观审慎监管和行为监管"的"双峰"监管体制。在金融控股公司监管方面,金融控股公司同时受到审慎监管和行为监管机构的监管,英国只负责一般集团监管,系统重要性金融机构则由欧盟统一监管。但双峰监管存在如何平衡两个金融监管目标的问题,也即如何有效平衡各监管目标之间的关系。与此同时,同一家金融机构面临多家监管机构的监管也容易造成监管成本的上升和监管效率的下降。[2]

综上所述,金融控股公司监管模式各有特点,也各有优劣。"伞形"监管模式监管分工较为细致,也能有效避免重复监管,但需要建立较好的监管协调机制;双峰监管模式能够有效覆盖金融控股公司各类型风险,但存

---

〔1〕 参见郑宇明:《日本金融控股公司立法、监管及变革趋势的启示》,载《金融发展研究》2010 年第 6 期。

〔2〕 参见谢华军:《金融控股公司全面风险管理监管经验比较研究——基于美国、欧盟、日本和中国台湾地区监管实践》,载《海南金融》2020 年第 5 期。

在监管重叠或监管成本较高的问题；统一监管模式监管职责明确，监管效率较高，但对监管机构专业性和能力存在考验。因此，需要根据本国监管体制和金融发展的需要选择合适的监管体制。

2.资本监管制度

资本监管制度是金融控股公司监管制度的核心。资本监管制度发挥着维护金融控股公司资本充足水平，监测控股公司风险动态，提升抗风险能力的重要功能。金融控股公司资本监管不仅对单个机构的资本充足水平有要求，更注重集团层面的资本充足水平和抗风险能力的监管。具体来说，金融控股公司资本监管制度主要包含资本充足率、流动性、并表监管和风险集中度四个方面。

（1）资本充足率监管

资本充足率（Capital adequacy ratio）是金融机构的资本总额对其风险加权资产的比率。资本充足率是金融控股公司审慎监管的核心，具体包含以下三个方面：母公司的资本充足率、子公司的资本充足率以及整体的资本充足率。由于控股关系及不同金融部门资本要求和性质的差异，资本充足率监管不仅要关注机构的资本充足情况，还要关注集团整体的情况。金融控股公司的资本充足率监管需要注意以下三点：首先，要设计科学的并表计算方法，防止资本重复计算；其次，要防止母公司通过股权投资的形式将债务转移给子公司；再次，要规范产融结合，防范非金融机构的风险。为了避免因控股而导致同一资本来源在一个集团中的重复计算，立法时要对金融控股公司的资本与计算资本的扣减项目加以规定。[1]

（2）流动性监管

对金融机构而言，除资本充足率监管以外，流动性风险是最为关键的一类风险。联合论坛《金融集团监管原则》要求金融控股集团能够满足日常和危机时期的资金需求，监管机构能够充分监控和识别其流动性风险，及时处置流动性危机。[2] 具体来说，包含以下三个方面：首先，金融

---

[1]　参见崔婕、沈沛龙：《资本充足率与杠杆率双重监管指标体系的构建——基于微观审慎监管框架的研究》，载《金融论坛》2013 年第 11 期。

[2]　参见中国银监会政策研究局译，《金融集团监管原则》，中国金融出版社 2014 年版，第6—7页。

控股公司的母公司,应充分掌握金融控股公司的业务范围和风险特征,完善流动性管理程序,准备流动性获取预案;其次,要从集团整体层面进行流动性考察,保障在集团层面流动性的充足;最后,应将有效公司治理、大额风险披露以及高效的信息管理系统作为流动性管理的必备条件。

(3)风险集中度监管

风险集中指可能造成损失的集团内所有风险暴露,这些风险暴露威胁到金融集团内被监管实体的清偿率和财务状况。信用风险、投资风险、市场风险、其他风险或者这些风险的组合都是可能造成风险暴露的原因。风险集中可能来自金融集团的资产负债或者表外项目,或者在对有关产品和服务的交易的执行或处理过程中产生或者在多业务种类经营过程中产生的风险。

一定程度上的风险集中是难以避免的,这是业务整合战略、产品专业化、客户本位目标或数据处理外包战略的必然结果。为了金融体系的稳定,监管者还是需要在集团层面对所能获得的利益和可能集中的风险进行判断。《金融集团监管原则》明确对金融控股公司大额风险集中监管的基本原则:首先,监管机构应要求金融控股公司对大额风险暴露进行控制和计量,完善风险管理流程;其次,监管机构应建立大额风险披露制度;再次,建立监管协调机制,共享不同行业对于大额风险指标的要求;最后,制定应急预案,对大额风险暴露情形进行分级处置。[1] 在监管实践中,欧盟要求每年至少向母公司所在地的监管机构汇报一次风险集中情况。原中国银监会通知则明确要求商业银行应当关注银行集团内非银行金融机构及其经营各类融资产品和服务所形成的集中度风险。[2]

(4)并表监管

并表监管将金融控股集团视作一个整体,对其整体进行定性和定量的评价。其中定量评价一般包括风险资本计量、资本充足情况,集团内交易和大额风险暴露;定性评价一般包括风控体系的构建和未受监管实体的管理等。并表监管是集团风险防范的基础,是金融控股公司微观审慎

---

〔1〕 参见中国银监会政策研究局译,《金融集团监管原则》,中国金融出版社 2014 年版,第7—9 页。
〔2〕 参见原中国银监会《商业银行内部控制指引》(银监发〔2014〕40 号)。

监管同金融机构微观审慎监管最主要的区别。

美联储规定并表监管包含资本和流动性计划与头寸（capital and liquidity planning and position）、核心业务管理（management of core）、恢复计划（recovery planning）、公司治理（Corporate governance）等内容，以提升金融集团持续经营能力。[1]　其中，核心业务是从公司的稳健经营层面考虑的，一旦经营失败，则会对公司的收入利润和价值造成重大损失的业务。关键业务运营（Critical operations）指从整个金融系统的稳健运行层面考虑，一旦经营失败将会严重威胁美国金融稳定的相关业务。在此基础上，金融控股公司总公司的资本充足率按照银行的资本充足率计算。对于保险存款机构（IDI, insured depository institution），单一关联方的授信限额为 10% 银行资本金，所有关联方授信限额为 20% 银行资本金，对于关联企业作为服务提供方银行的代理人及经纪人支付服务则没有限额。

欧盟对金融控股公司并表监管的法规主要是《金融集团指令》（Financial Conglomerates Directiv）[Art.3（2）]（以下简称《指令》）。《指令》要求将银行和证券业务合并，作为一个部门进行计算。在此基础上通过将保险机构一并纳入，使跨部门监管结构变得完整。《指令》要求金融集团内的责任实体确保集团层面的自有资金，以及确保资本充足要求在集团层面得到满足。在此基础上，《指令》要求集团内每一个金融部门必须持续满足本部门的资本充足要求。与此同时，控股公司适用集团内最重要金融部门的部门规则。当集团层面资金不足时，只有跨部门资金（cross-sector capital）才能用于满足集团补充资金管理要求。欧盟提供了三种计算集团层面偿付能力的方法，即会计合并法（counting deduction）、扣减加总法（deducation and aggregation）和账面价值/要求扣减法（book value/requirement deduction）。对于特定的金融集团（包括金融控股公司），监管机构可以选择适用其中一种，也可以综合适用。三种方法的主要步骤、优缺点及适用情况详见表 12-3。

---

[1]　参见尹振涛、王甲旭：《美国金融控股公司监管的框架、要点与措施》，载《金融监管研究》2020 年第 4 期。

表 12-3　并表监管集团层面偿付能力计算基本方法

方法	主要步骤	优缺点	适用情况
会计合并法	1.将集团成员分为银行、券商、保险和未受监管实体四类;2.按照各类型实体的法定资本要求或名义资本代理变量评估法定资本要求,加总得到法定资本总和;3.将集团合并报表中的实际资本与法定资本要求比较,以判断集团整体资本是否充足。	可以有效地消除双重和多重杠杆效应,有效消除内部交易和风险敞口;该方法假设各主体间资本调剂自由	有集团合并报表
扣减加总法	1.加总集团内所有实体的法定资本要求之和;2.计算母公司和子公司持有的实际资本总额;3.实际资本总额中扣除由于相互持股而造成的资本金重复计算,扣除任何不可调剂转让的资本金;4.比较法定资本要求和集团实际资本,以确定盈余或赤字。	简单消除实际资本中交叉投资的影响,粗略剔除资本重复计算;交叉持股复杂的情况下使用替代方法	无集团合并报表
账面价值/要求扣减法	1.从母公司账面资本金里扣除对子公司的投资;2.加上/减去子公司的资本盈余/赤字(其中非全资控股子公司按比例计算),算出实际资本总和;3.比较法定资本与实际资本以判断是否充足。	计算简便,但是准确度低	无集团合并报表

《指令》详细规定了在不同情形下计算金融控股公司风险的方法。各个方法有自身的优势和不足,需要根据实际情况选择适用。我国法律对于互联网金控并表监管的计算方法缺乏具体规定,域外监管经验对于我国资本充足监管的细化具有一定启发。

3.风险内控制度

金融控股公司风险内控制度能够实现风险内部控制和内部化解的所有监管制度安排。金融控股公司内部风险主要聚焦于关联交易以及治理结构不规范所带来的风险。通过完善风险内控制度,可以改善复杂的股权结构或控制权结构,降低风险识别的难度,完善风险隔离机制及公司治理结构。具体来说,金融控股公司风险内控制度包含关联交易监管、防火墙制度、公司治理及其他监管制度。

（1）关联交易监管

关联交易指被监管者与集团内其他实体或者与集团有密切联系的实体之间的任何交易。根据该定义，关联交易不仅包括同集团成员之间的交易，还包括与集团成员有着密切联系的自然人或法人之间的交易。关联交易涵盖了贷款担保、衍生产品服务协议等多种交易形式。关联交易有其存在的合理性，金融控股公司利用集团优势开展业务合作可以有效降低交易成本和沟通成本。但是，不恰当或过多的关联交易容易引起内部管理的混乱。因为关联交易掩盖了大量的集团信息，公众无法正确认识集团的价值，不能对集团的业绩和前景做出正确的评估。

在关联交易的认定方面，欧盟《金融集团指令》将密切联系定义为参股（participation）或控制（control），指通过资本控制或者母子公司关系掌握投票权。在欧盟的监管模式下，显著的关联交易（集团资本金 5%）需要汇报，且受到风险集中度限额（集团资本金 10%）的约束。[1] 巴塞尔委员会、国际证监会组织和国际保险协会联合发布了《集团内部交易披露准则》列举了 7 种金融控股公司关联交易的形式。[2] 原中国银监会《商业银行并表管理与监管指引》（银监发〔2014〕54 号）明确要求银行控股集团内部的交易应当按照商业原则进行，内部资产转让等交易应当按照市场价格，集团不得设置优于第三方的授信和担保条件。该规定虽然不利于集团的协同效应，但可以从一定程度上降低集团内部风险传染的情况。

（2）防火墙制度

为了限制金融控股公司混业经营的风险，美国"沃尔克规则"、英国"维克斯规则"和欧盟"利卡宁报告"先后制定了业务隔离方案以防范银行业风险。这些方案要求银行集团在内部设立独立实体，分别开展传统商业银行业务和高风险投资银行业务，在商业银行的储蓄业务和高风险

---

[1] See Financial.Conglomerates Directiv［Art.3（2）］.

[2] 参见中国银监会政策研究局译，《金融集团监管原则》，中国金融出版社 2014 年版，第 46—89 页。

业务之间建立防火墙,其旨在通过业务隔离确保风险可控。[1] 三者在内容、隔离范围和隔离线严重程度三个方面上的具体区别参考下表。

表 12-4 金融混业监管结构性改革方案比较

规则	提出	内容	隔离范围	隔离线严格程度
沃尔克规则	美联储前主席保罗·沃尔克提出,《多德—弗兰克法案》的第619条	禁止银行控股公司从事自营交易。两种例外的情形:一是可以从事代客交易、避险交易,以及低风险债务工具交易;二是持有对冲基金和私募股权基金的股权不得超过其一级资本的3%,在基金设立一年后,股权占比不得超过基金总股份的3%[2]	隔离范围最小,只将自营交易隔离在外	隔离最为严格,不允许银行和银行控股公司进行自营交易,只是禁入的范围要小得多
维克斯委员会规则	2011年9月,约翰维克斯的主持英国银行业独立委员会期间发布最终报告	"栅栏原则"(Ring-fencing)。所有银行业务分为三类,第一类是必须纳入栅栏内的业务:如居民和中小企业的存贷款业务和清算支付服务;第二类是允许放入栅栏的业务,如对大型企业提供的存贷款业务;第三类是不允许放入栅栏的业务,如国际业务、自营交易业务等	隔离范围最大,国内零售银行以外的所有业务均隔离在外	隔离严格程度居中,增加了公司治理、披露等方面要求

———————

[1] 参见胡滨、尹振涛等:《统筹监管金融控股公司》,中国社会科学出版社2020年版,第50—89页。

[2] 参见中国证券监督管理委员会组织编译:《美国多德—弗兰克华尔街改革与消费者保护法》,法律出版社2014年版,第527—549页。

（续表）

规则	提出	内容	隔离范围	隔离线严格程度
利卡宁报告	研究欧盟银行部门结构性改革意在促进金融稳定和效率的利卡宁集团发表于 2012 年 10 月	一是强制分离自营交易和其他高风险交易；二是额外的分离活动，有条件地恢复和解决计划（RRP）；三是修订银行自救安排机制工具的使用；四是强化交易性金融资产及房地产相关贷款以及部分准备经营银行的资本要求；五是加强对银行的治理和控制，包括采取针对外部救助奖金和自救奖金的措施	隔离范围居中，将包括自营在内的所有交易业务隔离在外	最为宽松，只要求组织机构隔离

从美国、英国、欧盟改革方案的共性来看，各国将根据本国金融业的发展需求，酌情划设防火墙的隔离范围和严格程度。不同性质、不同行业的金融服务受到程度不同的监管，在此基础上设立隔离措施防止风险传染。互联网金控作为互联网金融综合经营的新型组织形式，也会面临进行业务隔离和风险隔离的难题。如何在尊重互联网金控平台化经营和业务协同的基础上实现风险有效隔离，是微观审慎监管需要解决的问题。

（3）公司治理及其他监管

良好的公司治理是金融控股公司持续健康发展的前提，应当明确要求互联网金控构建完善的公司治理结构，清晰的内部组织机构架构和有效的经营管理模式。《金融集团监管原则》针对金融集团组织结构的复杂性，提出强化董事会责任和全面一致的治理架构，即公司治理的最终责任由金融集团董事会承担。[1] 金融控股公司要根据自己的业务特征完善

---

〔1〕　参见中国银监会政策研究局译，《金融集团监管原则》，中国金融出版社 2014 年版，第 26—30 页。

公司治理,强化董事会的责任意识,更好地发挥监事会的监管作用。金融控股公司治理的关键要完善法人分业结构,规范产融结合,实现风险的有效隔离。

特殊目的实体在资产证券化中起到重要作用,是在监管实践中最新纳入监管的对象。2008年国际金融危机的实践表明,金融控股公司中不受监管的实体的不审慎经营行为,不仅可能给整个金融控股集团带来灭顶之灾,甚至可能引发系统性的金融风险。2012年联合论坛特别列明了针对特殊目的实体(special purpose entities, SPE)的风险测度和监控规定,要求监管者将其纳入监管范围。[1] 因此金融控股集团应定期监控金融控股集团所有相关SPE活动的情况,对可能造成集团整体影响的SPE进行持续的风险评估测算和报告,以提前发现可能的系统性弱点和顺周期性的传染。现实中,互联网金控"轻资产-高杠杆"的经营模式也存在大量资产证券化行为,将金融科技公司和资产证券化相关主体纳入监管也非常有必要。

(三)传统微观审慎监管的适用障碍

金融控股公司微观审慎监管框架为防范金融综合经营风险,保障金融集团稳健经营提供了规制路径。通过资本约束、并表监管、防火墙、内控制度等安排在一定程度上化解了金融控股公司的风险监管难题。作为金融控股公司的一种,互联网金控理应受到微观审慎监管框架的约束。但是,互联网金控的特性也将对传统金融控股公司微观审慎监管框架带来挑战。互联网金控在风险类型、风险属性以及风险生成传导机制上具有不同于传统金融控股公司的特征,金融控股公司微观审慎监管制度在面对互联网金控风险时存在三个方面的适用障碍。

1.风险监管效率不足

传统微观审慎监管机制如果不能够及时对风险进行识别和处置,便很难适应互联网时代金融监管的要求。目前互联网金控在新技术革命

---

〔1〕 参见中国银监会政策研究局译,《金融集团监管原则》,中国金融出版社2014年版,第9—10页。

下,总市值以及规模都非常大,公司员工也很多,甚至已经到了"太大而不能倒"的程度,具有风险影响范围的巨大性。互联网金控并没有改变一般金融控股公司风险的隐蔽性、传染性,且依靠网络效应和平台效应风险扩散速度更快,溢出效应更强。传统微观审慎监管制度虽然立足于大型金融控股集团的风险防范,但主要聚焦于静态层面风险的管控,难以有效应对互联网环境中风险传播迅速的特点。传统微观审慎监管依靠现场检查等手段难以及时有效定位风险源头,发现风险传播路径,明确风险影响范围。

我国互联网监管的历程也在一定程度上显示出其在应对互联网金融风险中出现的漏洞。一方面,传统微观审慎监管制度无法有效应对金融创新所带来的监管空白,监管机构缺乏具体指引导致监管执法混乱,或过于严格,或听之任之,缺乏能够及时援引的监管规则,影响了监管效率;另一方面,传统监管管理相对静态,无法有效跟进市场变化,缺乏风险实时监测手段,监管效率较低。我国互联网发展过程中出现的大量爆雷和金融消费者权益受损事件,表明了现阶段互联网金融监管缺乏风险识别和迅速处置的能力,也缺乏将互联网金控风险整体处置的方案。

2.风险识别难度增加

传统微观审慎监管制度的有效实施依赖于金融机构和业务的准确分类与识别,通过金融业务的分类寻找对应的监管规则,实现对机构和业务的风险评估。互联网金控通过搭建平台沟通金融机构和市场主体,其最大特点是双边或多边市场,通过将牌照业务、非牌照业务、类牌照业务进行整合,实现金融业务的创新。[1] 伴随着大数据、人工智能、云计算等金融科技的应用,互联网金融创新更是呈现出井喷式发展,监管规则的修改难以跟上金融创新的发展速度。金融科技的应用使得金融创新有了更加丰富的形式和载体,监管机构在分析互联网金融产品时需要透过金融产品的外在形式,充分分析其业务本质。这加大了风险识别的难度,也对监管机构能力提出了更高的要求。

---

〔1〕　参见程华:《互联网金融的双边市场竞争及其监管体系催生》,载《改革》2014 年第7 期。

除此之外,互联网金控通过协议安排等形式进行控制,公司内部股权和控制关系复杂。互联网金控的不透明性可能使监管者无法准确评估集团内部风险情况,难以进行准确的外部监管。与此同时,金融科技通过程序设计便利了金融交易,但也极易掩盖背后的风险,使得金融风险的生成与传递更为隐秘,增大了监管的难度和成本。互联网金控金融科技公司与金融机构并存,如何有效监管金融科技公司,如何识别金融科技公司运营中的网络风险、技术风险、数据风险等,成为监管机构的难题。当下我国对于金融科技公司的相关监管规则仍需完善,传统微观审慎监管未将其纳入监管范围,将影响对于互联网金控集团风险的有效识别和防范。

3.风险应对手段单一

传统微观审慎监管法律制度以防范传统金融风险为主要目标,在应对信用风险、资本风险、流动性风险方面具有优势,但是对于技术风险、网络风险、数据风险等互联网金控广泛存在的新类型风险缺乏有效应对手段。互联网金融大量运用大数据、人工智能等技术,依靠算法准确进行客群定位与金融服务的推广。计算机程序具有不公开性和复杂性,不易被一般投资者理解,容易形成"算法黑箱"。"算法黑箱"使金融投资者无法知晓个人信息的利用方式;"算法黑箱"的不透明性极易掩盖算法错误所引致的投资失误。[1] 除此以外,数据共享扩大了数据风险的覆盖面,某个附属机构的错误数据可能对整个集团的数据安全造成影响。由于不同金融行业对于风险评估的标准不同,银行业获得的信息应用于保险或者证券行业容易引起决策偏差,错误信息的流通更容易造成风险的传播和扩散。传统金融审慎监管规则对于技术风险缺乏有针对性的监管措施,金融风险在"算法黑箱"或者技术漏洞的掩盖下无法得到及时的识别和处置,这便加速了技术风险在不同的控股子公司之间传播。

除此以外,传统微观审慎监管制度在应对风险传播层面方式较为单一,主要依赖业务经营限制或者投资比例限制。采用严格的业务隔离确实能够有效阻止风险的传播,但也违背了互联网金控基本的经营模式。

---

[1] 参见吴椒军、郭婉儿:《人工智能时代算法黑箱的法治化治理》,载《科技与法律(中英文)》2021年第1期。

互联网金控依托平台开展综合经营,通过整合各种牌照业务构建金融服务产业链,依托金融产业链为客户提供服务。互联网平台的经营特点造就了互联网金融的经营优势,如果不立足于我国互联网金融业的现状,简单采取"一刀切"的方式彻底颠覆互联网金融的经营模式,将极大挫伤互联网金融创新的动力。这显示了传统微观审慎监管制度无法有效平衡金融安全和金融创新的关系,风险应对手段单一,需要加以调整。

三、互联网金融控股公司微观审慎监管的理论探讨

互联网金融控股公司的微观审慎监管框架覆盖了资本充足性、流动性、关联交易等多方面风险,其通过并表监管有效提升了风险识别能力,防火墙制度也能起到隔绝风险的作用。然而,互联网金控基于互联网平台和金融科技,形成了与一般金融控股公司不同的风险特征,传统微观审慎监管框架对此捉襟见肘。互联网金控存在外部监管不足、内部监管制度不健全的问题,需要及时构建互联网金控的微观审慎监管框架,防止因监管不足引发的金融风险。我国现在缺乏针对互联网金控的监管规则,容易造成监管漏洞。在此基础上,需要立足于互联网金控的风险特性和监管现状,厘清互联网金控的监管原则与监管目标,建构微观审慎监管框架,从而为互联网金控微观审慎监管制度的完善奠定基础。

(一)互联网金融控股公司微观审慎监管需求

2017 年 7 月,国务院金融稳定委员会作为重大议事协调机构正式设立。2018 年十三届全国人大一次会议通过的《国务院机构改革方案》标志着中国银监会和中国保监会合并,共同组建了中国银行保险监督管理委员会,形成"一委一行两会"金融监管体制。2023 年我国通过《党和国家机构改革方案》,国务院金融稳定发展委员会职责由新设的中央金融委员会行使,中国银保监会被新设的国家金融监管总局取代,形成了新的"一委一行一局一会"的格局。然而,当前我国依然实行金融分业经营体制,并依据《中国人民银行法》、银行业监管法律及各行业法律规定实施具

体的金融监管。互联网金控综合化经营模式给我国现有监管体制带来挑战,互联网金控微观审慎监管制度的建立需要立足于我国互联网金控的微观审慎监管需求,这一制度的建立旨在厘清互联网金控的监管不足及危害,分析其微观审慎监管框架构建的意义。

1. 互联网金融控股公司的监管不足及其带来的危害

由于我国缺乏针对互联网金控的监管规则,互联网金控监管仍然依赖于分业监管体制下的各行业监管规则,这给予互联网金控利用规则进行监管套利的空间。除此以外,互联网金控内部监管制度的建设也缺乏明确的指引和细则,互联网金控具有较大的扩张和逐利动机,也缺乏加强风险内控的动力。外部监管的缺乏和内部监管机制的不健全使得互联网金控面临监管不足的境况,容易造成一系列危害后果。

(1)互联网金融控股公司外部监管存在不足

分业监管体制在应对互联网金控时容易出现监管漏洞和监管真空。互联网金融普遍存在业务交叉性特征,且已经形成几类金融业务以互联网为基础进行深度融合的经营模式,这种模式进一步增加了监管难度,可以引发金融风险加速交叉、聚集。分业监管模式容易造成各行业监管标准不统一,导致风险资产向监管要求宽松的领域转移,最终导致风险积聚和监管套利。[1] 我国互联网金控现行监管规则适用普通金融控股公司监管规则《金控办法》,《金控办法》是中国人民银行出台的部门规章,效力位阶较低,且缺乏互联网金控监管的专门立法,但由于其规模庞大、涉及业务复杂,普通金融控股公司监管规范来规范互联网金控并不完全合适,而需针对其特殊性制定专门的规范措施以形成完善的监管体系。因此,互联网金控的监管尚未形成完善的监管制度,容易造成互联网金控法律地位不明确,在监管实践中缺乏有效的监管依据,影响监管效率,不利于规范互联网金融控股公司的创新发展。

(2)互联网金融控股公司内部监管制度不健全

由于我国金融控股公司发展起步较晚,相关监管规范较少且有所滞

---

[1] 参见韩克勇:《互联网金融发展的长尾驱动与风险生成机理》,载《亚太经济》2018 年第 1 期。

后,市场上的金融控股公司风险内部监管制度不健全,缺乏完善公司治理及风险内控机制。互联网金控为规避外资准入监管或者寻求海外上市,绝大部分采用"协议控制"的方式组建。这造成其股权结构与控制权结构复杂、子公司之间交叉持股、相互担保缺乏有效约束,风险极易在集团内部快速传播,影响范围迅速扩大。互联网金控采取平台化经营模式,注重业务与信息的协同,关联交易频繁发生。但是集团内部运营需要缺乏对关联交易的有效识别与风险控制,使得关联交易风险成为其突出风险。除此以外,互联网金控缺乏集团层面金融数据应用和分享规则,数据协同缺乏规范,容易造成技术风险、数据泄露风险等多种类型风险,使互联网金控风险形势愈加复杂。

(3)监管缺乏的危害

互联网金控如果无法得到有效监管,将产生一系列危害性后果:首先,互联网金融集团通过风险隐匿和风险转移,避开各行业严格的监管指标,使得集团内部风险逐渐积累,最终危及整个集团的稳定和安全;其次,互联网金控业务量大,影响范围广,影响主体众多。互联网技术缩短了金融服务的距离,扩大了金融服务的覆盖面,这一方面提升了金融效率,但也使得风险的影响范围扩大。一旦出现风险的暴露甚至集团层面的危机,大量金融机构和金融消费者都将受到影响,而监管规则和法律责任的缺失会导致风险的损失进一步放大;最后,随着网络支付等形式的迅速普及,互联网金融在某些领域日益承担着基础性的作用。因此,互联网金控的风险不仅会影响金融机构和金融消费者的合法权益,还会引发对于金融基础设施以及金融系统的冲击。所以,加强监管是维护金融系统稳定的必然选择。只有完善微观审慎监管框架,从集团层面对于互联网金控的风险进行全方位的控制和防范,才能避免以上危害的发生。

2.互联网金融控股公司微观审慎监管框架的功能

金融控股公司微观审慎监管制度历史悠久,传统微观审慎监管框架在金融控股公司风险防范层面发挥了重要功能。然而,如上文所述,面对互联网和金融科技发展背景下互联网金控监管的难题,传统微观审慎监管制度存在风险监管效率不足、风险识别难度加大、风险应对手段单一的问题,无法适应互联网金控监管的现实需求。互联网金控作为新类型的金融控股公司,面临着外部监管不足、内部监管制度不健全的问题,需要及时补足外部监管框架,建立内部监管框架,构建内外部结合的风险防范机制。在此基础上,还要建立长效监管框架,保障监管制度实施效果,实现长效风险防范。

(1)外部监管制度的功能

首先,外部监管框架的完善能够有效解决互联网金控监管主体责任问题;同时完善监管分工。我国《金控办法》没有就监管主体加以规定,只能适用一般金融控股公司规定。为了能够更好地实现针对特殊金融控股公司的风险防范,通过对互联网金控监管分工和信息共享加以细化,可以有效厘清互联网金控的监管主体和监管责任。在此基础上,我国《金控办法》对于互联网金控的准入标准也缺乏具体的规定;需要进一步明确准入条件,立足于我国互联网金控发展的实际状况,制定准入的特殊规范,从而为我国互联网金控监管划定清晰的标准。

其次,外部监管框架的完善有助于解决互联网金控资本风险问题。互联网金控承继了一般金融控股公司的风险,而且由于监管的缺失,部分风险更加突出,如监管套利风险、高杠杆风险。例如针对高杠杆问题,通过对蚂蚁金服科创板上市暂停案例的分析,其高杠杆下隐藏的风险是:高杠杆撬动贷款,高周转回笼资金;高消费定位,高利率发放贷款;高收益收入囊中、高风险转移社会。[1] 蚂蚁集团纯信用放贷和垄断,推高了放贷风险和社会风险。因此,在资本监管领域要补齐监管短板,根据互联网金融的实际情况完善资本监管的规范,控制资本风险。通过完善资本充足率、杠杆率、风险集中度等监管标准,有助于解决"轻资产—高杠杆"模式下资本风险突出的状况。

最后,完善互联网金控并表监管规则,有助于筑牢集团风险防范基础,监控集团层面资本充足情况,实现集团层面的风险有效控制。互联网金控由于内部治理结构混乱,财务管理缺乏监管,存在资本重复计算、杠杆率高等问题,无法真实反映集团风险状况。互联网金控广泛存

---

[1] 参见张继德、刘凡旗、王梦宇:《从蚂蚁集团商业模式看我国资本市场高杠杆管理》,载《财务管理研究》2021年第3期。

在的协议控制、利用离岸公司规避外资准入的情形更是为并表监管的实施带来挑战。因此,完善并表监管规则有助于明确并表监管的范围和计算方法,通过要求互联网金控尽快合并报表,有效评估集团层面资本充足情况。

(2)内部监管制度的功能

依托于互联网技术和金融科技发展起来的互联网金控,在风险属性和风险类型层面都有其特殊性,在构建内部监管框架时应立足于其风险特性,创新监管制度。完善外部监管框架,实现统一监管标准,对违法行为形成有效震慑,防范威胁集团稳定和金融市场的较大风险。在此基础上,需要进一步完善互联网金控内部监管框架,发挥自律监管和风险内控机制的作用,及时化解集团内风险。具体来说,完善内部监管制度具有以下几个方面的意义:

首先,通过建立数据应用规范,可以有效实现互联网金控数据和资本监管的协同。不同于传统金融控股公司,互联网金控发端于金融科技公司,体现了资本与数据双重控制、金融风险与技术风险交织的特点。因此,规范互联网金控对于金融数据的应用规范有助于防范平台风险、数据风险、技术风险等特殊风险。在此基础上,才能实现互联网金控风险的全面管理,减少风险死角。

其次,通过信息披露制度有利于实现互联网关联交易的有效监管。互联网金控依托平台开展经营,与传统金融控股公司相比,信息共享与业务协同程度较高。因此,在防范关联交易风险时,必须立足于互联网金控的经营模式,不能简单地通过设置业务防火墙或者资金防火墙实现风险完全隔离,而应立足于互联网金控的特点,完善资本与数据两个层面的监管规则,通过信息披露减少信息不对称,降低风险误判的可能性。[1] 信息披露式关联交易监管实现了金融安全与金融创新之间的平衡,有助于在风险防范的同时规范创新。

最后,组织的生命力依赖于健康的结构,互联网金控健康发展也依赖

---

[1] 参见汪青松:《关联交易规制的世行范式评析与中国范式重构》,载《法学研究》2021年第1期。

于其内部法人分业机制和公司治理结构的优化。通过建立纯粹型金融控股公司法人分业结构,有助于降低风险传染的风险。加强公司治理和风险内控机制的建设,有助于降低互联网金控内部风险水平,提升其抗风险能力。在此基础上,建设信息和业务协同机制,可以有效保障互联网金控长期稳健经营。

(3)长效监管制度的功能

互联网金控长期健康发展不仅依赖于外部监管与内部监管能够及时识别风险、控制风险,还依赖于长效监管机制的确立。因此,要建立风险监管的监管保障框架,实现金融风险的长效监管。互联网金融肩负着普惠金融的使命,互联网金融的发展极大地扩展了金融服务的范围,提升了金融服务的效率和水平。因此,在防范风险的同时,我们要促进互联网金控的长期稳健经营,更好地发挥互联网金控推动普惠金融,发挥金融服务实体经济的功能。具体来说,长效监管制度具有以下几点功能:

首先,针对互联网金控资本与数据双重控制的经营特点和多种类型风险交织的风险特性,可以尝试构建资本与数据双重监管体系。该体系的构建能够有效应对互联网金控复杂的风险现状,及时处置多种类型风险,实现风险的全面管理。其次,通过完善市场退出机制,能够筑牢互联网金控风险的最后一道防线。市场化恢复与处置机制有助于风险的及时处置与隔离,防止风险的传染危及整个金融系统的稳定。除此以外,完善互联网金控法律责任制度有助于厘清法律责任,提高对于违法行为打击力度,减少道德风险和盲目逐利造成的危害。通过法律责任的明确,提升监管规则的震慑力和执行力,有效促进监管落实,确保微观审慎监管制度具有生命力和持久力。

(二)互联网金融控股公司微观审慎监管目标分析

互联网金控微观审慎监管框架的构建,充分满足了互联网金控监管的现实需要,通过完善外部监管、内部监管和长效监管制度,为互联网金控风险防范提供了全面的制度保障。在完善我国互联网金控微观审慎监管制度之前,首先明确我国互联网金控的监管目标,以便为制度完善提供方向指引。互联网金控微观审慎监管目标的考量应聚焦于微观审慎监管的核心,通过风险防范的视角全面识别互联网金控中的多方面风险。

1.以机构稳健为总体目标

金融创新是推动金融发展的重要动力,但盲目无序的金融创新产品容易产生"市场失灵",这时就需要国家干预以规范金融秩序。互联网金控的产生和发展正是金融综合经营和金融创新的产物,以"普惠金融"为旗号,金融业经历了深刻的变革,但由于监管的不足与监管的缺失,互联网金控面临着无序发展的风险,因此,需要通过加强金融监管来实现行业的持久健康发展。国家干预与金融自由之间并非对立,两者共同促进金融业的稳定发展。适当的国家干预不仅不会阻碍金融创新,反而有助于实现金融创新的良性循环。[1]

根据金融法的三足定理,单纯追求金融安全与金融效率的平衡无法全面涵盖金融市场发展的全局。[2] 因此,完善的金融法制需要实现金融安全、金融效率与金融公平三个目标之间的良性互动。在互联网金控微观审慎监管框架的构建过程中,需要有效平衡金融安全、金融效率与金融公平之间的关系。因此,在选择互联网金控微观审慎框架时,需要综合金融安全、金融效率与金融公平的价值目标,设置符合自身风险特性和行业长期健康发展的微观审慎监管框架,确保金融市场的稳定与发展。

伴随着改革开放和市场经济发展,中国金融体制经历了由计划性向市场性,由单一性向多元性,由集中性向分散性的转变。中国的金融监管体制经历了从中国人民银行"大一统"到"一行三会",再到"一委一行两会""一委一行一局一会"的转变,金融监管方式也逐渐追求审慎监管与行为监管、机构监管和功能监管的融合。在此基础上,中国金融监管的思路也逐渐由控制导向型转变为合规导向型和风险导向型。控制导向型监管服务于政府的计划和财政,而市场经济理念指引下的合规导向型监管则服务于市场主体,着重解决金融市场信息不完全问题。互联网金控作为互联网金融创新的重要成果,应在合规监管的基础上树立风险监管的理念,立足于互联网金控的风险完善微观审慎监管的制度设计,从而有效

---

〔1〕　参见王鹏飞:《金融控股公司机构准入监管的困境与应对》,载《南方金融》2020 年第 12 期。
〔2〕　参见冯果:《金融法的"三足定理"及中国金融法制的变革》,载《法学》2011 年第 9 期。

应对金融市场风险的变化。

微观审慎监管的宗旨是维护金融机构的稳健运行。因此,从微观审慎监管的宗旨出发,维护互联网金控以及互联网金融集团的安全稳健运行将成为互联网金控微观审慎监管的首要目标。互联网金控的发展的优势在于金融效率和金融服务的广度和深度,但金融安全已成为其短板。蚂蚁集团被监管约谈并暂停上市,表明当下互联网金控金融安全仍然存在较大的隐患。在制度设计时,要将风险防范放在首要位置,以实现金融风险的有效防范。当然,在实现机构稳健运行的基础上,应有效平衡金融效率和金融公平,不破坏互联网金控的基本格局和经营方式,保证行业整体稳定。

2.微观审慎监管下的具体目标

通过完善微观审慎监管制度,提升互联网金控风险抵抗能力,有助于增强互联网金融消费者的信心,实现互联网金融市场的长期发展。因此,金融安全作为监管的首要目标,具有举足轻重的地位,只有维护金融安全,实现互联网金控的稳健经营,才能进一步实现金融效率的提升和金融消费者权益的保障。如何实现金融安全,需要微观审慎监管制度将目标进一步细化和量化。微观审慎监管制度以机构稳健运行为宗旨,而机构稳健运行的实现依赖于有效防范风险。只有有效防范机构风险、业务风险和市场风险,才能实现维护金融安全的总体目标。微观审慎监管的具体目标主要包括以下三个方面:

(1)防范机构运行风险

微观审慎监管通过设置资本标准对金融机构进行监管。微观审慎监管更多关注每个金融机构的风险暴露情况,通过设定一系列监管指标实现金融机构风险的监控。[1] 通过为互联网金控设立一系列监管指标,可以有效增强互联网金控资本充足水平,优化互联网金控内部结构,提升互联网金控抗风险能力,从而有效保障互联网金控的稳健运行。互联网金控机构运行不仅限于金融机构的稳健经营,还应注重金融科技公司等其他主体的监管,从而实现集团整体层面的稳健运行。只有实现机构运行

---

[1] 参见徐汉琳:《外汇市场微观审慎监管研究》,载《河北金融》2021年第7期。

风险的防范,才能维持互联网金控稳健经营。

（2）防范业务运行的风险

互联网金融作为我国金融创新的前沿,需要有效平衡金融效率与金融安全之间的关系。互联网金控内源于互联网金融平台化的经营模式,利用业务协同和数据协同实现规模迅速扩张。互联网金控的经营模式使其缺乏必要的风险隔离机制,关联交易风险频发,需要加强业务监管,规范产融融合和业务协同。此外,互联网金融业务的创新使得监管变得困难,适时采取穿透式监管策略,识别创新的本质,加强信息披露制度的建设,及时有效将业务风险暴露出来。通过防范互联网金控业务风险的发生,可以维护互联网金控的稳定,还可以实现金融消费者权益的保障。

（3）防范金融市场的风险

互联网金控具有资产规模大、员工数量多、涉及金融机构多、风险影响范围广等特点,一旦发生金融风险容易引发金融市场的连锁反应,甚至影响金融系统的稳定。微观审慎监管制度要求集团层面实行并表监管,及时掌握集团风险程度,有助于减轻风险传染的负外部性,减少风险外溢。因此,除宏观审慎管理之外,应加强互联网金控微观审慎监管制度建设,做好风险的事前预防,或者及时将风险控制在可控范围内。通过防范市场风险的发生,不仅有助于维护互联网金控的稳定,还能为金融市场和金融系统稳定提供保护,实现微观审慎监管与宏观审慎监管的协同作用。

总之,互联网金控微观审慎监管的核心在于实现控股集团风险的有效防范,有力维护互联网金控的金融安全。互联网金控监管要在维护金融安全的基础上,兼顾金融效率和金融公平,实现互联网金控的长期稳健经营,从而进一步发挥互联网金融的普惠金融的优势,实现互联网金融业的长期健康发展。

（三）互联网金融控股公司微观审慎监管原则确立

如前文所述,互联网金控的监管问题已引发学界广泛关注和讨论。学界在研究互联网金控风险的过程中,普遍强调对其特殊性进行深入分析,在此基础上提出针对性的对策和建议。但是,从微观审慎监管的角度来说,互联网金控的监管不仅需要解决具体的风险,还要厘清其监管过程中所需遵循的原则。互联网金融业务和组织创新以及金融科技的大量应用,使得传统微观审慎监管在应对互联网金控时存在风险识别难、风险处置慢、缺乏系统性应对措施等监管挑战。因此,我们要厘清互联网金控的监管原则,从而在充分分析互联网金融风险的基础上,构建微观审慎监管框架。

1.以资本监管为核心

如上文所述,互联网金控资本风险突出。互联网金控要坚持以资本监管为核心,注重防范系统性风险。互联网金融风险主要集中在资本风险,需重点监管资本的多重计算和过度杠杆问题,确保资本充足评估的准确性。因此,集团应建立良好的资本和流动性管理程序资本规划,应当覆盖所有可能需要覆盖的实质性风险,且应在风险加总的基础上进行资本管理。因此,互联网金控应当强化资本约束,控制杠杆率,遏制过度投资、盲目逐利行为,防范互联网金融"轻资产–高杠杆"模式下的风险。通过资本监管有效化解互联网金控的资本风险,降低互联网金控的风险水平,风险控制应在可控范围内。[1]

在资本监管过程中,要充分重视监管成本与监管效能之间的关系,积极推动监管方式变革,防止监管负担过重影响监管效果;其次,要注意"大而不能倒"的风险,互联网金控规模的不断扩张,业务范围不断扩展,一旦出现危机,可能危及金融体系稳定性,从而产生大而不能倒的系统性风险;最后,要防范资本金重复计算及杠杆率过高的风险,母公司对子公司的持股以及子公司之间相互持股可能使金融控股公司资本产生虚增现象,造成资本重复计算,母子公司相互担保可能带来杠杆率不断上升放大的风险。只有加强资本监管,才能有效化解当下互联网金融监管资本风险的突出问题,为长期稳健经营奠定基础。

2.坚持金融服务于实体经济

互联网金控监管需要坚持金融服务实体经济,规范产融结合。互联

---

[1] 参见张志宏、王新江、郑悦:《蚂蚁金服的金融杠杆风险解读》,载《中国外资》2021年第22期。

网金融业应坚持服务实体经济,防范过度"脱实向虚",防止互联网金控盲目追逐利润。互联网金融业应提升服务实体经济的质效,积极支持国家重大战略的实施,扎实推进普惠金融的发展。实体企业投资金融机构时,应当以服务实体经济为目标,避免"脱实向虚"。因此,互联网金融控股集团监管框架的构建过程中,需要规范盲目投机行为,抑制过度扩张需求,以服务和发展实体经济为根本宗旨,应当建立与服务实体经济相适应的风险偏好体系。互联网金控监管要发挥互联网金控平台的优势和功能,扩大金融服务的覆盖范围,提升金融服务的深度。[1] 在完善互联网金控公司治理和法人分业结构的基础上,可以支持互联网金控建立规范的业务协同机制和信息共享机制,从而更好地促进互联网和实体经济双向互动生态。

在发挥互联网金控服务实体功能的同时,需要规范产融结合,加强关联交易监管。金融控股公司微观审慎监管制度强调规范金融控股公司关联交易,可以有效防范集团内风险的传播。互联网金控依托平台开展金融服务,更应该规范产融结合,在防范风险的基础上规范经营秩序。对于非金融企业设立金融控股公司,应严格准入门槛。对于同时拥有金融类和实体产业的控股集团,应完善关联交易监控,防止实体企业通过金融机构套取资金。在此基础上,对于各类子公司业务合作进行排查,严禁挪用金融机构资金或不当干预其合法经营。通过完善互联网金控关联交易监管,可以有效规范互联网金控的经营秩序,减少风险在非金融企业和金融机构之间的传递。

3.实行包容审慎监管

互联网金控监管需完善包容审慎的监管机制,规范数据和业务协同。新经济和新治理催生了新型具有公共性的组织,如互联网金控。这些组织的运作是市场内生的需求,不能扼杀,亟待呵护。与此同时,新经济形态下的新组织运行方式与行政机关许可、审批、处罚的传统监管方式,必然产生衔接的差异与适应过程。在这样的背景下,政府包容审慎的思维

---

[1]　参见陆岷峰、杨亮:《互联网金融驱动实体经济创新发展的战略研究》,载《湖南财政经济学院学报》2015年第6期。

就愈加关键和重要。包容审慎监管是我国在新经济模式监管过程中摸索的重要原则。互联网金融包容审慎监管缔造了我国互联网金融的发展,也带来了 P2P 爆雷、代币发行等金融风险。互联网金控作为新形式的金融控股公司,仍然需要坚持包容审慎监管的监管理念,针对性地制定监管规则。以审慎监管来审视互联网金融,需要遵循以科技创新、风险防控、金融特性为重点的监管思路。

互联网金控依托平台开展综合性金融业务,广泛的数据共享和业务协同是其基本经营方式。因此,在微观审慎监管制度构建过程中,需要尊重互联网金控的经营模式。不应采取强制业务隔离、数据隔离等监管模式,而应采取加强信息披露等制度安排,规范数据共享与业务协同行为,在不破坏金融创新的基础上实现互联网金融风险的有效防范。包容审慎监管原则还应体现在互联网金控治理结构的优化上,互联网金控在完善公司治理和法人分业结构方面,应允许构建业务和信息协同机制,在风险控制的基础上发挥互联网创新的优势。

4.加强全面风险监管

互联网金控应坚持全面风险管理,加强对风险的持续、深入、穿透式监管。互联网金控的特殊性在于其面临的风险类型多样,包括传统金融风险与多种新型风险。互联网金控的全面风险管理制度,旨在全面覆盖网络风险、技术风险、数据风险、舆情风险等多种类型风险并及时识别和控制。在构建风险防范制度时,需全面识别各种风险,并警惕其向金融风险转化的潜在风险。技术监管手段在互联网金控风险监测中发挥关键作用,需及时监测风险动态,对各种类型风险进行及时预警,以提升监管机构的监管能力。因此,既要构建针对各种类型风险的全面性风险监管体系,也要提升监管机构的能力和水平,坚持资本监管与数据监管并重,防止出现监管漏洞。

在此基础上,要加强互联网金控的穿透式监管。"穿透式监管"理念的提出,能够有效应对当前金融创新型交易的监管空白,对互联网金融乃至整个金融业的健康发展具有十分重要的意义。互联网金控作为互联网金融创新的前沿,常面临监管规则滞后的窘境,针对互联网金融的创新性需要加强主动监管和穿透监管,坚持实质重于形式的原则,识别互联网金融创新的本质。互联网金融"穿透式监管"的核心在于深入剖析,回归本源,发现事实。"穿透式监管"通过对主体、产品、嵌套层级的"穿透",可以发掘背后的实质当事人、揭示产品的实质属性,以及层层嵌套的金融产品交易结构。[1] 要积极介入互联网金控的风险治理,提升监管主动性,主动识别和发现风险,并有效降低风险影响的范围和程度。在此基础上,要根据互联网金融创新的发展情况和互联网金控的变化,及时调整相应的监管规则,防止因穿透式监管主观性造成监管标准不统一,影响监管结果的公平性。

四、互联网金融控股公司微观
审慎监管的制度构建

互联网金控微观审慎监管框架的构建,既有利于弥补互联网金控内部与外部监管的缺失,又能有效提升监管水平。《金控办法》的出台既及时又必然,该办法正式明确了金融控股公司的法律地位,填补了金融控股公司的监管空白,为互联网金控监管提供了制度基础。《金控办法》的出台为互联网金融综合经营的监管提供了思路,但互联网金控监管目标的实现还有赖于微观审慎监管的完善。互联网金控监管的有效实施需要外部监管与内部监管的有机协调,即:通过加强监管机构的外部监管,完善监管标准,确保监管有法可依,及时发现处置金融风险;加强互联网金控的内部监管,有助于提升主体合规意识,增强抗风险能力。互联网金控监管要实现外部监管和内部监管有机统一,构建全方位风险防范体系。

立足于我国互联网金控的特点和风险特征,应从三个方面构建互联网金控微观审慎监管框架。针对外部监管缺乏状况,应完善其外部监管法律框架,完善监管规则,补齐监管短板;在此基础上,针对内部监管缺乏问题,需要优化其内部监管制度,规范法人分业结构,加强关联交易监

---

[1] 参见王妍、赵杰:《"金融的法律理论"视域下的"穿透式"监管研究》,载《南方金融》2019年第5期。

管,健全风险内控制度;最后,要健全互联网金控监管保障制度,构建长效监管机制,实现互联网金控长期稳定发展。因此,互联网金控微观审慎监管法律框架需要围绕外部监管框架、内部监管框架和长效监管框架进行设计。

(一)完善互联网金融控股公司外部监管法律制度

1.优化互联网金融控股公司统一监管模式

完善金融监管制度,首先要明确监管主体和监管职责。只有明确监管职责,才能做到监管权责统一,减少监管重叠与监管真空,提高监管效率和便利性。互联网金控规模庞大,业务范围广泛,风险蔓延快、波及面广,容易影响金融市场的稳定。因此,互联网金控的监管要根据本国实际情况和监管需求,建立微观审慎监管制度,做好监管职责,实现监管权责统一和高效协同。

如上文所述,金融控股公司监管体制主要有"伞形"监管、统一监管和双峰监管三种体制。《金融集团监管原则》强调应设立特定监管者和清晰的程序负责金融集团层面监管,并确保其具有必要的授权和资源。[1] 很多情况下,集团层面监管者是有能力进行并表监管,或者负责集团中最主要业务监管的监管机构。监管法律框架应授予监管当局进行全集团监管所必要的权力、独立性和资源。我国《金控办法》规定了金融控股公司的监管主体,但是没有对互联网金控监管进行特殊安排,需要进一步细化相关规定。

(1)优化统一监管模式

金融控股公司统一监管模式,监管责任主体明确,监管效率较高,但对监管机构专业性有一定的要求。按照《金控办法》的规定,我国互联网金控由中国人民银行负责并表监管,并根据履职的需要建立统一的监管信息平台和统计制度。但是在现场检查方面,中国人民银行、银行保险监督管理机构、证券监督管理机构、外汇管理部门可以相互建议进行现场检

---

[1] 参见中国银监会政策研究局译,《金融集团监管原则》,中国金融出版社2014年版,第18—20页。

查。从中可知,互联网金控以及并表监管责任归于中国人民银行,其他子公司仍受到各行业监管部门监管。这种制度设计既明确了监管责任,也合理进行了监管分工,防止统一监管机构因对具体金融行业缺乏专业性而影响监管效果。2023 年国家金融监管总局成立,中国人民银行对金融控股公司等金融集团的日常监管职责划入国家金融监管总局。因此,我国并不是单纯的统一监管模式,而是由中国人民银行负责金融控股集团的宏观审慎监管,国家金融监管总局负责全控集团的日常监管。后续针对互联网金控协议控制的特殊性,在并表监管职能方面应细化监管分工,加强同工信部门和外汇管理部门的合作,对接跨境监管机制。在此基础上,需要做好国家金融监管总局与各监管部门之间的信息共享与监管协调。各监管机构也需要为国家金融监管总局提供并表监管提供支持,防止因监管标准不一致或计算问题引发监管难题。

（2）加强监管协作和信息交流

为完善监管分工,在制定金融控股公司监督管理实施细则时,应加强监管协作和信息交流制度建设,完善金融监管部门间的协作沟通机制。具体来说,应明确信息交流共享的途径、格式、具体内容,并制定互联网金控监管信息共享的工作细则,以完善信息共享分工。[1] 为了应对突发风险事件对金融市场带来的跨市场、跨行业冲击,建议由国家金融监管总局会同中国人民银行、中国证监会、网信办、工业和信息化部等有关部门成立互联网金控监管工作组,负责监管协调和信息共享工作,以促进监管合作。除此之外,面对互联网金控平台化的特征和天然混业倾向,在严格遵循当前机构监管和功能监管相结合的制度框架的基础上,更注重功能监管的理念,加强穿透性监管,准确把握金融创新实质。在此基础上,国家金融监管总局在实施并表监管的过程中,应充分吸收各功能监管机构的监管意见,尊重监管的专业性,从而提高监管效率,防止因监管权力过于集中而对监管效能产生不利影响。

2.确立互联网金融控股公司市场准入规则

有效的市场准入制度是控制风险源头,遏制资本无序扩张风险的重

---

〔1〕　参见吴善东:《数字普惠金融的风险问题、监管挑战及发展建议》,载《技术经济与管理研究》2019 年第 1 期。

要手段。通过筛选出合格的市场主体，能够从源头层面有效控制金融风险的输入，防止风险积聚，为金融业的发展营造良好环境。互联网金控准入监管制度目的不是限制金融创新的开展，而是维护金融业健康发展。《金控办法》规定金融控股公司的设立需要向中国人民银行申请，但是互联网金控的准入条件并未有规定。为了有效管控互联网金控的风险，应立足于其特殊性，建立准入监管制度。

对于实体企业设立互联网金融控股公司，要对其金融牌照进行严格审查，明确审查的条件。对于拥有重要金融行业牌照的金融集团，如银行、保险、信托、券商、基金期货和租赁，应明确将其纳入监管，严格资本要求，防范其对于金融市场带来风险。在此基础上，对于经营其他金融业务的情况，要根据该金融业务对于金融市场的影响程度决定是否将其纳入互联网金控准入监管。对于未被纳入的互联网金控公司，监管机构应出台监管指导意见，将其纳入行业协会等自律监管体系。

在完成准入程序之前，要对互联网金控存在的问题进行集中整改。要评估互联网金控的资本充足情况，及时要求补充资本。对于集团中不符合监管要求的机构或者其他实体，要及时进行转让或者处置。在此过程中，国家金融监管总局作为监管机构应会同各行业监管部门，针对申请人的实际状况，针对存在的问题提出完善的措施。监管机构应督促互联网金控尽快完善公司治理及风险内控机制，对于关联交易等重大风险及时处置，建立集团层面合并报表。通过准入监管和金融风险的集中清理，可以有效降低准入后互联网金控的风险，推动互联网金控完善治理结构和风险内控机制，实现金融风险的长效治理。

3.完善高杠杆模式针对性资本监管

互联网金融控股公司"轻资产—高杠杆"的经营模式使得其面临着较大的资本风险。在此基础上，由于平台业务整合化和机构边界模糊化，如果无法得到有效控制，金融风险便会迅速传染扩散。因此，加强资本监管是维护金融安全的必然选择。金融控股公司监管发端于银行控股集团监管。根据巴塞尔协议等国际金融监管文件，资本充足率监管具有促进银行公平竞争和保障银行稳健运行的功能。然而这项监管指标并不完美，仅靠其监管无法完成互联网金控资本监管的目标。因此，应立足于我国互联网金融控股公司经营特点,建立更加完善的资本监管制度。

(1)完善杠杆率监管标准

资本充足率在微观审慎监管框架中一直占据着重要地位。但是,次贷危机的发生使公众对于资本充足率监管的实际效果产生质疑。在危机发生前,美国各大商业银行并没有违反资本充足率的监管标准,可以通过资产证券化等方式规避资本充足率监管,使得该标准没有提升商业银行的抗风险能力。[1] 资本充足率在应对资产证券化带来的风险问题时存在不足,互联网金控可以通过资产证券化的形式减少风险加权资本的计算,从而规避资本充足率监管。但是在这个过程中,互联网金控的实际风险并没有减少。因此,单一监管指标在衡量金融风险时总是存在不足,需要完善互联网金控风险监管的指标体系,丰富监管工具。

为了弥补资本充足率标准的不足,要完善杠杆率监管指标。杠杆率是指资产负债表中权益部分与总资产的比率。《金控办法》第二十四条要求对纳入并表监管的子公司加强杠杆率监管,但是缺乏具体的规定。按照《银监会关于中国银行业实施新监管标准的指导意见》(银监发〔2011〕44号)的规定,杠杆率中"一级资本占调整后表内外资产余额的比例不低于4%"。与资本充足率监管不同,杠杆率的分子剔除了附属资本,保障了资本补充的质量。杠杆率的分母是表内外资产余额,而资本充足率的分母是风险加权资产总额,杠杆率的分母不按照风险进行分类,是调整后的总资产(表内资产+特定表外资产),减少了监管套利。[2] 蚂蚁集团招股说明书认为若监管政策采取消费行业去杠杆或其他限制消费信贷规模的措施,公司合作金融机构和持牌小型贷款子公司可能无法满足消费信贷和小微经营者信贷的需求。可见蚂蚁集团确实存在高杠杆风险,担忧监管调整引发经营成本的增加。网络借贷业务是互联网金控风险杠杆率风险最大的业务,中国人民银行《网络小额贷款业务管理暂行办法(征求意见稿)》就网络小额贷款业务非标准化融资和标准化融资两种情形的杠

---

[1]　参见宋永明:《监管资本套利和国际金融危机——对2007~2009年国际金融危机成因的分析》,载《金融研究》2009年第12期。

[2]　参见崔婕、沈沛龙:《资本充足率与杠杆率双重监管指标体系的构建——基于微观审慎监管框架的研究》,载《金融论坛》2013年第11期。

杆率进行了规定。完善杠杆率监管标准能够有效限制负债规模的扩张,保障充分的流动性。应进一步细化互联网金控杠杆率监管标准,重点关注网络借贷业务的杠杆率情况,丰富互联网金控监管指标,为互联网金控资本风险防范提供更为全面的保障。

(2)加强信用监管

互联网金控业务开展依赖于对客户信用的正确评估,并在完善杠杆率监管指标的基础上,注重信用风险防范,以防止资金链断裂对机构稳健性造成影响。监管机构应敦促互联网金控加强信用系统建设,建立个人信用档案,并对客户违约带来的风险及时处置。要加强投资者适当性管理,针对不同类型的投资者,提供符合其风险承受能力的服务,并加强风险教育。互联网金控应坚守稳健经营的理念,避免通过虚假宣传诱导投资者购买高风险产品。在此基础上,应建立风险预警机制,对于集中违约要及时发现和处置,防止风险扩大。通过完善信用监管体系,有效防范互联网金控的信用风险,减轻外部市场环境和客户偿付能力的变化对于互联网金控稳健经营的冲击。

(3)加强穿透性监管

针对互联网金融产品的创新性,还要加强穿透性监管,识别产品或业务的本质。只有充分识别业务本质,才能正确适用监管规则和监管标准,保障资本监管的效果。金融科技的发展推动金融创新的多样化,这给监管规则的适用带来难题。因此,互联网金控需要通过穿透性监管,突破产品形式的影响,将其进行合理的分类。要提升监管机构的专业性,在充分识别和认识金融创新本质的基础上,及时细化更新互联网金融产品分类及目录,明晰新产品的风险等级,对金融科技公司与银行、保险、证券等机构具有同质化服务的产品纳入统一的监管框架中,执行统一监管标准。

4.健全协议控制下并表监管规则

互联网金控发展过程中,长期缺乏集团层面的风险加总和分析,导致风险频发,影响整个集团的正常运营。因此,完善互联网金控并表监管是优化微观审慎制度不可或缺的一环。只有健全并表监管相关规则,才能实现从集团层面对风险进行整体把握,准确评估集团运行状况和风险状况,防止单个机构风险影响集团稳定。

（1）明确并表监管范围

对于哪些子公司应纳入会计并表范围，应参照《商业银行并表管理与监管指引》（银监发〔2014〕54 号）进行划分。该指引将并表范围分成会计并表、资本并表和监管并表三类。会计并表范围需遵循现行会计准则，资本并表范围按照《商业银行资本管理办法》（国家金融监督管理总局令 2023 年第 4 号）等资本监管规定确定。而在风险并表层面，三类未形成实际控制的机构也被纳入监管范围：首先，是业务相同且风险足以影响被监管集团的同质性机构；其次，是被投资机构虽然没达到控制的程度，但其风险足以影响被监管集团的声誉；最后，虽然参股没达到控制的程度，但有证据表明银行对其有重大的控制和影响力。由此可见，参股不应作为并表监管的唯一标准，而应从实质层面分析其对于机构的控制和影响程度。

《金控办法》继承了《商业银行并表管理与监管指引》的规定，第二十五条规定了金融控股公司控股机构以外的三种需要纳入并表监管的情形，包括风险和财务状况对于金融控股公司能够造成重大影响的被投资机构的风险状况。针对互联网金控机构和金融科技公司并存的状况，对于具有重大影响的金融科技公司，即使达不到控股或实际控制的条件也应纳入风险并表的范围。要对重要金融科技风险进行实时监控，定期披露金融科技公司的风险状况并在集团层面进行汇总分析，关注技术风险、数据风险等风险类型，防止其向金融风险迅速转化。

除了强调风险和财务状况对于金融控股公司能够造成重大影响的被投资机构，特别列明了对于境外控股机构、空壳公司以及其他复杂股权设立的机构的监管，这对监管 VIE 架构下的互联网金融控股集团提供了依据。"VIE 架构"，即可变利益实体（Variable Interest Entities；VIEs），也称为"协议控制"，指不通过股权控制而通过签订各种协议的方式实现对实际运营公司的控制及财务的合并。[1] VIE 协议控制具有两方面作用，一方面可以用于中国企业海外上市融资，另一方面外国资本也可以通过协议规避对外资产业准入的监管。互联网公司通过协议控制有效规避了对于

---

[1] 参见刘纪鹏、林蔚然：《VIE 模式双重道德风险及监管建议》，载《证券市场导报》2015 年第 10 期。

外资准入的规定,实现了资本的迅速扩张,但也为监管带来难题。

互联网金控的发展不仅得益于国内互联网经济发展的浪潮,还与境内外资本市场融资的利用相关。互联网金控并表监管要考虑将 VIE 相关主体纳入并表范围,实时监控资金流向,防止抽逃资本,预防国际金融风险对互联网金控所带来的冲击。为此,应进一步规定对于复杂股权结构的穿透标准,并明确境外监管过程中的管辖问题以及与外汇管理局等监管机构的协作机制。要建立跨境并表监管协作机制,加强跨境审计监管合作,保障并表监管的有效性,实现对于互联网金控集团风险的全面监管。除了防范国际金融风险的冲击,还要关注域外监管措施的变化对互联网金控的影响。近年来,针对中概股财务的质疑以及《外国公司问责法案》的出台启示互联网金控进行境外融资时要注意风险评估,及时关注域外监管制度的变化。所有互联网金控赴海外上市等重大行为需要向监管机构报备,并提供相关风险的应急预案。

(2)确保并表监管计算结果的真实性

在并表监管的基础上,资本监管的重点是以下三个方面:首先,要加强资本真实性监管,由于被监管对象股权结构的复杂性,应严格审查数据的真实性,严防虚假出资、层层嵌套等情况的发生,着力解决互联网金控高杠杆问题;[1]其次,应依据各行业资本充足监管要求,对子公司资本充足率及杠杆率进行测算,并依据银行、证券、保险各行业的资本充足率规定计算风险资产与法定最低标准相乘后的数额;最后,要合并计算,需要扣除内部交易后再把所有子公司的财务报表合并。在此基础上,合并报表后的集团整体资本充足率标准为所有子公司剩余资本(指超出最低资本限额的资本)构成的集团自有资本必须大于零。

金融控股公司监管实施细则应对互联网金控并表计算的具体方法加以规定,可以运用巴塞尔协议和欧盟的方法制定具体计算方法。在确定可采取的计算方法后,对于会计合并法、扣减加总法和账面价值/要求扣减法等计算方法的适用的情形加以明确,综合运用各种计算方法实现对

---

〔1〕 参见鲁政委、陈昊:《金融控股公司并表监管的发展演进与国际经验》,载《金融监管研究》2018 年第 3 期。

互联网金控集团风险的有效评估。如果互联网金控已经建立了较为完善的集团合并报表,则利用会计合并法计算风险加总,有效消除双重和多重杠杆效应带来的重复计算问题,消除内部交易和风险敞口。如果尚未建立集团合并报表时,应综合运用扣减加总法和账面价值/要求扣减法对于集团层面风险情况进行初步研判,并尽快建立集团层面合并报表。在不同方法计算结果不相同时,应按照最有利于风险防控的结果加以评定,以降低风险发生概率。

(二)构建互联网金融控股公司内部监管法律制度

1.完善集团层面数据规范体系

对于拥有互联网科技公司的金融控股平台监管,既要采用统一性的监管原则和标准,也需要突出其特殊性。互联网金控在经营过程中会产生和处理大量数据,如何规范互联网金控对于数据的应用成为互联网金控监管的重要内容。互联网金控数据应用如果得不到有效规范,容易引发数据风险和技术风险,引发市场担忧,并进一步造成金融风险,影响互联网金控机构的稳定和安全。

蚂蚁集团在招股说明书中指出,该公司在业务过程中收集并处理大量用户信息,并对信息进行分析,形成用户画像及人群特征。蚂蚁集团承诺公司的隐私保护政策适用于公司平台上所有用户信息的收集、使用和披露。公司面临处理和保护大量信息(尤其是用户信息)的各类挑战,特别是和用户信息保护相关的各种挑战。从中可以看出,蚂蚁集团面临着金融业务相关数据收集和利用层面的挑战。因此,规范用户数据的使用、共享成为互联网金控监管必须回应的问题。

互联网金控在数据使用上应该差异化对待,为了避免互联网金控滥用其垄断地位,应赋予用户充分的数据权利,形成一套系统化的数据使用规范。在客户授权的前提下,才可以允许数据在金融控股集团内部合理流通与共享。因此,要合理把握好信息数据共享与加强消费者保护之间的平衡点,客户授权很重要,而客户的选择权更为重要。因此,仍需进一步明确客户选择权的具体实施要求,需要进一步改善共享数据的客户授权制度,防止平台企业利用格式条款肆意侵害用户数据权利。[1]

在此基础上,应进一步规范数据流通和使用。首先,互联网金控应遵循金融机构数据采集、流通和使用方面的一般规范,如《银行业金融机构数据治理指引》(原中国银保监会发布),合法取得个人信息采集和使用授权;其次,要建立数据使用信息披露制度,要求互联网金控及时披露数据使用情况;再次,互联网金控要严防数据泄露,防止数据由集团外主体获取;最后,要加强数据库建设,提升自查和恢复能力,引入监管科技,增强核查手段,提升风险识别和应对能力。互联网金控要担当数据安全责任,对于控股机构的数据行为担保,及时承担责任,提升互联网金控自律监管动力。由于互联网金控在数据协同上的情况各不相同,互联网金控应根据集团现状,针对不同业务和部门制定集团数据应用自律规范,并报监管机构批准。

2.确立以信息披露为核心的关联交易监管

由于存在复杂控制关系,互联网金控一直是关联交易的高发区域。加强关联交易监管,防范关联交易风险是互联网金控内部风险治理的关键。《金控办法》第三十六条对于金融控股公司不得从事关联交易的类型进行了列举,包含两个方面的规范:一方面,对于金融控股公司与金融控股公司控股金融机构和控股非金融机构之间融资、担保、股权质押进行了限制性规定;另一方面,规定关联交易不得损害其他股东和客户的合法权益,不能进行监管套利,不能损害金融控股公司的稳健性。《金控办法》通过列举融资、担保和股权质押等具体情形明确了监管范围,剩余原则性条款也有助于监管机构根据实际情况灵活处置。在此基础上,应在实施细则中进一步明确关联交易的情形,并明确相应的法律责任,从而确保有法可依,实现精准管控风险。

互联网金控关联交易监管应进一步明确以下几点:第一,明确控股公司母公司能够投资的范围,建议建立负面清单制度,严格控制对于非金融业务和实体企业的投资,允许投资金融科技公司等提供辅助性服务的机

---

[1] 参见程雪军:《互联网金融控股公司的风险特性与监管建构》,载《银行家》2019年第2期。

构,但要严格限制比例;第二,允许互联网金控开展业务协同和信息共享,但是要施加一定的限制,保障数据安全和个人隐私安全;第三,对于公司对外担保规模进行限制,严格限制金融机构与其他机构之间的融资、担保、股权质押,保障金融机构经营的稳定性。

由于互联网金控不仅存在资本的控制和协同,还具有明显的数据协同特征。互联网金控平台化、内部业务整合化的经营模式不适宜施加过于严格的风险隔离措施。在规范内部交易和关联交易时,除了注重风险隔离,还需加强信息披露制度的建设。信息披露能够使数据协同和控制的过程得到充分暴露,从而有效减少其实施不正当关联交易的动机和利益,增加其监管套利的难度和成本。具体来说,在外部规制层面,要完善互联网金控的信息披露监管要求,通过监管信息系统建设实现对其数据、账户、机构和业务进行全面监控,互联网金控要按时披露业务协同和信息共享情况,客户对于自身业务相关信息也应享有充分知情权;在内部控制层面,要建立内部交易透明度规则,披露所有内部交易,金融控股公司要设立关联交易评估部门,及时评估关联交易风险,对于关联交易进行事前审核,从源头上降低关联交易风险带来的影响。

3.建立互联网金融控股公司风险内控制度

金融控股集团风险内部控制机制对于风险的早期预防意义重大。互联网金控需要建立全面的风险内部控制机制,才能有效防范风险的积累和爆发,维护控股公司乃至金融集团的稳定。在金融控股集团内控机制方面,平安集团曾进行了有益的探索。[1] 互联网金融控股公司应吸取经验,建立全面的内控机制和风险管理体系。

互联网金控要建立集团和子公司层面双层风险管理机制,完善母子公司风险管理责任分工。具体来说,母公司承担对金融集团风险进行整

---

[1] 参见胡滨、尹振涛等:《统筹监管金融控股公司》,中国社会科学出版社 2020 年版,第58—62 页。中国平安实行"集团控股,分业经营,分业监管,整体上市"的经营模式。集团不经营具体业务,负责对子公司的管控。在风险治理层面,董事会和高层管理人员参与全面风险管理体系的建设,建立了覆盖所有风险类别的问责机制;在风险监控层面,执行单个风险和累积风险的动态量化管理与控制,对不同种类风险相关性予以识别,建立了清晰的风险应对程序和反应机制;在绩效和资本管理层面,将风险管理和合规标准融入绩效衡量体系中,以便保障较高的资本充足水平。

体性和补充性管理,子公司要负责自身业务的风险管理。中国人民银行应根据互联网金控的风险承受能力,制定风险分级管理方案,根据金融风险的性质、严重程度、影响范围等因素划定其风险管理负责范围。在此基础上,要完善监管信息定期报告制度,使监管机构能够实时了解集团风险管理情况,及时介入防范风险扩散的过程。在这个过程,对于新出现的并未达到严重程度的风险,监管者也可以采取软性的执法手段进行道义上的规劝,鼓励风险内控。

其次,互联网金控需要确立依法合规、稳健经营、审慎管理的风险文化,充分发挥各级经营管理层在风险管理中的策划、组织和推动作用。将审慎理念有效融入政策制度和系统流程工具中,建立起垂直独立的风险管理体系,尝试建立矩阵式风险管理体系,即以垂直管理为主、横向管理为辅、独立性较强的风险管理架构。控股公司应建立独立的综合风险管理部门,负责进行全面的风险管理,各子公司和业务部门的风控人员主要对母公司的首席风险官负责,建立集团风控体系,加强对子公司风控工作的指导和领导。

最后,互联网金控以及金融子公司实行独立的二级财务管理体制。在子公司建立科学财务制度的基础上,集团母公司应建立合并报表的财务制度,通过合并报表减少资本的重复计算,提升并表监管的准确性,方便集团层面风险防范。要将合并报表财务制度的建设作为互联网金控准入监管的组成部分,督促其完善财务管理体制,方便对集团风险进行监管。通过建立完善的风险内控机制,实现互联网金控风险的自律监管,节省监管成本,提升互联网金控稳定性和市场信誉,维护集团的平稳运行。

4.构建治理结构优化与信息协同互补机制

法人分业能够有效遏制内部交易,防范风险在不同机构之间的传递。金融风险不同于一般生产经营风险,金融资产的强关联性使得风险能够相互传递。由于互联网金控体量庞大,涉及用户和机构数量众多,因此需要建立一个清晰的法人分业结构,以实现风险的有效隔离。金融控股公司与金融业务子公司具有独立法人地位,不同金融业务由不同法人经营。因此,应坚持纯粹型金融控股公司模式,改善复杂的股权结构和控制关系,减轻监管压力和负担。

（1）建立纯粹型金融控股公司分业模式

我国台湾地区"金融控股公司法"规定要建立纯粹型金融控股公司，母公司不经营具体金融业务，只负责对子公司进行整体管理和风险防范。子公司在经营具体业务的同时不能交叉持股或者采用其他形式控制集团内其他金融机构。[1] 互联网金控应采用纯粹型金融控股公司组织形式，改善股权关系混乱状况，减少风险传播的途径。在纯粹型金融控股公司中，金融控股公司及控股子公司组织架构和具体业务人员由各自的人事部门决定。金融子公司内部除公司董事会或高层管理人员外其他人员，由金融子公司自主聘任。金融控股公司及控股子公司，都需要制定人力资源配置计划和机构设置计划，负责公司机构的设置变动验收和人员编制的具体管理工作。[2]

（2）完善公司治理和协同机制

在完善法人分业结构的基础上，互联网金控应完善公司治理结构，有效防范管理风险和经营风险。在管理层面，原则上母公司主要制定公司发展战略，审定金融子公司重大投融资行为。对于子公司，应根据集团发展战略制定经营战略和进行日常管理，同时可以给予金融子公司一定投资额度权限，从而根据市场变化相机行事。上市的金融控股公司的治理结构，还要符合上市公司的要求。互联网金控决策层应广泛吸收了社会有经验的人士，发挥独立董事的监督作用。例如花旗银行董事会 17 名董事中 13 名来自公司外部，起到了很好的监督作用。[3] 母公司要设立风险管理委员会、监管政策委员会、授信委员会等专业委员会，每月会同子公司供给管理人员交流学习，增强风险意识，优化董事会决策机制。在此基础上，要对控股公司资金来源合规性监管，对于控股公司股东要审查其资格是否符合《金控办法》的要求，按照重要性进行股权穿透，识别实际控制人和受益人。

---

〔1〕 参见邵昱晔、巫伍华、林燕萍、俞桂花：《金融控股公司风险防范与监管的实践与启示——基于台湾地区金融处罚典型案例》，载《福建金融》2019 年第 2 期。

〔2〕 参见魏革军：《建立更加完善的金融宏观审慎政策框架——访中国人民银行行长周小川》，载《中国金融》2011 年第 1 期。

〔3〕 参见李仙子：《发达国家金融控股集团监管模式对我国的启示》，载《吉林金融研究》2019 年第 4 期。

互联网金控只有建立了良好的公司治理和法人分业结构,才能考虑协同运营机制设计,建立全集团的开放客户信息管理平台。在符合金融数据和个人隐私监管规范的前提下,可以在全集团共享客户信息,依次实现客户管理、客户需求匹配、风险审核、风险控制等重要环节。可以建立后台系统共享机制,能发挥规模经济项目公司的战略管理、人力资源、财务管理、风险管理等方面的优势,后台部门可以进一步集中化和专业化。通过协同机制建设,既能加强信息共享,方便风险监管,又能发挥互联网经济规模效应,推动行业长期健康发展,从而实现治理结构优化与信息协同机制的互补。

（3）加强功能性监管

互联网金控法人分业结构的安排符合我国机构监管的实际。但是随着金融创新的不断深化,不同金融机构之间的界限逐渐模糊,对不同法人机构的监管将更多地趋向于功能监管。功能性监管原则是指对于加入金融控股公司的各金融业态使用的法规,仍然由原有负责该功能监管的监管机构及法规负责。在功能性监管原则中,包括应以业务性质作为监管单位的概念,避免相同性质的业务,因监管法规或监管单位的不同而有不同的标准。针对互联网金融创新的现状,应加强功能性监管理念,对相同业务性质统一监管标准,更好地应对金融创新对于监管的新要求。因此,互联网金控监管要根据我国金融监管体制的变化及时加以调整,及时适应我国金融业新的发展需要。

（三）建立互联网金融控股公司长效监管法律制度

1.构建资本与数据双重监管体系

互联网金融控股公司的本质是控股公司,但其平台开展业务离不开基于互联网技术的金融科技公司。针对互联网金控大量运用数据的特点,监管机构要树立以数据为中心的新监管理念,深化监管科技应用,实现对互联网金控的科技监管,从而构建资本与数据双重监管体系。

（1）加强监管科技应用建设

在互联网金融控股集团并表监管的过程中,加强监管科技系统建设具有重要意义:首先,监管对象本身的数字化程度提高内在的要求,金融监管也需要提升科技化水平,以适应监管的现实需要;其次,金融产品服务和金融机构的投资交易行为,更多地采用技术手段,部分违法违规行为可能由这些技术手段完成,波及面可能更广,更不易发现,金融监管需要采用先进的科技手段才能完成;再次,随着监管对象数量的不断增加,类型的不断丰富,依靠人工劳动逐渐难以满足工作的需要,监管科技的应用势在必行;最后,金融机构之间关联性增强,金融风险的交叉性特征越发明显,需要更多更及时的信息披露和穿透审查,大幅提高数据搜集、分析的要求,运用科技手段减轻监管压力,降低监管成本。

监管科技的应用可使监管机构以最少的人力和最先进的技术手段对监管对象进行全面高效的监管。在监管要点上,监管能力的提升也将监管重点从监管对象各项业务合规性监管转向对资本充足性和内控机制的监管。[1] 具体来说,可以采取以下措施:第一,要加大资金投入,加快监管机构监管系统建设,实现监管信息共享,实时监控风险;第二,要引导互联网金控加快内部系统整合,建立内部监管系统,完成与监管机构有效对接。要设置激励机制,鼓励技术开发,加强技术合作,鼓励互联网金控主动参与系统建设;三是加强监管科技人才培养,不断优化监管系统,提升监管效率。

(2)完善监管基础设施建设

互联网金控技术监管的实现依赖于监管基础设施的完善。因此,应完善监管基础设施,为资本与数据双重监管提供设施保障,有效防范多种类型风险对于机构稳定性的影响。数据监管需要搭建市场实时数据库,从而实现对数据进行及时采集、存储和评估,这也是互联网监管设施建设的重要环节。要引入大数据、人工智能、云计算等关键技术,搭建市场信息平台,对接监管系统,动态监测各种类型的风险。要根据不同市场特点建立不同层级监管系统,设置专业性指标及时获取有效信息。互联网金融控股集团要建设自律监管数据库,及时对接监管机构,有效防范风险。完善的监管设施能为监管的有效开展奠定物质基础和技术基础。

---

〔1〕 参见程雪军、尹振涛:《监管科技的发展挑战与中国选择:基于金融科技监管视角》,载《经济体制改革》2022 年第 1 期。

2.引入风险阻断的处置和退出制度

互联网金控既需要有严格的市场准入机制,也需要有明晰的退出机制,才能做到及时处置和阻断风险,做到行业有进有退,保障市场健康发展。互联网金控由于自身规模以及相关联金融机构的广泛性,一旦出现危机需要及时干预。处置机制是国家干预在金融市场上的一种重要表现形式。互联网金控应制定恢复与处置计划,建立风险预警制度,从而使陷入危机的金融控股公司能够及时恢复正常运营,或者实现对风险的及时控制,减少对于金融市场的传染和破坏,维护金融市场的稳定。

恢复与处置策略是 2008 年国际金融危机后,各国为处置"大而不能倒"金融机构而提出的一种处置措施。互联网金控应和监管机构合作,结合自身情况制定应对风险的计划,确保在面对不同风险情形时能够拿出有针对性的应急方案,将金融风险造成的损失降到最低。通过恢复计划尽快恢复机构健康,以免被市场抛弃并退出市场。如果无法有效保全金融控股公司,则要按照事先制定的处置计划及时对公司资产进行处置,有效保护债权人和金融消费者的利益。该项制度实施需要在金融机构事先提交恢复计划和生前遗嘱(RRPs)。当互联网金控发生危机时,通过该计划可以促使其恢复正常经营能力,或者对于影响金融系统稳定的业务和功能进行隔离拆分。

应将恢复与处置计划作为互联网金控的设立标准之一,制定完善的处置方案以提升集团的抗风险能力。由于互联网金控掌握众多互联网金融服务关键设施,当发生危机时,应对相关设施进行及时处置。要发挥国务院金融稳定发展委员会的职能,以统筹互联网金控各重要机构的审慎管理,保护支付、清算、交易等各类互联网金融基础设施和金融信息数据,使之能够为整个金融体系所共享。要制定互联网金控关键设施处置方案并报监管机构批准,在发生危机时能够及时剥离互联网金控的重要金融设施,防止互联网金控风险影响金融市场稳定。

3.细化互联网金融控股公司法律责任制度

有限责任制度是《公司法》的基石,对于投融资活动及资本市场发展具有重要意义。然而,有限责任制度会造成股东与债权人之间的代理成本,股东存在让债权人替自己承担风险的逐利动机。互联网金控和互联网金融集团规模庞大且影响范围广,在发生亏损甚至破产时,这可能导致公司陷入"大而不能倒"的问题,政府可能会被迫进行援助,这在一定程度上加大了股东、实际控制人或者经营管理者的冒险动机。为了防范这种情形的发生,需要引入加重责任制度,适当突破有限责任制度,降低代理成本。商业银行双倍责任制度是最早的加重责任制度,其规定银行股东在银行资不抵债时需承担超过股本范围的额外责任。[1] 美国《多德—弗兰克法案》也建立了金融控股公司承担股东加重责任的制度,打破了有限责任的安排。[2]

金融控股公司加重责任是指金融控股公司完全和部分地保证其所管理的子公司的清偿能力,在子公司无法清偿时,需向其重新注入资金,或向政府机构赔偿子公司经营失败给债权人造成的损失。该制度有利于加强母公司的监管责任,激励其加强对子公司资本充足情况的监管,以确保子公司的稳健运营。《金控办法》规定了金融控股公司资本补充机制,但对于具体的方式和规则缺乏明确的规定。加重责任制度的引入能够有效防范互联网金控的道德风险,有效降低互联网金融系统性风险,合理保护债权人和社会公共利益。为防止互联网金控利用复杂组织结构规避监管,建议在后续的实施细则中明确互联网金控承担加重责任的具体条件、程序以及法律责任。同时,可进一步细化交叉担保条款、资本恢复措施、资本维持承诺、财务援助制度的具体规定,以确保互联网金控的合规运营。

除了互联网金控股东的责任,其他责任主体的法律责任也应明确规定。《金控办法》第六章对于金融控股公司的发起人、控股股东、实际控制人的法律责任进行了规定,设置了责令限期改正、没收违法所得、罚款、撤销行政许可四种行政责任,这些法律责任的规定明确了金融风险防范责任,能够有效打击金融违法行为。最新出台的《金融稳定法(草案征求意见稿)》针对金融机构及其主要股东、实际控制人的主体责任进行了明确

〔1〕 参见杨松、宋怡林:《商业银行股东加重责任及其制度建构》,载《中国社会科学》2017年第11期。

〔2〕 参见中国证券监督管理委员会组织编译:《美国多德—弗兰克华尔街改革与消费者保护法》,法律出版社2014年版,第129—140页。

规定,强化了金融机构审慎经营义务,强化了对主要股东、实际控制人的准入和监管要求。除此之外,还规定了地方政府的属地和维稳责任,及时主动化解区域金融风险。因此,互联网金控法律责任制度应该对于主体责任进行扩展,可以尝试引入地方政府的属地和维稳责任,调动地方政府的监管积极性。建立地方金融监管机构与央行的沟通协调机制,加强监管信息共享,合理监管分工,将信息监管与现场检查等手段有机结合,有效防范和化解风险。通过完善互联网金控法律责任制度,有效调动互联网金控风险防范的积极性,构建互联网金控微观审慎监管的长效机制。

五、结语

2019 年,党的十九大作出"中国特色社会主义进入新时代"的重大决策。伴随着我国进入了新的历史时期,我国社会主要矛盾也发生了转化,金融领域的主要矛盾随之转化为金融消费者多样化的需求和不平衡不充分的金融发展之间的矛盾。互联网金融顺应了我国金融业发展的潮流,扩大了金融服务的广度和深度,壮大了金融消费者群体。提供多种金融服务的互联网金融平台也满足了多样化和综合化的消费需求。在此基础上,互联网金控依靠多元化的金融服务,发展成一条较为完整的金融产业链,逐渐形成规模庞大、影响范围巨大、涉及机构众多的金融控股集团。

回顾改革开放的历史进程,我国经济社会的每一次进步都伴随着制度和法律的变革。金融控股公司法律制度作为金融综合经营的重要组织形式,一定程度上突破了我国金融业分业经营体制,给金融分业监管制度带来了挑战。互联网金控作为金融控股公司的最新表现形式,已成为当前金融监管的重点。微观审慎监管法律制度以金融机构稳健性为监管目标,强调金融控股公司集团层面的风险防范,为互联网金控监管提供了思路。然而,互联网金控的风险具有特殊性,传统的微观审慎监管无法应对全部风险,在监管过程中也存在适用困境。因此,应立足于互联网金控的特殊性,重新确立互联网金控的监管原则和监管目标,确立优化外部监管法律制度、完善内部监管、建立长效监管机制三个方向,完善互联网金控微观审慎监管法律制度,为互联网金融的稳健经营和长期健康发展提供监管保障。

通过一系列监管制度安排,互联网金控微观审慎监管制度有效结合了资本监管与数据监管、机构监管与功能监管、内部监管与外部监管,努力防范互联网金融机构风险、业务风险和市场风险,建立全面风险管理系统以应对各种类型风险。通过建立互联网金控长效监管机制,有效调动各监管主体的积极性。相信通过监管制度的完善,互联网金控风险监管难题能够得到有效缓解,互联网金融业能获得更为良好的发展环境。

参考文献

（一）中文专著

[1]［德］马丁·迪尔等主编:《金融基础设施经济学分析》,中央国债登记结算有限责任公司译,中国金融出版社 2019 年版。

[2]［法］让-雅克·拉丰、让·梯若尔:《政府采购与规制中的激励理论》,石磊、王永钦译,上海人民出版社 2004 年版。

[3]［荷］乔安妮·凯勒曼等编著:《21 世纪金融监管》,张晓朴译,中信出版社 2015 年版。

[4]［美］菲利普·卡雷尔:《金融机构风险管理》,朱晓辉译,刘霄仑校,中信出版社 2013 年版。

[5]［美］弗兰克·斯帕奎尔:《黑箱社会:控制金钱和信息的数据法则》,赵亚男译,中信出版社 2015 年版。

[6]［美］劳伦斯·莱斯格:《代码 2.0:网络空间中的法律》,李旭、沈伟伟译,清华大学出版社 2018 年版。

[7]［美］罗斯科·庞德:《通过法律的社会控制》,沈宗灵译,商务印书馆 2016 年版。

[8]［英］李儒斌:《运转全球市场:金融基础设施的机构治理》,银行间市场清算所股份有限公司译,中国金融出版社 2019 年版。

[9]［美］斯蒂文·K.沃格尔:《市场治理术:政府如何让市场运作》,毛海栋译,北京大学出版社 2020 年版。

［10］北京大学光华管理学院监管科技课题组编著:《新技术、新业态——进化中的监管科技及其应用》,电子工业出版社 2020 年版。

［11］中国银监会政策研究局译:《金融集团监管原则》,中国金融出版社 2014 年版。

［12］向新民:《金融系统的脆弱性与稳定性研究》,中国经济出版社 2005 年版。

［13］陈醇:《权利结构理论——以商法为例》,法律出版社 2013 年版。

［14］陈辉:《监管科技框架与实践》,中国经济出版社 2019 年版。

［15］陈忠阳主编:《巴塞尔协议与中国金融风险管理发展》,民主与建设出版社 2021 年版。

［16］冯果、袁康:《社会变迁视野下的金融法理论与实践》,北京大学出版社 2013 年版。

［17］郭薇:《政府监管与行业自律:论行业协会在市场治理中的功能与实现条件》,中国社会科学出版社 2011 年版。

［18］胡滨、尹振涛:《统筹监管金融控股公司》,中国社会科学出版社 2020 年版。

［19］胡凌:《探寻网络法的政治经济起源》,上海财经大学出版社 2016 年版。

［20］黄金老:《金融自由化与金融脆弱性》,中国城市出版社 2001 年版。

［21］黄奇帆:《结构性改革——中国经济的问题和对策》,北京联合出版社 2020 年版。

［22］黄毅、杜要忠译,王传纶校:《美国金融服务现代化法》,中国金融出版社 2000 年版。

［23］焦瑾璞:《中国金融基础设施功能与建设研究》,社会科学文献出版社 2019 年版,第 85 页。

［24］金融城金融科技创新案例编写小组:《科技赋能金融 II:中国数字金融的最佳实践》,中国金融出版社 2019 年版。

［25］京东数字科技研究院:《数字金融》,中信出版社 2019 年版。

［26］李晗:《论我国金融控股公司风险防范法律制度》,中国政法大

学出版社 2009 年版。

[27]连平等:《新时代中国金融控股公司研究》,中国金融出版社 2018 年版。

[28]刘志坚主编、京东金融研究院编著:《2017 金融科技报告:行业发展与法律前沿》,法律出版社 2017 年版。

[29]欧阳日辉主编:《互联网金融生态:互联、竞合与共生》,经济科学出版社 2016 年版。

[30]石良平等:《流量经济:未来经济发展的一个分析框架》,上海交通大学出版社 2018 年版。

[31]吴晓灵:《平台金融新时代:数据治理与监管变革》,中信出版社 2021 年版。

[32]吴晓求:《中国金融监管改革:现实动因与理论逻辑》,中国金融出版社 2018 年版。

[33]肖翔:《金融科技监管:理论框架与政策实践》,中国金融出版社 2021 年版。

[34]徐荣贞、姚伟、展望:《金融生态视角下系统性风险研究》,南开大学出版社 2017 年版。

[35]徐文彬:《金融控股公司发展与监管模式选择研究》,经济科学出版社 2013 年版。

[36]徐忠、孙国峰、姚前:《金融科技:发展趋势与监管》,中国金融出版社 2017 年版。

[37]阎庆民、谢翀达、骆絮飞:《银行业金融机构信息科技风险监管研究》,中国金融出版社 2013 年版。

[38]杨海瑶:《我国商业银行混业经营准入监管法律制度研究》,法律出版社 2020 年版。

[39]杨乐:《网络平台法律责任探究》,电子工业出版社 2020 年版。

[40]袁康主编:《网络安全的法律治理》,武汉大学出版社 2020 年版。

[41]张红伟:《中国金融科技风险及监管研究》,中国金融出版社 2021 年版。

[42]张晓朴、姚勇:《未来智能银行》,中信出版社 2018 年版。

[43]张永亮:《金融科技监管法律制度构建研究》,法律出版社 2020 年版。

[44]章延文、冯怀春、迟仁勇:《金融生态与共享金融》,清华大学出版社 2020 年版。

[45]中国互联网金融安全课题组编:《监管科技:逻辑、应用与路径》,中国金融出版社 2018 年版。

[46]中国人民银行金融科技委员会:《中国金融科技创新监管工具白皮书》,中国金融出版社 2021 年版。

[47]周学峰、李平主编:《网络平台治理与法律责任》,中国法制出版社 2018 年版。

(二)中文期刊

[1]巴曙松、魏巍、白海峰:《基于区块链的金融监管展望——从数据驱动走向嵌入式监管》,载《山东大学学报(哲学社会科学版)》2020 年第 4 期。

[2]鲍静、贾开:《数字治理体系和治理能力现代化研究:原则、框架与要素》,载《政治学研究》2019 年第 3 期。

[3]李伟:《金融科技发展与监管》,载《中国金融》2017 年第 8 期。

[4]吕晴、金蕾:《金融监管创新技术——Suptech 的发展及各国实践》,载《金融发展评论》2018 年第 12 期。

[5]袁康:《社会监管理念下金融科技算法黑箱的制度因应》,载《华中科技大学学报(社会科学版)》2020 年第 1 期。

[6]曹硕:《RegTech:金融科技服务合规监管的新趋势》,载《证券市场导报》2017 年第 6 期。

[7]柴瑞娟:《监管沙箱的域外经验及其启示》,载《法学》2017 年第 8 期。

[8]常健、王清粤:《论系统重要性金融机构的法律特征与风险规制》,载《南京大学学报(哲学·人文科学·社会科学)》2020 年第 1 期。

[9]常健:《论"穿透式"监管与我国金融监管的制度变革》,载《华中科技大学学报(社会科学版)》2019 年第 1 期。

[10]陈红、郭亮:《金融科技风险产生缘由、负面效应及其防范体系构建》,载《改革》2020年第3期。

[11]陈嘉文、姚小涛:《组织与制度的共同演化:组织制度理论研究的脉络剖析及问题初探》,载《管理评论》2015年第5期。

[12]陈生强:《金融科技的全球视野与实践》,载《中国银行业》2017年第5期。

[13]陈实:《金融科技视野下的技术监管挑战》,载《清华金融评论》2018年第3期。

[14]陈园园:《澳大利亚增强型"监管沙箱"的启示》,载《西部金融》2018年第7期。

[15]陈志峰、钱如锦:《我国区块链金融监管机制探究:以构建"中国式沙箱监管"为制度进路》,载《上海金融》2018年第1期。

[16]程华:《互联网金融的双边市场竞争及其监管体系催生》,载《改革》,2014年第7期。

[17]程雪军、尹振涛:《监管科技的发展挑战与中国选择:基于金融科技监管视角》,载《经济体制改革》2022年第1期。

[18]程雪军、尹振涛:《互联网消费金融创新发展与监管探析》,载《财会月刊》2020年第3期。

[19]程雪军:《互联网金融控股公司的风险特性与监管建构》,载《银行家》2019年第2期。

[20]程雪军:《我国监管科技的风险衍生与路径转换:从金融科技"三元悖论"切入》,载《上海大学学报(社会科学版)》2022年第1期。

[21]崔婕、沈沛龙:《资本充足率与杠杆率双重监管指标体系的构建——基于微观审慎监管框架的研究》,载《金融论坛》2013年第18期。

[22]翟晨曦等:《区块链在我国证券市场的关键应用与监管研究》,载《金融监管研究》2018年第7期。

[23]翟丽芳:《金融监管理论与实践的综述及展望》,载《新疆社会科学》2020年第6期。

[24]翟帅:《金融消费者和金融投资者辨析及其法律保护》,载《上海政法学院学报(法治论丛)》2016年第6期。

［25］范云朋、尹振涛:《金融控股公司的发展演变与监管研究——基于国际比较的视角》,载《金融监管研究》2019 年第 12 期。

［26］方添智:《规则导向与原则导向:当代金融监管模式的缺陷与解决对策》,载《甘肃政法学院学报》2011 年第 1 期。

［27］方意等:《金融科技领域的系统性风险:内生风险视角》,载《中央财经大学学报》2020 年第 2 期。

［28］冯果、蒋莎莎:《论我国 P2P 网络贷款平台的异化及其监管》,载《法商研究》2013 年第 5 期。

［29］冯果、刘汉广:《互联网平台治理的生态学阐释与法治化进路》,载《福建论坛》2022 年第 4 期。

［30］冯果:《金融法的"三足定理"及中国金融法制的变革》,载《法学》2011 年第 9 期。

［31］冯辉:《金融整治的法律治理——以"P2P 网贷风险专项整治"为例》,载《法学》2020 年第 12 期。

［32］高悝惟:《平台垄断与金融风险问题研究》,载《现代经济探讨》2021 年第 7 期。

［33］辜明安、王彦:《大数据时代金融机构的安全保障义务与金融数据的资源配置》,载《社会科学研究》2016 年第 3 期。

［34］管磊、胡光俊、王专:《基于大数据的网络安全态势感知技术研究》,载《信息网络安全》2016 年第 9 期。

［35］郭雳:《金融危机后美国私募基金监管的制度更新与观念迭代》,载《比较法研究》2021 年第 6 期。

［36］郭为民:《金融科技与未来银行》,载《中国金融》2017 年第 17 期。

［37］韩克勇:《互联网金融发展的长尾驱动与风险生成机理》,载《亚太经济》2018 年第 1 期。

［38］韩乐怡:《监管沙箱的英国实践与中国思路》,载《甘肃金融》2018 年第 5 期。

［39］韩钰:《金融控股集团的监管逻辑》,载《金融发展研究》2019 年第 11 期。

[40]何德平:《美国〈金融服务现代化法案〉对我国国有商业银行的借鉴与启示》,载《武汉大学学报(哲学社会科学版)》2001年第1期。

[41]何海锋、银丹妮、刘元兴:《监管科技(Suptech):内涵、运用与发展趋势研究》,载《金融监管研究》2018年10月。

[42]何玲、吴限:《全国"信易贷"平台取得四方面积极成效》,载《中国信用》2021年第6期。

[43]何颖:《金融消费者概念的法律定性及规范价值》,载《财经法学》2016年第1期。

[44]贺建清:《金融科技:发展、影响与监管》,载《金融发展研究》2017年第6期。

[45]侯东德、田少帅:《金融科技包容审慎监管制度研究》,载《南京社会科学》2020年第10期。

[46]侯东德:《智能理财行业风险的法律应对》,载《政法论丛》2020年第1期。

[47]胡滨、任喜萍:《金融科技发展:特征、挑战与监管策略》,载《改革》2021年第9期。

[48]胡滨、杨楷:《监管沙盒的应用与启示》,载《中国金融》2017年第2期。

[49]胡滨、程雪军:《金融科技、数字普惠金融与国家金融竞争力》,载《武汉大学学报(哲学社会科学版)》2020年第3期。

[50]胡滨:《金融科技监管的挑战与趋势》,载《中国金融》2019第6期。

[51]黄辉:《中国金融监管体制改革的逻辑与路径:国际经验与本土选择》,载《法学家》2019年第3期。

[52]黄震、张夏明:《金融监管科技发展的比较:中英两国的辨异与趋同》,载《经济社会体制比较》2019年第6期。

[53]季成、叶军:《金融科技平台的风险及管理框架》,载《河北金融》2019年第9期。

[54]季奎明:《金融市场基础设施自律管理规范的效力形成机制》,载《中外法学》2019年第2期。

[55]蒋伟、杨彬、胡啸兵:《商业银行互联网金融生态结构与系统培育研究——基于平台经济学视角》,载《理论与改革》2015年第4期。

[56]解志勇、修青华:《互联网治理视域中的平台责任研究》,载《国家行政学院学报》2017年第5期。

[57]金兼斌:《数字鸿沟的概念辨析》,载《新闻与传播研究》2003年第1期。

[58]靳文辉:《法权理论视角下的金融科技及风险防范》,载《厦门大学学报(哲学社会科学版)》2019年第2期。

[59]寇宗来、赵文天:《分工视角下的数字化转型》,载《社会科学文摘》2021年第11期。

[60]黎四奇:《后危机时代"太大而不能倒"金融机构监管法律问题研究》,载《中国法学》2012年第5期。

[61]李安安:《互联网金融平台的信息规制:工具、模式与法律变革》,载《社会科学》2018年第10期。

[62]李苍舒、沈艳:《数字经济时代下新金融业态风险的识别、测度及防控》,载《管理世界》2019年第12期。

[63]李成、李玉良、王婷:《宏观审慎监管视角的金融监管目标实现程度的实证分析》,载《国际金融研究》2013年第1期。

[64]李敏:《互联网金融对金融生态体系的影响与对策研究》,载《上海金融》2015年第12期。

[65]李敏:《金融科技的监管模式选择与优化路劲研究——兼对监管沙箱模式的反思》,载《金融监管研究》2017年第11期。

[66]李敏:《金融科技的系统性风险:监管挑战及应对》,载《证券市场导报》2019年第2期。

[67]李明肖:《银行与金融科技公司合作类业务存在的问题及监管思路》,载《中国银行业》2019年第12期。

[68]李晴:《智能投顾的风险分析及法律规制路径》,载《南方金融》2017年第4期。

[69]李守伟、王磊、龚晨:《复杂金融系统的研究方法——多层网络理论》,载《系统科学学报》2020年第1期。

[70]李曙光:《康美药业案综论》,载《法律适用》2022 年第 2 期。

[71]李伟:《金融科技创新与监管》,载《中国金融》2017 年第 8 期。

[72]李文红、蒋则沈:《金融科技发展与监管:一个监管者的视角》,载《金融监管研究》2017 年第 3 期。

[73]李文红:《金融科技牌照管理的国际借鉴》,载《中国金融》2017 年第 18 期。

[74]李文莉、杨玥捷:《智能投顾的法律风险及监管建议》,载《法学》2017 年第 8 期。

[75]李仙子:《发达国家金融控股集团监管模式对我国的启示》,载《吉林金融研究》2019 年第 4 期。

[76]李晓楠:《区块链金融基础设施监管研究》,载《金融监管研究》2020 年第 10 期。

[77]李有星、柯达:《我国监管沙盒的法律制度构建研究》,载《金融监管研究》2017 年第 10 期。

[78]李有星、王琳:《金融科技监管的合作治理路径》,载《浙江大学学报(人文社会科学版)》2019 年第 1 期。

[79]廖凡:《论金融科技的包容审慎监管》,载《中外法学》2019 年第 3 期。

[80]廖焕国:《注意义务与大陆法系侵权法的嬗变——以注意义务功能为视点》,载《法学》2006 年第 6 期。

[81]林润辉、李维安:《网络组织——更具环境适应能力的新型组织模式》,载《南开管理评论》2000 年第 3 期。

[82]林胜、闫晗、边鹏:《全球系统重要性银行金融科技能力评估研究》,载《金融发展研究》2020 年第 1 期。

[83]林越坚、岳向阳:《互联网金融消费者保护的制度逻辑与法律建构》,载《国家检察官学院学报》2020 年第 3 期。

[84]刘帆:《沙盒监管:引入逻辑与本土构造》,载《西南金融》2019 年第 3 期。

[85]刘辉:《金融禀赋结构理论下金融法基本理念和基本原则的革新》,载《法律科学》2018 年第 5 期。

［86］刘纪鹏、林蔚然：《VIE 模式双重道德风险及监管建议》，载《证券市场导报》2015 年第 10 期。

［87］刘亮、邹佳佳：《监管沙盒：国外应用和本土化》，载《西南金融》2020 年第 5 期。

［88］刘孟飞：《金融科技的潜在风险与监管应对》，载《南方金融》2020 年第 5 期。

［89］刘铁光：《风险社会中技术规制基础的范式转换》，载《现代法学》2011 年第 4 期。

［90］刘伟：《政策试点：发生机制与内在逻辑——基于我国公共部门绩效管理政策的案例研究》，载《中国行政管理》2015 年第 5 期。

［91］刘绪光、肖翔：《金融科技影响金融市场的路径、方式及应对策略》，载《金融发展研究》2019 年第 12 期。

［92］刘雅琨：《金融科技视阈下我国智能投顾监管制度的构建》，载《浙江金融》2017 年第 12 期。

［93］刘亚东：《多德弗兰克法案：一次不完美的改革》，载《海南金融》2013 年第 2 期。

［94］刘燕、夏戴乐：《股灾中杠杆机制的法律分析——系统性风险的视角》，载《证券法律评论》2016 第 1 期。

［95］刘月丽：《以蚂蚁集团暂缓上市为视角研究金融科技的安全发展问题》，载《甘肃金融》2021 年第 9 期。

［96］刘轶：《金融监管模式的新发展及其启示——从规则到原则》，载《法商研究》2009 年第 2 期。

［97］刘忠炫：《困境与治理：人类基因组编辑伦理审查制度的完善》，载《经贸法律评论》2022 年第 1 期。

［98］鲁钊阳：《论我国互联网金融市场准入法律制度的完善》，载《现代经济探讨》2017 年第 2 期。

［99］鲁政委、陈昊：《金融控股公司并表监管的发展演进与国际经验》，载《金融监管研究》2018 年第 3 期。

［100］陆岷峰、杨亮：《互联网金融驱动实体经济创新发展的战略研究》，载《湖南财政经济学院学报》2015 年第 6 期。

［101］陆岷峰：《商业银行场景金融：内涵、特征及发展策略》，载《南方金融》2021 年第 8 期。

［102］罗煜：《金融科技的兴起与金融进步的双轮驱动》，载《中国金融电脑》2017 年第 11 期。

［103］马楠：《监管沙盒的发展：思路创新、实践与不足》，载《海南金融》2020 年第 2 期。

［104］马新彬：《如何防范"大而不能倒"风险？——系统重要性金融机构监管框架梳理》，载《金融市场研究》2019 年第 11 期。

［105］孟娜娜、蔺鹏：《监管沙盒机制与我国金融科技创新的适配性研究——基于包容性监管视角》，载《南方金融》2018 年第 1 期。

［106］欧阳红兵、刘晓东：《中国金融机构的系统重要性及系统性风险传染机制分析——基于复杂网络的视角》，载《中国管理科学》2015 年第 10 期。

［107］皮天雷、刘垚森、吴鸿燕：《金融科技：内涵、逻辑与风险监管》，载《财经科学》2018 年第 9 期。

［108］沈伟：《金融科技的去中心化和中心化的金融监管——金融创新的规制逻辑及分析维度》，载《现代法学》2018 年第 3 期。

［109］苏海雨：《金融科技背景下金融数据监管模式构建》，载《科技与法律》2020 年第 1 期。

［110］苏宇：《优化算法可解释性及透明度义务之诠释与展开》，载《法律科学》2022 年第 1 期，

［111］粟勤、魏星：《金融科技的金融包容效应与创新驱动路径》，载《理论探索》2017 年第 5 期。

［112］孙国峰：《发展监管科技构筑金融新生态》，载《清华金融评论》2018 年第 3 期。

［113］孙国峰：《共建金融科技新生态》，载《中国金融》2017 年第 13 期。

［114］孙国峰：《金融大数据应用的风险与监管》，载《清华金融评论》2017 年第 10 期。

［115］孙晋、钟瑛嫦：《互联网平台型产业相关产品市场界定新

解》,载《现代法学》2015 年第 6 期。

[116]唐林垚:《数据合规科技的风险规制及法理构建》,载《东方法学》2022 年第 1 期。

[117]唐松、赖晓冰、黄锐:《金融科技创新如何影响全要素生产率:促进还是抑制?》,载《中国软科学》2019 年第 7 期。

[118]唐旭、雍晨:《互联网金融平台权力行使的困境观照与治理路径》,载《重庆社会科学》2021 年第 7 期。

[119]汪青松:《关联交易规制的世行范式评析与中国范式重构》,载《法学研究》2021 年第 1 期。

[120]汪青松:《论个体网络借贷系统性风险的法律控制机制》,载《商业经济与管理》2018 年第 11 期。

[121]汪庆华:《算法透明的多维度与算法问责》,载《比较法研究》2020 年第 6 期。

[122]王国刚:《防控系统性金融风险:新内涵、新机制和新对策》,载《金融评论》2017 年第 3 期。

[123]王怀勇、邓若翰:《算法趋同风险:理论证成与治理逻辑——基于金融市场的分析》,载《现代经济探讨》2021 年第 1 期。

[124]王怀勇、钟颖:《论互联网金融的软法之治》,载《现代法学》2017 年第 6 期。

[125]王仁祥、付腾腾:《中国金融创新与科技创新的耦合模式研究——基于"监管沙盒"思想》,载《金融理论与实践》2018 年第 8 期。

[126]王作功、李慧洋、孙璐璐:《数字金融的发展与治理:从信息不对称到数据不对称》,载《金融理论与实践》2019 年第 12 期。

[127]魏莱、宋颂:《大数据时代金融消费者隐私的产权分析与保护》,载《中国商论》2015 年第 17 期。

[128]吴烨:《金融科技监管范式:一个合作主义新视角》,载《社会科学》2019 年第 11 期。

[129]吴烨:《论金融科技监管权的本质及展开》,载《社会科学研究》2019 年第 5 期

[130]伍旭川:《金融科技监管的国际经验与启示》,载《北方金融》

2017 年第 7 期。

[131]谢贵春、冯果:《信息赋能、信息防险与信息调控:信息视野下的金融法变革路径》,载《北方法学》2015 年第 6 期。

[132]谢治春、赵兴庐、刘媛:《金融科技发展与商业银行的数字化战略转型》,载《中国软科学》2018 年第 8 期。

[133]邢会强:《人工智能时代的金融监管变革》,载《探索与争鸣》2018 年第 10 期。

[134]修永春、庞歌桐:《我国银行系金融科技公司发展问题探究》,载《新金融》2019 年第 4 期。

[135]徐英军:《金融风险生成的契约群逻辑及其法律规制》,载《法学评论》2020 年第 6 期。

[136]徐忠、邹传伟:《区块链能做什么、不能做什么?》,载《金融研究》2018 年第 11 期。

[137]许多奇、唐士亚:《信息视野下的 P2P 网贷监管:从信息规则到信息规制》,载《上海政法学院学报(法治论丛)》2018 年第 5 期。

[138]许多奇:《互联网金融风险的社会特性与监管创新》,载《法学研究》2018 年第 5 期。

[139]许多奇:《金融科技的"破坏性创新"本质与监管科技新思路》,载《东方法学》2018 年第 2 期。

[140]许多奇:《互联网金融风险的社会特性与监管创新》,载《法学研究》2018 年第 5 期。

[141]许可:《开放银行的制度构造与监管回应》,载《财经法学》2019 年第 5 期。

[142]杨东、武雨佳:《智能投顾中投资者适当性制度研究》,载《国家检察官学院学报》2019 年第 2 期。

[143]杨东:《Libra:数字货币型跨境支付清算模式与治理》,载《东方法学》2019 年第 6 期。

[144]杨东:《防范金融科技带来的金融风险》,载《红旗文稿》2017 年第 16 期。

[145]杨东:《互联网金融的法律规制——基于信息工具的视角》,载

《中国社会科学》2015 年第 4 期。

[146]杨东:《监管科技：金融科技的监管挑战与维度建构》,载《中国社会科学》2018 年第 5 期。

[147]杨东:《论反垄断法的重构：应对数字经济的挑战》,载《中国法学》2020 年第 3 期。

[148]杨松、张永亮:《金融科技监管的路径转换与中国选择》,载《法学》2017 年第 8 期。

[149]杨松、宋怡林:《商业银行股东加重责任及其制度建构》,载《中国社会科学》2017 年第 11 期。

[150]杨文尧天、何海锋:《创新与监管：国内金融科技研究述评》,载《科技与法律》2019 年第 1 期。

[151]易宪容:《金融科技的内涵、实质及未来发展——基于金融理论的一般性分析》,载《江海学刊》2017 年第 2 期。

[152]易宪容:《开放银行：理论实质及其颠覆性影响》,载《江海学刊》2019 年第 2 期。

[153]尹振涛、王甲旭:《美国金融控股公司监管的框架、要点与措施》,载《金融监管研究》2020 年第 4 期。

[154]尹振涛、范云朋:《监管科技(RegTech)的理论基础、实践应用与发展建议》,载《财经法学》2019 年第 3 期。

[155]尹振涛:《互联网金融控股公司的监管》,载《中国金融》2019 年第 1 期。

[156]应飞虎、涂永前:《公共规制中的信息工具》,载《中国社会科学》2010 年第 4 期。

[157]袁达松:《系统重要性金融机构监管的国际法制构建于中国回应》,载《法学研究》2013 年第 2 期。

[158]袁康:《可信算法的法律规制》,载《东方法学》2021 年第 3 期。

[159]袁康:《资本形成、投资者保护与股权众筹的制度供给——论我国股权众筹相关制度设计的路径》,载《证券市场导报》2014 年第 12 期。

[160]岳彩申、张晓东:《金融创新产品法律责任制度的完善——后

金融危机时代的反思》,载《法学论坛》2010 年第 5 期。

[161]岳彩申:《互联网金融平台纳入金融市场基础设施监管的法律思考》,载《政法论丛》2021 年第 1 期。

[162]张继红:《论我国金融消费者信息权保护的立法完善——基于大数据时代金融信息流动的负面风险分析》,载《法学论坛》2016 年第 6 期。

[163]张龄方:《论我国内地监管沙盒实施主体的确定》,载《南方金融》2019 年第 7 期。

[164]张骐:《论当代中国法律责任的目的、功能与归责的基本原则》,载《中外法学》1999 年第 6 期。

[165]张晓朴:《互联网金融监管的原则:探索新金融监管范式》,载《金融监管研究》2014 年第 2 期。

[166]张晓朴:《系统性金融风险研究:演进、成因与监管》,载《国际金融研究》2010 年第 7 期。

[167]张新宝:《互联网生态"守门人"个人信息保护特别义务设置研究》,载《比较法研究》2021 年第 3 期。

[168]张阳:《金融市场基础设施论纲:风险治理、科技革新与规制重塑》,载《经济法学评论》2018 年第 2 期。

[169]张永亮:《金融监管科技之法制化路径》,载《法商研究》2019 年第 36 卷第 3 期。

[170]张永亮:《金融监管科技之法制化路径》,载《法商研究》2019 年第 3 期。

[171]张永亮:《金融科技视阈下金融基础设施域外适用的法治保障》,载《法治研究》2021 年第 5 期。

[172]赵成国:《P2P 网贷平台公司治理的范式转换与优化路径》,载《江海学刊》2019 年第 4 期。

[173]赵磊:《区块链如何监管:应用场景与技术标准》,载《中国法律评论》2018 年第 6 期。

[174]赵磊:《证券交易中的信用机制——从中央存管(CSD)到分布式账本(DLT)》,载《财经法学》2019 年第 3 期。

［175］赵鹏:《私人审查的界限——论网络交易平台对用户内容的行政责任》,载《清华法学》2016 年第 3 期。

［176］赵鹞:《Fintech 的特征、兴起、功能及风险研究》,载《金融监管研究》2016 年第 9 期。

［177］郑佳宁:《论智能投顾运营者的民事责任——以信义义务为中心的展开》,载《法学杂志》2018 年第 10 期。

［178］郑宇明:《日本金融控股公司立法、监管及变革趋势的启示》,载《金融发展研究》2010 年第 6 期。

［179］郑玉双:《破解技术中立难题——法律与科技之关系的法理学再思》,载《华东政法大学学报》2018 年第 1 期。

［180］郑志峰:《通过设计的个人信息保护》,载《华东政法大学学报》2018 年第 6 期。

［181］周仲飞、李敬伟:《金融科技背景下金融监管范式的转变》,载《法学研究》2018 年第 5 期。

［182］朱太辉、陈璐:《FIntech 的潜在风险与监管应对研究》,载《金融监管研究》2016 年第 7 期。

［183］王作功、李慧洋、孙璐璐:《数字金融的发展与治理:从信息不对称到数据不对称》,载《金融理论与实践》2019 年第 12 期。

（三）外文专著

［1］Acharya, V., L. Pederson, T. Philippon, and M. Richardson, Regulating Systemic Risk, in Restoring Financial Stability: How to Repair a Failed System, Wiley, 2009.

［2］Burrell J, How the machine 'thinks': Understanding opacity in machine learning algorithms, Social Science Electronic Publishing, 2015.

［3］Irene Aldridge, Steve Krawciw, Real-Time Risk: What Investors Should Know About Fintech, High-Frequency Trading, and Flash Crashes, John Wiley& Sons, Inc., 2017.

［4］Robert E. Litan, Jonathan Rauch, American Finance for the 21st Century, Brookings Institute Press, Washington, D.C., 1998.

［5］Sylvester Eijffinger, Donato Masciandaro, Handbook of Central Banking, Financial Regulation and Supervision: After the Financial Crisis, Edward Elgar Publishing, 2011.

（四）外文期刊

［1］Albert R, Barabási A L. Statistical mechanics of complex networks. Review of Modern Physics, 2002, 74(1).

［2］Allan D. Grody, Rebuilding Financial Industry Infrastructure, Journal of Risk Management in Financial Institution, Vol.11, 2017.

［3］Andrea Minto, Moritz Voelkerling, Melanie Wulff, Separating Apples from Oranges: Identifying Threats to Financial Stability Originating from Fintech, Capital Markets Law Journal, Vol.12, No.4, 2017.

［4］Andrew M. Hinkes, The Limits of Code Deference, Journal of Corporation Law, Vol.46,2021.

［5］Angela Walch, The Bitcoin Blockchain as Financial Market Infrastructure: A Consideration of Operational Risk, NYU Journal of Legislation and Public Policy, Vol.18, 2015.

［6］Arner, D. W., Zetzsche, D. A., Buckley, R. P., & Weber, R. H., The Future of Data-Driven Finance and RegTech: Lessons from EU Big Bang II. Stanford Journal of Law, Business & Finance, Vol.25,2020.

［7］Arner, Douglas W., et al. FinTech and RegTech: Enabling innovation while preserving financial stability, Georgetown Journal of International Affairs (2017).

［8］Artie w. Ng, Emergence of Fintech and Cybersecurity in a Global Financial Centre: Strategic Approach By a Regulator, Journal of Financial Regulation and Compliance, Vol. 25, 2017.

［9］Baxter, L. G., Adaptive Financial Regulation and RegTech: A Concept Article on Realistic Protection for Victims of Bank Failures, Duke Law Journal,Vol.66, 2016.

［10］Cao L, Yang Q, Yu P S. Data science and AI in FinTech: An overview. International Journal of Data Science and Analytics, Vol.12,2021.

[11] Carol Sergeant, Risk-Based Regulation in the Financial Services Authority, Journal of Financial Regulation and Compliance, Vol.10,2002.

[12] Chiu, Iris HY. The disruptive implications of fintech-policy themes for financial regulators, Journal of Technology Law & Policy, Vol.21,2017.

[13] Chris Brummer, Disruptive Technology and Securities Regulation, Fordham Law Review, Vol.84, 2015.

[14] Chris Brummer, Yesha Yadav, Fintech and the Innovation Trilemma, Georgetown Law Journal, Vol.107, 2019.

[15] Daniela Gabor, Sally Brooks, The Digital Revolution in Financial Inclusion: International Development in the Fintech Era, New Political Economy, Vol.22, 2017.

[16] Dirk A. Zetzsche, William A. Birdthistle, Douglas W. Arner & Ross P. Buckley, Digital Finance Platforms: Toward a New Regulatory Paradigm, 84319533 University of Pennsylvania Journal of Business Law, Vol.23, 2020.

[17] Douglas W. Arner, Janos Barberis, Ross P. Buckley, The Evolution of Fintech: A New Post-crisis Paradigm?, Georgetown Journal of International Law, Vol.47, 2015.

[18] Fenwick, Mark, Wulf A. Kaal, and Erik PM Vermeulen, Regulation tomorrow: what happens when technology is faster than the law, Vol.6, 2016.

[19] George J. Stigler, The Theory of Economic Regulation, The Bell Journal of Economics and Management Science, Vol.2, 1971.

[20] Hayden C. Holliman, The Consolidated Audit Trail: An Overreaction to the Danger of Flash Crashes from High Frequency Trading, North Carolina Banking Institute, Vol.19, 2015.

[21] Iris H-Y Chiu, Fintech and Disruptive Business Models In Financial Products, Intermediation and Market: Policy Implications For Financial Regulators, Journal of Technology Law& Policy, Vol.21, 2016.

[22] James R. Barth, Clas Wihlborg, Too Big to Fail: Measures, Remedies, and Consequences for Efficiency and Stability, Financial Market, institu-

tions & Instruments, Vol.26, Issue 5, 2017.

[23] Lev Bromberg, Andrew Godwin, Ian Ramsay, Fintech Sandbox: A-chieving a Balance between Regulation and Innovation, Journal of Banking and Finance Law and Practice, Vol.28, No.4, 2017.

[24] Linsay Sain Jones, Tim R. Samples, On the Systemic Importance of Digital Platforms, University of Pennsylvania Journal of Business Law, Vol. 25, 2022.

[25] Marco Lo Duca, Tuomas A. Peltonen, Assessing Systemic Risks and Predicting Systemic Events, Journal of Banking and Finance, Vol.37, 2013.

[26] Mark Fenwick, Wulf A. Kaal, Erik Vermeulen, Regulation Tomor-row: What Happens When Technology Is Faster Than the Law? American University Business Law Review, Vol.6, 2017.

[27] Péter Fáykiss, Dániel Papp, Péter Sajtos, Ágnes T 81308331Regulatory Tools to Encourage FinTech Innovations: The Innovation Hub and Regulatory Sandbox in International Practise, Financial and Economic Review, Vol. 17, 2018.

[28] René M. Stulz, FinTech, BigTech, and the Future of Banks, Journal of Applied Corporate Finance, Vol.31, 2019.

[29] Robert C. Merton, Zvi Bodie, Deposit insurance reform: a functional approach, Carnegie-Rochester Conference Series on Public Policy, Vol.38,1993.

[30] Rory Van Loo, Stress Test Governance, Vanderbilt Law Review, Vol. 75, 2022.

[31] Serge Darolles, The Rise of Fintechs and Their Regulation, Financial Stability Review, Vol.20, 2016.

[32] William Magnuson, Regulating Fintech, Vanderbilt Law Review, Vol.71, No.4, 2018.

[33] Wulf A.Kaal and Erik P.M. Vermeulen, How to Regulate Disruptive Innovation-From Facts to Data, Jurimetrics, Vol.57, 2017.

（五）咨询报告

［1］普华永道,中国信息通信研究院,平安金融安全研究院:《2018—2019 年度金融科技安全分析报告》。

［2］艾瑞咨询:《2019 年 Q4 中国第三方移动支付市场数据发布报告》,2020 年 4 月。

［3］AIF, Zhejiang University, Cambridge Center for Alternative Finance, 2018 Global Fintech Hub Report: The Future of Finance is Emerging: New Hubs, New Landscapes.

［4］FCA, Regulatory Sandbox lessons learned Report, Oct, 2017.

［5］BIS, Big Tech in Finance: Opportunities and Risks, BIS Annual Economic Report, June 2019.

［6］EBA, EIOPA & ESMA, Joint Committee Report on Risks and Vulnerabilities in the EU Financial System, September 8, 2021.

［7］KPMG, The Pulse of Fintech 2018: Biannual Global Analysis of Investment in Fintech, Feb, 2019.

［8］Financial Stability Board, Financial Stability Implications from Fintech: Supervisory and Regulatory Issues that Merit Authorities' Attention, Jun. 27, 2017.

［9］Financial Stability Oversight Council, 2015 Annual Report, 2015.

后　记

　　本书是对我研究金融科技的十年总结。2014 年,作为一个学习和研究金融法的博士研究生,出于对新兴数字技术的好奇,以及对金融与科技融合的憧憬,我从股权众筹开始陆陆续续地研究互联网综合金融平台、区块链金融应用等的监管问题,自此踏上了研究金融科技的道路。在研究过程中,我愈发深刻地认识到科技给金融带来的绝不仅是模式革命与效率提升,相伴而生的风险亦不容忽视。于是我在 2018 年申请教育部人文社会科学研究青年基金项目"风险防范视域下金融科技应用的监管对策研究"(项目批准号:18YJC820083),专门对金融科技风险进行研究;2020 年又出于对"如何监管蚂蚁金服"的思考,我申请了国家社科基金青年项目"系统重要性金融科技公司的法律规制研究"(项目批准号:20CFX062),将研究深入到对金融科技巨头的监管。研究过程辛酸却有乐趣,最终也算顺利地结项并形成了一些成果。这些成果见证着我的成长,支撑我走过从博士毕业到取得教授职称的艰难历程,也机缘巧合地帮助我开启了与网络法的新缘分。

　　2023 年中央金融工作会议指出,要做好科技金融、绿色金融、普惠金融、养老金融、数字金融"五篇大文章",加快建设金融强国。看到新闻后我蓦然发现,自己的研究居然不自觉地高度契合了中央精神。博士论文《金融公平的法律实现》中关于金融福利公平分配的分析,为绿色金融、普惠金融、养老金融的制度保障提供了理论支撑。这篇论文于 2017 年在社会科学文献出版社出版,入围了第五届金融图书"金羊奖",还有幸在

2024 年获得第十届钱端升法学研究成果奖的青年奖。既服务于科技金融，也体现数字金融趋势的股权众筹、区块链金融应用等相关研究，被我整理成《互联网时代的证券业务创新与法律监管》一书，于 2020 年在人民出版社出版。而对于最为倾注精力与心血的金融科技风险的相关研究，我也不想辜负，于是汇编成书，算作给自己的一个交待。技术进步与制度变革日新月异，本书内容在发表之时或许前沿，但在数字金融发展的滚滚洪流之中必然会过时，也难免出现疏漏与谬误，恳请读者方家包容海涵。

感谢北京大学出版社杨玉洁老师、任翔宇老师、方尔埼老师的认可和辛勤编辑，让这本书能够以最好的面貌呈现在读者面前。感谢国家社科基金、教育部人文社会科学研究青年基金和武汉大学为我提供充足的科研经费，支持我的研究和出版。感谢唐峰、吴昊天、程扬、邓阳立等同学，本书有他们的重要贡献。感谢导师冯果教授的言传身教与勉励提携，使我能够坚定又从容地做自己热爱的教学与研究。感谢家人毫无保留的支持，让我在丝毫未尽家庭责任的愧疚中还能享受家庭给予的温暖与欢乐。感谢诸多师长、朋友的无私提携与帮助，让我能够庆幸自己是个无比幸运并得遇贵人的"小青椒"。虽然没有一一列出姓名，但对各位的感激之情我将永远铭记在心。

人生不过一场旅途，学术生涯亦复如是。莫道前路远，整装再出发。

袁　康

2025 年 3 月 9 日夜于珞珈山

图书在版编目(CIP)数据

金融科技风险的法律治理／袁康著. -- 北京：北京大学出版社，2025. 5. -- ISBN 978-7-301-36171-9

Ⅰ. D922.280.4

中国国家版本馆 CIP 数据核字第 2025BW0675 号

书　　　名	金融科技风险的法律治理
	JINRONG KEJI FENGXIAN DE FALÜ ZHILI
著作责任者	袁　康　著
责 任 编 辑	任翔宇　方尔埼
标 准 书 号	ISBN 978-7-301-36171-9
出 版 发 行	北京大学出版社
地　　　址	北京市海淀区成府路 205 号　100871
网　　　址	http://www.pup.cn　http://www.yandayuanzhao.com
电 子 邮 箱	编辑部 yandayuanzhao@pup.cn　总编室 zpup@pup.cn
新 浪 微 博	@北京大学出版社　@北大出版社燕大元照法律图书
电　　　话	邮购部 010-62752015　发行部 010-62750672　编辑部 010-62117788
印 刷 者	涿州市星河印刷有限公司
经 销 者	新华书店
	650 毫米×980 毫米　16 开本　27 印张　430 千字
	2025 年 5 月第 1 版　2025 年 5 月第 1 次印刷
定　　　价	98.00 元